HANGIL
GREAT BOOKS

인류의 위대한 지적 유산

HANGIL
GREAT BOOKS
167

세일철학 1

에드문트 후설 지음 | 이종훈 옮김

한길사

HANGIL
GREAT BOOKS
167

Edmund Husserl
Erste Philosophie (1923/24) 1

Translated by Lee Jonghoon

Published by Hnagilsa Publishing Co. Ltd., Korea, 2020

1920년대 연구실에서 자료를 검토하고 있는 후설
후설은『이념들』제1권(1913) 출간 이후
『형식논리학과 선험논리학』(1929)을 낼 때까지
어떠한 연구 성과도 발표하지 않았다.
하지만 그 기간 선험적 현상학의 토대를 굳게 다지는 데 전력을 다했다.

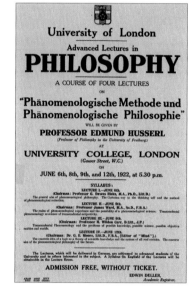

1922년 6월 런던대학교 강연의 안내문과 강의 초록의 일부

후설은 프라이부르크 대학시절 『이념들』 제1권에서 미처 다루지 못한 현상학적 철학,
즉 제일철학의 이념을 줄곧 추구해갔는데 그 첫 번째 흔적은 런던대학교 강의에서 찾을 수 있다.

1920년대 프라이부르크대학교 전경. 그리고 후설(가운데)과 제자들
후설은 1916년 프라이부르크대학교에 취임했다.
세미나에 참석한 제자들은 대부분 1923년 가을에서 1924년 봄까지 강의한
『제일철학』을 직접 들었거나 그 내용을 어느 정도 알았을 것이다.

후설이 태어난 프로스니츠와
14년간 사강사로 재직한 할레대학교 근처의 고아원

프로스니츠는 현재 체코 프로스초프다. 후설은 1887년 교수자격논문이 통과된 후
1906년까지 무려 20여 년간 사강사로 일했다.
그중 14년을 할레대학교에서 일했는데
대학교 근처 고아원 벽에 새겨진 「이사야」40장 31절이 큰 위로가 되었다고 한다.

HANGIL GREAT BOOKS 167

제일철학 1

에드문트 후설 지음 | 이종훈 옮김

한길사

제일철학 1

제2장　로크가 자아론을 시도한 기초와 그가 남긴 문제제기

보충 논문

제일철학 2

일러두기

1. 이 책은 벨기에 루뱅대학교 후설아카이브(Husserl-Archiv)의 루돌프 뵘(Rudolf Boehm, 1927~)이 편집한 후설전집(Husserliana) 제7권 『제일철학』 제1권(*Erste Philosophie I (1923/24)*, 1956) '비판적 이념의 역사'에서 '부록'과 '원문의 비판적 부대사항'을 제외하고 본문과 보충 논문 4편을 옮긴 것이다.

2. '원문의 비판적 부대사항'은 전문학자의 서지학적 관심 이외에 별 도움이 안 되며, 분량에 편차가 큰 22편의 '부록'은 그 내용이 대부분 본문과 유사하다고 판단해 제외했다. 그리고 한 권의 책으로 제시해야 할 체제상 어쩔 수 없는 선택이었다.

3. 원전에서 겹 따옴표(" ")로 묶어 강조한 문구는 홑 따옴표(' ')로, 격자체나 고딕체로 강조한 부분은 고딕체로 표기했다.

4. 인명, 중요한 개념이나 표현은 우리말 다음에 원어를 병기했고, 필요한 경우 독자의 이해를 돕기 위해 간략한 주석을 달았다.

5. 중요한 용어나 합성어 그리고 문장의 흐름을 파악하는 데 도움이 된다고 판단해 강조한 부분은 원전에 없는 홑 따옴표(' ')로 묶었다. 관계대명사로 길게 이어지는 문장은 짧게 끊거나 그것이 수식한 말의 앞과 뒤에 사선(―)을 넣었다. 부연해 설명하는 부분이 너무 길어져 문맥을 이해하기 힘들 경우에도 그렇게 했다.

6. 본문의 ( )는 원전의 것이며, 문맥의 원활한 흐름을 위해 또는 독자의 이해를 돕기 위해 필요한 말은 옮긴이가 [ ] 안에 보충했다. 너무 긴 문단은 내용과 호흡을 고려해 단락을 새롭게 나누었다.

7. 본문의 각주는 독자의 이해를 돕기 위해 옮긴이가 붙인 것이다. 단 저자가 단 각주에는 끝에 '―후설의 주', 편집자의 주는 '―편집자 주'라고 표시했다.

엄밀한 제일철학을 줄곧 추구한 선험적 현상학

이종훈 춘천교대 명예교수

왜 후설 현상학인가

후설과 현상학 운동

현상학(Phänomenologie)의 창시자인 에드문트 후설(Edmund Husserl)은 1859년 4월 8일 독일의 메렌 주(당시 오스트리아의 영토) 프로스니초(현재 체코의 프로스초프)에서 유대인으로 태어나 1938년 4월 27일 프라이부르크에서 사망했다. 할레대학교 강사(1887~1901), 괴팅겐대학교 강사(1901~1906)와 교수(1906~1916), 프라이부르크대학교 교수(1916~28)를 역임한 그는 은퇴 후에도 죽는 날까지, "철학자로서 살아왔고 철학자로서 죽고 싶다"는 유언 그대로, 진지한 초심자의 자세를 지키며 끊임없이 자기비판을 수행한 말 그대로 '철학자'였다.

후설은 (이론·실천·가치를 설정하는) 보편적 이성으로 모든 학문과 삶의 의미와 목적을 해명해 진정한 인간성을 실현할 철학을 추구했다. 이 현상학의 이념은 모든 학문이 타당할 수 있는 조건과 근원을 되돌아가 물음으로써 궁극적 자기책임에 근거한 이론적 앎과 실천적 삶을 정초하려는 '엄밀한 학문'(strenge Wissenschaft)으로서의 제일철학, 즉 '선험철학'(Transzendentalphilosophie)이다. 그리고 이 것을 추구한 방법은 기존의 철학에서부터 정합적으로 구성해 형이 상학적 체계를 구축하는 것이 아니라, 모든 편견에서 해방되어 의식 에 직접 주어지는 '사태 그 자체'(Sachen selbst)를 직관하는 것이다.

현상학은 20세기 철학에 커다란 사건으로 등장하여 '현상학 운동' 으로 발전하면서 실존주의, 인간학, 해석학, 구조주의, 존재론, 심리 학, 윤리학, 신학, 미학, 사회과학 등에 강력한 영향을 미쳤다. 셸러 (M. Scheler), 하이데거(M. Heidegger), 야스퍼스(K. Jaspers), 마르셀 (G. Marcel), 사르트르(J.P. Sartre), 메를로퐁티(M. Merleau-Ponty), 레비나스(E. Levinas), 리쾨르(P. Ricoeur), 마르쿠제(H. Marcuse), 인가르덴(R. Ingarden), 가세트(José Ortega y Gasset), 가다머(H.G. Gadamer), 슈츠(A. Schutz) 등은 직접적으로, 이들의 다음 세대인 하 버마스(J. Habermas), 데리다(J. Derrida) 등은 간접적으로, 후설과 밀접한 관계를 유지하면서 자신의 철학을 형성시켜나갔다.

그러나 이들은, 암묵적이든 명시적이든, 모두 선험적 현상학을 비 판하고 거부했다. 후설은 이들이 현상학적 방법으로 풍부한 결실을 얻을 수 있다는 점을 알았고 그 성과를 높게 평가했지만, 이에 만족 하지 않았다. 더구나 충실한 연구조교였던 란트그레베(L. Landgrebe) 와 핑크(E. Fink)도 그의 사후에는 선험적 현상학에 적지 않은 회의 를 표명했다.

그런데도 후설은 선험적 현상학을 결코 포기하지 않고 끝까지 견 지했다. 왜 그럴 수밖에 없었을까?

후설 현상학은 방법론인가, 철학인가

오늘날 현상학은 새로운 방법론으로 간주되든 독자적 철학으로 간주되든 간에, 적어도 인문사회과학에서 낯선 분야는 아니다. 우리나라에도 관련된 논문이나 입문서가 적지 않으며, 원전도 제법 많이 번역되어 있다.

그러나 후설 현상학에 대한 이해는 극히 보잘것없다. 그 이유로,

첫째, 그의 저술이 매우 난해하다는 점(그러나 일난 그의 논지를 파악하면, 애매하고 신비적 개념들로 일관된 저술보다 명확하게 이해할 수 있다),

둘째, 그가 남긴 방대한 유고(유대인저서 말살운동으로 폐기될 위험에서 구출된 약 4만 5,000장의 속기원고와 1만 장의 타이프원고)가 1950년 이후에야 비로소, 그것도 지금까지 드문드문 출간되고 있다는 점을 들 수 있다.

다른 한편 후설의 주장과는 전혀 상관없이, 아니 어떤 경우에는 전혀 근거 없이 정반대로 후설 현상학이 해석되는 데 있다.

첫째, 흔히 후설사상이 '기술적 현상학(심리학)에서 선험적(관념론적) 현상학, 다시 생활세계(실재론적) 현상학'으로, 또는 '정적 현상학에서 발생적 현상학'으로 발전했다고 한다. 이처럼 분명한 근거 없이 단절된 도식의 틀에 얽매인 해석만으로는, 마치 여러 가닥의 생각이 부단히 떠오르고 가라앉으며 의식의 흐름이라는 전체 밧줄을 형성하듯이, 각 단계의 특징이 서로 뒤섞여 나선형의 형태로 부단히 발전해나간 선험적 현상학의 총체적 모습을 결코 밝힐 수 없다.

둘째, 그의 철학은 의식의 다양한 관심영역(층)에 주어지는 사태 그 자체를 분석한 일종의 '사유실험'(Denkexpeiment)이기 때문에, 이에 접근하는 문제의식에 따라 제각기 해석될 수 있다. 그래서 후설 현상학은 대부분 그 자체로 충실하게 파악되기보다, 이들이 단편적

으로 비판한 (동시대인이면서도 단지 후학後學이라는 이유만으로 정당화된) 견해에 따라서만 일방적으로 평가되고 있다.

이러한 결과로 판단중지, 환원, 본질직관에 따라 이성(선험적 주관성)을 강조한 '선험적 현상학은 관념론(합리론, 주지주의)'으로, 귀납에 따라 유형을 형성하고 경험의 지평구조를 분석한 '생활세계 현상학은 실재론(경험론, 주의주의)'으로 파악되고 있다. 심지어 '실천이 모든 진리의 규준'이라는 마르크스–레닌주의적 사회철학이 풍미하던 1980년대 출간된 사전은 "실천을 떠난 부르주아사상" "주관적·관념론적으로 왜곡된 플라톤주의의 현대판"(한국철학사상연구회 엮음, 『철학 대사전』, 동녘, 1989, '후설' 및 '현상학' 항을 참조할 것)으로까지 규정하고 있다.

과연 후설은 어제는 선험적 현상학에, 오늘은 생활세계 현상학에 어정쩡하게 두 집 살림을 차렸는가? 도대체 선험적 현상학이란 무엇인가?

후설이 최후의 저술 『위기』에서 '생활세계'를 문제 삼은 것도 오직 '선험적 현상학'(목적)에 이르기 위한 하나의 길(방법)을 제시하기 위해서였다. 방법(method)은, 어원(meta+hodos)상 '무엇을 얻기 위한 과정과 절차'를 뜻하듯이, 목적을 배제할 때 방황할 수밖에 없다. 후설 현상학 역시 마찬가지다. 그리고 '관념론(주관주의)인가 실재론(객관주의)인가' 하는 논의는 후설 현상학을 총체적으로 파악하기 이전에 그 출발점이자 중심문제인 '의식의 지향성'조차 이해하지 못한 데서 비롯된 것이다. 물론 그가 '부르주아'라는 용어를 사용한 적도 없으며, 그렇게 해석될 수 있는 문구도 (아직까지는) 발견할 수 없다. 만약 의식을 강조하고 분석한 것이 주관적 관념론이고 부르주아 사상이라면, 불교의 가르침도 그러하다. 그러나 아무도 불교의 가르침이 그렇다고 주장하지 않는다. 또한 '실천을 떠난 이론'이라는 몰

이해는 그가 선험적 현상학을 추구한 근원적 동기만 공감할 수 있으면 자연히 해소된다.

결국 후설 현상학(선험적 현상학)은 그 참모습을 파악하기도 쉽지 않지만, 근거 없는 피상적 비난 속에 파묻혀 외면당하고 있다. 유대인이었던 그로서는 아우슈비츠 수용소에서 비참하게 희생당하지 않은 것만으로도 크게 위안을 삼아야 할지 모른다. 그러나 우리는 이미 현대의 고전(古典)으로 지리 잡은 후설 현상학의 참모습과 의의를 올바로 규명해야 한다.

후설의 사상발전

후설 현상학의 출발인 동시에 얼개: 심리학주의 비판

라이프치히대학교와 베를린대학교에서 공부하고 변수계산(變數計算)에 관한 학위논문을 발표하여 수학자로 경력을 쌓기 시작한 후설은 빈대학교에서 브렌타노(F. Brentano)의 영향을 받아 철학도 엄밀한 학문으로 수립될 수 있다는 확신을 얻었다. 그래서 1887년 제출한 교수자격논문「수 개념에 관해(심리학적 분석)」에서 심리학의 방법으로 수학의 기초를 확립하고자 했다(이것은 1891년『산술철학』으로 확대되어 출간되었다).

그러나 그는 곧 이것이 충분치 못함을 깨달았다. 여기에는 그의 시도를 '심리학주의'라고 비판한 프레게(G. Frege)와 나토르프(P. Natorp), 판단작용과 판단내용을 구별하여 순수논리학을 추구한 볼차노(B. Bolzano)가 영향을 미쳤다. 수학과 논리학의 형식상 관계를 밝히려는 후설 본인의 문제의식이 확장된 것도 이유였다.

그래서 후설은 1900년『논리연구』제1권에서 심리학주의를 비판함으로써 보편수학(mathesis universalis)의 이념을 추구하는 학문이론으로서의 순수논리학을 정초하고자 했다.

1) 논리학에 대한 상반된 견해

논리학은 아리스토텔레스가 체계화한 이래 그 자체로 완결된 학문으로 보였으나, 근대 이후 논리학의 성격과 원리에 관해 논리학주의와 심리학주의가 대립했다. 논리학주의는 논리학이 순수한 이론의 학문으로, 심리학이나 형이상학에 독립된 분과라고 주장했다. 반면 심리학주의는 논리학이 판단과 추리의 규범을 다루는 실천적 기술(技術)의 학문으로, 심리학에 의존하는 분과라고 주장했다.

후설에 따르면, 논리학의 이 두 측면은 서로 대립된 것이 아니라 오히려 긴밀한 관계를 맺고 있다. 이론의 학문은 존재의 사실에 관한 법칙이고, 규범의 학문은 존재의 당위에 관한 법칙이다. 그런데 가령 '모든 군인은 용감해야만 한다'는 실천적 당위의 명제는 '용감한 군인만이 훌륭한 군인이다'라는 아무 규범도 갖지 않는 이론적 사실의 명제를 포함한다. 거꾸로도 마찬가지다. 따라서 규범의 학문 속에 내포된 이론적 영역은 이론의 학문으로 해명되어야 하고, 이론의 학문 역시 실천적 계기를 배제하는 것이 아니기 때문에 규범적 성격을 지닌다. 그러나 규범의 기초는 이론에 근거하므로 규범의 학문이 학문적 성격을 지니려면 이론의 학문을 전제해야 한다는 점을 고려해볼 때, 논리학은 본질적으로 이론의 학문에 속하고 부차적으로 규범적 성격을 띤다.

그런데 논리학을 올바른 판단과 추리를 결정하는 규범의 학문으로만 볼 경우, 그 과정은 심리활동의 산물이라는 점에서 논리학의 기초는 심리학, 특히 인식의 심리학에 있다는 심리학주의가 된다.

2) 심리학주의의 주장

논리법칙이 심리적 사실에 근거한 심리법칙이기 때문에 논리학은 심리학에 속하는 하나의 특수한 분과다. 따라서 논리법칙은 심리물리적 실험을 반복해 일반화한 발생적 경험법칙으로서 사유의 기능 또는 조건을 진술하는 법칙이며, 모순율(가령 '이 선분은 직선이다'와 '이 선분은 직선이 아니다')도 모순된 두 명제를 동시에 참으로 받아들일 수 없는 마음의 신념, 즉 두 가시 판단작용이 실재적으로 양립할 수 없다는 신념에서 비롯된다.

3) 후설의 비판

순수 논리법칙은 대상(예를 들어 '둥근 사각형' '황금산' '화성의 생명체')의 존재를 함축하거나 전제하지 않는다. 모순율도 모순된 명제들이나 상반된 사태들이 이념적으로 양립할 수 없다는 것을 뜻한다. 확률적 귀납에 따라 맹목적 확신으로 마음이 느낀 인과적 필연성과 명증적 통찰에 따라 직접 이해된 것으로 어떠한 사실로도 확인되거나 반박되지 않는 보편타당한 논리적 필연성은 혼동될 수 없다.

따라서 심리학주의의 인식론에서 진리의 척도를 개별적 인간에 두는 개인적 상대주의의 주장 '어떠한 진리도 없다'는 '어떠한 진리도 없다는 진리는 있다'는 명제와 똑같은 진리치를 지닌 가설로서 자신의 주장을 바로 자신이 부정하는 자가당착이다. 그 척도를 인간 종(種)에 두는 종적 상대주의의 '동일한 판단내용이 인간에게는 참인 동시에 다른 존재자에게는 거짓일 수 있다'는 주장 역시 모순율에 배치된다. 물론 인식한 객관적 판단의 이념적 내용과 인식하는 주관이 다양하게 판단하는 실재적 작용은 혼동될 수 없다. 진리를 인식할 수 있는 조건이 곧 진리가 성립한다는 것을 입증하는 것도 아니다.

이와 같은 심리학주의의 상대주의는 논리적 원리를 우연적 사실에서 도출하기 때문에, 사실이 변하면 원리도 달라져서 자기주장을 자신이 파괴하는 자기모순과 회의주의의 순환론에 빠진다.

논리학에서 인식론으로

이러한 심리학주의 비판은 후설에게 '심리학주의에 결정적 쐐기를 박은 객관주의자'라는 인상과 함께, 철학계에서의 확고한 지위를 부여했다. 그 비판의 핵심은 이념적인 것(Ideales)과 실재적인 것(Reales) 그리고 이념적인 것이 실천적으로 변형된 규범적인 것(Normales)의 근본적 차이를 인식론적으로 혼동한 기초이동(metabasis)을 지적한 (물론 주관적 심리학주의뿐 아니라, 주관에 맹목적인 객관적 논리학주의도 철저하게 비판한) 것이다. 경험론의 추상이론을 포기해야만 이들의 관계가 올바로 분명히 드러날 수 있다고 파악한 그는 경험이 발생하는 사실(事實)이 아니라 객관적으로 타당하기 위한 권리(權利), 즉 '어떻게 경험적인 것이 이념적인 것에 내재하며 인식될 수 있는지'를 해명할 필요가 있었다.

그래서 그는 곧이어 1901년 출간한 『논리연구』 제2권에서 이 문제를 해명하고자 지향적 의식체험을 분석했다. 즉 궁극적 근원을 찾아 형식논리와 모든 인식의 전제인 순수 의식을 분석하는 선험논리의 영역을 파고들었다. 모든 세계의 객관적 타당성과 존재의미는 선험적 주관성에 근거해서만 성립되고 이해될 수 있기 때문이었다.

1) 표현과 의미

그는 의식의 지향성을 전제해야만 가능한 언어를 분석해 의미의 지향적 구조를 밝혔다. 언어를 통한 표현이나 기호의 구조는 이것에 의미를 부여해 생명력을 불어넣는 생생한 체험을 분석해야 이해될 수 있기 때문이다.

언어는 언제나 '무엇에 대한' 기호다. 그러나 모든 기호가 그 기호로써 표현된 의미를 갖는 것은 아니다. 따라서 기호는 기호와 그것이 지적한 것이 필연적으로 결합된 '표현'과 이것들이 협약이나 연상에 따라 어떤 동기로 결합된 '표시'로 구분된다. 이때 표현 속에 주어진 것을 분석해보면, '표현 자체' '그 표현의 의미' 그리고 '표현의 대상성'이 있다.

그런데 표현에서 가장 기본적 기능은 '통지기능'이다. 표현은 의사를 소통하는 심리적 체험(형식)과 문자나 음소, 즉 물리적 체험(내용)으로 구성된다. 물론 듣는 사람은 통지받는 것을 그가 그것을 다른 사람에게 통지하는 양상으로 이해하기 때문에, 말하는 사람이 더 근본적이다.

이렇게 통지하고 통지받는 것이 일치되어 표현에 생생한 의미를 부여하고 대상성을 직관하는 것이 곧 '의미기능'이다. 여기에는 의미를 부여해 표현된 대상성과의 관계를 지향하는 '의미지향'과 이 의미지향을 확인·보증·예증해 대상성과의 관계를 성립시켜 충족시키는 '의미충족' 두 계기가 있다. 이때 표현은 대상에 직접 관계하지 않고 의미작용으로 표현되고 사념된 대상성, 즉 논리적 대상들에 우선 관계한다. 이 대상성은 동반된 직관에 따라 현재화되어 나타난다. 이것이 대상성을 지시하는 '명명기능'이다.

그러나 표현의 본질은 의미기능에 있기 때문에 통지기능은 의미기능의 보조수단이다. 통지기능이 없어도 (예를 들어 표정·몸짓·독백 등) 의미는 있을 수 있지만 의미기능이 없는 표현은 불가능하고, 의미로 표현된 대상성은 비록 가상(假象)이라도 그 표현을 무의미하게 만들지 못하기 때문이다. 즉 의미기능에서 의미지향은 의미충족에 선행하고 의미충족이 없어도 표현을 이해시켜주기 때문에 의미충족보다 더 본질적이다.

이러한 의미론은 상상이나 동화, 문예작품, 미래의 소망처럼 지시하는 대상이 현존하지 않아도 의미지향을 지닌 표현에 의미가 있다고 본다. 그래서 유의미의 기준을 원자명제와 사태의 일대일 대응에 둔 비트겐슈타인(L. Wittgenstein)의 '그림이론'이나 논리적 실증주의(Logical Positivism)가 그 기준을 명제를 관찰하고 진위를 검증할 방법에 둔 '검증원리'보다 더 포괄적이며 강한 설득력을 지닌다.

2) 지향적 분석에 대한 편견과 오해

그러나 이러한 의식체험의 분석은 순수논리학보다는 체험심리학이나 인지심리학에 적절한 관심사로 비쳤다. 그래서 동시대인들은 주관성으로 되돌아가 묻는 후설의 작업을 심리학주의로 후퇴한 것으로, 심지어 '단순한 의식철학' '주관적(절대적) 관념론'으로까지 해석했다. 그는 이러한 오해가 소박한 자연적 태도로 전락하기 때문에 발생한다는 점을 여러 번 해명했지만, 이미 깊이 뿌리내린 두꺼운 편견을 해소할 수는 없었다.

경험의 대상과 그것이 주어지는 방식 사이의 보편적 상관관계의 아프리오리(Apriori)에 대한 생각이 처음 떠오른 것(『논리연구』가 마무리된 1898년경)에 깊은 충격을 받아, 그 이후 나의 전 생애에 걸친 작업은 이 상관관계의 아프리오리를 체계적으로 완성하는 것이었다. ……선험적 환원으로 새로운 철학을 체계적으로 소개하는 첫 시도는 『이념들』 제1권(1913)으로 나타났다. 그 후 수십 년간 철학은 ─ 이른바 현상학파의 철학도 ─ 구태의연한 소박함에 머물곤 했다. 물론 삶의 자연적인 방식 전체를 총체적으로 변경하는 것이 맨 처음 등장하기란 매우 어렵기 때문에 충분한 근거를 바탕으로 서술될 수 없었다. 특히…… 자연적 태도로 다시 전락함으로써 일어나는 끊임없는 오해들이 발생하는 경우 더욱 그러했다.

그가 『위기』에서 자신의 철학을 되돌아보며 많은 아쉬움을 표명하면서 진술한 것에서도 알 수 있듯이, 이미 1898년경 완성된 이 두 책이 동시에 출간되었다면, 처음부터 '(제1권의) 객관주의 대(對) (제2권의) 주관주의'라는 논란은 일어나지 않았을 것이다. 물론 "현상학 전체를 포괄하는 문제의 명칭"인 의식의 지향성을 제대로 파악하면, 이러한 가정조차 필요 없다.

결국 후설의 심리학주의 비판은 심리학 자체를 거부한 것이 아니라, 자연과학의 인과법칙에 따른 행동주의 심리학이나 객관주의적 형태심리학의 소박한 자연적 태도를 지적한 것이다. 경험의 대상과 그것이 의식에 주어지는 방식들 사이의 보편적 상관관계를 체계적으로 밝히는 것, 즉 심리학이나 그 밖의 학문으로 이성에 관한 참된 학문의 길을 제시하는 것은 다양하게 발전해나간 후설사상에서 변함없는 핵심과제였다.

선험적 현상학이 싹트는 계기

후설은 『논리연구』 출간 이후 『이념들』 제1권 출간까지 10여 년간 (논리적·실천적·가치 설정적) 이성 일반에 대한 비판, 즉 논리학을 인식론적으로 해명하는 현상학적 이성비판에 집중했으나, 그 내용을 출간하지는 않았다.

그러나 이 기간에 주목할 만한 일이 세 가지 있었다.

1) 수동적 종합의 근원인 내적 시간의식

1904~1905년 겨울학기 강의 '현상학과 인식론의 주요 문제'다. 이 강의에서 순수한 감각자료의 시간적 구성과 그 구성의 기초인 현상학적 시간의 자기구성을 다룬 후설은 시간의식의 지향적 성격을 밝힘으로써 이른바 후기사상이 전개되는 기본축인 발생적 분석의 지침을 분명하게 제시했다(1928년 하이데거가 관련 자료를 편집해 출판한 것이 이 책의 원전이다).

지속하는 시간의 객체가 근원적으로 산출되는 원천이자 시점은 '근원적 인상(印象)'이다. 시간의식의 끊임없는 흐름은 매 순간 '지금'이 과거로부터 미래로 부단히 이어지는 '가로방향 지향성'과, 그 '지금'이 지나갔지만 흔적도 없이 사라지지 않고 변양된 채 침전되어 유지되는 '세로방향 지향성'으로 이중의 연속성을 띤다. 이 연속성 때문에 의식의 흐름은 방금 전에 체험한 것을 현재화해 의식하는, 즉 1차적 기억으로 지각하는 '과거지향'(Retention), '지금'의 근원적 인상인 '생생한 현재', 미래에 일어날 것을 현재에 직관적으로 예상하는 '미래지향'(Protention)으로 연결되는 통일체를 이룬다.

이 시간의식의 끊임없는 통일적 흐름은 이미 알려진 '과거지향'과, 아직 명확하게 규정되어 알려지지 않았지만 과거의 경험을 통해 친숙한 유형으로 알려질 수 있는, 즉 미리 지시하는 '미래지향'이 생생하게 드러날 수 있게 함축된 '지금'의 지평을 이룬다. 가령 전혀 생소한 동물을 만났을 때 우리는 그것이 이제까지 경험했던 '개'와 비슷한 유형이기 때문에 아직 드러나지 않은 그 이빨의 모양이나 행동거지, 꼬리의 형태 등이 '개'와 비슷할 것이라고 예상하면서 주시한다. 또한 처음 만난 사람도 그의 음성·눈빛·자세 등을 보고 그의 성격이나 직업, 곧 이어질 행동 등을 예상하면서 살펴본다. 즉 이것은 일종의 '예언가와 같은 의식'이다.

그는 이렇게 분석한 성과를 그 후 여러 저술에서 자주 인용해 강조했지만, 1928년에야 비로소 『시간의식』으로 출간했다. 그러나 비슷한 주제로 1927년 발표된 하이데거의 『존재와 시간』과 유사한 것으로 간주되어 전혀 주목받지 못했다. 만약 1917년 이미 탈고된 그 초고가 좀더 일찍 알려졌다면, 후설 현상학을 '정적 현상학 대 발생적 현상학'으로 대립시켜 이해하는 시각은 아예 생기지도 않았다.

2) 선험적 전환의 기폭제

1905년 여름 젊은 현상학도들과 알프스의 제펠트에서 연 연구회의 초고다. 여기서 선험적 현상학의 중심개념인 '환원'(Reduktion)과 대상의 '구성'(Konstitution) 문제를 처음 다루었다(이것을 바탕으로 한 '1907년 강의'의 유고는 1950년 『이념』으로 출간되었다).

현상학적 환원으로 선험적 고찰방식을 터득한 후설은 대상이 구성되는 의식 자체로 되돌아가서 선험적 현상학을 천착해갔다. 그는 '선험적'(transzendental)이라는 용어를 칸트에게서 받아들였지만, 점차 칸트와 다르게 또한 그 의미를 더 확장해 사용한다. 그것은 인식 가능한 형식적 조건을 문제 삼거나 존재를 정립해 소박하게 받아들이는 자연적 태도를 넘어서 그 타당성을 판단중지함으로써 궁극적 근원으로 되돌아가 묻는 철저한 반성적 태도를 뜻한다.

나는 이 '선험적'이라는 말을 가장 넓은 의미에서 데카르트가 모든 근대철학에 의미를 부여한…… 원본적 동기에 대한 명칭으로 사용한다. 그것은 '모든 인식이 형성되는 궁극적 원천으로 되돌아가 묻는 동기이며, 인식하는 자가 자기 자신과 자신의 인식하는 삶(Leben)에 대해 스스로 성찰하는 동기'다.

즉 칸트나 신칸트학파에서 '선험적'에 대립된 말은 '경험적' (empirisch)이지만, 후설에게서 그것은 '소박한'(naive) 또는 '세속적'(mundan)이다. 이 점을 분명하게 파악해야 일반적 의미의 방법론으로서 현상학과 전통적 의미의 철학을 심화시킨 새로운 철학(선험철학)으로서 선험적 현상학을 정확하게 구별할 수 있다.

3) 자연주의와 역사주의 비판

1910년 크리스마스 휴가부터 다음 해 초까지 작성해『로고스』 (Logos) 창간호에 발표한『엄밀한 학문』이다. 다른 저술에 비해 비교적 짧은 이 논문은 제자들과만 공유하던 현상학의 구상을 일반 대중에게 극명하게 전한 선언문이자 그 후에 다양하게 발전한 사상을 이해할 결정적 시금석이다.

자연주의는 모든 존재자를 단순한 물질과 이것에 의존해서만 경험되는 심리로 구별하고 이 심리물리적 자연 전체를 수량화(數量化)해 정밀한 자연법칙으로 규정한다. 그래서 구체적 시간성이나 실재적 성질이 전혀 없는 이념적인 것까지 자연화(自然化) 또는 사물화(事物化)한다.

그러나 의식을 자연의 한 부분으로만 간주해 의식의 지향성을 보지 못하고 엄밀한 학문의 이념을 왜곡하는 자연주의는 이론상 자기 모순이다. 자연주의자는 이념적인 것을 부정하는 이론을 주장하는데, 이 이론 역시 객관성과 보편성을 요구하는 이념적인 것이기 때문에 곧 자신의 행동에서 관념론자이자 객관주의자일 수밖에 없다. 또한 실천상 가치나 의미의 문제를 규범과 인격의 주체에서 소외시킨 '심리(Psyche) 없는 심리학(Psychologie)'이다.

한편 역사주의는 내적 직관으로 정신의 삶에 정통하게 되면 그것을 지배하는 동기들을 '추후로 체험'할 수 있고, 이렇게 함으로써 그때그때 정신이 이룩한 형태의 본질과 발전을 역사적 발생론으로 '이해'할 수 있다고 본다. 세계에 대한 경험과 교양을 강조하는 세계관 철학도 근본적으로 마찬가지다.

그러나 역사주의는 사실과 이념을 인식론적으로 혼동한 오류로서 이것은 결국 각 역사적 관점을 모두 부정하는 극단적인 회의적 상대주의가 된다. 가치평가의 원리는 역사적 사실을 다루는 역사가(歷史家)가 단지 전제할 뿐이지 결코 정초할 수 없는 이념직인 영역에 놓여 있다. 따라서 엄밀한 학문의 이념을 약화시킬 뿐이며, 경험적 사실로 비실재적인 이념을 정초하거나 반박하는 것은 희망 없는 헛된 시도요 모순이다.

선험적 현상학(현상학적 철학) 추구

후설은 현상학에 대한 일반 대중의 급증하는 관심과 요구에 따라 그 통일적 모습을 밝힐 필요를 느꼈다. 그래서 1913년 자신이 공동편집인으로 창간한 『(철학과 현상학 탐구)연보』에 『이념들』 제1권을 발표해, 순수 의식의 본질구조를 분석하는 현상학의 문제와 방법을 구체적으로 제시했다.

1) 문제와 방법

현상학의 최고 원리는 '원본적으로 부여하는 모든 직관이 인식에 대한 권리의 원천'이라는 것이고, 그 규범은 '의식 자체에서 본질적으로 통찰할 수 있는 명증성만 요구'한다는 것이며, 그 문제 영역은 이성(선험적 자아)의 본질구조를 지향적으로 분석하는 새로운 인식비판이다. 그 방법에는 '판단중지'(Epoché)와 '형상적 환원' '선험적 환원'이 있다.

'판단중지'는 자연적 태도로 정립된 실재 세계의 타당성을 괄호 속에 묶어 일단 보류한다. 예를 들어 어떤 빨간 장미꽃을 보았을 때, 이 것을 과거에 경험한 것이나 편견에 얽매여 판단하는 것을 일시 중지한다. 그러나 그 꽃이 실제로 존재하는 것을 부정하거나 의심하는 것은 아니다. 다만 그것을 바라보는 관심과 태도를 변경함으로써 새로운 방식으로 볼 수 있게 한다. 이것은 자신이 보고 싶은 것만 보고 자신이 선호하는 측면으로만 해석하는 자기중심적인 편향성과 안일한 타성을 극복하는, 즉 '처지를 바꾸어 생각하는'(易地思之) 태도로서, 다른 사람을 진정으로 이해하고 배려하며, 복잡한 연관 속에 주어진 사태 전체에 더 충실하게 다가서는 새로운 가능성을 실현할 구체적인 방법이다.

'형상적 환원'은 개별적 사실에서 보편적 본질로 이끈다. 즉 어떤 임의의 대상, 즉 빨간 장미꽃을 상상으로 자유롭게 변경해 빨간 연필, 빨간 옷 등 그 모상(模像)을 만들고, 이것들이 서로 합치하는 것을 종합해 '빨간색'이라는 본질, 즉 형상을 직관한다. 이때 자유로운 변경은, 가령 빨간색에서 노란색으로 넘어갈 수 있지만 어떤 음(音)으로 넘어갈 수 없듯이, 일정하게 한계가 설정된 류(類)의 범위, 즉 후설이 말하는 아프리오리 안에서만 수행된다. 따라서 모상들이 서로 중첩되는 일치, 즉 본질은 자유로운 변경으로 비로소 산출된 것이 아니라 처음부터 수동적으로 미리 구성되어 있다. 형식논리학도 그 주어(S)나 술어(P)가 사실이든 상상이든 이러한 한계 안에서만 '세계 속에 있는'(in der Welt sein) 참된 존재자를 유의미하게 판단하는 철학적 논리학일 수 있다(바로 이 한계 때문에도 후설 현상학을 절대적 관념론으로 해석할 수 없다).

'선험적 환원'은 의식의 작용들과 대상들에 통일성을 부여하고 그 것의 동일한 의미를 '구성'하는 원천인 선험적 자아와 그 대상 영역을 드러낸다. 물론 후설 현상학에서 '구성'은 대상을 창조해 만들어내는 것이 아니라 그 대상이 스스로 제시하고 드러낸 것의 의미를 해명하는 것이다. 후설은 이 영역을 '객관'과 대립된 '주관'이 아니라 주관과 연관된 것을 추상화해 포괄하는 (선험적) '주관성'(Subjektivität) 또는 '주관적인 것'(Subjektives)이라는 생소한 표현으로 지칭한다. 어쨌든 경험적 자아는 구체적으로 존재하는 세계와 일상으로 교섭하는 사실적 자아이고, 선험적 자아는 자연적 태도의 경험을 판단중지하고 남은 기저의 층(層) 또는 구체적 체험흐름의 심층에서 환원을 수행하는 자아다. 사실적 자아는 '보인 나'이며, 선험적 자아는 '보는 나', 곧 인격적 주체인 나의 '마음'이다.

2) 이성비판의 의의

『이념들』 제1권은 이성비판으로 순수 의식의 보편적 구조(선험적 주관성)를 해명하는 '선험적 현상학', 즉 현상학적 철학(또는 순수 현상학)의 얼개를 세운 초석이다. 그런데 후설에게 '이성'은, 칸트처럼 '오성'과 구별되거나 '이론이성'과 '실천이성'으로 나뉘지 않고, '이론적·실천적·가치 설정적 이성 일반', 즉 감각(지각)·기억·예상 등 침전된 무의식(심층의식)을 포함한 끊임없는 지향적 의식의 통일적 흐름을 뜻한다. 그에게는 '주관성'도 전통적 견해인 '객관과 대립된 주관'(Subjekt 대 Objekt)이 아니라 '주관과 객관의 불가분한 상관관계'(Subjekt-Objekt-Korrelation)다.

그런데 후설은 그 방법이 어떻게 가능한지를 제시하는 것에 그치지 않고 아무리 힘들어도 왜 해야만 하는지 목적을 역설한다. 그것은 인간성을 근본적으로 개혁하는 것이 인격적 주체가 스스로 져야만 할 책임이기 때문이다. 그래서 그는 '현상학적 환원의 교훈은 현상학적 환원이 우리가 태도변경을 파악하는 데 매우 민감하게 만드는 데 있다'고 그 의의를 밝히고 당위성을 강조한다.

그러나 순수 의식의 본질적 구조를 해명하는 선험적 현상학은 '주관적 관념론'이라는 인상과 함께, 자아 속으로 파고들어갈 뿐인 '독아론'(獨我論)으로 간주되었다. 더구나 '순수 현상학의 일반적 입문'이라는 부제를 단 제1권은 본래 총 3부로 계획된 것 가운데 제1부다. 1912년 이미 완결된 제2부의 초고는 1916년부터 프라이부르크대학교에서 후설의 연구조교로 활동한 슈타인(E. Stein)이 1913년과 1918년 두 차례 수기로 정리했다. 이것을 란트그레베가 1924~25년 다시 수정하고 타이프로 정서했지만, 30년 이상 지나서야 1952년 『후설전집』 제4권(『구성에 대한 현상학적 분석』)과 제5권(『현상학과 학문의 기초』)으로 출간되었다.

그 결과 『이념들』 제1권은 '정적 분석'의 '선험적 관념론'으로, 제2권은 '발생적 분석'의 '경험적 실재론'으로 해석되었다. 그래서 이 둘은 긴밀한 연관 속에 함께 연구된 일련의 저술이 아닌, 마치 다른 주제로 다른 시기에 작성된 것처럼 알려졌다. 더구나 제2권은 정신세계가 그 근본적 법칙인 '연상' 또는 '동기부여'로 발생되는 역동적 구성의 문제를 다루는데, 하이데거가 『존재와 시간』에서, 메를로퐁티가 『지각의 현상학』에서 각각 이 책을 유고 상태로 참조했다고 밝힌 점이나, 가다머가 『진리와 방법』에서 출간된 책으로 언급한 점에서 알 수 있듯이, 후설 현상학과 그 후의 많은 현상학자 사이의 매우 밀접한 관련도 전혀 파악할 수 없게 되었다.

물론 제2권과 제3권도 본래 구상에서 제2부의 제1편과 제2편일 뿐이다. 제3부 「현상학적 철학의 이념」은 그 당시 체계적으로 서술해 제시할 수 없었고 그 후 후설이 조금도 또한 잠시도 벗어날 수 없었던 과제로 남았다.

3) 선험적 현상학의 이념을 추구한 흔적

후설은『이념들』제1권 이후『형식논리학과 선험논리학』을 출간하기까지 16년간 어떠한 저술도 출간하지 않았다. 그렇다고 이 기간에 그가 선험적 현상학에 의심을 품고 근본적으로 사상을 전환했다고 주장하는 것은 전혀 근거 없는 억지다. 오히려 선험적 현상학의 이념을 정확하게 전달하려고 외부 강연과 대학 강의에 몰두하는 한편,『이념들』제1권에 대한 오해를 해소하고자 검토와 수정을 거듭하던 제2권의 완성도를 높이는 작업에 전력했다.

그 흔적을 추적해보면 다음과 같다.

우선 1922년 6월 런던대학교에서 한 강연 '현상학적 방법과 현상학적 철학'이 있다. 그는 이것을 확장해 1922~23년 '철학입문'(이것은 유고로 남아 있다)과 1923~24년 '제일철학'(이것은 1956년『제일철학』의 제1권 '역사편' 및 1959년 제2권 '체계편'으로 출간되었다)을 강의했다. '제일철학'이라는 고대의 명칭을 채택한 것은 독단적 '형이상학'을 극복하고 이성을 비판하는 철학 본래의 이념을 복원하려는 의도 때문이다(이 명칭은 1930년대 들어 점차 '선험철학'으로 대치된다). 그런데 후설은 이미 이때부터 제일철학에 이르는 현상학적 환원으로 데카르트가 방법적 회의로 자의식의 확실성에 도달한 것과 같은 직접적인 길 이외에, 심리학이나 실증과학의 비판을 통한 간접적인 길들을 모색하고 있었다.

이러한 점은 1927년 제자 하이데거와 공동으로 집필을 시작해 네 차례 수정을 거치면서 학문적으로 결별하게 되었던『대영백과사전』(*Encyclopaedia Britannica*, 제14판 제17권, 1929)의 '현상학' 항목(이것은 후설이 독자적으로 작성한 4차 수정안이다)에서도 찾아볼 수 있다. 그는 이것을 수정하고 보완해 1928년 암스테르담에서 강연했다. 그러나 결론인 제3부는 제목만 밝힌 채 미완성으로 남았다.

어쨌든 그는 그 어떤 것에도 결코 만족할 수 없었다.

4) 은퇴 후에도 계속 추구한 선험적 현상학의 이념

후설은 1928년 가을 하이데거에게 후임을 넘기고 프라이부르크대학교를 은퇴했다. 그러나 학문적 작업에서 은퇴한 것은 아니었다. 오히려 더 왕성한 의욕을 품고 새롭게 출발했다.

1928년 11월부터 다음 해 1월까지 『형식논리학과 선험논리학』을 작성해 발표했다. 그는 논리학이 자신의 방법론을 소박하게 전제하는 하나의 개별과학으로 전락했기 때문에 참된 존재를 탐구하는 진정한 방법의 선구자로서 본연의 역할을 하지 못했고, 그 결과 학문의 위기가 발생했다고 진단한다. 그리고 형식논리학이 인식하는 행위와 실천하는 행위 그리고 가치를 설정하는 행위가 서로 밀접하게 관련된다는 사실을 문제 삼지 않아 이론(theoria)과 실천(praxis)을 단절시켰다고 비판한다.

술어로 표명된 판단 자체의 진리와 명증성은 판단의 기체(基體)들이 주어지는 근원적인 술어로 표명되기 이전의 경험의 대상적 명증성에 근거하기 때문에, 형식논리학은 선험논리학으로 정초되어야만 참된 존재자, 즉 세계에 관한 논리학이 된다. 그리고 선험적 현상학은 지각이 수용되는 수동적 감성(pathos)을 분석하는 선험적 감성론에서 능동적 이성(logos)이 술어로 판단하는 형식논리학을 정초하는 선험논리학으로 상승해가는 것이다. 이렇게 형식논리학의 근원으로 되돌아가 물은 것은 『논리연구』 제1권 이래 오래 침묵했던 순수 논리학의 이념을 더욱 명확하게 해명한 것이었다.

그리고 1929년 2월 프랑스학술원 주관으로 소르본대학교의 데카르트기념관에서 선험적 현상학을 데카르트의 전통에 입각해 체계적으로 묘사한 '선험적 현상학 입문'을 강연했다(레비나스가 주로 번역한 강연의 '요약문'은 1931년 프랑스어판 *Meditations Cartésiennes*으로 출간되었다).

이는 현상학을 방법론으로만 받아들인 (선험적 환원은 배제하고 본질직관의 형상적 환원만 수용한) 셸러와 (선험적 자아를 이념적 주체로 규정하고, 이 주체로는 현존재Dasein의 사실성과 존재론적 성격을 파악할 수 없다고 주장한) 하이데거를 통해 간접적으로 전파된, 따라서 선험적 현상학이 추상적 관념론이나 독아론으로 오해된 프랑스에 자신의 철학을 직접 해명하려는 시도였다. 후설이 볼 때 이들의 현상학은 여전히 소박한 자연적 태도에 머문 심리학적-객관적 인간학주의로서 '세속적 현상학'일 뿐, 여전히 '선험적 현상학'에는 이르지 못한 것이다.

후설은 이 '파리 강연'을 독일어판으로 확장해 출간하는 것을 필생의 작업으로 간주하고 수정해갔다(이 수정원고들은 1973년 『상호주관성』 제3권으로 출간되었다). 이러는 가운데 칸트학회의 초청으로 1931년 6월 프랑크푸르트대학교, 베를린대학교, 할레대학교에서 '현상학과 인간학'을 강연했다(이것은 1989년 출간된 『논문과 강연(1922~1937)』에 수록되었다). 여기서 후설은 철학을 인간학적으로 정초하려는 딜타이학파의 생철학과 셸러나 하이데거의 시도를 비판하고, 철저한 자기성찰과 자기책임에 입각한 선험적 현상학의 이념을 데카르트의 성찰과 관련지어 전개했다. 이 강연의 예기치 않은 성황에 힘입어 '감정이입' '타자경험' '상호주관성'의 문제를 중심으로 원고를 다시 수정했지만, 이것 역시 만족할 수 없었다.

그래서 1932년 8월 핑크에게 위임해 『선험적 방법론』을 구상하게 하고, 검토해갔다(이 자료는 1988년 『제6성찰』 제1권 및 제2권으로 출간되었다). 그러나 그 내용이 선험적 현상학의 이념에 충실함을 인정하면서도, '완전히 다른' 책이 될 수 있다고 판단했다. 또한 이 책에서『이념들』제1권 이래 추구한 '데카르트적 길'은 단 한 번의 비약으로 선험적 자아에 이르는 것으로 제시되는데, 상세한 예비설명이 없기 때문에 선험적 자아를 가상적이고 공허한 것으로 보이게 했다. 따라서 자연적 태도를 벗어나지 못한 사람들에게 선험적 현상학을 이해시키기 어렵다고 생각해 출간을 보류했다.

더구나 1934년 8월 프라하의 국제철학회가 후설에게 '우리 시대에서 철학의 사명'이라는 주제로 강연해줄 것을 요청했다. 그때는 나치정권이 등장하여 철학이나 정치 분야를 중심으로 합리주의에 대한 반감이 팽배해지고, 유럽 문명에 대한 회의가 커지고 있었다. 이 강연을 준비하느라 '파리 강연'을 완성시키려는 계획을 유보할 수밖에 없었다(이 자료는 1950년『성찰』로 출간되었다). 또한 1919~20년 강의 '발생적 논리학'과 관련 수고들을 정리하던 작업도 관심 밖으로 밀려났다(란트그레베에게 위임했던 이 작업은 그가 죽은 다음 해인 1939년에서야『경험과 판단』으로 출간되었다).

선험적 현상학에 이르는 새로운 출발

'프라하 강연'에 이어서 후설은 우선 1935년 5월 비엔나 문화협회에서 '유럽 인간성의 위기에서의 철학'을, 11월 프라하의 독일대학교와 체코대학교에서 '유럽 학문의 위기와 심리학'을 강연했다. 또다시 '선험적 현상학 입문'을 시도한 이 강연은 제1부와 제2부로 나뉜다. 제1부는 유럽 인간성의 근본적 삶의 위기로 표현되는 학문의 위기를 논하고, 제2부는 그리스철학과 수학, 갈릴레이 이래 근대과학의 발생 그리고 데카르트부터 칸트까지의 근대철학사를 목적론으로 해석했다(이 강연의 원고는 유고슬라비아의 베오그라드에서 1936년 발행한『필로소피아』*Philosophia* 창간호에 실렸다).

그는 이것을 완결지어 출간하려 했으나, 1937년 8월 제3부 「선험적 문제를 해명하는 것과 이에 관련된 심리학의 기능」(이것은 다시 'A 미리 주어진 생활세계에서 되돌아가 물음으로써 현상학적 선험철학에 이르는 길'과 'B 심리학에서 현상학적 선험철학에 이르는 길'로 나뉜다)을 수정할 때는 이미 병들어 있었다. 제3부 A는 출판사에서 조판을 마친 교정본을 받았고, 증보판을 위한 「머리말」도 쓴 상태였지만, 후설이 수정을 멈추지 않았고 그러는 가운데 병까지 났기 때문에 결국 제3부는 관련 논문 및 부록과 함께 그가 죽고도 상당한 기간이 지난 1954년 『위기』로 출간되었다. 하지만 이 역시 본래 총 5부로 저술하려던 것이었기에 미완성이다.

1) 생활세계 논의의 기초와 그 문제제기

『위기』에서 제시한 '생활세계'(Lebenswelt)는 현대철학에 크나큰 충격을 던졌다. 그것은 수학과 자연과학으로 이념화된 세계나, 일반적 의미의 일상세계도 아니다. 논리 이전에 미리 주어진, 그 유형으로 친숙하게 잘 알려진, 술어(述語)로 표명되기 이전의 경험세계다. 그런데 '생활세계'는 『위기』에서 처음 등장한 개념이 결코 아니다. 심리학주의, 자연주의, 역사주의, 세계관철학에 대한 인식비판과 소박한 형식논리에 대한 경험비판에서 그가 일관되게 강조한, '사태 그 자체'로 되돌아가서 직접 체험하는 직관의 세계 이외에 다른 것이 아니기 때문이다.

모든 개별적 대상은 감각자료처럼 그 자체로 고립된 것이 아니라, '유형적으로 미리 알려진', 즉 술어로 규정되기 이전에 경험의 지향적 지평구조 안에서 이미 주어진다. 수동적으로 미리 주어진 대상을 술어 이전에 파악하는 지각작용은 이미 인식하는 자아가 능동적으로 주의를 기울여 작업을 수행하는 가장 낮은 단계의 능동성인 '수

용성'(受容性)이다. 술어로 대상화해 지속적 인식의 소유물로 확립하는 판단작용의 '자발성'(自發性) 이전에 존재하는 이 수용성의 구조에는 '내적 시간의식의 근원적 연상에 따른 수동적 종합'과 '신체의 운동감각(Kinästhesis)에 따른 동기부여(Motivation)'가 있다.

어쨌든 '생활세계'에 대한 후설의 논의는 '직관적 경험에 미리 주어진 토대(Boden)'이기에 실재론으로, '주관이 수행한 의미의 형성물(Gebilde)'이기에 관념론으로 해석할 수 있을 정도로 스펙트럼이 매우 다양하고, 그 분석도 아주 세밀하고 복잡해 전체 모습을 파악하기란 결코 간단치 않다. 세속적-자연적 의미의 생활세계(경험세계)와 선험적 의미의 생활세계(선험세계)를 동일한 명칭으로 다루기 때문에 더욱 그러하다.

2) 자연적 의미의 생활세계('경험세계'): 방법론으로서의 현상학

객관적 학문의 세계는 구체적 경험으로 직관할 수 있는 생활세계에 추상적 이념(理念)과 상징(象徵)의 옷을 입힌 것이다. 자연을 '수학적 언어로 쓰인 책'으로 파악한 갈릴레이 이래 자연과학은 이 생활세계를 수량화하고 기호화한 객관적 자연을 참된 존재로 간주한다. 그 결과 '자연'은 발견되었지만, 이 객관성에 의미를 부여하고 해명하는 '주관성'은 망각되었다. 이 점에서 갈릴레이는 '발견의 천재인동시에 은폐의 천재'다.

즉 실증적 자연과학이 추구하는 객관적 인식(episteme)은 '그 자체의 존재'(An-sich)가 아니라 그것에 이르는 하나의 방법(Methode)에 불과한 것이다. 플라톤 이래 경험론을 거치면서 더 강력해진 경향, 즉 주관이 개재될수록 더 모호하다며 전통적으로 경멸받았던 주관적 속견(doxa)은 정작 객관적 인식이 그 타당성의 의미와 정초의 관계상 되돌아가야(Rückgang) 할 궁극적 근원이다.

따라서 생활세계가 '토대'라는, 또한 '형성물'이라는 주장은 서로 배척하는 것이 아니라, 부단히 상호작용한다. 즉 생활세계는 주관이 일단 형성한 의미가 문화와 기술, 도구 등 보편적 언어의 형태로 생활세계 속으로 흘러들어가 침전되고, 이것이 지속적 타당성을 지닌 습득성 또는 관심(토대)으로서 자명하게 복원되거나 수정되면서 다시 그 의미가 풍부하게 형성되는 개방된 나선형의 순환구조를 지닌다. 그것은 상호주관적으로 경험하며 언어적으로 논의하고 해석할 수 있는 우리에게 모두 공통적인 동일한 역사적 환경세계다. 결국 생활세계로 되돌아가는 것은 경험된 세계를 단순히 받아들이는 것이 아니라, 그 속에 이미 침전된 역사성을 근원으로까지 소급해 그 통일적 총체성의 지평구조를 분석하는 것이다.

3) 선험적 의미의 생활세계('선험세계'): 철학으로서의 현상학

그러나 후설은 생활세계로 되돌아가는 것만으로는 '세계가 미리 주어져 있다'는 것을 소박하게 전제하는 자연적(세속적) 태도를 벗어날 수 없기에 철저하지 않으므로, '생활세계가 왜 그렇게 주어질 수밖에 없는지'를 되돌아가 묻는(Rückfrage) 선험적 태도가 필요하다고 주장한다.

이렇게 철저한 선험적 태도로 되돌아가 물으면 다양한 생활세계가 모든 상대성에도 불구하고 그 자체는 상대적이지 않은 보편적 본질구조와 유형이 드러난다. 이것은 '선험적인 것(또는 선험성)' '주관적인 것'으로도 부르는 '선험적 (상호)주관성', 주관과 객관 사이의 불가분한 상관관계를 뜻하는 '의식의 지향성'에 대한 심층적 표현이다. 이것을 밝히는 '생활세계의 존재론'은 곧 다른 전통과 문화세계들을 이해할 수 있고 자신의 생활세계를 발전시킬 수 있는 근거다.

후설은 이와 같이 생활세계의 근원적 의미연관과 정초관계를 밝힘으로써, 객관적 인식만을 추구하는 실증적 자연과학이 주관적 속견을 단순히 주관에 상대적인 모호한 것이라고 경멸해 자신의 고향을 상실하고 본래의 의미를 소외시켜 야기된 학문의 위기를 극복하고자 했다. '묶은 자가 해결해야 한다'(結者解之)는 당연한 주장이다.

우리는 이론적 작업수행 속에 사태들, 이론들과 방법들에 몰두하면서 자신의 작업수행이 지닌 내면성에 관해 아무것도 모르고, 그 속에 살면서도 이 작업을 수행하는 삶 자체를 주제적 시선 속에 갖지 못하는 이론가의 자기망각을 극복해야만 한다.

그는 현대가 학문의 위기뿐만 아니라, 인격과 가치규범의 담지자인 자아, 즉 선험적 주관성의 자기객관화인 인간성(Menschentum)이 이성에 대한 신념을 상실한 위기도 겪고 있다고 파악했다. 따라서 현대의 총체적 위기를 진정으로 극복(진단인 동시에 처방)하기 위해서는 생활세계를 분석하는 경험적 현상학(방법)에 머물 수 없고, 선험적 주관성을 해명하는 선험적 현상학(선험철학)에 도달해야만 한다고 역설했다.

후설철학(선험적 현상학)의 의의

선험적 현상학과 이에 이르는 길들

후설은 선험적 현상학에 이르는 길들로 이 '생활세계를 통한 길' 이외에도 '심리학을 통한 길'(『심리학』『대영백과사전』;『위기』제3부 B)을 제시했다. 이는 '경험적 심리학/현상학적 심리학/선험적 현상학'의 정초관계를 밝혀 소박한 자연적 태도의 심리학주의를 철저히 극복함으로써 선험적 주관성을 규명하려 한 시도다. '생활세계를 통한 길'이나 '심리학을 통한 길'은 모두 실증적 자연과학과 긴밀하게 관련되기 때문에 일반인이 쉽게 접근할 수 있고, 모든 학문의 궁극적 정초라는 엄밀한 선험철학의 이념을 구체적으로 밝힐 수 있다.

따라서 이 길들은 '데카르트적 길'과 배척되는 것이 아니라, 상호 보완관계에 있다. 즉 선험적 현상학에 오르는 지름길은 짧지만, 가파르고 (그 의미를 이해하기) 힘들다. 우회하는 길들은 평탄하고 도중에 아기자기한 정경들도 제공하지만, 길기 때문에 정상에서 전개될 새로운 세계(선험적 주관성)를 망각하거나 포기하기 쉽다.

이 새로운 세계, 즉 선험적 주관성(자아)은 일반적 의미의 대상과 대립된 주관이 아니라, 자아 극(Ichpol)과 대상 극(Gegenstandpol)을 모두 포함하는, 세계와 의식 사이에 본질적으로 미리 주어져 있는 보편적 상관관계다. 다양한 체험들을 통일적으로 파악하는 동일한 극(極)이고, 개인이나 공동체의 기억들과 습득성(Habitualität)을 지닌 기체(基體)이며, 생생한 현재뿐만 아니라 과거와 미래의 지평을 지니고 서로 의사소통하면서 자기 자신을 구성하는 모나드(Monad)다. 그리고 그 자체로 완결되고 폐쇄된 독아론적 자아가 아니라, 사회성과 역사성(시간성)에 따라 상호주관적 공동체 속에서 구성되는 상호주관성(Intersubjektivität)이다.

요컨대 선험적 자아는 인간이 인간다움(인간성)을 실천하려는 의지이자 정상적으로 기능하는 신체와 이성의 통일체인 '의식의 흐름'이다. 즉 '나뿐 아니라 너, 우리, 그들'의 마음이고 몸이며 정신을 포괄하는, 부단히 파도치는 표층의식을 근거 짓는 '심층의식'이다. 물론 이것은 나나 다른 사람의 손과 발처럼 구체적으로 경험되는 실재적 의미의 자아는 아니지만, 그렇다고 이념화된 추상적 자아도 아니다. 다양한 경험적 자아를 통일적 연관 속에 이해하고 유지하는 근원적 자아다. 따라서 경험적 자아와 선험적 자아는 다른 자아가 아니라 동일한 하나의 자아의 표층과 심층일 따름이다.

그렇기 때문에 이 선험적 자아를 강조하는 후설 현상학을 흔히 '의식철학' '이성(합리)주의'라고 한다. 그러나 엄밀히 말해 후설 현상학은 전통적 의미에서 경험론에 대립된 합리론과는 근본적으로 다른 '초합리주의'(Überrationalismus)다. 왜냐하면 그의 '이성'은 '감성'이나 '오성'과 구별되는 것이 아니라 이들을 포괄하는 '보편적 이성', 즉 지각, 기억, 기대 그리고 침전된 무의식을 포괄하는 '끊임없이 생생하게 흐르는 의식'이기 때문이다. 그것은 단순히 계산하고 판단하며 도구를 다루는 기술적-도구적 이성에 그치는 것이 아니라, 과거의 경험들을 바탕으로 가까운 미래를 예측하면서 현재 느끼고 판단하며 욕구하는 '이론적·실천적·가치 설정적 이성 일반'이다.

결국 새로운 세계인 선험적 주관성을 발견하려는 선험적 현상학은 인간성이 지닌 은폐된 보편적 이성(선험적 주관성)을 드러내 밝히는 자기이해로서의 철학이다. 왜냐하면 후설에게 철학은 이성이 자기 자신으로 되어가는 역사적 운동으로써 자기 자신을 실현시키는 장소이기 때문이다. 그리고 이 속에서만 인간성의 자기책임이 수행된다. 따라서 '철학을 함'(Philosophieren)은 곧 선험적 주관성의 자기구성과 그 원초적 영역(세계의 구성)을 해명해 자기 자신과 세계를 궁극적으로 인식하려는 '현상학을 함'(Phänomenologisieren)이며, 학문과 인간성의 이념에 부단히 접근해야 할 목적을 지닌 보편적 이성에 대한 현상학적 이성비판이다.

왜 선험적 현상학까지 가야만 하는가

이 선험적 주관성의 깊고 풍부한 세계를 해명하는 길은 너무나 멀고 힘들다. 그렇기 때문에 소박한 자연적 태도에 안주하기 급급해 진정한 삶의 의미와 목적을 외면하거나 현대문명의 엄청난 성과와 편리함에 유혹당해 실험으로 증명된 것만을 '사실'로 받아들이라는 객관적 실증과학에 철저히 세례받은 사람들의 눈에는 분명 선험적 자아가 군더더기다. 그래서 사르트르는 "선험적 자아는 의식의 죽음"이라고 단언했다. 또한 포스트모더니즘(Post-Modernism)을 선도하거나 이들의 견해를 맹목적으로 추종하는 사람들은 "지금이 어떤 시대인데 아직도 이성 타령인가" 하며 즉결재판하고 있다.

그러나 선험적 자아(마음)는 버선목처럼 뒤집어 보일 수는 없지만, 분명 실재하는 것이다. 그것이 부정된다면, 나나 다른 사람, 공동체의 역사적 전통이나 관심, 습관을 전혀 이해할 수 없다. 물론 이들을 유지하고 새롭게 발전시킬 주체도 확보되지 않는다. 마음이 다르면, 동일한 사물이나 사건에 대한 이해도 근본적으로 달라진다. 마음이 없으면, 느끼고 보아야 할 것도 못 느끼고 못 보며, 따라서 '어디로 향해 나아가야 하는지' '왜 많은 어려움이 있는데도 선험적 주관성을 실현하기 위해 노력해야 하는지' 전혀 알 수 없다. 목적과 가치를 알 수 없는 일에 실천을 강요할 수는 없다. 그렇다면 마음이 없는 철학을 무엇 때문에 왜 해야 하는가?

후설은 보편적 이성에 정초해 궁극적으로 자기책임을 지는 앎과 삶을 형성해가는 주체로서의 선험적 주관성을 해명하기 위해 선험적 현상학을 시종일관 그리고 자신의 철학을 심화시켜갈수록 더 철저하고 생생하게 추구했다. 또한 이러한 작업이 종교적 개종(改宗)처럼 어렵더라도 반드시 수행되어야 한다고 강조했다. 그래서 그는 단지 자신이 본 것을 제시하고 기술할 뿐이지 가르치려고 시도하지 않는다고 하면서도, 자신의 철학이 "말로만 매우 급진적인 태도를 취하는 사람들보다 훨씬 더 급진적이며, 훨씬 더 혁명적이다"라고 주장했다. 무슨 근거로 이렇게 주장한 것인가?

그가 보았다는 선험적 주관성은 의식의 지향적 통일성 속에서 인격으로서의 자기동일성을 확보하고, 의사소통으로 자기 자신과 다른 사람, 사회공동체, 다른 역사와 전통을 지닌 문화를 이해함으로써 새로운 삶을 창조해야 할 이성적 존재로서의 자기책임을 실천하는 주체다. '먹어보고' '만져보고' '들어보고' 아는 것처럼, 보는 것은 아는 것의 기초다. 그리고 알면 더 많은 것을 보게 된다. 또한 보고 알면 사랑(실천)하게 되고, 그러면 더 많이 보고 알게 된다. 이들은 개방된 순환구조를 지닌다. 따라서 유가(儒家)가 모든 것의 근본을 격물치지(格物致知)에, 불가(佛家)가 팔정도(八正道)의 첫 항목을 정견(正見)에, 도가(道家)가 도통(道通)의 첫 단계를 관조(觀照)에 둔 것과 마찬가지로, 아는 것은 자아를 실천하는 첫걸음이다. 단지 선험적 주관성에 대한 후설의 해명은 현대적 의미에 더욱 적합하게 구체적이고 생생할 뿐이다.

어두운 곳을 밝힌 여명(黎明)의 철학

후설은 현대가 객관적 실증과학의 의미기반인 생활세계를 망각한 학문(인식)의 위기뿐 아니라, 인격의 주체인 자아가 매몰된 인간성(가치관)의 위기에도 처해 있다고 진단했다. 이때 마주하는 것은 이 위기를 불가피한 재난이나 암울한 운명으로 간주해 이성을 적대시하는 회의적 비합리주의로 전락하는 길과 이 위기를 궁극적으로 극복할 이성의 영웅주의(Heroismus der Vernunft)로 재생하는 길이다. 어느 길을 걸어도 하나의 삶이다.

물론 후설은 이성의 길을 선택했다. 현대가 처한 위기의 근원은 이성 자체가 아니라, 이성이 좌절한 데 있다고 파악했기 때문이다. 거부할 것은 이성이 아니라, 소박한 자연과학의 영향 아래 이성이 추구한 잘못된 방법일 뿐이다. 이성은 결코 죽지 않았다. 느끼고 생각하며 결단을 내리는 이성을 사용하지 않는 사람, 의식이 없는 사람, 그런 사람이야말로 결코 살아 있다고 할 수 없다.

이 이성주의는, 의식의 무한히 개방된 지향성에 따라 이미 완결된 어떤 체계를 설정하는 철학이 아니다(후설은 키르케고르나 니체 또는 포스드모더니즘의 해체주의 못지않게 체계의 형성을 혐오했다). 그것은 보편적 이성, 즉 생생한 의식으로 학문의 이념인 사태 그 자체에 부단히 접근한다는 그리고 인간성을 완성하려는 이념에 부단히 접근한다는 이중의 목적론(Teleologie)을 지닌다. 따라서 선험적 현상학은 다양한 경험세계를 분석하면서도 이들의 근저에 놓여 있는 통일성, 즉 하나의 보편적 구조를 지닌 선험세계를 확보했다는 점에서, 인격적 주체의 자기동일성과 자기책임을 강조했다는 점에서 포스트모더니즘을 근본적으로 넘어서는 '트랜스모더니즘'(Trans-Modernism)이라 할 수 있다. 후설 현상학은 철저한 자기성찰로 자기 자신과 세계를 이해하고 자기를 실현해가는 '윤리적-종교적' 문제들로 점철된 험난하고 고된 구도자의 길이다.

이러한 후설의 과학문명 비판과 그 극복책은 반세기가 지난 오늘날에도 여전히 타당한, 아니 오히려 더욱더 절실하게 요청되는 철학이다. 고도로 산업화된 사회에서 생활세계는 객관적 학문의 의미기반을 회복할 뿐만 아니라, 생태계 전반의 위기인 '환경'문제를 해결할 수 있는 실마리다. 또한 첨단 과학기술이 범람하는 21세기 정보화 시대에는 신속한 전문기술의 획득 이외에도 가치 있는 삶을 창조함으로써 자기 자신과 가족, 사회, 국가, 인류에 대해 책임지는 인격적 주체를 확립해야 할 절박한 과제가 주어져 있다.

흔히 철학은 일반적으로 당연하다고 간주하는 것도 '왜 그러한지'

그 근거를 캐묻고 삶의 의미를 추적하는 작업이라고 생각한다. 그런데 우리가 하는 일상의 경험은 매우 단순하고 확실하기 때문에, 마치 감각자료가 그 자체로 직접 주어지듯이, 최종적이고도 근원적인 것이라고 간주된다. 후설은 이 경험이 수용되고 해석되며 파악되는 지각의 단계와 그 보편적 구조를 분석했다. 그리고 과학문명의 실증적 객관주의에 현혹되어 객관적 지식만 추구함으로써 야기된 현대의 '학문'과 '인간성'의 위기를 주관적 속견의 권리를 복원시켜 극복하고자 했다. 이때 주관에 대한 상대적 직관인 주관적 속견의 세계, 즉 생활세계는 우리에게 모두 친숙한 유형으로 항상 미리 주어지고 이미 잘 알려져 있으며, 그래서 학문의 관심주제로 전혀 부각되지 않았던 은폐된 삶의 토대이자 망각된 의미기반이다.

술어 이전에 감각되는 지각을 분석하고, 주관적 속견의 권리를 복원하고, 생활세계의 심층구조로 선험적 주관성, 즉 자기 자신과 세계를 이해하고 부단히 새롭게 형성해나갈 인격적 주체로서의 선험적 자아를 해명하고 그 당위성을 역설한 후설 현상학은 이제까지 어둠에 가려져 은폐된 곳을 밝힌, 따라서 '애매성의 철학'이 아니라 오히려 '여명의 철학'이다. 그리고 과거의 철학들이 당연하게 간주한 것 자체를 문제 삼아 그 근원을 캐물은 '철학 가운데 철학'이다.

후설 현상학에서『제일철학』

『이념들』 제1권에서『형식논리학과 선험논리학』까지 16년

후설은『이념들』제1권(1913)부터 1928년 봄 은퇴한 다음 해『형식논리학과 선험논리학』(1929)까지, 그리고 1923년 일본에서 발간한 「과학과 기술」에 '철학적 문화의 이념'과 「개조(改造)」에 '개혁. 그 문제와 방법'이라는 간략한 글을 게재한 것(이것들도 서양에는 거의 알려지지 않았다) 이외에는 아무것도 발표하지 않았다. 제1차 세계대전을 겪던 가운데 많은 제자, 특히 차남을 전장에서 잃어버린 아픔은 물론 전후 사회적 혼란과 경제적 어려움이 적지 않았을 것이다. 그럴수록 그는 강의와 연구에 더욱 집중했다.

그런데 후설이 1923년 가을부터 1924년 봄까지 월, 화, 목, 금요일 오후 5시에서 6시까지 주당 4회에 걸쳐 상의한 원고자료를 편집한 후설전집 제7권(1956)과 제8권(1959)이 곧 『제일철학』 제1권(역사편)과 제2권(체계편)이다. 그가 속기로 작성한 이 초안은 그 당시 연구조교였던 란트그레베가 타이프로 친 것이며, 그때마다 문체를 다듬었다. 이 자료를 후설은 다시 검토해 수정하고 보완해가는 작업을 1928년까지 여러 차례 거쳤다. 이러한 과정에서 서로 다른 부록들이 남게 되었다.

그러나 후설은 그 성과에 만족하지 못해 출간하지 않았다. 따라서 『제일철학』의 내용을 알 수 있던 사람은 1923/24년 겨울학기의 수강생들과 그 당시 란트그레베의 필사본을 열람할 수 있었던 그의 친구들과 제자들 극소수에 한정된다. 그것도 제2권 '체계편'의 원고는 일체 허용하지 않았다. 이것은 일견 사유의 진행에서 드러나는 단절과 비약, 반복과 모순으로 해석할 수도 있지만, 스스로 생각하는 사람(Selbstdenker)으로서 근본적인 것에 대해 부단히 성찰하는 자기비판의 모습도 확인된다.

『제일철학』은 이 시기에 자신의 현상학이 전통적 의미의 주관적 관념론이라고 왜곡될 뿐 아니라, 더 나아가 의식 속에 갇혀버려 빠져나오지 못한 독아론이라고 비난받는 가운데 후설이 시종일관 자기 자신과 싸우며 모색해나간 길에서 모든 연구와 발전이 집약된 획기적 사건이자 정점(頂点)이다.

후설 현상학에서『제일철학』의 의의

후설에서 제일철학은 형이상학이 아니라 보편적 이성에 대한 비판, 즉 모든 형이상학(제이철학)에 선행하는 그 가능조건으로서 인식비판이 근본과제인 선험적 인식론이다. 그래서 제일철학의 이념이 발생한 연원을 고대 그리스에서 칸트까지의 철학사를 비판적으로 검토한다(물론 중세철학과 독일관념론은 배제되었다). 이러한 시각은 곧『형식논리학과 선험논리학』에서 소박한 전통논리학에 대한 비판,『위기』(특히 제2부와 제3부 A)에서 물리학적 객관주의에 대한 역사적 비판으로 이어진다. 그 문제의식에 입각해『데카르트적 성찰』에서 제일철학에 관해 다시 성찰하게 된다.

특히 그가 '선험적'이라는 용어를 칸트에게 이어받았지만 다른 의미로 발전시켜 사용하는 의의, 즉 칸트의 선험철학을 비판함으로써 자신의 선험철학을 밝히는 대목은 매우 주목할 만하다. 이러한 과정에서 '생활세계'에 대한 논의(특히 제1권의 '보충 논문 3')도 등장하고, 충전적 명증성보다 필증적 명증성을 우선시해 선험적 주관성에 이르는 데카르트적 길('나는 존재한다') 이외에 심리학을 통한 길이나 상호주관성을 통한 길 등 새로운 비-데카르트적 길('세계는 존재한다')도 적극 모색한다. 그래서 감정이입, 타자, 자아론(모나드론)도 새롭게 논의한다. 이것이 곧 다양한 현상학적 환원을 통해 드러난 문제를 다루는 이론, 즉 현상학적 환원의 현상학이다. 물론 데카르트적 길을 포기한 것이 아니라, 이 둘은 선험적 주관성(선험적 현상학)에 이르는 두 가지 출구일 뿐이다.

따라서『제일철학』을 통해 후설 현상학에서 이른바 중기인『이념들』제1권의 선험적 관념론과 후기인『위기』나 유고의 경험적 실재론처럼 서로 배척되는 것 또는 가령 1920년대 전후로 그의 사상에 전환(Kehre)이 일어난 것이 아니라, 인식하는 주관과 인식되는 대상이 본질상 불가분의 관계인 '지향성', 즉 '주관과 객관의 불가분한 상 관관계'를 시종일관 분석해간 당연한 산물이라는 사실을 확인할 수 있다. 요컨대 후설 현상학을 '객관적 실재론 대 주관적 관념론' 또는 '정적 현상학(분석) 대 발생적 현상학(분석)', 더구나 '감성(pathos) 대 이성(logos)'이라는 단절된 도식의 틀로 이해하는 근본적 오류를 정확하게 바로 잡고 총체적으로 이해할 수 있는 핵심적 연결고리다.

제1부

비판적 이념의 역사

제1장 플라톤의 철학이념부터 데카르트가 이 이념을 근대에 실현하기 시작까지

1절 철학의 이념과 그 역사적 유래

1 제일철학의 발전된 형태를 현상학에 부여할 역사적 과제[1]

잘 알려져 있듯이 '제일철학'(Erste Philosophie)은 아리스토텔레스가 철학의 한 분과에 대한 명칭으로 도입했지만 아리스토텔레스 이후 시대에 우연히 사용된 '형이상학'(Metaphysik)[2]이라는 표현에 밀려났다. 아리스토텔레스에 의해 각인된 표현을 다시 채택한다면 나는 그 표현이 이미 사용되지 않기 때문에 매우 바라던 장점을 곧바로

---

1) 이 책의 장, 절, 항의 제목은 편집자인 뵘(R. Boehm)이 각기 관련된 내용을 고려해 붙인 것이다.
2) 아리스토텔레스는 천문, 기상, 동식물, 심리 등을 연구하는 자연학을 배운 후에 모든 존재 일반의 근본원리를 연구하는 '제일철학'(prote philosophia)을 배우는 것이 당연한 순서라고 보았다. 그가 죽고 300년쯤 지나 그의 저작을 수집해 정리하던 안드로니코스(Andronikos ho Rhodos)가 이러한 뜻을 받아들여 '제일철학'에 관한 저술을 '자연학' 뒤에 배열하고 이것을 '자연학 뒤에 놓인 것'(ta meta ta physika)이라 불렀다. 그 후 meta라는 말에 '~뒤에' '~을 넘어서'라는 의미가 있어 '형이상학'은 경험의 세계를 넘어서 존재하는 것의 궁극적 원인을 체계적으로 연구하는 학문이라는 뜻으로 사용되었다.

얻는다. 그 장점은 그 표현이 문자 그대로의 의미만 일깨운다는 것이다. 즉 형이상학이라는 모호한 개념으로서 예전의 다양한 형이상학적 체계를 기억하게 해 혼란을 일으키는 여러 겹으로 침전된 역사적 전승을 일깨우지 않는다. 이러한 문자 그대로의 의미는 근원적 전문 용어를 각인시킬 경우 잘 이해할 수 있듯이, 나중에야 비로소 더 명확하게 정의할 수 있을 문제의 내용과 함께 새로운 분과를 실현해야 할 이론적 목적을 형식적으로 미리 지시하는 데 언젠가는 유용하다. 우리 강의가 전념해야 할 학문이 그 문제의 내용에서 아리스토텔레스 제일철학의 내용과 다르더라도 그렇게 형식적으로 미리 지시하는 것은 매우 뛰어날 정도로 유용할 수 있다. 이 때문에 우리는 그 용어를 이어받고, 이것에 우리의 첫 번째 고찰을 연결시킨다.

문자 그대로의 의미에서 제일철학은 무엇을 찾아내야 하는가? 명백히 그것은 총체로 또 전체로 하나의 철학을 형성하는 철학 일반 가운데 곧 제일철학일 것이다. 학문들이 자유로운 결합술(結合術)로 임의의 질서에 따라 받아들이는 것이 아니라 그 자체 속에 질서를, 따라서 질서의 원리를 지니기 때문에 제일철학은 당연히 '그 자체'(an sich)의 철학, 즉 내적 본질근거에 입각한 첫 번째 철학이다. 이 경우 제일철학은 마치 철학의 가장 신성한 것을 자체 속에 지닌 것처럼 가치와 권위에서 첫 번째인 반면, 그 밖의 철학, 즉 '두 번째' 철학들은 마치 가장 신성한 것에 이르기 전에 〔거쳐야 할〕 쪽방처럼 단지 필연적인 예비단계만 제시해야 하는 것으로 생각할 수도 있다. 하지만 그 의미는 본질근거에 입각해 심지어 보다 당연하다고 생각되는 다른 것일 수도 있다. 어쨌든 우리는 여기에서 제일철학을 우선시해야 할 것이다.

학문은 목적을 추구하는 작업이 낳은 작품의 형성물이다. 어떤 목적의 통일은 그에 속한 목적을 추구하는 합리적 결과로 질서의 통일을 만들어낸다. 모든 학문은 그 자체만으로 무한히 다양한 정신적 형성물을 제공해주며, 우리는 이것을 '진리'라고 부른다. 그러나 학문의 진리는 서로 관련 없는 무더기가 아니며, 이와 상관적으로 학자의 행위는 각기 흩어진 계획 없는 진리를 찾아내거나 생산해내는 것이 아니다. 개별적으로 생산해내는 모든 것은 이끌어가는 더 높은 목적이념에 지배되고, 최후에는 학문 자체가 지닌 최상의 목적이념에 지배된다. 그 목적이념으로 형성된 작업에 규칙이 미리 지시되듯이, 모든 개별적 진리도 체계적 형태, 즉 그 진리에 각인된 목적론적 형태를 띤다. 개별적 진리들은 더 높거나 낮은 목적형식이 연대(連帶)된 진리 속에서 확고한 질서로 드러난다. 예를 들어 개별적 진리들은 추론, 증명, 이론에 결부되고, 맨 위로 이론 ―무한히 노력하는 학문에서 무한히 확장되고 항상 더 높게 형성되는 보편적 이론― 의 관념적 전체통일성은 학문 전체에 속한다.

그러므로 우리가 실로 철학을 하나의 학문으로 생각하는 한, 이러한 사실은 철학에도 반드시 적용될 것이다. 따라서 철학은 그것이 진리를 산출하는 것과 산출된 진리 모두에 대해 반드시 어떤 이론적 출발점을 지닌다. 이때 '제일철학'이라는 명칭은 출발에 관한 학문적 분과를 가리킬 것이다. 그 명칭은 '출발에 대한 또는 출발의 완결된 영역에 대한 철학의 최상 목적이념은 출발에 관한 고유한 문제제기를 지니고 정신적으로 준비해 ―정밀하게 공식화한 다음 학문적으로 해결해― 그 자체 속에 완결된 고유한 분과가 필요할 것'이라는 사실을 예상케 할 것이다. 이 분과는 대체할 수 없는 내적 필연성에서 다른 모든 철학적 분과에 우선해야 할 것이고, 이들 분과를 방법적으로 또한 이론적으로 기초지어야 할 것이다. 그래서 제일철학 자체의 출발인 출입구는 모든 철학 일반의 출발일 것이다. 그러니까 철학을 하는 주체에 관해 '참된 의미에서 철학을 시작하는 사람은 출발에서부터 제일철학을 실제로──따라서 절대적으로 견고한 진리나 가장 완전한 통찰로──형성하는 사람'일 것이다. 이와 같은 것이 근원적으로 탐구되지 않는 한 제일철학 자체는 실제로 결코 실현되지 않는다. 이러한 의미에서 누구도 철학을 시작할 수 없다. 그렇지만 그와 같은 것이 일단 근원적으로 탐구되면 통상 다른 말이 지닌 의미에서 철학을 시작하는 사람도 존재할 수 있다. 즉 다른 사람이 앞서 생각한 진리를 자신이 통찰해 사유하는 가운데 추후에 산출하고 그래서 그 자체로 제일철학을 시작하는 사람을 추후에 형성하는 초심자로서 존재할 수 있다.

'제일철학'이라는 말의 의미를 이렇게 상론함으로써 동시에 내 강의의 의도도 처음 형식적으로 미리 지시하게 되었다. 그것은 제일철학의 이념을 충족시키는 진지한 시도다. 동시에 교훈적으로 서술해 자발적으로 함께 생각하며 듣는 사람으로 하여금 그가 참된 의미에서 제일철학 자체를 함께 시작하는 사람이 되게 해야 한다. 일반적으로 출발하는 철학자가 될 수 있는 필연적 길로 이끄는 시도여야 하는 것이다. 나는 제일철학에 절실하게 필요한 것이 역사적으로 전승된 어떤 철학 체계에서도 결코 충족되지 않았다고, 즉 불가피한 합리성의 진정한 학문이라는 형식으로 충족되지 않았다고 미리 말해둔다.

그러므로 이제 문제는 단순히 예전의 역사적 유산을 소생시키고 연구자에게 이러한 관점에서 정신적으로, 자신의 것으로 만드는 작업을 편하게 해주는 것만이 아니다. 물론 동시에 나는 그 어떤 역사적 철학 일반을 가장 엄밀한 학문의 궁극적으로 타당한 형식──즉 어떤 철학에 무조건 요구된 형식──의 철학으로 승인할 수 없다는 점을 밝힌다. 엄밀한 학문적 출발 없이는 엄밀한 학문적 진보도 없다. 엄밀한 제일철학과 더불어 비로소 엄밀한 철학 일반, '영원의 철학'(philosophia perennis)[3)]이 나타날 수 있다. 또한 모든 학문의 본질이 무한한 한 어쨌든 궁극적 타당성의 본질형식 속에 끊임없이 생성 되는 것으로 나타날 수 있다.

다른 한편 나는 새로운 선험적[4] 현상학이 갑자기 출현해 참되고

---

3) 이 용어는 몇 가지 형이상학적 근본명제는 결코 의심받지 않고 언제나 타당하 다고 주장하는 스콜라철학의 전통적인 견해를 나타낸다.

4) 우리 학계의 몇몇은 후설 현상학의 근본성격을 집약해 드러내주는 이 용어 'transzendental'이 'transzendieren'(초월하다)에서 파생되었나고 '초월(론) 적'으로 옮기기도 한다. 하지만 한국현상학회가 1980년대 중반부터 사용해온 관례에 따라 또한 다음과 같은 이유로 '선험적'으로 옮긴다.

　① 후설은 이 용어를 칸트에게서 이어받았지만 다른 의미로 사용한다. 즉 '선험적'은 '모든 인식의 궁극적 근원으로 되돌아가 묻고 자기 자신과 자신이 인식하는 삶을 스스로 성찰하려는 동기'로서 철저한 반성적 태도를 뜻한다. 따라서 칸트나 신칸트학파에서 '선험적'에 대립된 것은 '경험적'(empirisch)이지 만, 후설현상학에서 그것은 소박한 자연적 태도의 '세속적'(mundan)이다.

　② 모든 경험은 스스로 거기에 주어진 핵심을 넘어 사념함으로써 처음에는 주시하지 않았던 국면을 점차 밝혀줄 지평을 지닌다. 여기에는 역사적으로 형 성되고 침전되어 전통으로 계승된 문화도 포함된다. 이처럼 모든 역사의 아프 리오리(Apriori)를 그 궁극적 근원으로 되돌아가 묻는 발생적 현상학을 '초월 (론)적'이라 부를 수 없다. '넘어선다'는 것이 결코 의식과 대상이 분리된 이원 론을 전제한 '초월'은 아니기 때문이다.

　③ 선험적 환원은 초월적 실재를 내재적 영역으로 이끌어 의식작용과 그 대 상에 동일한 의미를 구성하는 선험적 자아를 드러내는 방법, 즉 시선을 대상에 서 그 주관으로 되돌리는 태도변경이다. 그런데 이것을 '초월(론)적 환원'으로 하면, 의식에 내재적으로 끌어오는 것이 아니라 정반대의 뜻으로 이해된다.

　④ 가령 "현상학과 다른 모든 학문의…… 관계는 '선험적'[초월론적] 존재와 '초월적' 존재의 본질적 관계에 근거한다."(『이념들』 제1권, 159쪽)에서 '초월 론적'으로 번역하면 매우 어색하며, '-론'이 있고 없음만으로는 의미를 제대로 파악할 수 없다. 또한 "모든 초재(Transzendenz)를 '배제하는' 태도에서 현상학 은…… '선험적[초월론적] 문제들'의 전체적 복합체로 나아가고, 따라서 선험 적[초월론적] 현상학이라는 명칭을 마땅히 받을 만하다"(같은 책, 198쪽)에서 처럼 '초월론적'으로 번역하면 모순된 표현이 될 수밖에 없다.

　요컨대 후설 현상학에서 '[현재의] 경험(驗)에 앞선 것(先)'을 뜻하는 '선험 적'(先驗的)은 인식의 형식뿐만 아니라 앞으로 인식할 다양한 내용을 포함해 자아의 체험에 수동적으로 미리 주어진 모든 역사성과 사회성을 궁극적 근원

진정한 제일철학이 실로 처음으로—그러나 이른바 여전히 불완전하지만 최초로 접근하는 모습으로만—갑자기 출현했다고 확신한다. 프라이부르크대학교에서 행한 몇 가지 강의에서 나는 가능한 한 높은 단계로 제일철학에 접근해 그 주도적 이념, 방법, 근본개념을 가장 명석하고 완전한 모습을 띠게 하려고 했다. 서로 다른 형식으로 시도하는 동시에 제일철학의 이념에서 요구된 발전의 형태—즉 가장 근본적인 철학적 자기의식 속에 절대적인 방법적 필연성에서 스스로를 형성해가는 출발의 철학이라는 형태—를 현상학에 부여하려 했다. 지난겨울 소개하는 강의[5]에서 나는 무엇보다도 이러한 목적을 달성했다고 생각한다. 그래서 지금 강의에서는 그 목적을 더 단순화하고 개선할 수 있길 바란다.

어쨌든 다시 제일철학의 이념이 단계적으로 확장될 수 있다는 사실, 그 이념이 보편적 학문이론의 필연적이고 진정한 이념을 실현한다는 사실, 그럼으로써 그 이념이 이성의 삶(Vernunftleben)에 관한 이론 전체를 포괄하며 따라서 인식하는 이성, 가치를 평가하는 이성 그리고 실천적 이성의 보편적 이론을 포괄한다는 사실을 제시할 수 있길 바란다. 그 이념이 우리의 학문체제 전체를 개혁하고 우리를 모든 학문이 지닌 전문가기질에서 해방시킬 소임을 받았다는 사실도 제시할 수 있길 바란다.

나는 우선 우리 기획에 불가결한 내적 전제를 마련해야 할 서론을 말하려 한다. 우리는 이제까지 철학에서 많지만, 유감스럽게도 거의 명석하지 않은 개념 가운데 어떤 것을 주도적으로 선택해야 할지조차 알지 못했다. 어떤 개념을 선택하더라도 그 개념은 우선 공허한

으로 되돌아가 묻고 해명함으로써 이론과 실천을 엄밀하게 정초하고자 한다.

5) 이것은 1922년 가을에서 1923년 봄까지 강의한 「철학입문」(Einleitung in die Philosophie)을 뜻한다.

추상적 형식의 단어에 대한 생각으로서만 다가올 뿐이다. 그래서 그 개념은 우리 영혼에 생기를 불어넣고 의지의 에너지를 가동시킬 힘이 없을 것이다. 이미 말했듯이 중요한 문제는 철학 전체를 개혁하는 일일 뿐이며, 여기에는 모든 학문 일반을 보편적으로 개혁하는 것도 포함된다. 어떤 문화권에서도 근본적인 보편적 개혁이 중요한 문제라면, 이때 그 개혁의 원동력은 깊게 감동시키는 정신적 급박함이다. 일반적인 정신적 상태는 ㄱ 당시의 형식과 규범 속에서 더는 살아살 수 없을 만큼 깊은 불만으로 영혼을 가득 채운다.

그러나 이러한 상태를 변경시킬 가능성, 이와 관련된 영역에서 정신적 삶을 만족시킬 만한 목표와 방법을 형성할 가능성을 숙고해야 할 때가 있다. 이때 명백히 그러한 상태가 발생한 내적 동기부여의 원천에 대해, 그리고 여기에서 정신적 영향력이 확고하게 형성된 유형성 속에 번민하며 고생하는 인류의 정신적 조직〔활동〕 전체를 철저하게 성찰해야 한다. 하지만 그와 같은 성찰은 현재로부터 해석하고 또한 거꾸로 현재를 잘 이해할 수 있게 조명하는 역사(Geschichte)에 입각해야 비로소 완전히 밝혀진다. 그래서 우리에게 현대의 학문과 철학을 제공해주는 다양한 혼란에서 원초적으로 출발한 시대로 되돌아가려 한다. 그러므로 역사적 회고는 우선 우리 영혼을 그에 맞게 준비시켜줄 것이며, 우리의 관심과 의지를 감동시킬 수 있는 근원적 힘을 지닌 동기부여를 일깨울 것이다.

내가 지난 10여 년간 사로잡혀 확신한 시각에서 오늘 유럽철학의 역사(Historie)[6] 전체를 회고하는 데 특히 어떤 철학자를 조명해야

---

6) 'Historie'는 개인과 사회, 민족에 일어난 사건이나 그 변천과 흥망의 사실 및 과정에 대한 총체적 기록을 뜻하고, 'Geschichte'는 이러한 사실 및 과정의 의미 연관에 대한 성찰과 해명을 뜻한다. 하지만 후설이 이들을 엄격하게 구별해 사용하지는 않는다.

할지 말해야 한다면, 두세 사람을 거명할 것이다. 이들은 가장 위대한 출발하는 사람들, 철학의 길을 연 사람들의 명칭이다.

첫째, '플라톤' 또는 오히려 비교할 데 없는 이중의 별 '소크라테스-플라톤'이다. 참되고 진정한 학문, 즉 오랜 기간 정확하게 동일한 것을 뜻해온 철학의 이념을 창조했을 뿐 아니라 그 방법의 문제를 발견한 사람은 이 둘로 소급되고, 완벽하게 창조한 사람은 플라톤으로 소급된다.

둘째, '데카르트'다. 그의 『제일철학에 관한 성찰』(*Meditationes de prima philosophia*)은 그때까지 전혀 들어보지 못한 근본주의(Radikalismus)[7]로 철학의 절대적인 필연적 출발점을 발견하고 이때 이 출발점을 완전히 순수한 절대적 자기인식에 입각해 이끌어내려 했다. 이런 사실 때문에 철학사(哲學史)에서 완전히 새로운 출발을 뜻한다. 모든 철학을 선험철학으로 개조하려는 근대 전체를 관통하는 경향은 이렇게 중대한 '제일철학에 관한 성찰'에서 유래한다. 그렇지만 이와 더불어 근대철학의 근본성격뿐 아니라, 더 이상 의심할 수 없듯이, 모든 학문적 철학 일반과 모든 미래의 철학 일반의 근본성격도 특징지어진다.

우선 진정한 근본적 철학을 향한 고대 소크라테스-플라톤의 출발을 고찰해보자. 이에 관해 미리 말해둘 것이 있다. 소박하게 외부세계를 향해 발전하던 그리스 최초의 철학[8]은 소피스트의 회의로 단절되었다. 모든 근본형태에서 이성의 이념은 소피스트의 논쟁을 통

---

7) 이것은 어떤 사실을 소박하게 전제하거나 기존의 체계에서 정합적으로 추론하는 것이 아니라, 자유로운 이성에 기초해 보편타당하고 절대적으로 확실한 앎과 이 이성에 근거한 자율적 삶을 형성하기 위해 부단히 궁극적 근원으로 되돌아가 묻는 엄밀한 반성적 태도를 뜻한다.

8) 이것은 탈레스(Thales) 이래 만물의 생성원리를 탐구한 자연철학을 뜻한다.

해 가치 없는 것으로 나타났다. 그 이념은 각각의 의미에서 그 자체로 참된 것—그 자체로 존재하는 것, 아름다운 것, 좋은 것—을 기만적 망상으로 내세웠고, 인상 깊은 논증을 통해 추정적인 것으로 증명했다. 그래서 철학은 자신의 목적의미를 상실했다. 원리상 단지 주관적-상대적으로 존재하는 것, 아름다운 것, 좋은 것에 대해 그 자체로 참된 명제와 이론은 존재할 수 없었고 어떠한 학문이나—당시에는 동일한 것을 뜻했던—철학도 존재할 수 없었다. 이는 철학에만 관련되지 않았다. 총체적으로 행위 하는 삶은 확고한 규범적 목적을 빼앗겼고, 실천적 이성을 발휘하는 삶의 이념은 타당성을 상실했다. 비로소 소크라테스는 소피스트들의 역설 속에서 무시된 문제가 진정한 인간성(Humanität)에 이르는 길에서 마주한 인류의 숙명적 문제라고 인식했다. 잘 알려져 있듯이, 그는 단지 실천적 개혁자로서만 그 회의에 대항해 반발했다.

그런 다음 플라톤은 이러한 반발의 중점을 학문으로 옮겼고, 학문이론의 개혁자가 되었다. 동시에 그는 소크라테스의 자극을 단념하지 않은 채 자율적 인간성이 발전하는 길로 이끌었다. 그는 우선 학문—새로운 정신 속에서 방법에 대한 근본적 통찰에 입각해 개혁된 학문—은 이성의 인간성으로 발전한다고 했으며 그 의미로 이끌었다.

순서에 따라 또 결정적인 주된 학설에서 소크라테스의 일생, 그런 다음 플라톤의 일생에 걸친 작업의 의미를 밝혀 보자. 소크라테스에 관해서는 플라톤이 전해준 풍부한 묘사를 따른다.

소크라테스가 윤리적 삶을 개혁한 것은 그가 참으로 만족한 삶을 순수한 이성에 입각한 삶으로 설명한 사실로 특징지을 수 있다. 즉 인간이 지칠 줄 모르는 자기성찰과 자기 삶의 목적에 근본적으로 책임지고 비판하며, 그런 다음 당연히 또 그 삶의 목적을 통해 중재되어 자신의 생애와 그때그때 살아가는 양식을 비판하는 삶이다. 그와 같이 책임지고 비판하는 것은 인식의 과정으로 수행된다. 게다가 소크라테스에 따르면 모든 권리와 그 인식의 근원적 원천으로 방법상 되돌아가는 것—이것을 우리 언어로 표현하면, 완전한 명석함(Klarheit),[9] '통찰', '명증성'(Evidenz)으로 되돌아가는 것—으로 수행된다. 일깨워진 모든 인간의 삶은 외적·내적으로 노력하고 행위함으로써 수행된다. 그러나 모든 행위는 의견과 확신에 의해 움직인다. 환경세계의 실재적 실제성(reale Wirklichkeit)[10]과 관련된 존재에 대한 의견—가치에 대한 의견도 포함해—또는 아름다움이나 미움, 좋음이나 나쁨, 유용함이나 무용함 등에 대한 의견을 토대로 움직인다. 대부분 이 의견은 완전히 모호하며, 근원적 명석함과도 전혀 상관없다.

그런데 소크라테스의 인식방법은 완전히 해명하는 것이다. 그 방법(Methode)[11] 속에 단순히 아름답거나 좋은 것으로 추정된 것에는 완벽하게 해명되어 부각된 아름다움[美]과 좋음[善] 자체가 규범화하면서 대조되고, 이러한 방법으로 그는 참된 지식을 얻는다. 그래서

---

9) '명석함'(clear)은 주의 깊은 정신에 명백하게 주어진 것을 뜻한다. '판명함'(distinct)은 이 가운데 아주 간결해 다른 것과 확연히 구별되는 것을 뜻한다. 판명하지도 명석하지도 않은 혼란스러운 개념에는 여러 가지로 이해할 수 있는 '애매함'(ambiguous)과 지시하는 대상의 범위가 명확하지 않은 '모호함'(vague)이 있다.

10) 전통적으로 '이념(성)'과 '실재(성)'을 구별하는 기준은 의식의 '안과 밖'이었지만, 후설은 그 기준이 '시간성'이기 때문에 시간 속에 일어나는 의식의 다양한 작용도 실재성을 지닌다(『논리연구』 제2-1권, 123쪽을 참조할 것). 그리고 '실제성'은 날조된 허구나 환영, 상상 등과 같은 가능성과 달리 현실에 존재함을 뜻한다.

11) '방법'은, 어원(meta+hodos)상 '무엇을 얻기 위한 과정과 절차'를 뜻하듯이, 그것이 추구하는 '목적'과 결코 분리될 수 없다.

소크라테스는 완전한 명증성을 통해 근원적으로 산출된 이 진정한 지식이 인간에게 참된 덕(德)[12]을 쌓는 유일한 방법이라고 가르친다. 같은 말이지만 인간에게 유일하게 참된 행복, 극도로 순수한 만족을 제공해줄 수 있는 것이라고 가르친다. 진정한 지식은 이성적 삶이나 윤리적 삶에 필요한 (소크라테스에 따르면 충분한) 조건이다. 비이성과 막연하게 맹목적으로 그럭저럭 살아가는 것. 아름다움과 좋음 그 자체에 대한 진정한 앎을 얻기 위해 밝히면서 애쓰지 않는 나태하고 소극적인 태도는 인간을 매우 불행하게 만든다. 인간에게 어리석은 목표를 추구하게 하는 것이다. 우리가 본래 말하려는 것을 그리고 이 경우 추정적 아름다움과 추함, 유용함과 유해함에서 막연하게 전제한 것을 반성적으로 명백하게 함으로써 참과 거짓, 진짜와 가짜가 구분된다. 이는 바로 완벽한 명석함 속에 사태 그 자체의 본질 내용이 직관적으로 실현되기 때문에 구분되며 또한, 이것과 일치해 가치 있는 존재와 가치 없는 존재 자체도 구분된다.

그와 같은 모든 해명은 즉시 범례적(exemplarisch)[13] 의미를 띤다.

---

12) 소크라테스에서 "잘 사는 것"(『크리톤』(Kriton), 48b)은 자신의 기능(ergon)에 대한 참된 앎(episteme)을 파악하고 이것으로 인간다움(德, arete)을 실천해 영혼을 가장 훌륭한 상태로 만드는 행복(eudaimonia)이 삶의 진정한 목적이다. 즉 자아를 발견하고(知) 실현함으로써(德) 행복하게 사는 것(福)은 그 출발에서 분리될 수 없는 하나(一體)이며, 그가 삶과 죽음을 통해 역설한 도덕혁명의 핵심이다.

13) 현상학은 "의식에 범례적으로 주어진 것에서 본질과 본질연관을 인식하는 순수 본질학"(『논리연구』 1권, 211쪽 주)이다. 이처럼 범례에 주목하는 것은 첫째, 표층적 의식체험을 표상(지각과 판단), 정서, 의지 영역으로 구분하면서도 이들에 공통적으로 포함된 가장 기본적인 지향작용인 표상에 집중한 것과 둘째, 본질을 직관하는 형상적 환원이 특정한 사례의 조작이 아니라 임의로 자유롭게 변경하는 것 그리고 셋째, 이념적 대상성이 전승되는 역사성의 해명(『위기』, 부록 '기하학의 기원'을 참조할 것)에서 기하학의 공리를 다룬 것 등에서 확인할 수 있다.

삶이나 역사, 신화의 개별적인 특수한 경우 참되고 진정한 것 그 자체로서 하나의 범례로 제시되고, 막연하고 단순한 의견의 기준으로 간취되는 것은 즉시 보편적인 것에 대한 범례로서 제시된다. 이는 자연스럽게 나타나는 순수한 본질직관(Wesensintuition) ── 이 본질직관에서 경험적으로 우연적인 모든 것은 본질 외적이라는 성격과 자유롭게 변경할 수 있다는 성격을 취한다 ── 에서 본질적으로 진정한 것 일반으로 간취된다. 이 순수한 (또는 아프리오리[14]한) 보편성에서 그와 같은 본질 일반에 대해 생각해볼 수 있는 모든 개별적 경우에 타당한 규범으로 기능한다. 따라서 더 구체적으로 말하면 일상적 삶에서 볼 수 있는 범례 대신 신화나 역사에서 타당한 규범의 상태 일반으로 가치를 평가하려는 것이다. 타당한 규범의 성질을 지닌 목표(Ziel)를 향해 그러한 성질을 지닌 방법(Weg) 일반을 다룬다.

'그 어떤 인간 일반'을 생각해보면 그러한 성질을 지닌 목표와 방법 일반이 참된 것이라는 사실, 또는 반대로 그러한 성질을 지닌 목표와 방법은 보편적으로 가짜이며 비이성적이라는 사실은 보편적으로 명백해진다. 당연히 후자는 해명되어 등장하는 아름다움이나 좋음 그 자체가 미리 추정된 것과 명증하게 모순되고, 따라서 그 의견이 〔참이라고 주장할〕 권리가 없는 것으로 지양된다.

---

14) '논리상 경험에 앞서며, 인식상 경험에 의존하지 않는다'는 의미의 이 라틴어 (a priori)는 칸트 이후 '경험의 확실성과 필연성의 근거에 대한 형식'을 뜻했으나, 후설은 발생적 분석에서 '그 자체로 미리 주어지고 경험되는 질료'라는 의미까지 포함해 사용한다. 따라서 이것을 '선천적'이나 '생득적'으로 옮기면 의미가 왜곡된다. '선험적'으로 옮겨도 궁극적 근원으로 부단히 되돌아가 묻는 후설 현상학의 근본적 태도를 지칭하는 'transzendental'과 혼동되기 때문에 적합하지 않다. 그래서 일단 원어의 발음 그대로 표기한다.

2 플라톤의 변증술과 철학적 학문의 이념

요약해보자. 윤리적 실천가인 소크라테스는 모든 이성적 삶의 의미를 반박하는 소피스트들의 철학(Sophistik)에 반발했다. 깨어 있는 모든 인격적 삶을, 즉 막연한 윤리적-실천적 관심의 초점에서 의견(Meinung)과 명증성(Evidenz)을 근본적으로 대립시켰다.[15] 그는 우선 이성을 사용할 보편적 방법이 필요하다고 인식했다. 그는 이러한 방법의 근본의미를 현대적으로 표현하면 이성의 직관적인 아프리오리한 비판으로 인식했다. 더 정확하게 말하면, 그는 그 방법의 근본의미를 모든 궁극적 타당성의 근원적 원천으로서 필증적[16] 명증성 속에 완성되면서 해명하는 자기성찰의 방법으로 인식했다. 그는 최초로 순수한 보편적 본질성이 그 자체로 존립하는 것을 순수한 본질직관이 절대적으로 스스로 주어진 것(Selbstgegebenheit)으로 간취했다. 이러한 발견과 관련해 소크라테스가 윤리적 삶에 보편적으로 요구한 것은 근본적으로 책임지는 일이다. 이는 '당연히' 원리적으로 규범화하는 중대한 형태를 띠거나 순수한 본질직관을 통해 명백하게 제시할 수 있는 이성의 보편적 이념에 따라 일상적 삶을 정당화하는 중대한 형태를 띤다.

소크라테스의 경우 이미 알려져 있듯이 학문적-이론적 의도가 없

---

15) 소피스트들은 사회의 규범이 구성원의 합의에 이루어지므로 보편타당한 객관적 진리와 절대적 가치는 불가능하다고 상대적 회의주의를 주장했다. 그런데 모든 의견은 경우에 따라 참일 수도 거짓일 수도 있지만, 일단 시시비비를 가릴 경우 자신의 의견을 웅변술과 수사학으로 강화하고 궤변을 동원해 상대방의 의견을 제압하는 것이 진리라고, 심지어 "정의란 [논쟁에 능한] 강자의 이익"일 뿐이라고 주장했다.

16) '필증적'(apodiktisch)은 자기의식의 확실성을 뜻한다. 의식에 주어진 사태가 존재하지 않음을 결코 의심할 수 없다는 것이다. 후설이 진리나 명증성을 논의할 때 '필증적'과 줄곧 대조시키는 용어인 '충전적'(adäquat)은 이에 대한 전통적 견해인 '사물과 지성의 일치'(adequatio rei et intellctus)를 뜻한다.

었지만 이 모든 것은 진정한 삶을 실천하는 방법의 학문적 이론으로서 본래 학문적으로 파악되지도 않았고 체계적으로 수행되지도 않았을 것이다. 어쨌든 소크라테스에서 사실상 이성을 비판하는 근본 사상의 싹이 있었다는 점은 확실하다. 플라톤이 이룩한 불멸의 명성은 그 싹을 이론과 기술(技術)을 통해 형성해내고 최고로 풍부하게 교육시킨 것에 있다.

이제 플라톤에 주시하자. 그는 근본적으로 책임지는 소크라테스의 원리를 학문에 떠맡겼다. 실로 이론적으로 인식하고, 탐구하며 정초하는 것은 우선 노력하고 행위 하는 삶의 특수한 종류다. 그러므로 여기에서도 삶의 진정한 원리를 근본적으로 성찰해야 한다.

소피스트들이 자신의 주관주의를 통해 보편적인 윤리적 성향을 혼란시키고 타락시키는 한, 소크라테스가 삶을 개혁한 것이 소피스트들에 대한 반발이었다면, 플라톤은 학문('철학')을 타락시키는 자인 소피스트들에 대한 반발이었다. 두 가지 관점에서 소피스트들은 저항을 별로 받지 않았다. 진정한 이성의 삶 일반과 마찬가지로 진정한 학문적 인식의 삶도 결여되었기 때문에 해로운 영향도 많이 미쳤다. 여기에서도 이성적인 것은 모두 그 최종목적과 방법의 궁극적 가능성과 정당성에 관해 그 자체로 막연하고 소박한 가장(假裝)일 뿐이었다.

진정한 이성의 삶, 특히 진정으로 학문적 탐구와 작업을 수행하려면 그 방법의 궁극적 가능성과 정당성을 근본적으로 해명하는 성찰을 통해 소박함의 단계를 철저히 넘어서야 한다. 이상적으로 말하면 모든 단계에서 완전히 충분한 정당화──그 맨 위에는 통찰에서 길어낸 원리에 입각한 정당화──를 준비해야 한다.

플라톤은 학문을 적대시하는 회의를 이러한 소크라테스의 정신으로 극복하려고 대단히 진지하게 시도했고 모든 진정한 학문의 아버지가 되었다. 그는 그 자체로 타당한 인식과 모든 이성적인 것에 맹목적인 학문의 가능성을 부정하는 소피스트들의 논쟁을 쉽게 받아들이는 대신, 오히려 깊게 파고들어가는 원리적 비판을 했다. 그는 이렇게 하는 동시에 그와 같은 인식과 학문의 가능성을 적극 규명하고, (소크라테스의 산파술[17]을 가장 깊게 이해해) 마음속에 직관적으로 본질을 해명하며 그 보편적 본질의 규범을 명증하게 밝혀냈다. 결국 그는 그러한 원리적 통찰에 근거해 진정한 학문 자체를 개척하는 데 매진했다.

플라톤에 의해 비로소 인류는 순수 이념——진정한 인식, 이론과 학문 그리고 이 모든 것을 포괄하는 진정한 철학——을 깨달았다. 그는 이 이념을——가장 원리적이기 때문에——철학적으로 가장 중요한 탐구의 주제로 최초로 인식하고 다루었다. 또한 플라톤은 철학적 문제의 창시자이자 방법, 즉 인식 자체의 본질 속에 놓여 있는 철학의 최상 목적이념을 체계적으로 실현할 수 있는 방법에 관한 학문을 창시했다. 참된 인식작용, (그 자체로 타당하며 궁극적으로 타당하게 규정하는) 참된 진리, (궁극적으로 타당하게 규정하는 진리의 동일한 기체로서) 참으로 진정한 의미에서 존재자는 그에게 본질의 상관자(Korrelat)가 된다. 참된 인식작용 속에서 성취할 수 있는, 그 자체로 타당한 모든 진리의 전체적 총괄은 이론적으로 결합되고 방법적으로 실행할 수 있는 통일체, 즉 필연적으로 하나의 보편적 학문을 필

---

17) '너 자신을 알라!'(gnothi sauton)라는 경구로 요약될 수 있는 소크라테스의 철학을 하는 방법, 즉 대화법(문답법)은 두 가지 단계로 이루어진다. 첫째 자신이나 상대방의 무지(無知)를 깨닫는 논박술(elenchos)의 단계와, 둘째 이성을 주고받는 대화(dia+logos)를 통해 망각된 진리(aletheia)를 스스로 기억해내는 산파술(maieutike)의 단계다. 따라서 소피스트들의 논쟁술(eristike)은 상대방의 의견을 무조건 제압하는 것이 목적인 반면, 소크라테스의 논박술은 산파술로 나아가기 위해 철저하게 준비하는 작업이다.

연적으로 형성한다. 이것이 곧 플라톤이 의미한 철학이다. 따라서 철학의 상관자는 참된 모든 존재자의 총체성이다.

그래서 철학의 새로운 이념은 그 후 계속된 발전 전체를 규정하면서 등장했다. 그때부터 철학의 이념은 순수하게 인식을 겨냥하는 관심의 소박한 형성물인 일반적 학문과, 이미 앞에서 말했듯이, 보편적 학문인 동시에 절대적으로 정당화된 학문이 되어야 한다. 그것은 모든 단계와 모든 관점에서 궁극적인 타당성을 얻고자 힘쓰는 학문이어야 한다. 게다가 인식하는 자가(함께 인식하는 모든 사람도) 완벽한 통찰로 절대적으로 항상 책임질 수 있는 실제로 작동하는 정당화에 근거해 궁극적 타당성을 획득하고자 애쓰는 학문이어야 한다.

새로운 시대를 이렇게 출발한 플라톤의 변증술(Dialektik)[18]과 더불어 '이러한 더 높고 진정한 의미의 철학은 철학이 가능한 조건을 원리적으로 미리 연구하는 것에 근거할 때에만 가능하다'는 사실을 시사한다. 여기에는, 생생한 싹 속에 포함되었듯이, 미래에 철학을 두 가지 단계, 이른바 '제일철학'과 '제이철학'으로 필연적으로 정초하고 분류하는 중대한 이념이 놓여 있다. 그 자체로 절대적으로 정당화되는 보편적 방법론(Methodologie)이 제일철학으로서 선행한다. 또는 이론적으로 파악해보면 그것은 모든 가능한 인식의 순수한(아프리오리한) 원리들의 총체성과 이 속에 체계적으로 포함된 — 따라

---

18) 플라톤에서 변증술(dialektike)은, '선분의 비유'(『국가(Politeia)』, 509d~511e)와 '동굴의 비유'(514a~519d)로 잘 알려져 있듯이, 참된 존재의 보임새인 형상(eidos, idea)을 인식하는 준비단계와 훈련과정을 포함하는 명칭이다. 즉 감각(aisthesis)에만 의존하는 버릇을 정화(katharsis)하고 주관적 속견(doxa)을 논박함으로써 혼(psyche) 속에 은폐되었던 지성(nous)을 통해 알려질 참된 지식(episteme)을 확보하기 위한 방법과 절차다. 결국 '변증술에 능숙한 자'는 어떤 형상들이 서로 결합할 수 있는지, 어떤 경우 그 가능성이 많은지를 올바로 아는 '포괄적 봄'(synopsis)을 갖는 사람이다(537c를 참조할 것).

서 순수하게 그 원리에서 연역할 수 있는—아프리오리한 진리들의 전체성에 관한 학문이다. 따라서 통찰할 수 있듯이, 모든 원리적 근본진리가 본질상 결부됨으로써 불가분하게 결부된—언젠가 실현할 수 있는—아프리오리한 모든 학문의 통일체가 제한된다.

두 번째 단계에서 '진정한' 사실학문, 즉 합리적 방법으로 '설명하는' 사실학문 전체가 생긴다. 정당화하는 모든 정초는 제일철학으로, 즉 가능한 합리적 방법 일반의 아프리오리한 체계로 소급된다. 반면 사실학문은 끊임없이 적용됨으로써 시종일관 합리성을 끌어낸다. 곧 모든 방법적 단계를 아프리오리한 원리에 입각해 (따라서 항상 필증적 필연성에 대한 통찰로) 궁극적으로 타당하게 정당화된 것으로 증명할 수 있는 특수한 '설명'을 끌어낸다. 동시에 이 사실학문들은—더 이상적으로 말하면—최상의 아프리오리한 원리 자체의 인식된 체계적 통일체에 입각해 합리적 체계의 통일체를 획득한다. 이것은 그 상관자와 영역이 사실적 실제성의 통일체인 '제이철학'의 한 학과다.

어쨌든 플라톤으로 되돌아가면 이제 '그는 결코 단순히 학문의 개혁자(改革者)가 되려 하지 않았다'는 점도 강조되어야 한다. 궁극적인 목적에서 그도 항상 소크라테스학파의, 따라서 가장 보편적인 의미에서 윤리적 실천가(實踐家)의 학문이론을 추구하려 했다. 그래서 그의 이론적 탐구는 더 깊은 의미를 지닌다. 중요한 문제는 근본확신이다. 요컨대 완전한 의미에서 정당한 효력범위가 어디까지 미칠 수 있는지 아직 측정되지 않은 것이다. 즉 각기 인간 이성의 활동을 궁극적으로 타당하게 정초하는 것, 보증하는 것, 정당화하는 것은 술어로 판단하는 이론적 이성의 형식이다. 또한 그 이성을 매개해 실행되며, 궁극적으로는 철학에 의해 실행된다. 인류를 참되고 진정한 인간성(Menschentum)의 정점(頂點)으로 고양시키는 것은 그것이 원리적으로 뿌리내리고 결부된 총체성에서 진정한 학문의 발전을 전제한다. 그것은 모든 합리성을 인식하는 터전이다. 인류의 소명을 받은 지도자 ─〔고대 그리스의〕통치자(Archont) ─ 도 이 합리성에서 그들이 공동체 삶을 합리적으로 처리하는 기준인 통찰을 끌어낸다.

새로운 종류의 문화이념은 그와 같은 직관을 통해 미리 지시된다. 즉 그 문화는 다른 문화의 형태들 가운데 단지 학문의 문화도 생기고 '진정한' 학문을 더욱더 깨달아가는 그 '목적'(telos)을 향해 매진하는 것이 아니다. 그 학문이 모든 공동체 삶의 '중추부를 지배하고'(hegemonikon) 이것으로써 모든 문화 일반에 임무를 떠맡아 ─ 영혼의 다른 부분들에 대립해 '지성'(nous)의 개별 영혼에서와 같이 ─ 언제나 깨달아가기 위해 노력한다. 연마하는 과정으로서 인류는 단지 개별 인간 속에서 발전하는 것이 아니라 '인간 전체'를 연마하는 가운데 발전한다. 인간 전체를 참되고 '진정한' 문화로 연마할 가능성의 최상조건은 진정한 학문을 길어내는 것이다. 그것은 다른 모든 진정한 문화를 고양시키고 최고로 달성할 수 있는 필연적 수단인 동시에 그 자체가 그와 같은 문화의 형태다. 참되고 진정한 모든 것은 그러한 것으로 증명되어야 한다. 심지어 목적이 진정한 명증성에서 생긴 자유로운 산출물로서만 가능하다. 궁극적 증명, 즉 진정한 모든 것에 대한 궁극적 인식은 판단하는 인식의 형태를 취한다. 그러한 것으로 학문적 규범에 지배된다. 그것은 원리적 정당화를 통해, 따라서 철학으로서 최고의 합리적 형태를 띤다.

플라톤 역시 그와 같은 (여기에서는 물론 연수받은) 생각을 본질적 특징에서 미리 형성했고 그러한 생각을 준비했는데, 그럼에도 그 원초적 형식으로도 정초했다. 결국 최초로 유럽문화 그 자체를 합리적으로 형성된 학문을 통해 보편적으로 합리화하는 특성의 경향을 처음 일깨운 것이 플라톤의 창조적 정신이다. 그리고 이 경향은, 단지 추후에 계속된 영향의 결과로서만, 일반적 문화의식 자체 속에 승인된 규범이 언제나 강력하게 형성되는 형식과 결국 (계몽주의 시대에는) 문화발전도 깨달아 이끄는 목적이념의 형식을 받아들인다.

이와 관련해 선구적인 것은 특히 '개별 인간과 그의 삶은 필연적으로 공동체와 그 공동체 삶의 통일 속에 기능하는 동료구성원으로 고찰되어야 한다'는 인식이다. '그래서 이성의 이념도 단순히 개별 인간이 아니라 공동체의 이념이며, 이 이념 아래 사회적으로 결합된 인류와 사회적 삶의 형태가 역사적으로 형성된 형식도 규범적으로 판정될 수 있다'는 인식이다. 잘 알려져 있듯이, 플라톤은 그 규범적 발전형태의 관점에서 공동체를 국가, '전체로 [확대된] 인간'이라 한다. 실천적–정치적 삶이 사유하고 행위 하는 것을 일반적으로 또한 불가피하게 규정하는 자연히 생긴 통각(Apperzeption)[19]이 명백하게 플라톤을 이끌어갔다. 이 통각은 자치단체나 도시, 국가가 개별 인간과 유사하게 생각하고 느끼며 실천적으로 결정하고 행위 하는 것으로 — 따라서 인격과 같은 것으로 — 간주한다. 그리고 사실상 모든 근원적 통각과 마찬가지로 이 통각도 그 자체로 근원적 권리 [정당성]를 지닌다.

그러므로 플라톤은 사회적 이성 — 참된 이성적 인간 공동체 일반이나 진정한 사회적 삶 일반 — 에 대한 학설을 정초한 자, 요컨대 완전하고 참된 윤리학으로서 사회윤리학을 정초한 자가 되었다. 플라톤에게 이 사회윤리학은 앞에서 설명한 의미에서 완전히, 철학에 대한 자신의 원리적 이념을 통해 명백한 특징을 띤다. 즉 소크라테스가

---

19) 이 용어는 라틴어 'appercipere'(덧붙여 지각한다)에서 유래하며, '직접 지각하는 것'(Perception) 이외에 잠재적으로 함축된 감각들까지 간접적으로 지각하는 것을 의미한다. 칸트 이후에는 새로운 경험(표상)을 이전의 경험(표상)들과 종합하고 통일해 대상을 인식하는 의식의 작용을 뜻하기도 한다.

이성적 삶을 통찰로 정당화하는 지식에 근거한다면, 플라톤의 경우 이러한 지식에 대해 절대적으로 정당화된 학문인 철학이 등장한다. 더구나 이성적 개별 삶에 대해 공동체 삶이, 개별 인간에 대해 '전체로〔확대된〕인간'이 등장한다. 따라서 철학은 합리적 기초, 즉 진정한──참된 이성적──공동체와 이 공동체의 참된 이성적 삶이 가능할 수 있는 원리적 조건이 된다. 플라톤의 경우 이러한 것도 국가공동체의 이념에 제약되고 시간적으로 제한된 것으로 생각된다. 따라서 그 근본사상을 임의로 넓게 파악할 수 있는 공동체가 된 인류로 보편적으로 확장하는 일은 쉽게 실행될 수 있다. 이것으로써 새로운 인류와 인류 문화의 이념이 개척된다. 게다가 철학적 이성에 입각한 인류와 문화로서 개척된다.

이 이념이 어떻게 순수한 합리성에서 계속 확대될 수 있는지, 그 이념의 실천적 가능성은 어디까지 도달하는지, 그 이념은 어느 정도까지 최상의 실천적 규범으로 인정될 수 있고 효력을 발휘할 수 있는지는 여기에서 해결하지 못하는 문제다. 그러나 어쨌든 엄밀한 철학을 통해 개혁할 수 있는 공동체 삶의 기능으로서 엄밀한 철학이라는 플라톤의 근본사상은 '사실상'(de facto) 끊임없이 또 점차 영향이 증가했다. 그의 근본사상은 의식적이든 무의식적이든 유럽문화의 발전에 본질적 특성과 운명을 규정했다. 그 학문은 모든 삶의 영역으로 확대되고, 순조롭게 진행되거나 그럴 수 있다고 믿는 한, 궁극적으로 규범화하는 권위의 의미를 당연한 권리로 요구한다.

2절 논리학의 정초와 형식적-진술논리 분석론의 한계

3 귀결이나 일치의 아리스토텔레스-스토아학파의 전통논리학

지난 강의에서는 철학에 대한 플라톤의 이념을 알아보았다. 이제 우리가 무엇보다 관심을 쏟는 것은 '유럽 학문의 발전, 즉 플라톤의 자극이 얼마나 또 어디까지 발휘되었는지'다.

플라톤의 변증술에서 시작한 새로운 철학, 즉 논리학, 일반적 형이상학(아리스토텔레스의 제일철학), 수학, (물리학, 생물학, 심리학, 윤리학과 정치학 같은) 서로 다른 학과에서 자연학과 정신〔인문〕과학은 절대적으로 정당화된 학문으로서 철학에 대한 플라톤의 이념을 단지 불완전하게 실현한 것이었다. 요컨대 플라톤이 모든 학문적 인식의 완전한 궁극적 합리성을 겨냥해 의도한 근본주의는 곧바로 합리성의 하위단계가——게다가 구체적인 학문적 작업을 미리 밝힐 소임을 띤 보편적 방법론의 기능과 더불어 논리학을 체계적으로 형성할 뿐 아니라 개별학문의 학과 자체를 실행하는 데——도달되었다는 사실로 약화되었다.

이러한 일은 그 방법을 끊임없이 비판적으로 미리 숙고하고 또 추후에 숙고하는 가운데 실제로 일어났다. 개별학문의 학과들은 이러한 관점에서——특히 처음부터 우선적으로 다루어진 수학적 인식의 영역에서——소임을 받은 지도자인 논리학이 학문적으로 고정된 규범법칙에 입각해 정당화할 수 있는 것을 훨씬 넘어서는 합리성을 즉시 획득했다.

그런데 논리학의 발전과 학문의 발전, 이 둘은 당연히 처음부터 제휴했다. 비판적 정당화와 이 경우 원리적인 것——따라서 순수한 보편성——에 초점을 맞춰 가장 오래된 수학의 원초적인 이론적 작업수행(Leistung)[20]에서, 이 수학의 추론과 증명에서 이념적 형식과 형식적 법칙의 확고한 체제가 확실히 부과되었다. 판단하는 활동에서 생기는 기본적이고 복합적인 판단의 형성물은, 그 사태에 적합한 것으로 통찰될 수 있을 때 일반적으로 참이어야 한다면, 명증한 필연성에서 확고한 형식에 결합되어 있다는 사실이 명백해질 것이다. 비록 완벽하지 않더라도 참된 플라톤의 정신 속에 순수한 판단의 형식들은 이념적-개념적으로 파악되었고, 이 형식들에 근거한 순수한 합리적 법칙이 발견되었다.

이 법칙에서 판단이 진리(또는 거짓)일 가능성에 형식적 조건이 표명된다. 그래서 순수논리학, 게다가 형식논리학의 기반, 즉 그 규범이 곧 그 형식적 일반성에 의해 전적으로 보편타당한 것이어야 할 순수한 합리적 학문이론의 기반이 생겼다. 학문 일반, 즉 생각해낼 수 있는 모든 학문은 실로 진리를 획득하려 할 것이다. 학문 일반은 진술하는 행위 속에 진술내용을 산출하려 할 것이다. 그 진술내용은 단지 일반적으로 진술하는 주체가 판단한 판단이 아니라 이 주체가 명증하게 확증한 판단 그리고 언제나 다시 명증하게 확증할 수 있는 판단이다. 그래서 형식논리학의 법칙은 곧 가능한 참된 판단의 순수한 형식을 형성하는 법칙으로서 생각해낼 수 있는 모든 학문에 대해 규범적 의미를 반드시 지녀야 하며 그러한 학문에 대해 전적으로 필연적인 모든 타당성을 반드시 지녀야 한다는 사실 또한 분명하다.

아리스토텔레스의 분석론(Analytik)[21]이 시도한 거대한 작업을 계

---

20) 의식의 '산출, 수행, 수행된 결과, 기능, 성취' 등을 뜻하는 이 용어는 일상적으로 은폐된 의식을 현상학적 환원을 통해 해명하는 선험적 주관성의 다양한 지향적 능동성을 지칭한다. 즉 의식이 경험한 내용이 축적되고 이것을 다시 기억하거나 새로운 경험을 형성하는 복잡한 발생적 역사성을 함축한다. 따라서 의식의 심층구조와 역사성을 강조하고 또 의식의 단순한 '작용'(Akt)과 구별하기 위해, '작업수행'으로 옮긴다.

21) 아리스토텔레스는 학문을 이론에 관한 것, 실천에 관한 것, 창작(poiesis)에

속 발전시킨 스토아학파의 논리학은 맨 먼저 실제로 엄밀한 형식 논리학에 필요한 이념을 몇 가지 순수함에서 뚜렷하게 부각시킨 지대한 공적을 쌓았다. 스토아학파의 논리학은 '말해질 수 있는 것'(lekton)에 관한 중요한—물론 뒤로 밀려 실로 완전히 망각되었지만—학설[22]로 발전하는 데 근거를 다졌다. 이 학설에서 처음으로 판단작용 속에서 판단된 판단(인식대상적[23] 의미에서 판단)으로서 명제의 이념이 뚜렷하게 파악되었다. 삼단논법의 성낭성은 그 판난

관한 것 그리고 이 학과들의 연구에 필요한 예비학과로 구분했다. 그는 이것을 '분석론'(analytike)이라 불렀는데, 그가 죽은 뒤 페리파토스학파와 스토아학파가 논쟁하면서 '논리학'이라 부르기 시작했다. 여기에는 명사(名辭)를 다룬 『범주론』(*Kategoriai*), 명사들의 결합에 참과 거짓을 다룬 『명제론』(*Peri hermeneias*), 삼단논법을 연구한 『분석론 전서』(*Analytica pyrotera*), 과학의 진리를 검토한 『분석론 후서』(*Analytica hystera*), 변증법적 추리를 고찰한 『토피카』(*Topica*), 소피스트들의 궤변을 다룬 『궤변론』(*Peri sophistikon elenchon*)이 있는데 이 여섯 권의 저술을 묶어 후대에 'organon'(사유하는 도구, 연장)이라 이름 붙였다.

22) 스토아학파는 아리스토텔레스의 전통에 따라 감각으로 파악되지 않는 것은 보편적인 것에 도달할 수 없다고 보았다. 그리고 판단은 어떤 표상(생각)에 대해 주체가 그것이 실제로 있다는 것을 확신(동의)하는지에, 판단의 참과 거짓은 그 표상의 내용이 사태와 일치하는지에 달려 있다. 그래서 판단에는 개념이 필요한데, 아리스토텔레스는 개념을 언어적 측면으로만 이해했지만, 스토아학파는 단순한 기호로서의 언어(terminus)와 이 기호가 지시하는 내용으로서의 개념(ratio), 이 내용이 지시하는 대상(res)을 분리해 인식했다. 즉 그리스어 'legein'(말하다, 의미하다)에서 파생된 'lekton'에는 말로 진술된 것(effatum), 말에 의해 드러난 것(enuntiatum), 말해진 것(dictum)이라는 뜻이 긴밀하게 함축되어 있다.

23) 이 말의 어원은 '사유, 인식하는 주관, 삶의 주체'를 뜻하는 그리스어 'nous'(지성)다. 플라톤은 『국가』 제6권 '선분의 비유'(519d~511e)에서 인식되는 대상을 '감각의 대상들'(ta aistheta)과 '지성으로 알 수 있는 것들'(ta noeta)로 나누고, 이에 상응해 인식하는 주관의 상태를 전자는 속견(doxa), 후자는 지성에 의한 인식(noesis)이라 부른다. 이러한 맥락에서 'noesis'는 '인식작용'으로, 'noema'는 '인식대상'으로 옮긴다.

의 순수 형식에 관련된다.

본질상 이러한 전통논리학 전체는 본래의 진리논리가 아니라 단순한 무모순성, 일치, 귀결(Konsequenz)[24]의 논리였다. 더 정확하게 말하면 그것은 일단 내린 판단을 그 판단의 단순한 분석적 의미에 따라 일관되게 견지할 가능성의 형식적 조건—무엇보다 그 판단의 실질적 진리나 가능성에 관한 문제—에 제한되어 그밖에 아무리 변화되더라도 논리학의 핵심요소를 형성한 천년동안 전파된 합리적 이론이었다. 여기에서 문제는 분석적 사유에 관한 칸트의 학설을 겨냥하지만 칸트도 그 후예들도 매우 필요했지만 학문적으로 해명하지 않은 지극히 중요한 구별이다. 따라서 나는 여기에서 모든 요구에 따라 원리적으로 투명하게 만족시킬 수 있는 체계적 설명을 보충할 것이다.

어떤 사람이 잇달아 판단하고 이미 내린 판단이 그의 마음속에 계속 타당한 방식으로 판단을 나열한다고 생각해보자. 이때 일반적으로 판단의 계열뿐 아니라 판단 전체가 줄곧 함께 타당한 통일 속에서 생각되어 남아 있는 계열도 생긴다. 즉 어떤 판단의 통일체가 모든 개별적 판단을 관통해간다. 그것은 하나의 의식흐름 속에 단순히 잇달아(Nacheinander) 등장하는 판단들이 아니다. 오히려 그 판단들은 현실적으로 판단하면서 산출함에 따라 정신적으로 포착되어 계속 남아 있는 것들이고 그래서 한 번의 파악으로 잇달아 함께 파악된다. 즉 그 판단들은 어떤 판단의 의미를 〔다른〕 판단의 의미와 결합하는 통일체, 판단작용이 진행되는 가운데 유의미하게 구축되는 통일체,

---

24) 이 말은 일반적으로 '결론'이나 '귀결'을 뜻하지만, 후설의 경우 일관성을 지닌 무모순성을 뜻한다. 여기에서는 이러한 의미를 부각시키기 위해 'Konsequenz'를 '귀결' 또는 문맥에 따라 '일치'로, 'Inkonsequenz'를 '불일치'로 옮긴다.

즉 개별적 판단작용 속에 기능하는——함께 정립되고 결정적인——
판단의 통일체를 지닌다. 이 판단은 모든 판단의 마음속에 함께 속한
타당성의 통일체를 부여한다. 이러한 방식으로 어떤 논문의 다양한
진술은 통일체를 지니며, 모든 이론이나 각각의 학문 전체는 자신의
방식으로 모든 것을 포괄하는 판단의 통일체를 지닌다.

그와 같이 포괄하는 모든 판단의 통일체 안에서 판단은 다른 판단
과 더 명료한 방식으로 더 특수한 관계를 형성하거나 추후에 _1_와 같
은 관계를 맺을 수 있다. 판단은 특수한 종류의 판단의 통일체, 즉 일
치와 불일치의 통일체를 형성할 수 있다. 그래서 모든 추론은 일치하
는 판단의 통일체다. 추론하는 가운데 이른바 추론된 판단은 단순히
전제판단에 따라서만(nach) 등장하지 않는다. 즉 그것은 단순히 잇달
아 판단되는 것이 아니라 결론판단은 전제판단으로부터(aus) 판단된
다. 전제판단 속에 이미——더구나 판단에 적합하게——포함된 것이
'추론된다.' 전제판단을 통해 이미 '앞서 결정된 것'은 이제 실제로
또 명시적으로 판정된다.

예를 들어 우리가 일치해 '모든 A는 B이고, 모든 B는 C다'라고 판
단하면, '이것에 입각해' 또 이 속에 명백하게 함께 포함된 것으로서
'모든 A는 C다'라고 판단할 수 있다. 그러므로 결론명제는 그 자체에
서만 도출되는 판단의 산물이 아니라 전제로부터 산출한 판단이다.
우리가 이 전제를 생각하고 있는 한, 이 전제를 우리에게 타당한 것
으로 고수하는 한, 우리는 단지 일반적으로 '모든 A는 C다'와 같이
계속 판단할 수 있는 것이 아니라는 것을 알게 된다. 이러한 판단은
그 전제에 입각해 항상 산출될 수 있으며 그래서 그 전제 '속에' 어떤
방식으로 '앞서 결정된 것'으로서 '놓여 있다'는 것이다.

때때로 우리는 새로운 판단이 그 전제 속에 놓여 있다는 생각으로
어떤 전제에서 새로운 판단으로 판단해간다. 그러나 이전에 판단한

전제판단과 이 새로운 판단 자체를 정확하게 주시해보자. 즉 판단하는 의견을 판명하게 하면, 결론판단이 때때로 전제판단 속에 실제로 포함되어 있지 않다는 사실을 알게 된다. 하지만 통찰해 진행하는 모든 추론처럼 다른 경우에 '결론명제가——그 전제의 판단하는 정립작용(Setzen)을 통해 실제로 함께 정립할 수 있는 것으로 규정된—— 이러한 전제의 실제적 결론명제다'라는 사실을 알 수 있다. 그래서 우리는 '포함되어 있음은 결론판단이 전제판단 자체와의 관계에서 동일한 진술명제로서 실제로 당연히 주어지는 어떤 상대적 성질이다'라는 사실을 인식한다. 그 반대로 '이 상대적 성질은 그 의미의 동일한 판단으로서 그에 상응하는 그 자체에서 당연히 주어지는 특성, 즉 이 결론판단을 내포한 특성을 그 자체에서 지닌다'는 사실, '그것들은 결론판단이 그 귀결의 성격을 명증하게 드러내고——현실적 판단작용으로 언제나 실행할 수 있고——명증하게 이행하는 데 출구가 되는 판단이다'라는 사실을 인식한다.

추론하는 귀결이 순수하게 판단 그 자체에 포함되듯이, 추론하는 일치에 반대성격은 불일치 또는 모순이다. 예를 들어 '모든 A는 B다'라고 판단하면, 이러한 확신을 여전히 갖는 동안, 가령 어떤 특별한 경험이 가르치기 때문에 '이 A는 여기에서 B가 아니다'라고 계속 판단할 수 있다. 그러나 시선이 이전판단으로 되돌아가서 그 판단이 자신의 의미에 따라 판명해지자마자, 우리는 새로운 판단이 이전판단에 모순된다는 사실, 그 반대로 이전판단은 나중판단에 모순된다는 사실을 인식한다. 가령 경험에 근거해 새로운 판단을 고수해야 한다면, 이러한 상태에 직면해 즉시 이전판단을 포기하게 되고, 이전판단을 '모든 A가 B는 아니다'라는 부정판단으로 전환된다.

결국 포함됨과 배제됨, 포함함과 배제함의 두 관계에 의해 함께 생기는 그 이상의 관계를 '가령 A와 B라는 명제는 서로 밀접한 상태에 있을 수 있다. 예를 들어 'U는 X이고 Y는 Z다'라는 명제와 같이 서로 밀접하게 포함하는 관계도 배제하는 관계도 아니다'—이 경우 이것들은 거기에 무모순성을 뜻하는 양립가능성(Verträglichkeit)을 지닌다—라고 해야 한다.

우리는 그것이 판단하는 삶에서 우연적인 경험적 사건이 아니라는 사실을 인식한다. 오히려 여기에서 중요한 것은 유적(類的)으로 통찰할 수 있고 순수하게 이념적인 보편적으로 타당성을 지닌 본질법칙, 즉 일치와 불일치 그리고 무모순성에 관련된 순수한 법칙이라는 사실을 인식하고, 오직 순수한 판단의 형식들만 이러한 법칙에 대해 규정한다는 사실을 즉시 인식한다. 그래서 예를 들어 조금 전에 불일치와 관련해 말한 것에서 'B가 A에 모순되고 A를 통해 '배제되며' A가 정립되면, B에 대한 정립은 폐기된다'는 법칙을 즉시 인식한다. 그러한 법칙에 따라 판단의 귀결과 모순, 판단에 적합하게 포함됨과 배제됨 그리고 양립가능성은 포괄하는 이념적 법칙을 통해 서로 함께 결합된 판단의 관계라는 사실을 인식한다. 게다가 더 자세히 주시해보면, 직접적 일치와 모순, 간접적 일치와 모순이 구분되며 우리는 이 모든 것을 고려하면서, 즉 서로 다른 판단들의 형식과 전제가 결합할 수 있는 형식을 체계적으로 따른다. 그러면서 완결된 체계적 이론의 통일체로 함께 묶이는 많은 형태의 법칙성에 도달하게 된다.

그런데 다음과 같은 점에 주목하는 것이 중요하다. 순수한 판단의 귀결과 불일치로서의 모순뿐 아니라 양립가능성은 순수하게 판단 그 자체에 관계한다. 그 판단이 단지 가능한 방식으로 참인지 거짓인지 하는 문제와는 관련이 없다. 여기에서 다음 두 가지를 선명하게 구별해야 한다.

1) '사태 그 자체로' 되돌아감으로써 판단이 참인지 아닌지를 확신하는 확증의 의미에서 판단을 명료하게 함. 마찬가지로 그 가능

성, 그것의 가능한 참이나 거짓 또는 그것의 아프리오리한 가능성이나 불가능성(이치에 어긋남)을 밝히는 방식으로 판단을 명료하게 해명함.

2) 판단 속에 순수하게 일치하는 명제로서 함께 판단된 것 또는 판단을 통해 모순으로 배제된 것을 주시함으로써 판단을 단순히 '분석적으로 판명하게' 하는 것은 완전히 다르다. 나는 진술명제의 분석적 판단의 의미(단순한 의미의 통일체)에 대해 이야기한다. 이것으로 나는 모든 판단이나 진술명제에서 포착해낼 수 있고 반복해 언제나 다시 명증하고 동일하게 확인할 수 있는 판단의 의견(Urteilsmeinung)을 이해한다. 반면 판단의 의견을 명증하게 포착해내는 것은 우리가 해명하고 확증하는 직관을 통해 판정된 사태의 영역으로 되돌아가는지에 전혀 개의치 않는다.

이것으로써 '단순한 판단'(단순한 의미의 통일체)과 이것에 상응하는 실질적 가능성 또는 심지어 '의미'(Sinn)[25]라는 애매한 표현의 다른 개념을 나타내는 진리를 구분했고 그렇게 말할 수도 있다.

전통적 삼단논법의 이론(Syllogistik) 전체, 따라서 그 아프리오리한 핵심내용에 따라 거의 전통적 형식논리학 전체는 본래 무모순성을 유지하는 조건에 관한 법칙이나 불일치를 배제하고 일치를 수립하며 올바로 유지하는 법칙만 표명한다. 따라서 진리의 개념과 가능성이나 불가능성 그리고 필연성의 개념은 여기에서 순수하게 경계

---

25) 후설에서 명제의 의미(Sinn)는 사고(Gedanke)이고, 그것이 지시하는 것(Bedeutung)은 사태(Sache)다. 그는 "Sinn과 Bedeutung은 같은 뜻"(『논리연구』제2-1권, 52쪽)이라 보았으나, 'Bedeutung'은 점차 표현의 이념적 내용으로 남고, 'Sinn'은 의식체험에서 표현되지 않은 기체의 인식대상 전체를 포괄하는 의미를 지닌 본질로 사용된다(『이념들』제1권, 133항을 참조할 것).

지을 수 있는 — 예외 없는 무모순성의 본질적 조건과 순수한 일치의 사유에 관한 — 형식적 학과에 본래는 포함되지 않는다. 일치의 합리적 법칙성은 순수한 진술의 의미로서 판단 일반에만 눈길을 돌리고 그 순수한 형식을 완전히 판명하게 함으로써 이해되었다. 그러나 '판단이 어떻게 실질적으로[사태에 입각해] 적절할 수 있는지' '참과 거짓, 실질적 가능성이나 불가능성에 관해 우리가 어떻게 결정할 수 있는지'는 여기에서 검토되지 않고 남았다.

물론 한편으로 진리 및 진리의 양상과 다른 한편으로 단순히 판단을 포함하는 것, 배제하는 것, 공존하는 것은 밀접한 연관이 없다. 그 연관은 예를 들어 어떤 판단이나 종합적인 어떤 통일적 판단의 체계도 실로 동시에 하나의 판단을 서술할 수 없다. 그래서 예를 들어 어떤 모순이 증명될 수 있는 어떤 이론도 참일 수 없다는 사실을 통해 수립된다.

모든 모순은 거짓이다. 이 경우 우리는 어떤 모순 그 자체로 판단들에서 함께 정립된 판단을 이해하는데, 그 판단의 항(項)들 가운데 어떤 것은 적어도 다른 것을 배제하고 다른 것에 모순된다. 하지만 이 법칙도 'B가 A에 모순되고 A가 참이면, B는 거짓이다'와 'B가 참이면, A는 거짓이다'로 공식화할 수 있다. 만약 진리 대신 가능성과 필연성 또는 불가능성과 우연성을 받아들이면, 이에 상응하는 법칙은 타당하다. 더 나아가 일치의 관계와 순수한 판단을 포함하는 관계에는 이와 유사한 법칙이 있다. 무엇보다 '포함하는 명제가 참이면(가능하면), 포함된 명제는 참이다(가능하다)'와 '포함된 명제가 거짓이면(불가능하면), 포함하는 명제도 거짓이고 그 전체적 전제도 거짓이다'라는 것은 근본법칙이다. 이 모든 결합법칙은 신중하게 그리고 순수한 귀결명제와 분리된 독특한 원리로서 수립되어야 한다.

이 경우에도 순수하게 개념을 형성하는 데 서로 다른 영역에 속하는 타당성의 개념을 구분해야 한다. 귀결논리에서는 단지 포함된 판단을 포기하는 것이 포함하는 판단을 포기하는 것을 조건짓는 한에서만 '결론명제가 타당하지 않으면, 전제도 타당하지 않다'는 법칙을 뜻한다. 이 법칙은 '추론의 모든 관계는 그 역(逆)이 성립한다'는, 즉 '결론명제의 부정은 그 귀결로서 전제의 부정을 지닌다'는 다른 법칙과 연관된다. 그러나 진리논리에서는 어떤 가능한 판단을 판단으로 만들거나 그 판단을 이미 판단된 것으로서 판단의 정립을 거부하는 타당함이나 부당함이 문제가 아니다. 진리로서 또 그것에서 파생된 것으로서 타당성이 문제다.

그런데 물론 그러한 그룹의 형식적-일반적 결합법칙에 관해 단순한 귀결과 무모순성의 형식논리학은 진리논리의 가치 있는 하위단계 ─ 어쨌든 단지 하위단계 ─ 임이 밝혀진다. 그러나 본래의 인식에 대한 관심(Erkenntnisinteresse)은 참된 판단과 예외 없이 참된 것을 가능케 하고 그 맨 위에는 보편적 인식을 가능케 하는 것을 겨냥한다. 즉 보편적-절대적으로 정당화된 진리의 체계 ─ 플라톤의 의미에서 철학 ─ 를 산출하는 것이다. 따라서 물론 순수한 본질법칙으로 작동하는 최상의 합리적 귀결논리를 넘어서 진리를 획득할 순수한 합리적 방법론이 필요하다. 하지만 이러한 관점에서 사람들은 더 나아가지 못했다. 심지어 가장 일반적이고 사실상 진리 일반을 가능케 하는 것에 ─ 우선 진정한 학문과 더군다나 철학을 가능케 하는 이미 매우 멀리 나아간 문제는 도외시하고 ─ 충분히 접근하기에는 어려운 문제의 관점에서조차 더 나아가지 못했다.

4 여론: 분석적 수학인 보편적 귀결논리, 이와 상관적 관계가 있는 형식적 존재론의 처리방식과 진리논리의 문제

지난 강의에서는 아리스토텔레스가 '분석론'이라는 명칭으로 구상했고 다음 시대에 보충되고 정화되어 이른바 전통논리학의 공고한 존립요소를 형성한 형식논리학의 합리적 이론을 특징지었다. 그 주된 핵심에 따라 이 논리학은 일치나 불일치, 무모순성을 지배하는 본질법칙성에 대한 합리적 체계이론이었다. 나는 (물론 전통 자체가 보지 못한 것이지만) '그 의미를 순수하게 파악하면 그 고유한 이론적 존립요소 속에 진리의 개념과 이것의 서로 다른 파생어와 양상을 전혀 함께 포함하지 못한 고유한 학과가 이 논리학에 의해 실제로 명확하게 경계 지어졌다'는 사실을 설명하려 했다. 이 경우 진리의 파생어는 (가능한 진리로서) 가능성, 필연성, 개연성 등—이것들의 부정과 함께—의 개념이다.

우리가 귀결논리를 분리하는 것은, 그것으로 다시 되돌아가기 위해, '단순한 판단의 의미(Sinn)—명제—또는 진술하는 판단작용의 영역에서도 말할 수 있듯이, 진술명제의 동일한 의미(Bedeutung)로서 판단은 '단순히 명료하게 함'으로써 명증하게 끌어내 파악될 수 있다'는 사실에 근거했다. 우리는 '이 명증성이 가능하거나 실제적인 진리에 관한 모든 문제에 앞서 놓여 있다'는 사실을 밝혔다. 같은 말이지만, '그 명증성은 판단이 그 사태와 관련해서 직관적인지, 그렇다면 판단의 의견은 직관이 충족됨으로써 다소간 만족되는지 아닌지에 의존하지 않는다'는 사실을 밝혔다.

우리가 진술의 의미를 그때그때 그것의 진리나 단지 그것의 가능한 진리에 입각해 검사한다는 것, 즉 이러한 진술의 의미(따라서 그 진술에서 판단하면서 생각한 그것)를 설명하거나 확증하면서 직관화하는 것으로 넘어가는 것은 명증성에서 전혀 **중요하지 않다**. 이 사실이 단순히 명료화하는 이러한 명증성에 본질을 형성한다. 오히려 그렇게 함으로써 완전히 다른 종류와 방향에서 명백하게 될 것이다. 용어상 구별하면서 우리는 〔한편으로〕 예를 들어 '2는 3보다 적다'는 진술에서 진술의 동일한 '분석적' 의미를 명백하게 제시하는 분석적 명료화와 〔다른 한편으로〕 실질적 해명이나 확증 그리고 이렇게 하는 가운데 등장하는 가능성이나 진리를 대립시킬 수 있다. 여기에서 의미에 대한 완전히 다른 개념이 나타난다. 특히 부정적인 논의에서 이 경우의 예를 들어 '2는 3보다 크다'는 '전혀 의미가 없다', 즉 그것은 물론 분석적 의미를 지니며, 거기에서 판단하는 진술 속에서 생각되었을 것들에 따라 철저하게 명료한 명제다. 그렇지만 실질적 의미인 가능성과 진리는 여기에서 ''2'와 '3' 그리고 '보다 크다'에 대한 실질적 직관화로 되돌아가는──즉 해명하는──가운데 어떻게 명증하게 되는지'는 실종될 수밖에 없다. 분석적 의미를 향한 명증성, 즉 분석적 명료화의 명증성에 만족해 우리는 '단순한 상징적 판단작용, 단순한 언어적 판단작용은 자신의 측면에서 가능성이나 진리에, 마찬가지로 필연성, 개연성 또한 그 반대에 어떤 타당성도 생기지 않는다'고 말할 수도 있을 것이다.

그런데 그것은 이러한 구분과 관련해 삼단논법의 이론 전체가, 순수하게 파악해 보면, 우리가 아리스토텔레스의 용어를 사용하려 할 경우 '분석론'을 뜻한다. 이것은 단순히 동일한 이념적 진술의 의미 또는 분석적 명료화의 존립요소로서 판단에 관계한다. 그것은 바로 일치와 불일치, 포함됨과 배제됨, 마찬가지로 무모순성의 방식으로 분석적으로 양립할 수 있는 관계가 순수한 판단의 의견에 관계하고 판단의 의미로서 오직 이러한 판단에 관계하기 때문이다.

그렇지만 **전통논리학**은 분석적 귀결과 무모순성의 단순한 논리학이려 하지 않았다. 전통논리학은 실로 끊임없이 진리와 진리에서 파생된 것에 대해 이야기했고, 이에 덧붙여 단순히 귀결과 연관되지 않고 진리의 방법이 되고자 했다. 물론 전통논리학은 앞에서 말한 판단에 이중으로 속한 명증성과 서로 다른 판단의 의미개념을 이론적으로 부여하지 못했기 때문에 진리의 방법이 되려고 할 수조차 없었다. 그래서 전통논리학은 귀결을 필연적 방법론으로 구분하는 데 귀결에 속하는 것을 부여하지 못했다. 더구나 진리와 진리의 양상을 구분하는 데 바로 이것에 특수하게 속한 것, 따라서 실질적으로 일치하는 명증성에 입각해 형식적 보편타당성의 아프리오리한 법칙의 형태로 판단에 대해 진술될 수 있는 것을 부여하지 못했다.

따라서 역사적 논리학은 방법적으로 수행하는 데 매우 불완전했다. 어쨌든 그것이 수행하는 데 모든 인식의 보편적인 원리적 방법론으로서 최고의 방법론적 요구를 만족시켜야 했다. 역사적 논리학이 그 자신과 관련해 막연하고 완전하지 않다면, 그 방법적 규범은 모든 인식작용 일반에 대해서도 그 자체로 충분하지 않고 막연하며 단편적임에 틀림없다.

사실상 논리학은, 실행된 것을 제외하면, 많이 진척되지 않았다. 논리학은, 곧 알게 되듯이, 오직 그 속에서만 이론적으로 전개되는 원리상 일면적 차원에서 살펴보면 그 자체로 충분치 않다. 허용되지 않는데도 제한하는 매우 중요한 결함을 여기서 확인할 수 있다. 전통논리학은 술어로 규정하는 판단과 판단기체(基體)의 상관관계를, 따라서 술어적 진리와 참으로 존재하는 대상성(Gegenständlichkeit)[26]의

---

26) 대상성 또는 대상적인 것(Gegenstandliches)은 좁은 의미의 실재적 대상(사물)뿐 아니라, 의식에 직접 주어진 사태, 징표, 관계 등 어떤 상황을 형성하는 비자립적 또는 공의적(synkategorematisch) 형식까지 포괄한다. 따라서 사태나 관계 등 범주적 대상성은 오성(Verstand)의 대상성이며, 본질직관은 감성적 직관에 그치지 않고, 이 대상성을 있는 그대로 파악하는 범주적 직관, 즉

상관관계도 이론적으로 만족시킬 수 없음을 보여주었다. 모든 술어적 진술의 의미는 (그 자체에서) 그 의미가 그것에 대해 진술하는 대상에 관계된다. 그 의미가 판단에 적합하게끔 명명하며 그것에 대해 이러저러하게 규정하는 그 어떤 대상에 관계되는 것이다. 술어적 판단 일반의 귀결과 진리에 관계하는 형식적 이론은 이와 상관적으로 그렇게 가능한 판단으로서 ─ 순수한 귀결이나 무모순성에서 생각할 수 있는, 즉 판단에 적합하게 정립할 수 있는 판단으로서 ─ 명사적 대상성에 대한 형식적 이론도 요구한다. 더구나 이와 마찬가지로 일치해 생각해볼 수 있을 뿐 아니라 가능한 진리 속에 존재하는 대상 일반에 대한 이론도 요구한다.

더 상세하게 설명해보자. '아프리오리하게 또 형식적 일반성에서 무엇이 대상 일반에 타당한지'를 심문할 수 있다. 즉 형식적 일반성은 생각해낼 수 있는 모든 대상 일반에 대한 것이며, 생각해낼 수 있는 대상으로서 순수한 것이다. 하지만 그것은 가능한 판단의 의미에서 (논리적 의미로 명제에서) 그것에 ─ 전적으로, 가정으로, 조건으로, 확신으로, 추정으로, 개연적으로 등 ─ 배당된 속성, 상대적 성질 등의 기체(Substrat)로 등장할 수 있는 것과 같은 대상의 의미일 뿐이다. 모든 판단은 다양한 것에 관한 판단이다. 관련된 기체는 의미의 계기로서, 대상의 의미로서 그 자체로 거기에서 판단을 뜻하는 의미 통일체의 연대에 속한다. (집합론, 산술, 다양체이론에서) 분석적 수학이 사유의 대상으로 나타내는 것은 그와 같은 대상의 의미일 뿐이다.

더 자세하게는 이 경우 문제는 단지 (의미에 적합하게 동일한 것으로 추정된) 동일한 기체를 통해 결합된 가능한 판단의 종합적 결합이 아니다. 판단들이 일치하고 결합해 이와 상관적으로 동일한 대상들

─────────────

이념화작용(Ideation)을 포함한다.

이 모순 없는 규정을 통해 규정된 것으로 생각할 수 있는 종합적 결합이다. 형식적 보편성에서 대상의 의미를 임의의 의미형태 일반이나 '아프리오리하게' 가능하고 개념적으로 구축할 수 있는 형태에서 선택한 어떤 형태의 판단 의미의 기체로 생각할 수 있다. 만약 그렇다면 이 경우 동일한 기체들이 일치해 정립할 수 있는 아프리오리한 형태의 체계에 관한 문제와 그 기체들을 그러한 체계 속에 받아들이는 일치하는 규정의 형식에 관한 문제가 된다. 일치하는 규정의 모든 형식은 동시에 대상 일반, 즉 그와 같은 형식 속에 모순 없이 규정할 수 있는 것으로서 대상 일반에 대한 법칙이다.

가능한 대상 일반을 규정하는 방식에 관해 직접 명증하게 일치하는 체계를 체계적으로 수립하는 것과 그 속에 일치해 포함된 모든 규정의 형태를 구축적인(konstruktiv)²⁷⁾ 분석적 연역을 하는 것이 다양체이론(Mannigfaltigkeitslehre)²⁸⁾의 과제다. 어떤 것 또는 어떤 것 일

---

27) 칸트에 따르면 "조건의 측면에서 주어진 현상에 가장 가까이 있는 조건과 멀리 있는 조건에 이르는 일련의 종합을 '소급적(regressiv) 종합', 조건지어진 것의 측면에서 가장 가까운 결과에서 멀리 있는 결과로 진행하는 종합을 '전진적'(progressiv) 종합"(『순수이성비판』, B 438)이라고 한다. 즉 소급적 종합은 전제에서 전제로 진행(in antecedentia)하고, 전진적 종합은 귀결에서 귀결로 진행(in consequentia)한다.
   후설은 이러한 칸트의 구분을 이어받아 인식의 대상들이 주어지는 조건(시간과 공간)을 다룬 선험적 감성론과 인식의 대상들이 사유되는 조건(순수 개념, 즉 범주)을 다룬 선험적 분석론을 '소급적 현상학'으로, 경험의 한계를 넘어서는 영역에 오성의 순수 개념을 사용하는 가상의 논리를 비판한 선험적 변증론을 '전진적 또는 구축적 현상학'이라고 부른다.

28) 리만(B. Riemann) 이래 현대기하학에서 공리의 연역적 체계를 지칭하기 위한 용어로 일종의 유개념(집합)이다. 그런데 힐베르트(D. Hilbert)의 완전성 공리와 결정가능성에 입각한 형식주의에 영향을 받은 후설은 이 개념을 순수 수학의 의미에서 모든 개별과학의 학문적 성격을 보장하고 학문의 경계를 설정하는 규범적 법칙으로서, 즉 학문을 참된 학문으로 성립시킬 수 있는 이론적 형식에 관한 학문이론으로서 순수논리학을 정초할 형식적 영역의 존재론

반에 관한 이론, 즉 계속 술어화(述語化)되는 가운데 일치해 판단할 수 있어야 할 가능한 술어적 의미의 기체로서 대상 일반에 관한 이론은 형식적 존재론(formale Ontologie)이다. 이 존재론은 일치하는 판단들이 일관되게 일치하는 판단의 체계로 합류되는 일치하는 판단 일반과 그 형식에 관한 이론을 단지 상관적으로 고찰하는 방식이다. 완전히 포괄하는 것으로 생각된 진술논리 논리학은 자연히 형식적 존재론이고, 거꾸로 완전히 실행된 형식적 존재론은 자연히 형식적 진술논리(Apophantik)[29]다.

범주적 개념들——즉 사유의 대상을 일치하게 판단할 수 있는 가능한 판단으로 규정하는 '아프리오리하게' 가능한 규정의 형식들——은 판단 자체를 규정하는 개념에 의해 구별되고, 그래서 존재론적 범주와 진술논리의 범주는 대립된다. 그러나 다른 한편 '명제'나 '판단'——이것을 '사유의 사태'(Denksachverhalt) 또는 '생각된' 사태 그 자체라고 말할 수도 있다——자체는, 그것이 규정의 기체로서 기능하는 모든 판단을 형성하게 해주는 한, 존재론적 범주다. 사유의 대상에서 사유의 대상을 산출할 수 있는 모든 형태와 이 형태에 생기는 규정들을 탐구하는 것은 당연히 그 자체로 형식적 존재론이 지닌 과제의 일부다. 이 존재론은 다른 한편으로 사유의 대상을 규정할 수 있는 가능한 모든 판단의 형태를 포괄한다.

(regionale Ontologie)으로 발전시킨다.

29) 이 용어는 그리스어 'aphophainestai'(제시하다, 나타내다, 설명하다, 진술하다 등)에서 유래한 것으로 후설은 명제, 진술, 판단, 문장 등에 대한 의미론을 뜻한다. 판단은 인식론의 대상이고, 문장은 언어학의 대상이며, 명제와 진술은 논리학의 대상이다. 그래서 이 용어를 '진술논리'로 옮긴다. 그 어원과도 가장 잘 어울릴 뿐만 아니라, 후설의 'Apophantik'에는 '술어논리'와 '명제논리'가 포함되어 있으며, 프레게(G. Frege)와 달리 주장이나 주체의 구성활동과 무관한 추상적 실체로서의 '명제'와 구별되기 때문이다.

어쨌든 우리는 여기에서 불가분한 상관관계가 대상과 판단(또는 '대상'과 '사태'—이 둘은 지금의 관점에서는 단순히 정립한 것의 의미, 단순히 '상정된 것'으로서)을 결합한다는 사실을 알 수 있다. 자기 자신으로 소급해—때로는 특히 사태와 판단의 형태와 이것들에 속한 귀결법칙을 향해, 때로는 대상의 기체들과 이것들의 일치하는 규정을 향해—대상과 사태를 다루는 것은 유일하게 아프리오리한 학문이다. 여기에서 등장하는 모든 개념, 즉 분석적·논리적 범주들은 순수하게 '의미'에서 길어낸 개념이다. 명제에서 중요한 문제는 일치한다는 것이지 진리가 아니다. 마찬가지로 대상에서 중요한 문제는 그것을 모순 없이 생각할 수 있다뿐이지 그것의 실질적 가능성이나 실제성이 아니다. 그래서 형식적 존재론 전체 또는 모든 것을 실제로 완전히 포괄하면, 형식적 진술논리는 분석론이다.

전통논리학의 작업이 그 방법상 얼마나 불완전한지, '보편수학'(mathesis universalis)[30]이라는 명칭으로 라이프니츠의 정신 속에 비로소 본래 불완전하게 침투되어 있던 보편적 형식논리학과 이 속에 포함된 형식적 존재론의 이념이 전통논리학과 전혀 상관없는지는 다음과 같은 사실로 분명해진다. 논리학에 대립된 특수한 학문분과 가운데 단일의 학과이지만 아무튼 완전히 **형식적 존재론**의 이념에 속하는 **산술**(Arithmetik)과 같은 **수학적 학과**가 그 존재론의 중요하지만 작은 분야로 등장했다. 따라서 학문적 인류의 역사적 의식 속에 논리학과 물리학 또는 논리학과 정치학이 멀리 떨어진 것처럼 논리학과

---

30) 데카르트의 보편수학은 해석기하학을 발전시키면서 생각한 산술, 기하학, 천문학, 음악학, 광학, 기계학 등을 포괄하는 수학의 통합과학이다. 그리고 라이프니츠의 보편수학은 이것을 넘어 논리학과 대수학까지 포괄하는 모든 형식과학에 대한 학문을 뜻한다. 반면 후설은 이것을 발전시켜 학문이론(Wissenschaftstheorie)으로서의 논리학을 완성하고자 했다.

산술이라는 명칭으로 떨어져 있지만 본래 완전히 밀접하게 하나로서 전체를 이루었다. 산술과 진술논리 논리학(예를 들어 삼단논법의 이론)은 논리학, 더구나 실로 순수하게 분석적으로 포착할 수 있는 논리학의 완벽한 이념 아래 두 가지 분야의 학과로 정리된다.

다른 한편 산술과 기하학처럼 역사적 의식 속에서 밀접한 관계를 맺으며 하나였던 것은 분리될 수밖에 없었다. 기하학은 공간적 직관이 필요하고, 그 개념들은 실질적 영역, 즉 공간성의 영역으로 되돌아가야 한다. 반면 산술에서는 어떤 것 일반의 양상을 표현하는 것은 집합이나 수(數)와 같은 개념이며, 원리적으로 여기에서 필요한 명증성은 판단들이 일치하는 논리적-진술논리의 개념을 획득케 하는 것과 같은 종류의 명증성이다. 정확하게 살펴보면 산술 전체와 그래서 분석적 수학 전체는 사실상 방향만 다른 분석론이자 방향만 다른 귀결논리다. 즉 그것은 술어적 정립 또는 판단에 관련되는 대신 오히려 '사유의 대상'에 대한 정립에 관련된다. 어쨌든 나는 여기에서 더 나가면 안 되며, 이렇게 단순히 시사하는 것에 만족해야 한다.

그런데 이렇게 특징지은 전통논리학의 결함은 완전히 근본적인 어떤 방법론적 결함과 밀접하게 연관되어 있다. 진리와 참된 존재의 이념뿐 아니라 그밖에 이러한 이념과 본질적으로 연관된 이념 그리고 그 양상의 변화를 다루는 것은 그 결함 때문에 시달릴 수밖에 없다. 사실상 **논리학**이 플라톤의 변증술이 지닌 거대한 의도를 성취하는 가운데 진리를 획득하기 위한 **보편적-근본적 방법론**이 되고자 하면, 그 탐구는 앞에서 특징지은 진리와 참된 존재의 상관관계 수준에 단순히 주제로 접근하면 안 되고, 여전히 다른 상관관계의 쌍—심지어 이전에 상관관계에 있던 것과 더불어—이 주제가 되어야 할 것이다.

판단은 판단하는 행위 속에서 판단된 것이다. 이 행위는 하나의 주관적 삶이다. 근원적으로 참된 판단작용은 통찰 속에서 확인된다. 참으로 존재하는 대상성은 경험하거나 그밖에 어떤 방법으로 스스로 간취하고 파악하면서 규정된다. 또한 체험작용 속에 경험하는 주체에 주어지고 통찰하는 판단작용 속에 규정된다. 객관적으로 참된 판단작용은 모든 사람에게 필연적으로 통찰로서 확인되거나 확인될 수 있다. 따라서 동일한 진술의 의미 그리고 판단과 동일한 기체의 의미로서 대상에 관해서 뿐 아니라 판단하는──통찰하며 상호주관적으로 또 궁극적으로 타당하게 확증하고 대상을 정립하며 대상을 경험하는──주관적인 것(Subjektives)[31], 특히 주관적 양상에 관해서도 판단과 진리, 대상과 실제성을 탐구해야 한다. 판단을 주관적 양상으로 인식하는 체험작용 속에, 추정된 대상이나 참된 대상 그 자체와 같은 모든 의식 속에 판단은 명제와 진리로서 그 자체로 주어진다.

아리스토텔레스는 선구적으로 또 지극히 경탄할 만하게 『오르가논』(*Organon*)을 연구했다. 그 후 논리적 탐구는 그 주안점에 따라 명제, 참된 명제, 대상이라는 개념은 실제로 존재하는 대상을 가리키는 차원에서 진행되었다. 사실상 그것은 전력을 다해 주관적-반성적으로 숙고했기 때문에 아주 자연스러운 진행이었다. 학자로서 보편적 회의와 맞서 싸워야 했던──소피스트들의 회의에 대한 반발은 실로 그리스인의 사유에 원리적 방법론을 발전시킬 수 있게 끈질기게 몰아붙인 역사적 동기였다──자, 따라서 인식하는 행위 속에서 진리와 참된 존재를 어느 정도까지 획득할 수 있는지 근본적으로 숙고하기 시작한 자는 우선 학문적 작업수행이 가장한 형태, 즉 **명제와 이론을**

---

31) 이것은 주관(자아)과 그 체험영역 전체를 가리키는 '주관성'(Subjektivität)을 뜻한다. 후설은 '주관과 연관된 것'을 함축하는 이 생소한 용어를 사용해 '선험적 주관성'을 대상과 본질상 상관관계(Subjekt-Objekt-Korrelation)에 있지 않은 일반적 또는 전통적 의미의 '주관'으로 오해하는 것을 방지하고자 한다.

주시한다. 하지만 이 경우 그는 인식의 측면이 목표로 삼는 주관적 방향을 필연적으로 숙고하게 된다. 그가 명증성과 맹목적 의견, 즉 일치하며 모순 없는 판단작용의 차이를 분명하게 밝히기 때문에, 이 것에서 인식을 정당화하는 최초의 방식이 생기고, 이것이 학문을 최초로 정초하는 길을 열었다.

3절 소피스트들의 회의가 계기가 된 인식하는 주관성에 대한 최초의 성찰

5 이념에 대한 인식의 발견과 그리스에서 철학이라는 이성적 학문의 시작

지난 강의를 끝맺으면서 나는 플라톤의 변증술이 탐구하는 것, 즉 이러한 근본적인 방법론적 숙고가 때로는 학문적 방법론인 논리학 속에 작동했다는 사실을 밝혔다. 하지만 이 논리학은 그 일면성 때문에 매우 충분한 방법론과 이 방법론을 통해 성취할 수 있는 철학 — 플라톤의 의미에서 철학 — 을 지향하는 이념을 결코 실현하지 못했다는 사실을 이야기했다. 나는 이 논리학이 상관관계의 쌍을 통해 진리와 참된 존재, 더 일반적으로는, 판단(명제의 의미)과 판단의 대상이 표시되는 주제의 수준을 학문적으로 이론화하는 데 결코 성공하지 못했다는 사실을 일면성으로 특징지었다. 그러나 동시에 나는 이 이념적 통일체를 인식하는 주관성과 관련해 정립하는 두 번째 상관관계를 지적했다. 이 상관관계는 우리가 진술명제라고 하는 동일한 것(Idetisches)과 진리가 여러 가지 판단의 양상으로, 주관적으로 체험하는 양식(Wie)의 주관적 방식으로 주어지며, 마찬가지로 판단의 대상은, 명석하든 막연하든, 서로 다른 방식으로 경험되거나 그 밖의 어떤 방식으로 의식된다.

우리가 출발한 동기부여로 옮겨가자. 여기에서 그 역사적 동기부여는 소크라테스-플라톤의 반발을 규정하고, 그와 동시에 철학의 이념에 새로운 이념을 불러왔으며 철학에 이바지하는 방법론을 발전시켰다. 학자로서 '학문'이나 '철학'이라는 명칭으로 모든 객관적 인식의 가능성을 반박하는 회의의 사실에 마주선 자는 동시대인의 철학이나 전승된 철학의 내용에, 따라서 그 명제와 이론에 시선을 보낼 것이다. 그러나 그는 필연적으로 즉시 이러한 정리(定理)들을 인식하는 측면—이 공리들이 주관적으로 생기는 방식—에 관련된 주관적 숙고를 하게 된다.

어쨌든 그는 무엇보다 '판단하는 명제를 세우는 판단작용 일반은 아무리 생생하게 여기며 확신해도 여전히 이성적 판단작용이나 진정한 의미에서 인식작용이 아니다'라는 점을 알게 될 것이다. 그는 사안(Sache)과 사태(Sachverhalt) 그 자체를 간취한다. 그리고 이를 간취하면서 규정하는 통찰력 있는 판단작용, 사태와는 거리가 멀고 모호한 '의견'(Meinen)을 대조할 것이다. 그는 마음 속으로 '그와 같은 단순한 의견은 먼저 그 진리의 가치를 증명해야 하며, 이것은 사태 그 자체를 주시하고 그에 상응하는 직관을 측정함으로써만 이루어질 수 있다.

요컨대 임의의 것이 아니라 특별한 것임을 명백하게 함으로써만 이루어질 수 있다'고 생각할 것이다. 마찬가지로 그는 동일한 의도에서 사태를 부여하는 직관이나 어쩌면 그 단순한 가장(假裝)—예를 들어 외적 경험의 경우—의 가치를 숙고할 것이다. 그는 아마 '외적 경험은 경험의 대상 자체를 간취하고 포착하는 작용으로서 주관적으로 스스로를 부여할 것이다. 하지만 이때 경험하는 자는 항상 결코 궁극적으로 타당한 존재 자체가 아니라 유동적 존재만 우연히 입수할 뿐'이라는 사실을 알게 될 것이다. 또한 '이 경우 그는 그때그때 입수한 것은 결코 존재 그 자체가 실제로 충만하게 되지 않으며 경험을 보충하면서 지극히 열렬하게 진행시켜도 충족되지 않는 단순한 의견이 언제나 부착되어 있다'는 사실을 알게 될 것이다. '그래서 외적 경험은 대상 그 자체가 <u>스스로를 갖는</u>(Selbst-haben), <u>스스로를 파악하는</u>(Selbst-erfassen) 그 가장을 만족시킬 수 있는 의식이 결코 아니다'라는 사실을 알게 될 것이다. 그러나 학문은 통상 느슨한 의미에서 진리로 전혀 나아가지 않고 객관적 진리로 나아갔다. 그렇다면 객관성을 획득하는 데에는 무엇이 필요한가?

그래서 소피스트들의 철학은 객관적 진리 일반과 모든 참된 존재를 인식할 가능성을 부정하는 보편적 회의로서 그와 같은 반성을 강제로 하게했다. 이러한 반성의 목적은 인식작용 속에 표상작용과 판단작용, 직관적인 것과 비직관적인 것에 대한 서로 매우 다른 방식으로 체험한 것을 정당화하는 것 또는 보편적 반성과 비판으로 숙고하는 것이었다. 그것은 서로 다르게 완전하거나 진정하지만 불완전한 인식 ― 우선 학문적으로 객관적인 인식작용 ― 에 대해 이야기하기 위한 근거를 설명하는 것이다. 그리고 결국 모든 규범적 개념에 가능한 의미를 부여해야 하는 것이다.

경험과 판단 속에서 생각된 것이 주어지는 주관적 양상에 시선을 향하면서 경험과 판단이 발전하는 데 앞장서 인식에 대해 이렇게 반성한다고 해보자. 하지만 이것으로써 '그것이 곧바로 여기에서 열린 이러한 주관적 인식양상의 영역과 그래서 인식하는 주관성 일반 및 그 자체의 영역을 포괄적으로 풍성하게 이론적으로 다듬는 것이 된다'는 것을 뜻하지 않는다. 실제로 이러한 주관적 방향에 놓여 있는 인식의 비판적 자기정당화라는 목적을 탐구하는 데 필요한 방법을 형성하고 이것으로 근본적이고 진정한 인식의 방법론을 충분히 발전시킬 수 있기까지는 수 천 년이 흘러야했다. 이것은 마치 최초의 인식을 비판하는 숙고에, 마치 플라톤의 지칠 줄 모르며 심원한 앞선 연구와 결코 다시 포기되지 않았던 그의 위대한 후계자들의 인식에 대한 숙고에 학문적 성과가 전혀 없었다는 것은 아니다. 완전히 그 반대다. 그것은 다만 '주관적 관점에서 인식의 참되고 합리적인 본질이론의 형식으로는 필연적으로 작동되지 않았다는 것을 말할 뿐이다. 그 대신 그 결함을 결코 줄여주지 못하는 상대적으로 만족한 완전성을 지닌 특수학문이 비교적 빠르게 형성되었다'는 점만 알려준다. 이것이 얼마나 많은 것을 뜻하는지는 곧 깨닫게 될 것이다.

우선 몇 가지 더 자세하게 논의해보자. 진정한 인식의 주관적 방식(Art)에 관한 최초의 심원한 숙고는 가장 위대하고 가장 앞선 성과로서 필증적 진리에 대한 인식인 이념에 대한 인식을 발견하게 했다. 순수한 본질의 개념과 이 속에 근거한 본질법칙, 즉 통찰할 수 있는 필증적 보편성과 필연성에 대한 법칙이 근원적인 통찰로—또한 완전하게—산출되었다. 이러한 발견은 즉시—순수한 이념의 학문인 순수 수학으로 변형시킴으로써—이미 현존하는 수학을 순화하고 원리적으로 완성하는 것에서 실행되었다.

여기에서 주목할 만한 점은 인간이 엄밀한 학문의 역사와 특히 가장 좁은 의미에서 정밀한 과학의 역사를 충분한 근거에서 플라톤의 시대 훨씬 뒤로 소급해 추적한다는 사실이다. 그러나 플라톤 이전에 형성된 그 역사는 단지 학문 이전의 형식이라는 성격만 인정될 수 있다. 그래서 수학은 무엇보다 플라톤의 변증술에서 수행된 주관적-방법론적 예비작업에 힘입어 비로소 그 특수한 학문적 특징을 얻었다. 수학은—직관적으로 이끌어내 직시하는 극한이념(Limesidee)과의 규범적 관련에서 생각된 것으로, 그와 같은 모든 가능성은 이 이념에 대립해 접근한다—**이념적으로 가능한** 공간의 형성물이나 수의 형성물과 연관됨으로써 비로소 순수한 기하학과 산술이 된다.

그런데 자신의 측면에서 '공리'(Axiom)로서 순수한 연역의 완전한 구조를 지닌 직접적 본질개념과 본질법칙은 ('순수한' 단위, '순수한' 등급 등) 이 순수한 접근(Approximation)의 이상(理想)에 관련된다. 순수 수학에 최초로 고전적 체계를 세운 유클리드는, 잘 알려져 있듯이, 플라톤학파의 철학자였다. 그는, 에우독소스(Eudoxos)[32]와 같은 위대한 선임자에 의지해,『원론』(Elementen)[33]에서 플라톤학파의 이상에 따라 순수한 합리적 학문을 최초로 실행할 계획을 세웠다. 더 정확하게 말하면, 기하학은 일반적 방법론 밖에서 이 방법론에 근거해 합리성의 이상에 따라 계획되고 성공한 학문이었다. 그것은 순수하게 이념을 직시하는 가운데 자신의 근본개념을 만들었다. 그래서 필증적 명증성에서 절대적으로 타당한 필연성으로 확실하게 이해할 수 있는 법칙인 이념법칙과 본질법칙을 형성한 **최초의 학문**이었다. 즉 직접적 본질법칙들을 체계적으로 정리한 뒤 이를 기초에 놓고 순수한 귀결[일치]의 형식 속에 체계적으로 쌓아 올리면서 이 속에 간접적으로 포함된 모든 본질법칙을 해명한 **최초의 학문**이었던 것이다. 따라서 그 본질법칙은 특수한 모든 것과 이것을 사용하는 데 제시할 수 있는 사실성(Faktizität)을 순수한 합리적 법칙성의 존립요소

---

32) 에우독소스(기원전 408?~355?)는 소아시아의 쿠니도스에서 출생한 수학자이자 천문학자로서 플라톤의 제자다. 그는 주어진 정육면체의 2배가 되는 부피를 지닌 정육면체를 작도하는 문제를 독자적인 방법으로 풀어 무리수에도 적용되는 일반 비례론을 세웠다. 이러한 업적은 유클리드의『기하학 원본』제5권에 정리되어 있다. 천문학과 관련해 구면상(球面上)의 곡선 문제도 연구했는데, 황금분할의 이론을 발전시켜 각뿔과 원뿔의 체적에 관한 정리들을 증명했고, 원의 넓이는 그 반지름의 제곱에 비례한다고 했다.

33) 유클리드의『기하학 원론』(Stoikheia)은 총 13권으로 플라톤의 수학이론에 기초해 엄밀한 체계로 그 이전의 수학 특히 기하학의 업적을 집대성한 것이다.

에 입각해 합리적으로 설명하고, 아프리오리한 필연성으로 통찰하게 한다.

다른 한편 인식비판의 예비연구에서 발생한 합리성의 이상은 방법론 자체 안에서, 게다가 동시에 수학을 순수한 합리적 수학으로 변형시킴으로써, 체계적으로 영향을 미쳤다는 점을 강조해야 한다. 당연히 여기에서는 플라톤의 제자 아리스토텔레스가 이미 정초한 **분석론**을 말한다. 이 분석론은 명제, 진리, 참된 존재자의 형식논리학으로서 계속 형성되는 데 매우 불완전한 경우 처음부터 귀결과 진리의 본질법칙을 체계적으로 또 연역적으로 진척시켜 수립하는 동일한 의미의 합리적 분과의 기반을 연마했다. 그러기 위해 개별적인 사실적 판단작용을 추정된 진리와 가능성에 따라, 또는 추정된 일치와 불일치 등에 따라 합리적으로 제정하는 것을 방법론으로 규정했다.

그러므로 인식의 **보편적 방법론**은 진정한 인식이라도 반박될 수 있는 가능성을 심사숙고하고 보편적 반성을 통해 그 가능성을 검토하는 예비연구로서 시작했다. 그 방법론은 이 예비연구에서 합리성의 **최초의 이상**을 획득했다. 그리고 이 이상을 이제 확실한 방향에서 자신의 고유한 방법론의 범위 속에서 실현하면서, 그 방법론은 그 자체로 이러한 방향에서 ─즉 이념을 통한 판단과 판단된 대상, 진리와 참된 존재를 나타내는 차원에서─ 합리적 방법론으로 형성되기 시작했다. 그래서 그 방법론은 자발적으로 산출된 내재적 동기부여에 입각해 발전되기 시작했다. 또한, 그 방법론 이외에 합리적이고 진정한 학문으로서 산술과 **기하학**에 따라 동일한 이념이 구상되었으며 마찬가지로 계속 다른 학문들이 구상된 것과 전적으로 똑같이 그 자체에서부터 미리 구상된 이념에 따라 순수한 합리적 학과, 즉 그 자체로 순수한 **합리적 학문**의 분과로 형성되기 시작했다. 여기에서는 이 학문들에게 최초의 출발이자 당연히 가장 원초적인 출발을 이미 고대에서 형성되게끔 밀어붙인 합리적으로 설명하는 자연과학에 따라 물리학과 천문학의 출발로 명명할 수 있다. 물론 이 자연과학은 그 자체로 순수한 합리적 학문이 될 수 없었지만, 순수 수학을 방법의 도구로 사용함으로써 경험적 인식에 원리적 필연성을 관여시키는 한, 어쨌든 (충분히 이해되지는 않지만) 합리적으로 사실을 설명하는 새로운 형태였다.

이러한 방식으로 그 방법론의 테두리 안에서 뿐 아니라 밖에서도 길어냈던 합리적 학문들은 역사적으로 완전히 새로운 유형의 학문이었다. 그 학문들은 그 후의 미래 전체와 그래서 여전히 오늘날에도 진정한 학문을 이해시키는 미리 교육된 방법론의 이상(물론 이 이상을 구체화하는 가운데 비로소 더 완전하게 규정하면서)을 구체화한다. 그러나 그 학문들이 대단한 작업을 수행한다 해도, 순수 수학이 모든 것에 앞서 진정한 학문의 이념을 보편적 의식에 대해 이른바 전형(典型)으로 재현하고 수 천 년 동안 새롭게 정초할 수 있는 학문에 대한 최고로 찬양받는 본보기로 기능한다 해도, 그 학문들과 뒤따른 모든 학문은 단순히 '특수한 학문', 또는 더 적절하게 말하면, 우리가 충분한 근거로 철학적(philosophisch) 학문에 대립시켜야 할 단지 독단적(dogmatisch) 학문일 뿐이었다.

독단적 학문과 철학적 학문의 이러한 대립은 무엇을 뜻하는가? 이제까지 논의한 것은 모든 독단적 합리성에 여전히 충족되지 않았지만 그럼에도 절실하게 필요한 것을 적어도 예감하면서 이해하는 중요한 지침을 미리 준다. 반면 철학적 학문, 이것은 인식이 지닌 최상의 목적이념으로서 철학에 대한 플라톤의 이념을 고수하는 한 우리에게는 '절대적 정당화에 입각한 학문, 따라서 자신의 인식을 모든 관점에서 대표할 수 있는 학문이다. 달리 말하면, 학자가 인식의 형성물을 생각해낼 수 있는 모든 관점에서 완전히 정당화할 수 있는 학문'을 뜻할 뿐이다. 그래서 철학적 학문에서는 여기에서 제기될 수 있는 어떠한 권리[정당성]의 문제에도 답변하지 않은 것은 없고, 진술의 분석적 의미에 관계하거나 그에 상응하는 직관적 사태의 내용 또는—인식작용이 일어나고 오직 진술된 것과 인식된 것만 등장할 수 있는—서로 다른 주관적 양상에 관계하더라도, 그와 같은 어떠한 문제도 인식의 중요한 어떤 특성을 고려하지 않은 채 남겨두지 않는다.

그런데 새롭게 등장하는 학문의 경우 모든 관계에서 궁극적으로 정당화하는 이 합리성의 사정이 어떤지는 바로 다음의 문제가 될 것이다.

6 플라톤 변증술의 이념 속에 함축된 인식론에 대한 요청

지난 강의에서는 새로운 유형의 학문, 즉 스스로 '합리적'이라 부르기 좋아한 그 학문의 합리성은 사정이 어떤지 하는 물음으로 끝맺었다. 그 학문은 실제로, 유클리드 기하학은 참된 진정한 지식을 만들어내고 이것으로써 모든 참된 명제 속에 존재하는 것이 실제로 무엇인지 궁극적으로 말해주는 철학적 분과 그 자체에 대한 플라톤의 이념—즉 합리성—이 참된 세상에서 불가사의한 것에 상응했는가? 즉 이 경우 '궁극적으로'는 모든 이성적 문제가 종결되는 방식을 뜻한다.

다음과 같이 숙고해보자. 형식논리학 또는 순수 논리학이라는 명칭으로 순수 산술, 기하학, 설명하는 자연과학이 성장된 학문적 이론을 근원적으로 정초하고 이어받아 추후에 산출하는 가운데 공리들은 가령 닥치는 대로 수립되거나 맹목적 의견 속에 어쩔 수 없이 받아들인 것이 아니다. 그것은 거기에서 결코 단순히 판단되지 않는다.

직접적 통찰이든 통찰하는 가운데 간접적 귀결이든, 따라서 〔추론〕결과의 필연성에 대한 의식 속에서든, **통찰**에 의해 판단된다. 이 경우 그때그때 판단의 생각, 그때그때 진술한 의미의 내용은 뚜렷이 완전한 일치(Adäquation) 속에 통찰에 의해 대상성 자체──즉 학문적 노력이 겨냥한 그때그때 분야의 사태 그 자체──에 적합하게 되었다.

그러므로 거기에서 획득된 것은 성공적인 작업수행의 의식 속에서 획득된 것이며, 탐구하는 자나 정초하는 자 자신이 동반한 반성으로 재조사하는 가운데 그 작업수행이 성공하고 있음을 확신하는 것이다. 거기에서 무엇이 더 요구될 수 있는가? 그럼에도 여기에는 사실상 그 이상의 것, 즉 학자가 사유의 작업을 하는 동안 줄곧 실행하는 반성, 즉 재조사하는 반성에 비해 더 높은 작업수행을 생각해볼 수 없는가? 그와 같은 반성은 사유의 행위를 진행하고 시작하는 것을 단순히 주목하는 데 존립한다. 즉 그러한 반성은 산출되는 의미의 내용, 수반되거나 자발적으로 실행된 경험이나 그밖에 해명하거나 확증하는 직관을 주목하는 데 존립한다. 특히 이 경우 의미의 내용이 어느 정도 그에 상응하는 직관적 내용에 의해 만족되는지, 그렇게 생각된 것이 우리가 단순한 분석적 의미라고 불렀던 것으로서 순수하게 직관적으로 앞에 놓여 있는 것에 그 의미가 충만하고 정확하게 적합한지, 또는 결국 때때로 적합하지 않아 의견을 포기하거나 변경시켜야 하는지를 단순히 주목하는 데 존립한다.

항상 학자는 이 경우 자신이 이론적으로 규정하는 것을 목표로 세운 그 어떤 대상을 겨냥한다. 그렇지만 그는 이렇게 처리하는 가운데 예를 들어 '자신이 이 진행을 실로 가까이에서 충분히 살펴보았는지' '자신은 이 진행을 여전히 다른 측면에서 고찰해야 하는지' 등을 숙고할 수 있다. 그리고 그와 같이 새롭게 고찰한 결과 대상에 대한 규정을 변경해야 한다고 해보자. 그는 예를 들어 '대상은 내가 실제로 처음 생각한 것과 같지 않으며, 내가 대상에 대해 획득한 새로운 조망〔시각〕이 이러한 점을 나에게 알려 준다.' 등을 말함으로써 이렇게 변경하는 일을 자기 자신에게 정당화한다. 그렇게 숙고해 '학자는 자신의 행위를 정당화할 목적으로 그때그때 착수된 반성적 시선의 방향을 스스로에게 명료하게 한다'는 사실은 분명해진다. 또한 '그가 하나의 동일한 대상으로 항상 주목한 그 대상을 규정하는 경우 어쨌든 그에게 제시되는 그 대상이 주관적으로 다양하게 나타나는 방식이 그에게 표준이 된다'는 사실이 분명해진다. 학자는 이러한 일을 각기 요구에 따라 다소간 신중하고 절박하게 할 수 있으며, 모든 경우에 그것은 단순히 바라보는 것, 이러한 주관적 방향에서 바라보는 테두리 속에서 인정하거나 기억에 남게 고수하거나 포기하고 숙고하면서 유지되는 실천적 행위다. 그와 같이 바라보고 행위 하는 것은 언제나 개별적 경우에 부착되어 있으며, 이것은 실로 그 자체가 단일의 학문적 행위의 존립부분인 것과 같다.

그러나 여기에서 더 이상 요구되는 것이 없는가? 여기에서 **보편적** 물음을 제기할 수 있고 또 제기해야 하지 않는가? 여기에서 중요한 문제는 가능한 인식의 주체에서 인식하는 삶을 보편적으로 명확하게 규정할 수 있는 사건, 즉 자신의 이론적 관심에 가장 걸맞은 사건이 아닌가? 어쨌든 학자가 그때그때 정당화하는 고찰의 경우 단지 한 **줄기 빛만** 인식하는 주관성의 경과에 던져진다. 학자가 그때 대상을 조망하면서 경우에 따라 시선 속에 얻는 것은, 학자가 그 대상을 하나의 동일한 것 ―― 때에 따라 앞이나 뒤에서, 어떤 때는 지각 속에 제시되고 어떤 때는 탐구하면서 파고든 기억 속에 유일하게 바라보는 하나의 동일한 것 ――으로 주시하는 한, 그 대상이 학자에게 항상 주어지는 무수한 양상의 일부에 지나지 않을 뿐이다. 이때 다시 하나의 동일한 대상은 방향을 바꿀 경우 때로는 명석하고 판명하며 때로는 눈앞에서 사라지는 등 의식의 배경 속으로 들어간다.

그렇다면 인식하는 행위 일반과 이때 계속해 거기에서는 학문적이라 부르는 보편적 성질의 인식하는 행위를 그 모든 양상에 따라 이론적 주제로 삼는 탐구인 이 모든 것의 이론적 탐구는 보편적 통찰을 제공해야 하지 않는가? 즉, 그와 같은 탐구는 그때그때 서로 다른 학문을 연구하는 학자에게도 매우 유용한——실로 그 학자에게는 아마 그의 단일한 행위를 원리적으로 제정하는 더 높은 양식의 정당화를 가능케 할——보편적 통찰을 제공해야 한다. 따라서 각 학문의 학자인 그자신은 여기에 아주 많은 관심을 쏟는다. 어쨌든 중요한 문제는 인식하는 학자에게 그가 사유하는 동안 대단히 다양하게 경과하는 **생동적인 삶**(Leben)을 이론적으로 탐구하는 것이다. 생동적인 삶이 학자에게 은폐되어 있는 동안, 그가 인식하는 작업수행 자체는 존속한다. 그리고 인식의 형성물, 인식의 목표와 방법으로 계속 경과하면서 시선 속에 놓인 채 형성되는 **내면적인 것**은 존속한다.[34]

그런데 이론적으로 사유하고 이론적으로 작업을 수행하면서 학자는 이 경우 스스로를 보지 못하면서 살아 간다. 그가 시선을 두는 것은 그 과정 속에 형성된 결과와 그 결과에 이르는 방법이다. 이것은 변화하는 경험, 변화하는 주관적 견해 속에 하나의 동일한 사물로서 원근법으로 주어진 채 경험되는 것이다. 또는 변화하면서 진술하고 판단하는 행위 속에 동일한 것——가령 우리가 언제나 다시 되돌아갈수 있는 '2X2=4'와 같은 하나의 동일한 명제——으로 주어지는 판단

---

34) 그래서 후설은 "이론적 작업을 수행하면서 사태, 이론과 방법에 몰두한 나머지 자신의 작업수행이 지닌 내면성에 관해 아무것도 모르고, 그 속에 살면서도 이 작업을 수행하는 삶 자체를 주제의 시선 속에 갖지 못하는 이론가(理論家)의 자기망각을 극복해야 한다"(『형식논리학과 선험논리학』, 20쪽)라고 역설한다.

이다. 그것은 이 경우 증명하는 인식작용 속에 대상적으로 간취된 것에 적합한 명제, 각각 증명하는 가운데 동일하게 수립된 정당성의 성격 등이다. 학자가 이렇게 소박하게 실행된 사유에서 자신의 행위를 주관적으로 정당화하기 위해 필요한 새로운 반성적 태도로 넘어갈 때만, 이전에는 그가 경험한 대상성과 판단처럼 은폐된 주관적 삶에서 몇 가지만 이 판단의 정당성이 주관적으로 주어지는 방식에 관심을 쏟는 다양한 계기가 포착하는 시선 속에 나타난다. 그러나 방금 말했듯이, 단순히 경우에 따라 구체적으로 낱낱이 나타나지, 결코 이론적 주제(Thema)로서 나타나지는 않는다.

하지만 학문적 작업수행으로서 인식작용 속에 놓여 있는 것을 더 정확하게 묘사할 때 명백해지고 매우 절박하게 필요하다고 느껴지는 것은 표상작용, 판단작용, 정초하는 작용, 검토하면서 정당화하는 작용──그밖에 여기에서 언어의 모호한 일반적 명칭이 어떠하더라도──이라는 이렇게 대단히 많은 형태의 인식활동이 불가피하다는 사실이, 즉 이러한 인식하는 삶의 이론적 탐구와 그런 다음 모든 측면의 탐구가 지극히 불가피하다.

어쨌든 그것은 인식하는 모든 자에게 서로 다르며 항상 새롭게 관여할 수 있는 작용 속에 동일한 인식의 통일체, 동일한 경험의 대상과 사유의 대상, 동일한 진술명제와 결국 동일한 진리와 거짓도 주관적으로 의식에 적합하게 형성되는 삶의 활동이다. 학자는 그가 가진 것을 자신의 소유물로, 자신이 경험한 것으로, 자신이 사유에 적합하게 조립한 것으로, 자신의 주관적 삶 속에 어떤 방식으로 '만든' 것을 지닐 뿐이다. 이때 그것은 '하나의'(eines) '같은 것'(selbiges), 새로운 지각과 기억이 이렇게 소급해 포착할 수 있는 하나의 같은 지각의 대상, 이렇게 반복된 통찰로 획득된 같은 진리라 한다. 그래서 그것은 단지 서로 다른 주관적 작용들, 즉 삶의 계기들이 종합되는, 주관적으로 동일하게 확인할 수 있는 것(Identifizieren) 덕분에 ─ 따라서 이 '동일한 것'(Identisches)이 주관적으로 그 어떤 방식으로 형성되는 통일의식 덕분에 ─ '동일한 것'이라 한다.

인식하는 자에게는 단지 어떤 것이 존재할 수 있는데, 그것은 단지 동일하게 확인한다고 일컫는 그와 같은 체험작용 속에 곧바로 생기기 때문에 '하나의 것'과 '동일한 것'이라 할 수 있다. 동일한 인식의 통일체와 그런 다음 인식의 통일체의 동일한 종(種)이나 유(類) ─ 사물 일반, 대상 일반이나 경험명제 일반, 더 일반적으로는 명제 일반 ─ 도 이 경우 처음부터 '인식의 통일체가 인식하는 삶에서 의식에 적합하게 형성될 수 있는 다양한 주관적 양상이 확고하고 그에 상응하는 종과 유에 적합한 유형성 속에 경과한다'는 사실을 시사한다. 그래서 인식의 통일체의 보편성에는 오직 그와 같은 통일체가 주관적으로 주어질 수 있는 주관적인 인식의 양상들이 지닌 규칙적 유형성의 보편성이 대응하게 된다는 점을 미리 예상할 수 있다.

우리는 우리가 표상하고 사유하는 모든 대상을 모든 사람이 표상할 수 있고 사유할 수 있다는 사실을 자명하다고 여긴다. 마찬가지로 모든 판단의 생각, 임의로 하는 모든 진술의 의미를 모든 사람이 언제나 추후에 이해할 수 있다는 사실을 자명하다고 여긴다. 어쨌든 여기에는 동일한 의미를 끌어내 형성할 표상하고 이해하며 의미를 구성하는 의식의 같은 값을 지닌 모든 주관적 체험 속에 가능하다는 사실이 포함된다. 우리는 우리가 통찰하는 진리를 모든 사람이 통찰할 수 있다는 사실을 자명하다고 여긴다. 진리의 **보편타당성**은 ─ 그래서 객관적인 것(Objektives)[35]과 논리적인 것(Logisches) 모두에 대

---

35) 이것은 4항의 '주관적인 것'과 '대상성'에 대한 옮긴이 주에서 밝혔듯이, 주관과 본질적으로 상관관계에 있는 '객관성'을 뜻하며, 따라서 "논리적 객관성도 그 자체로 상호주관성이라는 의미에서 객관성"(『이념들』 제2권, 82쪽)이

해—통찰하는 주관적 체험과 상응하며 보편적으로 또 언제라도 추후에 산출할 수 있다.

여기에서는 추정된 대상, 추정된 판단의 내용, 인식된 진리, 추론된 귀결 등을 의식하는 주관적 삶에서 일반적으로 은폐된 놀이(Spiel)가 일정한 유형의 형태로 경과하며 그렇게 경과하면서 언제나 다시 동일한 것을 수행한다는 사실을 미리 시사한다. 따라서 실제로 인식 삭용의 유형성과 인식된 것이 통일된 형태 사이에는 규칙적 상관관계(Korrelation)가 존재한다는 사실을 미리 시사한다. '실제로 존재하는', '참된'이라는 특별한 성격은 이념적-통일적 의식의 의미에서, 동일하게 추정된 것을 통해—이른바 통찰 속에—등장한다. 여기에서 인식하는 삶은 '통찰', '명증성'이라는 명칭으로 만들어내는 삶의 형태를 띤다. 적확한 의미에서 인식작용이 지닌 권리의 일종으로 이성적인 것의 형태인 특별한 형태를 보인다. 그 학문적 형태는 어떤 것이며 그 형태는 이론적으로 어떻게 파악되어야 하는지는가 특히 중요한 문제일 것이다.

그런데 그 학문은 어떤 것이며, 이러한 방향에서 자신의 주제적 '분야'를 갖는 학문은 어디에 있는가? 논리학을 인식의 보편적 방법론으로 파악하는 데 익숙한 사람은 그래서 당연히 논리학이 그 가운데 플라톤의 변증술 속에 완전히 구상된 학문으로 이해되기를 원한다고 말할 것이다.

그럼에도 아리스토텔레스의 분석론에서 출발한 논리학은 아무튼 그러한 학문은 아니다. 적어도 앞에서 논의한 철저하게 필수적인 명확한 경계를 논리학에 설정하면, 그러한 학문이 아니다. 이때 논리학은 그 분야로서, 그 주제적 수준으로서 대상 일반, 판단 일반—어

다. 그리고 '객관적인 것'은 '대상적인 것' 또는 '대상성'과 같은 의미다.

쩌면 형식적으로 변화된 모든 것과 더불어 존재하는 대상 일반, 참된 판단 일반──과 상관관계가 있는 확고하게 완결된 합리적 학문이다. 그러나 사유의 대상과 가능한 대상 일반에 대한 아프리오리한 법칙을 수립하는 것이 대상이 의식되는 주관적 양상──대상은 주관적 인식 속에 어떤 양상으로 주어진다──에 대한 법칙을 수립하는 것을 뜻하지 않는다. 마찬가지로 판단 일반, 판단의 귀결관계 일반, 판단작용의 진리 일반에 대한 아프리오리한 법칙을 수립하는 것도 판단들이 판단하는 활동 가운데 등장하는 주관적 양상이나 판단이 진리나 개연성으로 주관적으로 특성짓는 명증성의 양상을 주제로 삼고 이에 관한 아프리오리한 법칙을 수립하는 것을 뜻하지 않는다. 형식논리학에서 '판단'은 실로 진술하는 다양한 주관적 작용 속에 밝혀지고 언제라도 이끌어내 인식할 수 있는 동일한 진술의 의미, 예를 들어 '2X2=4'와 같은 동일한 명제를 말한다. 명제가 형식논리학에서 주제가 되듯이, 아프리오리한 보편성에서 명제 일반은 산술에서 수와 아주 똑같이 이념적 대상성의 독특한 영역을 형성한다. 명제가 그러한 것과 유사하게 수는 동일하게 이념적인 것(Ideales)이며, 여기에서는 셈을 하고 수를 생각하는 주관적으로 서로 매우 다른 양상 속에 동일한 것이다. 그러므로 산술에서 순수하게 수──그러나 셈을 하거나 그밖에 산술을 하는 의식 속에 주관적 행위는 아니다──가 주제의 영역을 형성하듯이, 형식적 진술논리에서 명제도 주제의 영역을 형성한다.

일반적으로 우리는 합리적 분과로서 순수한 형식논리학이 이러한 관점에서 새로운 합리적 의미를 띤 그 밖의 모든 학문과 동등하다는 사실을 알게 된다. 모든 학문과 마찬가지로 형식논리학은 인식하는 주관성과 주관적 양상을 겨냥하지 않은, 인식론적(epistemologisch)이 아니라 존재적(ontisch)이라는 사실도 알게 된다. 그래서 이것은 우리가 시사한 것에 따라 최초로 형성된 삼단논법 이론, 더 적절하게 말하면, 진술논리 논리학과 더불어 처음부터 정확하게 고찰할 경우 주제로 함께 하나의 전체를 이루는 그 합리적 분과에만 적용되지는 않는다. 따라서 산술과 형식적인 분석적 수학의 다른 모든 분과에만 적용되지 않는 것이다. 만약 좁거나 넓게 파악된 형식논리학이 다른 모든 학문에 비해 탁월한 지위를 지닌다면, 만약 형식논리학이 모든 학문 일반에 대한 보편적 방법론의 범위에 포함된다면, 만약 형식논리학이 모든 학문이 어쩌면 사용할 수 있고 모든 학문이 그것에 결합된 것으로 알고 있는 이념적 법칙을 표명한다면, 여기에는 논리학과 이 논리학을 포괄하는 '보편수학'이 바로 대상 일반과 판단 또는 진리 일반에 대해 그리고 대상이 생각될 수 있는 모든 양상과 어떤 대상에 관련해서든 가능한 판단의 모든 형식에 대해 이야기한다는 사실이 포함되어 있다. 그렇지만 물론 이론——따라서 대상이 그 모든 것 속에 판단되는 판단의 형성물——은 모든 학문 속에서 구축된다. 그러므로 형식논리학과 논리적-수학적 모든 분과는 모든 학문에 대해, 생각해낼 수 있는 모든 학문의 분야에 대해 그리고 생각해낼 수 있는 모든 학문적 명제와 이론에 대해 반드시 타당해야 한다. 또는 형식논리의 법칙은 일단 발견되면 그 이론적 내용에 관해서 모든 학문을 제정하고 그래서 모든 학문에 대해 정당화의 원리로서 기능하는 사명을 지녀야 한다.

그렇지만 다른 한편으로, 앞에서 말했듯이, 수학적 해석학을 포함해 형식논리학은 다른 모든 학문과 마찬가지로 자신의 탐구분야를 인식의 주관성에서 거의 갖지 않는다는 점에서 다른 모든 학문과 동등하다. 그런데도 인식의 주관적인 것(Subjektives)과 관련된 학문의 요청은 우리가 이러한 고찰을 통해 인식 일반의 주관적인 것과 모든 대상의 분야와 학문의 분야에 대한 인식을 체계적으로 탐구하는 학문을 민감하게 느끼게 한다. 그 학문은 그밖에 일련의 모든 학문에서 '그 학문이 완전히 동일한 방식으로 생각해낼 수 있는 모든 학문에 관계되며 이 모든 학문과 관련해 그 주관적 인식의 측면을 탐구하는 동일한 과제를 갖는다'는 유례없는 특색을 통해 나타난다.

7 인식하며 일반적으로 작업을 수행하는 주관성에 관한 학문으로서의 논리학, 즉 진리논리의 완전한 이념을 체계적으로 구상함

인식의-주관적인 것에 관해 우리가 요청한 학문은 형식논리학과 유사한 점이 있다. 그 학문이 모든 학문에 관계하고 모든 학문을 포괄하는 방식으로 총체적으로 다르다. 모든 학문은 인식하면서 또 그 이론의 내용 속에서 의미에 적합하게끔 대상과 관련된다. 모든 학문에서 대상은 실제적이거나 가능한 판단의 대상, 실제적이거나 가능한 진리의 기체(基體)다. 그러나 이 모든 이론적 내용은 인식의 통일체로서 실제적이거나 가능한 인식하는 주체와 근원적이며 언제나 지속되는 관련을 맺는다. 이 관련은 동일한 대상, 동일한 판단, 다양하게 주관적으로 인식하는 방식에서 진리를 그 자체로 의식에 적합하게 형성하고 항상 형성할 수 있다.

그러므로 이러한 의식에 적합한 것과 주관성 일반——이 주관성이 모든 종류의 '객관적인 것', 즉 객관적 의미와 객관적 진리를 인식하는 삶 속에 형성하는 것이자 형성하는 한——에 관한 보편적 학문은, 논리학이 그 개념과 법칙에서 모든 학문의 가능한 모든 객관적인 것을 주제로 포괄하는 것과 유사한 방식을 지닌다. 그리고 모든 학문의 인식작용에서 가능한 모든 주관적인 것을 주제로 포괄한다. 달리 표현하면, 객관성 일반에 관한 합리적 학문으로서 논리학은——그 이념이

(아마 여전히 '보편수학'을 넘어서) 넓게 확장될 수 있더라도 — 필연적으로 대응하는 부분으로서 인식작용의 **논리학**, 학문이지만 아마 인식하는 주관성 일반에 대한 합리적 학문을 가질 것이다. 이 두 학문, 아마 함께 하나의 전체를 이루는 개별적 분과들의 그룹이 두 가지 학문으로 구분되어 필연적 상관관계에 있을 것이다. '논리학'이라는 말은, 그것이 적합한 한, '로고스'(Logos)[36]로서 객관적 관점에서 인식된 것, 진술의 의미, 참된 개념 등만 아니라 이성(Vernunft), 그래서 인식에 적합한 주관적 측면도 시사할 것이다.

이 경우 여전히 다음과 같은 것을 언급해야 한다. 이러한 인식작용의 논리학에서 바로 이것, 즉 인식의 주관적인 것이 주제가 된다면, 그것은 당연히 또 다시 하나의 인식작용이 될 것이다. 이때 그것은 자신의 측면에서 학자의 인식작용 속에 다시 변화하는 주관적 양상으로 형성되는 새로운 진술과 진리에 대한 대상이다. 따라서 인식의 주관적인 것에 관해 요청된 보편적 학문도 그것이 자기 자신에, 즉 그 자신이 지닌 인식의 주관적인 것과 관계되는 기묘한 특색을 띤다는 점은 분명하다. 그 학문은 이러한 점에서 또 다시 객관적인 보편적 학문으로서 자기 자신과 관계되지만, 단지 자신의 개념과 명제 속에 객관성을 명백하게 제시하는 한에서만 관계되는 객관적 논리학과 유사하다.

모든 논리적 법칙을 포함한 모든 법칙은 하나의 명제다. 만약 그

---

36) 그리스어 'logos'는 ① 계산·가치·고려·명성, ② 관계·비율, ③ 설명·이유·근거·주장·진술·명제·원리·규칙·전제·정의(定義), ④ 이성·추리·생각, ⑤ 말·이야기·표현·담론·논의, ⑥ 주제·논제, ⑦ 절도(節度) 등 매우 포괄적인 의미를 지닌다. 따라서 단순히 '이성'으로 옮기면 근대 이후 개념을 통해 사유하고 판단하며 인식하는 지성과 실천적 자유의지로 제한해 이해해왔기 때문에 만족스럽지 못해 원어를 발음 그대로 표기한다.

법칙이 모든 명제 일반에 대해 어떤 진리를 진술하는 모순율과 같은 논리적 법칙이면, 그것 자체가 하나의 명제인 한, 그것은 자기 자신으로 소급되어 관계된다. 모순율은 '어떤 명제가 참이면, 이와 모순된 명제는 거짓이다'는 것으로 생각할 수 있는 모든 명제에 대해 타당하다고 진술한다. 그러나 이 법칙도 하나의 명제이며, 그래서 그 법칙 자체를 표명하는 보편타당한 진리에 속한다. 그래서 객관적 논리학도 전체로서 자기 자신의 주제로 소급되어 관계된다. 이와 유사하게, 단지 자기 자신에만 상관적으로 소급해 관계하는 것은 인식하는 주관성의 논리학에 대해 명백하게 타당할 것이다. 이러한 법칙을 인식할 수 있게 되는 모든 인식활동도 그러한 논리학을 수립하는 주관적 인식활동의 보편적 법칙성에 속할 것이다.

요구된 인식의 학문에 대해 여전히 더 언급해야 할 것이 있다. 이 학문을 주관적으로 인식하는 삶을 향한 논리학으로 파악하면, 우리는 처음부터 정당화의 원리로서 또한 여기에서는 곧바로 주관적 관점에서 사용할 수 있을 보편적 통찰을 생각해낼 수 있다. 그리고 자신의 참된 존재(Sein)와 그렇게 존재함(Sosein) 속에 규정할 수 있는 대상의 분야에 대한 참된 이론의 목표와 함께 처음부터 **학문적 탐구작용과 사유작용**도 생각해낼 수 있다. 그럼에도 가장 일반적인 유(類)의 특성에 따라 아무튼 언제나 '인식작용'으로 부를 수 있는 가짜 인식작용을 치밀하게 연구하지 않으면 진정한 인식작용이 제정될 수 없고 제정하는 목적을 탐구할 수도 없다.

더구나 **이론적** 인식작용 또는 학문적 인식작용은 더 낮은 단계의 인식으로 소급해 관계되는 더 **높고 탁월한 형태**일 뿐이라는 사실도 고려해야 한다. 그래서 학문 이전에 인류가 인식하는 삶의 유형적 형식으로서 역사적으로 학문적 인류에 앞서며 심지어 동물의 경우에서도 발견될 뿐 아니라 학문적 사유작용 자체에 대해 언제나 필연적으로 함께 기능하는 것이 있다. 이는 기초인 것[날줄]과 함께 삽입된 것[씨줄]으로서 자신의 역할을 하는 함께 속한 감성적인 직관적 판단의 방식과 더불어 많은 형태의 감성적 직관작용과 감성적 상상작용도 고려해야 한다.

물론 인식하는 주관성에 관한 학문의 완전한 형태는 그 분야의 실질적 연관을 일반적으로 추구할 만큼 도달되어야 하고 이 분야는 유(類)에 적합한-실질적 공동체가 어떻세든 도달할 만큼 넓게 파악되어야 한다. 그렇지 않으면 가령 삼각형에 관한 학문, 게다가 원에 관한 독특한 학문은 아무도 창시하려 하지 않는다. 그래서 그 전체성은 아프리오리한 학문적 이론화(Theoretisieren)와 경험적인 학문적 이론화의 모든 형태와 마찬가지로 지각과 기억 그리고 펼쳐지는 상상의 원초적 형태도 이론적으로 문제되는 여기에서는 가장 넓게 파악할 수 있는 의미에서 인식작용 일반에 관한 완전히 포괄적인 학문을 요구하지 단지 인식하는 학문적 이성에 관한 학문만을 요구하지는 않을 것이다.

그러나 결국 우리는 더 앞으로 나아가게 된다. 과연 누가 인식하는 주관성을 느끼고, 노력하고, 열망하고, 욕구하며 행위 하는 주관성과 분리할 수 있으며, 더 높거나 낮은 모든 의미에서 가치를 평가하며 목적을 추구해 수행하는 주관성에서 분리하려 할 수 있는가? 사람들은 이론적 이성의 가치를 평가할 때, 예를 들어 심미적으로 가치를 평가하는 이성에 평행하게 놓고, 윤리적 삶의 형태에 올바른 방식을 생각해낼 경우에도 실천적 이성에 평행하게 놓는다. 하지만 주관성은 그에 따라 외적으로는 동일한 주관성 속에 나란히 놓인 분리된 단편으로 나뉘지 않는다. 느낌과 노력, 어쩌면 목적을 의식하는 욕구의 요소들은 인식 속에 놓여 있다. 그리고 인식의 요소들은 다른 모든 종류의 작용과 이성 속에 놓여 있다. 평행하는 문제, 즉 우리가 인식에 대해 알게 된 동일한 유형의 문제는 어디에서나 등장하며, 서로 밀접하게 뒤섞여 결합해 등장한다. 주관적으로 인식하는 삶과 이러한 삶 속에서 의식되는 인식의 통일체 사이의 상관관계는 느끼고 가치를 평가하며 직업에 종사해 만들어내는 삶과 이러한 삶 속에서 의식할 수 있는 가치나 목적이 지니는 통일체 사이의 상관관계와 명백히 평행한다[유사하다].

만약 예를 들어 인식의 영역에서 많은 형태의 주관적 경험작용을 의식에 적합하게 하나의 동일한 경험의 대상과 구별하면, 우리는 그 대상이 하나의 동일한 대상으로서 명백하게 현존하는 동안 그 대상은 무한히 변화하는 주관적 모습을 지닌다는 점과, 바로 '그 대상이 어떤 방식으로든 우리에게 보인다'는 사실을 통해서만 자명하게 의식될 수 있다는 점을 지시한다. 만약 그렇게 주관적인 것과 객관적인 것을 구별하면, 물론 예술작품, 교향곡, 조각품의 경우에도 유사하게 구별해야 한다. 우리가 느끼는 한 아름다운 형성물은 우리에게 아름다움으로 오직 거기에 있으며 어떤 주관적 방식으로 말하고 있다. 이 것은 다시 교향곡의 음의 경우에는 주관적으로 나타나는 어떤 방식, 주관적으로 감각된 어떤 강도, 주관적으로 느낄 수 있는 연주속도로 의식된다는 점을 전제한다. 조각품의 경우에는 대리석 상(像)이 주관적으로 어떤 측면, 원근법, 조명 등을 통해 보인다는 점을 전제한다. 이때에만 느낌은 말을 하고, 곧바로 심미적으로 느끼는 의식의 형식으로 말을 한다.

예술작품이 우리에게 완전한 현실성에서 현존하는 의식인 심미적 즐거움 속에서는, 표상하는 방식과 이것을 통해 기초지어진 느끼는 방식의 어떤 리듬이 진행되며, 일정하게 정돈된 주관적 체험작용 또한 진행된다. 그러나 이 경우 의식되는 아름다움 그 자체는 그것이 의식되는 이러한 의식, 즉 많은 형태의 이러한 삶이 아니다. 관찰자가 명백하게 의식하고 심미적으로 즐기는 것은 바로 이러한 것, 즉 이러한 아름다운 형성물과 이것이 지니는 심미적 가치의 특성이다. 반면, 그 형성물을 심미적으로 의식해 갖는 것(Bewußthaben)이 그 속에 있는 많은 형태의 주관적으로 인식하는 삶과 느끼는 삶은 당연히 그 관찰자에게 은폐되어 있다.

사실상 심미적 통일체와 심미적 주관성에 대해 유사한 문제, 즉 아름다움의 진리나 진정함에 관련된 심미적 이성의 문제에 직면하고, 이것은 어떤 의미에서 이성이 논의되는 곳이면 어디에서나 명백하게 그렇다. 이 모든 문제는 함께 연루된 인식하는 주관성, 심미적 주관성, 윤리적 주관성을—인식작용, 느낌, 가치를 평가함, 행위를 함이라는 명칭으로 분리되고 내용적으로 서로 생소하게—떼어내는 가운데 실행되지 않는다. 그 자체가 그에 상응하는 기초 지음(Fundierung)을 제시하는 통일의 작업수행에 의해 내적으로 연루되어 있고, 끊임없이 서로 뒤섞여 기초지어진 작용이다.

그러므로 우리가 미리 본 것은 주관성에 관한 단지 하나의 학문만, 게다가 그 주관성이 의식의 가능한 모든 통일체를 그 자체로 의견이나 이성적 확증의 통일체로 형성하는 한, 그러한 주관성에 관해서는 하나의 학문만 존재할 것이다. 만약 어떤 것—어떤 사물, 수, 명제, 아름다움과 좋음, 목적의 형성물, 직업상의 행위—을 의식해 가짐으로서 의식에 대해 이야기하면, 그것은 그와 같은 통일체를 어디에서나 동일하게 그 자체로 구별 없이 갖는 것이 아니라, 이러한 통일체에 따라 실로 하나의 동일한 것일 경우—잠시만 반성해도 분명해지듯이—지극히 많은 형태의 주관적 삶이다. 그것은 주관 속에 경과하는 방식으로 통일체를 그때그때 추정된 통일체—이 통일체에 대해 어쩌면 진리나 진정함의 방식으로 간취된 통일체—로 성취하는 삶이다. 의식해 갖는 것은 의식의 작업수행일 뿐이다.

여전히 한 가지를 논의해야 한다. 지금 검토한 학문은 모든 객관적인 것이 의식되고 언젠가 의식될 수 있는 것으로서 주관적인 것 일반에 관한 보편적 학문이어야 한다. 또는 우리는 의식의 주관과 '무엇에 대한'(von etwas)[37] 의식으로서 의식 자체에 관련된 모든 것을 탐구하는 과제를 그 학문에 세운다. 그 학문은 '주관〔주체〕들이 어떻게 의식의 활동으로서 나타날 수 있는지' '주관들이 어떻게 이러한 사실을 통해 그 자체로 가령 이성적이거나 비이성적으로 인식하고 가치를 평가하며 욕구하는 주관으로서 규정되는지' 하는 생각해낼 수 있는 모든 방식을 검토해야 한다. 또한 의식에서 구별할 수 있는 모든 유와 종을 규정하면서 ── 게다가 의식 자체 속에 그때그때 추정되어 다양하게 의식된 통일체인 의식의 대상〔객체〕들을 끊임없이 주시하는 가운데 ── 탐구해야 한다.

이러한 통일체는 어쩌면 다른 학문인 객관적 학문의 주제이거나, '인간은 바로 무엇에 대해 걱정하는지' '인간은 무엇을 실천적으로 숙고하고 행위 하면서 연마하는지'와 같은 실천적 삶의 주제다. 그러나 그것은 다른 주제, 즉 이론적이거나 실천적인 객관적 주제로, 그것에 다양하게 관련된 의식의 객관적인 것으로서 의식주관성에 관한 학문의 다른 주제다. 특히 그 학문에서는 다양한 종류의 하나의 동일한 객관적인 것이 의식 속에 주어지는 나타남의 여러 가지 주관적 방식, 통각에 의한 형태, 주관적 특성이 어떻게 보이고 규정되는지

---

37) '의식은 항상 무엇에 대한 의식으로서 대상을 향해 있다'는 것은 의식의 본질 구조로서 '지향성'을 뜻한다. 즉 의식과 대상은 불가분적 상관관계에 있다. 이 의식은 그 자체로 완결된 형이상학적 실체(Substanz)가 아니라, 마치 폭포처럼 항상 흐르는(恒轉如瀑流), 끊임없이 생성되는 흐름(Strom, Fluß)이다. 후설은 이러한 의식 삶의 생생한 체험을 "헤라클레이토스적 흐름"(『이념』, 47쪽; 『위기』, 159, 181쪽)이라 부른다.

하는 관점에서 숙고된다.

우리는 객관적이라 일컫는 학문들을 갖고, 모든 대상은 객관적 학문으로 분류된다. 어쨌든 모든 대상도 동시에 의식주관성에 관한 우리의 학문에 포함된다. 모든 대상은 객관적 학문의 대상으로서 학문적으로 분리된 분야로 나뉜다. 그와 같은 각 학문은 자신의 분야가 있고, 이와 다른 각 학문은 다른 분야가 있다. 그러나 동시에 **모든 학문의 모든** 대상은 일치해 인식주관성과 의식주관성 일반에 관한 보편적 학문에 속한다. 객관적 학문들은 자기 분야의 대상을 일치하는 경험에 근거해 이론적 진리로 규정하려 하며, 그래서 자연과학은 자연에 대한 학문, 언어학은 언어에 대한 학문이려 한다. 만약 의식에 대한 학문이 동일한 대상을 또 동시에 모든 종류의 대상을 일치해 탐구하면, 그것은 다른 의미를 지니며 완전히 다른 종류의 탐구를 뜻한다. 여기에서 문제는 '일치하는 경험 속에 그 실제적 존재에 따라 파악되는 대상들이 개별적으로 존재하지 않으며 또 서로에 대한 관계에서 이론적 진리 속에 **존재하는 것**(was)'이 아니라, '인식작용이 **어떻게**(wie) **보이며** 이론적으로 규정되는지' 그리고 '그와 같은 대상과 대상 일반이 통일체로, 동일한 대상으로 의식될 수 있는 그 밖의 모든 종류의 가능한 의식이 그밖에 어떻게 규정되는지'다. 따라서 예를 들어 '경험작용이 어떻게 보이며 경험된 것이 실제성으로서 또 계속해 존립하는 실제성으로서, 의식되는 경험의 일치성이 어떻게 보이는지'다. '공간사물이 나타나는 방식, 즉 여기와 저기, 오른쪽과 왼쪽의 주관적 차이나 형태와 색깔이 지닌 원근법의 주관적 차이 등이 주관적 방식으로 고찰될 수 있는—경험된 것이 그 배후에서 환상으로 불신되는—경험의 진행이 어떻게 보이는지', '객관적인 것이 어떻게 경험하는 사람에게 그런 다음 계속해 판단하며 사유하는 자에게 나타나며 나타나야 하는지'다.

그러므로 우리의 학문은 모든 종류의 객관적인 것을 의식의 객관적인 것으로 또 주관적 양상 속에 주어진 것으로 다룬다. 의식의 주체와 의식 자체는 의식된 대상적인 것과 분리되어 고찰되지 않고, 그 반대로 의식은 의식 그 자체를 지니며, 그래서 '의식이 어떻게 의식 그 자체를 지니는지'가 탐구의 주제다. 이것은 그 어떤 제한된 의식의 의미에서 인식의 대상뿐 아니라 모든 종류와 특수성에서 가치를 평가하고 실천적인 의식 삶에 대해서도 타당하다.

어쨌든 모든 종류의 의식통일체는 가능한 인식을 위해 항상 준비되어 있고, 따라서 이론적 대상이 될 수도 있다. 그 결과 학문은 이 모든 대상에 관계될 수 있고 사실상 이미 관계되어 있다는 사실을 동시에 주목해야 한다. 예를 들면 예술학에서처럼 심미적 대상에 대한 학문, 경제적 재산에 대한 학문 등이다. 따라서 인식하는 주관성에 관한 완벽한 학문은 이러한 이유에서도 또 '당연히' 어떤 종류로 형성되든 의식 삶의 통일체에 모든 방식으로 확장되어야 할 것이다.

우리가 준비되어 있다면, 다음과 같이 심문하고 그래서 다시 역사적 고찰로 합류할 때다. 즉 이미 고대 그리스는 의식이라는 명칭으로 의식통일체를 수행하는 주관성에 관한 그와 같은 학문에 대한 욕구를 틀림없이 느끼지 않았는가? 어쨌든 그리스철학은 더욱더 새로운 학문을 정초함으로써 보편적 인식을 위해 노력하는 데 모든 방향에서 앞서 나갔다.

자연적으로 소박하게 진행되는 삶에서 오직 인식통일체, 가치와 목적의 통일체에만 떠맡긴 관심도 이전에 소박하게 의식을 수행하는 가운데 그 자체로 은폐된 의식을 자아가 분명하게 볼 수 있고 탐구할 수 있게 소급해 전환하는 것을 경험할 수 있다는 사실이 과연 그리스철학을 벗어날 수 있었을까?

이것으로써 이러한 대상에 관한 합리적인 객관적 학문들 가운데 어떤 학문도 답변하지 못한 물음이 모든 종류의 대상에서 제기된다는 사실, 그 대상들에 대해 물음의 차원 전체가 고려되지 않은 그밖에 여전히 그렇게 합리적인 학문은 철학적 학문의 이념을 결코 완전히 충족시킬 수 없었다는 사실이 과연 그리스철학을 벗어날 수 있었을까?

4절 주관성에 관한 학문의 역사적 발단

8 아리스토텔레스가 심리학을 정초한 것과 심리학 일반의 근본문제

진정한 인식과 진정한 학문의 방법론으로 생성되던 논리학에서 이와 평행해 마찬가지로 실천적인 이성적 행위, 즉 '윤리적' 행위의 방법론으로 발전하기 시작한 윤리학에서 우리는 이성적 행동이나 비이성적 행동에서 인식하고 행위하는 주관성에 처음부터 이론적 관심을 향하도록 규정되었다. 인식의 가능성에 대해 소피스트들이 반격한 방식은 곧바로 이러한 관점에서 동기를 부여하는 힘을 지니게 되었을 것이다. 여기에 맞아떨어질 수 있는 방법은 세계를 자연적으로 소박하게 고찰함으로써 미리 지시되었다. 모든 종류의 이성과 비이성은 인간 영혼의 능력에 대한 명칭이며, 학문, 실천적 지혜와 덕(德), 정치학, 국가체제 등에서 작동하는 어떤 정신적 작업수행에 대한 능력이다. 그러므로 그 능력은 인간으로 이끌고, 학문적 주제로서 인간 영혼의 삶으로 이끈다. 여기에서부터 그와 같은 삶의 하위단계에 관해 동물과 동물 영혼의 삶으로도 이끈다. 그래서 심리학적으로 이론화하는 것은 여기에서 논리적 문제제기와 윤리적 문제제기의 연관 속에서 실행된다.

그러나 우리는 이러한 방법론에 대한 합리적 이론의 요구를 제외하고도 어떤 심리학이 절실히 필요하다는 점을 즉시 알게 된다. 플라톤과 아리스토텔레스에 의해 풍성하게 계속되면서 합리적 학문의 보편적 이념이 구상되고 주입되었다. 그 후에 고대의 철학이나 학문을 합리적 철학이나 학문으로 논리적으로 개조하든, 도달할 수 있는 모든 분야에서 완전히 새로운 철학이나 학문을 정초하든, 더 새로운 합리적 학문의 이러한 이념을 실현시키는 ― 완전히 더 발전시키게 규정하는 ― 과제에 사로잡힌 정신이 있었다. 물론 그래서 생생한 자연뿐 아니라 물리적 자연, 동물과 인간, 그런 다음 공동체의 삶에 대한 새로운 학문이 수립되었을 것이다. 이러한 관심에서 인간에 관한 학문, 즉 심리적인 것이 물리적인 것과 자연스럽게 연루된 인간학(Anthropologie)이 모든 학문에 선행했다. 실로 자연스런 객관적 고찰에서는 영혼적(seelisch) 존재와 신체적(leiblich) 존재가 동물적[38] 통일체(animalische Einheit) 속에 실재로 연루되어 있기 때문이다.

따라서 이미 고대에, 아리스토텔레스와 같은 강력한 정신 속에 심리학으로서 주관성에 관한 보편적 학문이 최초로 구상되었고, 이 학문은 모든 영혼의 기능과 마찬가지로 인간 이성의 기능을 다루어야 했다. 세계의 모든 것을 다루는 일련의 경험과학에서 객관적 학문들 가운데 하나의 학문, 즉 다른 학문들과 나란히 있는 이 학문은 논리학과 윤리학 그리고 이것들을 관통해 다른 모든 학문과 그 영역에 두드러지게 관련되어 나타났다.

물론 심리학이 등장한 것과 같이, 심리학은 본래 철학적 정신에 끊임없는 시련이다. 처음부터 심리학은 우리가 지난 강의에서 인식과

---

38) 이 말의 어원은 라틴어 'anima'는 '공기, 호흡, 마음, 심리적인 것 등'을 뜻한다. 그런데 후설은 이 말을 통해 동물의 일반적 속성보다 인간을 포함한 고등동물의 심리 또는 영혼을 표현한다.

인식통일체에서 시작하고 논리학과 그런 다음 윤리학의 방법론적 학과와 연관 속에 우리에게 부과된 그 문제제기를 곧바로 장악할 수 없었다. 인식하는 이성과 실천적 이성의 능력에 대해 많이 이야기하더라도, 어쨌든 이러한 능력이 관련되는 작용의 영역과 그에 따라 일반적으로 무엇에 관한 의식으로서 의식을 올바른 방식으로 체계적으로 기술해 명백하게 밝히고 이론적으로 포착할 방법이 없었다. 그러나 이것은 심리학을 합리적으로 기술하고 설명하는 가운데 전진해가는 진정한 학문의 확고한 형태로 발전시킬 수 없었던 근본적 결함이었다. 어쨌든 모든 삶의 맥락에서 인간이나 동물의 영혼 삶은 다양한 것에 대한 의식이다. 전체로서 그 삶은 표상하고 판단하고 느끼고 노력하며 행위하는 의식, 즉 대상과 주관적으로 나타나는 방식에 따라 언제나 변화하면서 — 한편으로 감각자료, 느낌, 욕구와 같이 주관적 체험 자체가 의식되고 다른 한편으로 이와 일치해 공간 속의 사물, 식물과 동물, 신비적 힘, 신들과 정령들, 다양한 문화형태, 사회성, 가치, 재산, 목적 등도 의식되는 — 매우 여러 가지 형식을 띤 의식인 더욱더 새롭게 형성되는 의식의 연속적인 통일적 흐름(Strom)으로 특징지어진다. 그렇다면 무엇에 관한 의식으로서 의식을 체계적인 기본적 분석으로 파고들지 않고 심리학은 어떻게 영혼 삶의 어디까지 ABC〔기초〕로서 올바른 길에 이를 수 있겠는가!

그러나 우리가 여기에서 관심을 쏟는 의식탐구가 지닌 결함은 다른 학문들 가운데 하나의 객관적 학문으로서 심리학 그 자체에만 부착된 단순한 결함이 아니다. 심리학이 합리적으로 설명하는 진정한 학문의 단계로 올라가고 그래서 수학적 자연과학에 걸맞은 동반자가 되는 데 방해하는 방법의 결함이다. 실로 의식탐구는 논리학과 윤리학에 문제가 되며, 그래서 우리는 이러한 관점에서 이 원리적 방법론에 대한 기초라는 심리학의 요구에 관심을 보인다. 심리학의 요구는 학문과 삶의 실천에서 모든 원리적 규범화(Normierung)에 대해 근원적 힘의 원천이라는 것, 이러한 점을 통해 그밖에 심리학과 동등하게 자리 잡은 다른 모든 객관적 학문을 넘어서는 것이다.

심리학이 인식하고 행위 하는 것의 방법론을 이론적으로 길어내야 할 주관성에 관한 학문이라는 점은 처음부터 아주 자명하게 나타날 수도 있었다. 이것은 논리학과 윤리학이 더 이상 학문적 행동과 윤리적 행동에서 인간의 처리방식에 대한 경험적-기술적(技術的) 규칙체계로서 원하지 않았고 더 이상 그렇게 될 수 없을 때만 실제로 자명했다. 하지만 논리학은 사실상 단지 인식작용의 경험적 기술공학(Technologie), 가령 건축학의 기술에 따른 경험적 기술학(Kunstlehre)으로만 생각되었는가? 논리학의 기원상 확실히 그렇지 않다. 어쨌든 논리학은 처음부터 대상 일반, 명제와 진리 일반에 대한 아프리오리한 법칙을 제공했고, 따라서 주관적 관점에서도 아주 명백하게 인식작용, 판단작용 그리고 통찰하는 것 일반에 대한 아프리오리한 규범을 겨냥했다.

이제 다음과 같은 문제가 당연하다고 생각될 것이다. 그와 같은 아프리오리한 법칙, 즉 타당성의 절대적 보편성과 필연성이 순수한 그 이념적 의미에 속하는 명제가 이러한 세계 전체의 사실성 안에서 인간──이러한 사실적 동물 종(種)인 '인간'(homo)──의 우연적 사실성에 의존할 수 있는가? 따라서 인간 종을 변경하는 것, 즉 인간의 인식하는 행동이 사실적으로 경과하는 규칙을 적합하게 변경하는 것 역시 논리적 법칙을 변경하는 것을 수반할 수 있고 수반할 것이라는 사실 속에 포함되어야 하지 않은가? 하지만 우리는 그와 동시에 이러한 법칙의 절대적 타당성을 포기하고, 그래서 매우 곤란한 상태에 빠져든다.

그렇다면 실제로 논리적 법칙이 단지 경험적-인간학적 타당성만 지닐 경우 인간 종 자체의 사실(Faktum)은 그 생물학적 특성—여기에서 전제된 심리학적 특성도 포함해—에서 사정이 어떠한가? 그리고 여기에서 그에 못지않게 전제된 세계 전체의 사실은 사정이 어떠한가? 학문은 세계 전체에 대한 지식을 제공하며, 특히 인간에 대한 지식은 물리적 인간학과 심리학적 인간학이 제공한다. 이 학문이 실제로 타당성을 지닐 때만 우리는 '인간은 존재하고 다양한 심리학적 법칙에 지배된다'고 사실상 또 참으로 말할 수 있다. 하지만 모든 학문 일반과 마찬가지로 이 인간학에 처음부터 끝까지 원리적 권리를 부여하는 것, 즉 인간학의 논리적 원리를 통한 논리학이 그 자체로 인간의 사실에 의존해야 한다면, 어쨌든 인간학은 인간학 일반을 통해 비로소 정당하게 존재하는 것으로 타당할 수 있는 것에 의존할 것이다. 결국 이것은 하나의 명백한 순환론이다. 우리가 최초의 논리적 원리를 끌어낼 경우에만 실로 그 순환론은 전진해간다. 만약 모순율이 인간 종의 사실에 의존하는 단지 경험적-상대적 타당성만 지닌다면, 이러한 종을 변경하는 것은 모순율이 더 이상 타당하지 않다는 방식으로 생각할 수 있다는 사실을 포함할 것이다. 그러나 이 경우 이러한 다른 종류의 인간에 대해서도 '그는 존재하거나 존재하지 않는다.' '그는 그러한 특성을 띠거나 그렇지 않다.' '그는 다른 종류의 인간이거나 다른 종류의 인간이 아니다.' 등으로 말할 수 있을 것이다.

우리는 모든 학문과 더불어 즉시 세계에 관련된 자명함—이 경우 이 세계는 경험의 의심할 여지 없는 사실로서 전제되어 있다—이 어려움을 수반하는 것을 알게 된다. 그래서 여기에는 무엇보다 논리학이 이러한 세계의 사실과 특히 인식할 수 있는 인간의 사실에 관련된 것으로 간주하는 자명함이 있다. 플라톤의 변증법으로서 근원적으로 창설되고 규정된 논리학은 인식 일반의 가능성에 대한 근본적 학문이어야 한다. 논리학은 인식하는 행동에서 진리를 추구하는 작업수행을 성취할 가능성을 완전히 원리적으로 다루려 한다. 실로 논리학은 전적으로 또 완전히 일반적으로 이 가능성을 부정하는 소피스트들의 철학을 반박한다. 그러므로 논리학은 실제로 근본적으로 구상되었다. 그렇다면 처음부터 또 완전히 원리적으로 모든 인식과 진리의 가능성을 의문시해야 했다. 그러나 여기에는 논리학이 인간의 실존과 세계가 추정적으로 자명하게 현존하는 것을 경험이 만들어낸 사실(Tatsache)[39]로서 결코 이용하지 않았다는 점을 함축한다. 왜냐하면 이것 역시 단지 인식에서 생긴 사실일 뿐이며, 인식의 사실로서 그 가능성에 관해 의문시되어야 하기 때문이다.

플라톤이 아무리 이러한 근본적 정신으로 논리학을 정초하려 애쓰고 그 필연적 출발과 방법으로 파고들지 않으려 해도, 이미 아리스토텔레스는 미리 주어진 세계의 매우 자연스러운 자명함에 빠져들었다. 바로 그렇게 함으로써 모든 근본적 인식에 대한 정초를 포기하게 되었다. 그래서 고대의 학문은 철학—즉 실제로 궁극적으로 정당화되고 완전히 충분한 학문—이라고 아무리 부당하게 요구하더라도, 아무리 경탄할 만한 작업을 수행하더라도, 어쨌든 우리가 독단적 학문이라 부르는 것이 되었다. 진정한 철학적 학문 대신 그 예비단계로만 간주되고 말았다.

실제적이거나 가능한 모든 인식과 학문에 그 본질의 상관자로서 덧붙여 생각해야 할 인식하는 주관성이 탐구되지 않는 한, 모든 참된 존재가 주관적 작업수행으로 명백하게 밝혀지는 인식할 수 있는 모든 의식에 관한 보편적이고 순수한 학문이 정초되지 않는 한, 그밖에

---

39) 이 말이나 'Faktum'의 어원은 라틴어 'facio'(do, make, act, experience, perform, cause, conduct, prepare 등)인데, '있는 그대로'라기보다 '만들어진 것, 즉 사실이라고 규정된 것'이라는 의미를 지닌다.

여전히 매우 합리적인 어떠한 학문도 완전한 모든 의미에서 합리적이지 않다. 이미 논의했듯이 인식주관성에 관한 학문은 모든 학문에 대립해 있다. 이 학문은―가장 넓게 이해하면―의식주관, 즉 의식과 의식에 적합하게 추정된 대상성 일반을 다루는 학문이다. 이 학문은 인식주관성이 모든 단계에서 가장 낮은 경험에 따라 의식에 적합하게 수행하는 모든 것을 이러한 주관적 작업수행에 관해 원리적으로 이해할 수 있게 한다. 이렇게 함으로써 비로소 궁극적-합리적이게 하는 방식으로 그 상관자로서 다른 모든 학문에 대립해 있다.

이 학문을 심리학과 동일시하고 이 학문의 원리적으로 고유한 지위를 오해하자마자, 그 학문에 분야를 열어주는 근본적 방법을 놓쳐버린다. 모든 학문과 인식의 대상성, 따라서 세계의 모든 것은 세계와 모든 존재의 순수하고 진정한 의미를 차단하는 불명료함, 수수께끼, 모순이 부착되어 있다. 학문이 세계와 그래서 모든 인식의 대상성을―여기에서 인식의 작업수행을 할 수 있는 모든 참된 진술이 인식의 대상을 어떤 방향으로든 혼란시키기 위해 생각해낼 수 있는 모든 불명료함과 모순에서 해방되는 방식으로―이론적으로 규정할 때만 학문은 바로 궁극적 의미에서 학문, 즉 철학이 될 수 있다.

그러나 그와 같은 학문의 필요성과 독자성은, 그럼에도 그 결함이 언제나 어떤 방식으로든 뚜렷이 존재하는 것을 느끼고 따라서 이제까지의 학문이 충분하지 않음을 뚜렷이 느끼는 동안, 우선 고대 전체에서 보이지 않았다. 이러한 상태의 역사적 지표가 이른바 **회의론의 불멸성**이다. 부정하는 불굴의 정신으로서 회의론은 고대 학문이 번창해 발전시키고, 이 가운데 철학에 반대하는 새로운 형태가 지칠 줄 모르게 대립했다. 일반적으로 말하면, 회의론은 지극히 정교하게 얽힌 논증으로 모든 철학이 불가능함, 즉 궁극적으로 정당화되는 학문이 불가능함을 입증하려고 완고하게 고집했고, 철학자들의 학파에서 그 불가능함을 극복할 수 있다고 추정한 모든 논박에도 불구하고 불가능성을 완고하게 고집했다.

회의론의 히드라(Hydra)[40]에게는 언제나 새로운 머리가 자라났고, 심지어 잘라낸 머리도 나중에 즉시 다시 자라난다. 어쨌든 그 논증에서 개별학문 가운데 어떠한 학문도—심지어 가장 정밀한 수학도—벗어나지 않는 회의가 이렇게 왕성하게 계속 이어지는 것은 '플라톤 이후의 학문이 그것이 가장하는 것에 따라 철학으로서 수행해야 할 것, 즉 절대적 정당화에 입각한 인식을 실제로 수행하지 않았다'는 증거다. 잘 수행했다면 철학은 실로 왕성한 회의적 활동을 불가능하게 했을 것이고, 회의론의 역설을 순수하게 해소해야 했다. 잘못된 길로 이끌고 주관적으로 확신하는 철학의 힘에 궁극적 원천으로 되돌아감으로써 철학은 철학에서 참된 힘이었던 것에 자신의 고유한 원리적 정당화를 실증성(Positivität)에서 만족시켜야 했다. 철학은 회의론과의 이러한 끊임없는 투쟁에서 가치 있는 매우 많은 통찰도 얻었다. 회의론이 철학이 지금껏 전혀 보지 못한 것의 차원, 즉 순수 의식의 차원에서 은밀하게 자신의 힘을 얻는 한, 철학은 이른바 마음속으로 회의론과 마주칠 수 없을 것이다.

---

40) 히드라는 그리스 신화에 나오는 아홉 개 머리를 가진 괴물 뱀으로, 끝없이 재생되는 신체를 상징한다. 헤라(Hera) 여신과 에우리스테우스(Eurysteus) 왕이 헤라클레스(Heracles)에게 부과한 12개 과업 가운데 두 번째가 히드라를 퇴치하는 것인데, 조카 이올라오스(Iolaus)의 도움을 받았다고 그 성과를 인정받지 못했다.

9 회의론—철학사에서 회의론이 '불멸하는' 원리적 의미와 데카르트의 단호한 조치

이미 가장 오래된 회의적 논증의 배후에는 철학이 결코 장악할 수 없었던 어떤 진리의 내용이 고대 소피스트들의 철학에 끼여 있었다. 실로 이 가장 오래된 궤변 속에 지극히 중요한 철학적 동기가 문을 두드렸지만, 그 문은 열리지 않았다. 이러한 일이 일어난 순간 새로운 인식영역이 열렸고, 이 영역에서 모든 인식은 궁극적으로 자신의 권위를 증명해야 했다. 그런데 여기서 우리는 소피스트들의 논증에서 가장 심오한 진리의 의미를 반드시 체득해야 한다.

모든 회의론의 본질은 주관주의다. 즉 회의론은 근원적으로 프로타고라스(Protagoras)[41]와 고르기아스(Gorgias)[42]라는 위대한 두 소피스트로 대표된다. 이들이 맨 먼저 주장했다고 여겨지는 원리적인 것은 다음과 같은 생각이다.

1) 모든 객관적인 것은 인식하는 자가 그것을 경험한다는 사실을 통해서만 근원적으로 그 사람에게 현존한다. 그러나 인식하는 자가

---

41) 프로타고라스(기원전 481~411)는 '인간은 만물의 척도'(homo mensura), 즉 "나에게는 사물이 나에게 나타나는 그대로이고, 너에게는 너에게 나타나는 그대로다"라고 주장해 보편타당한 객관적 진리를 부정했다. 이것은 인간이 진리뿐만 아니라 가치, 규범, 법률 등의 기준이라고 파악하는 회의적 상대주의의 관점이다. 그러나 그는 비록 어떤 의견도 다른 의견보다 참되지 않지만, 더 나을 수는 있다고 함으로써 진리와 윤리에 대한 관습적 견해를 받아들일 수 있는 여지를 마련했다.

42) 고르기아스(기원전 485~380)는 프로타고라스의 견해에서 더 나아가 "아무것도 존재하지 않는다. 그리고 무엇이 존재하더라도 그것을 인식할 수 없다. 또한 그것을 인식할 수 있더라도 남에게 전달할 수는 없다"는 강력한 회의적 상대주의를 주장했다. 그러나 그의 논지에 따르면 이러한 그의 주장 역시 존재하지 않고, 인식할 수 없으며, 전달할 수 없다는 자가당착적 모순에 직면하게 된다.

모든 객관적인 것을 경험한다는 것은 그것이 그 사람에게 어떤 방식이든 다양한 나타남의 방식으로 주관적으로 나타난다는 것을 뜻한다. 그 사물은 어떤 때는 그렇게 보이고 다른 때는 다르게 보이며, 누구나 그것이 자신에게 그때그때 순간의 경험작용에서 보이는 대로 그것을 본다. 누구나 그것에 관해 의심할 여지 없이 진술할 수 있는 것은 그때그때 실제로 주어진 것, 그렇게 보인 것 그 자체다. 각기 보인 것에서 분리된, 그 자체로 존재하며 자기 자신과 절대적으로 동일한 '그 자체에서 존재하는 것'(또는 존재하는 것 자체)은 경험되지도 않고 경험할 수도 없다. 그 생각은 여기에서 두 가지 방향으로 전환될 수 있다.

첫째, 존재하는 것 그 자체는 원리적으로 경험할 수 없거나—같은 말이지만—생각할 수 없다. 주관적 나타남이 그것의 객관적인 것으로 관련되어 참으로 존재하는 것이란 난센스다.

둘째, 존재하는 것 그 자체는, 어떤 것이 주어지더라도, 생각될 수 없을 것이다. 어떠한 주관도 경험—따라서 변화하면서 나타나는 것—에 의지한 것으로서 그것에 관해서는 아무것도 알 수 없다.

2) 더 근본적이며 그래서 철학적으로 특히 관심을 끄는 고르기아스는 전자의 더 극단적인 논제를 주장한다. 그러나 이것은 방금 전에 논의한 그 자체로 중요한 프로타고라스의 인식—즉 모든 사물적인 것(또는 아주 더 일반적으로 말할 수 있듯이, 모든 대상적인 것 일반)은 인식주관에 대해 단지 변화하는 주관적 나타남의 방식으로만 경험될 수 있다는 인식—에 의거하지 않은 채 (자신의 이름과 연결된 세 쌍의 논증 가운데 두 번째인) 자신에 의해 전승된 주요논쟁의 의미에서 그렇다. 고르기아스의 생각은 다음과 같다.

내가 존재하는 것으로 인식한 모든 것은 자명하게 내 인식, 내가 표상한 (표상된 것이라는 의미로) 표상, 내가 사유한 생각이다. 그러나 표상작용이 '외적인 것', 즉 표상작용에 초월적인 것을 표상하면, 그것은 곧 이 '외부에' 존재하는 것을 표상하는 표상작용 그 자체 속에 있다. 표상된 것을 경험된 것, 가령 바다 위의 전차경주처럼 날조된 것으로 여기는지는 이러한 관점에서 같다.

고르기아스의 이러한 (완전히 명석하게 전승되지는 않은) 논증을 그 궁극적 귀결까지 추적해보면, 이때 사람들은 ― 내가 말하는 형태로 표현하면 ― 다음과 같이 말할 것이다.

내가 경험에서 '확증하는' 경험을 측정하면, 내가 이성적 사유의 결과로 얻은 통찰을 바로 '통찰', '명증성', 맹목적 의견인 단순한 〔주관적〕 '속견'(doxa)에 대립된 〔객관적〕 '지식'(episteme)[43]으로서 구별하고 우선시하면, 어쨌든 나는 내 주관성의 테두리 속에 필연적으로 남게 된다. 그리고 그것에 대해 사유의 필연성에 대한 느낌, 절대적 보편타당성에 대한 의식 등 어떤 특성을 지우는지 하는 것에는 전혀 변화가 없다. 나의 표상작용, 나의 주관적 의식 안에서 모든 차이, 내가 그때마다 확인할 수 있을 모든 우선적 특성이 등장한다. 그러나 만약 그렇다면, '참된', '필연적인', '법칙', '사

---

43) 플라톤은 '선분의 비유'(『국가』, 509d~511e)에서 감각의 대상들(ta aistheta)을 통해 그 상(像)을 상상하거나 믿는 〔주관적〕 '속견'은 〔객관적〕 '지식'에 비해 원인에 대한 규명(aitias logismos)이 없어 논박에 대한 근거를 제시할 수 없기 때문에 낮은 단계의 인식으로 간주했다. 그러나 후설은 〔주관적〕 속견을 모든 실천적 삶과 객관적 학문이 의지하는 확인된 진리의 영역, 참된 이성의 예비형태 또는 최초형태로 파악하고, 〔객관적〕 지식은 그 최종형태로 파악한다. 이때 〔객관적〕 지식은 '그 자체의 존재'를 인식하는 하나의 방법일 뿐이고 〔주관적〕 속견은 이것의 궁극적 근원의 영역이므로 더 높은 가치를 지닌다.

실'—그밖에 어떻게 특성지어지더라도—로서 특성지어진 모든 것은 오직 나의 '표상작용' 속에서만 그렇게 특성지어진다. 그리고 일반적으로 나의 표상작용이 표상한 것만〔존재하는 것으로〕그렇게 정립할 수 있고 다른 것은 결코 생각할 수조차 없다면 존재자 그 자체를 받아들이는 것은 곧 어떤 의미도 없다. 그것이 표상되었는지 아닌지는 명목상 존재하는 일이다.

그 논증이 실제로 어디까지 진지하게 생각되었는지 올바로 알 수 없는 이처럼 재기 넘치는 역설인 회의론의 논증에서 가장 보편적인 의미의 완전히 새로운 동기가 인류의 철학적 의식 속에—여전히 원초적이고 모호한 형식이지만—들어왔다. 세계가 소박하게 미리 주어져 있음(Vorgegebenheit)이 최초로 문제시된다. 여기에서부터 세계 그 자체는 그 인식의 원리적 가능성이, 그리고 그것이 그 자체로 존재함(Ansichsein)의 원리적 의미가 문제시되었다. 달리 표현하면, 최초로 실재적 세계 전체가 또 나중에는 가능한 객관성 일반의 전체가 가능한 인식의 대상, 즉 가능한 의식 일반의 대상으로서 '선험적'으로 고찰되었다. 실재적 세계 전체는 그것이 의식에 적합하게 현존할 수 있어야 할 주관성과의 관련 속에 고찰되었다. 순수하게 이러한 관련 속에 주관성도 그와 같은 선험적 기능을 하는 것으로서 순수하게 고찰되었고, 그 의식, 즉 선험적 기능 자체는 그 속에서 또는 그것을 통해 생각해낼 수 있는 모든 대상〔객관〕그 자체가 하나의 의식주관에 대해—이 주관에 대해 지닐 수 있어야 할—각각의 내용과 의미를 유지하는 것으로 고찰되었다.

앞에서 상론해 분명해졌듯이, 고대에서 이러한 선험적 충동은 소피스트들의 철학과 이 철학에서 출발하는 회의에 곧바로 영향을 미치지 않았다. 특수한 학문에 성과가 풍성한 독단적 객관주의 속에 번

창한 철학은 ── 그러나 회의적인 새로운 철학도 ── 여기에서 밝게 드러나고 근본적으로 연마해야 하는 문제제기의 실질적 중대함을 이해하는 데까지 오르지 못했다.

그래서 이것은 본질적으로 근대까지 계속되었다. 역사가들이 유럽의 역사를 곧잘 고대, 중세, 근대로 나누는 것이 어느 정도까지 내적 근거를 지니는지 논쟁할 수 있다면, 철학, 즉 학문적 문화의 역사에 관해서는 논쟁이 결코 있을 수 없다. 여기에서 근대철학은 근본성격에서 플라톤 이래의 철학에 대립해 일련의 새로운 발전을 나타낸다는 사실, 데카르트가 『제일성찰에 관한 성찰』로 철학사(哲學史)가 형성되는 흐름을 완전히 새롭게 전환시킨 새로운 시대를 정초했다는 사실은 확실하다.

데카르트의 철학과 따라서 근대 전체의 철학에 새로운 점은 일반적으로 발전하는 상태에서 여전히 극복되지 않았던 회의론과의 투쟁을 새롭게 또 완전히 새로운 정신으로 받아들였다는 사실에 있다. 또한 회의론을 실제로 근본적으로 그 궁극적인 원리상의 뿌리에서 파악하고 이것에서 최종적으로 극복하려고 시도했다는 사실에 있다. 이때 〔이 철학을〕 내적으로 끌어간 것은 '그와 같이 극복하는 일은 어쨌든 풍성한 성과를 거두는 객관적 학문을 전혀 걱정할 필요 없는 세계에서 단순히 귀찮게 부정(否定)하는 기능을 결코 지니지 않고, 오히려 회의적 논증에는 객관적 학문과 보편적 철학에 숙명적 의미를 지닌 동기가 놓여 있다'는 확신이다. 더 자세하게는 '이러한 논증에서 객관적 학문의 근본적 막연함, 방법적 불완전함을 느낄 수 있다'는 확신과 '이러한 논증의 가치 있는 핵심을 정화하고 이론적으로 전개하는 일을 이제까지의 학문을 확보하고 동시에 새로운 정신으로 충족시키며 새로운 방식으로 명석하게 하고 스스로를 정당화하는 데까지 이끌어야 한다'는 확신이다. 그러나 이 모든 것은 결국

'우리는 오직 이러한 방법으로만 보편적 철학의 근원적이며 철저하게 필연적 이념을 전진하면서 실현시킬 수 있다'는 확신으로 통한다.

그것의 발전에서 다음과 같이 말할 수도 있다. 근대철학의 가장 심오한 의미는 해명되지 않았더라도 근대철학이 그 충동의 힘을 줄곧 움직이게 한 과제, 즉 회의적 전통의 근본적 주관주의를 더 높은 의미에서 실행하는 과제가 근대철학에 내면적으로 부과되었다는 사실이다. 달리 말하면, 근대철학은 객관적 인식과 학문의 가능성을 부정하는 역설적인, 장난치는 듯한 경박한 주관주의에서 새로운 종류의 진지한 주관주의로 발전했다. 즉 가장 근본적인 이론적 양심을 지니고 절대적으로 정당화할 수 있는 주관주의, 요컨대 선험적 주관주의를 통해 극복하는 방향으로 발전해갔다.

근대는 데카르트와 더불어 시작한다. 왜냐하면 그는 최초로 회의적 논증에 기초가 되는 의심할 여지 없이 참된 것을 이론적으로 만족시키려고 시도했기 때문이다. 그는 최초로 심지어 가장 극단적인 회의적 부정조차 전제하며 논증하면서 소급해가는 가장 일반적인 존재의 토대, 즉 그 자신의 확실한 인식하는 주관성을 이론적으로 터득했다. 물론 어떤 방식으로는 아우구스티누스가 이미 그 존재의 토대를 터득했는데, 그는 '생각하는 자아'(ego cogito)가 의심할 여지 없음을 지적했다.[44] 그러나 새로운 전환은 데카르트에서 시작한다. 그가 회의론에 반발해 단순히 반박하는 요점에 입각해 이론적으로 확

---

44) 아우구스티누스는 외부의 사물은 지각을 통해 알려지는데, 이것을 지각하는 진·위는 의심할 수 있지만, 의심하는 자기의식(ego)은 의심할 수 없기 때문에 '나는 의심한다. 그러므로 존재한다'(Si fallor sum)고 했다. 그래서 "밖으로 나가지 말고 너 자신으로 들어가라. 진리는 인간의 마음속에 깃들여 있다"(『참된 종교에 관해(De vera religione)』, 39, n. 72)며 진리는 신의 은총으로 계시된다는 인식조명설을 주장했다.

립했기 때문이다. 그가 이 선험적 주관성을 철학의 가능성에 대한 회의를 통해 일깨워진 문제의 조망에서 고찰하는 한, 그 문제는 그에게는 필연적으로 곧 이론적 기본주제가 된다.

여기에서 주목해야 할 것은 의심할 여지 없는 '생각하는 나'(cogito)가 물론 모든 종류의 진리 일반──객관적 진리뿐 아니라 '나는 생각한다'(ego cogito)라는 명칭의 모든 종류의 주관적 진리 자체도──을 부정하는 절대적 부정주의(Negativismus)가 장난치는 것 같은 극단을 논박하는 점이다. 그렇지만 이것으로써 전통적으로 철학의 가능성에 반대하는 그 회의가 논박되지 않고, 본래는 단지 철학의 가능성──'그 자체로' 존재하는 대상과 관련해 '진리 그 자체'에 대한 인식의 가능성──에만 반대하고자 했다. 그러므로 이것은 무엇보다 그 자체로 존재하는 '객관적' 세계에 관련될 것이다. 하지만 이때 이와 밀접하게 연관된 그 자체로 존재하는 플라톤의 '이념', 그 자체로 타당한 논리적 원리와 수학적 원리, 모든 종류의 그 자체로 타당한 학문이나 객관적 학문에 관련될 것이다. 오직 이러한 회의만이 철학을 선험철학의 길로 들어서게 강제하는 중대한 역사적 사명을 띠게 된다.[45]

'나는 생각한다'(Ich denke)는 아우구스티누스의 의미가 아니라 데카르트의 의미에서 참된 철학 자체가 체계적으로 또 절대적으로 보장되어 약진해야 할 지지기반인 '아르키메데스 점'이다. 순수한 자기인식의 절대적 기반 위에 또 이러한 자기인식의 테두리 속에 절대적 자기정당화로 실행된 사유의 과정에서 진정한 철학은 내재적 산

---

45) 후설은 이러한 시각을 더욱 심화시키고 확장해 『위기』 제2부에서 근대의 물리학적 객관주의와 선험적 주관주의가 대립한 근원을 해명하면서 기하학의 방법에 따라 자연을 수학화한 갈릴레이 이후 근대과학의 문제점을 비판하고, 데카르트에서 칸트까지의 근대철학사를 목적론적으로 해석한다.

물인 바로 절대적 출발에서부터 또 모든 단계에서 절대적으로 스스로를 정당화하는 행위(Tun)로서 생길 것이다. 그래서 '나는 생각한다'는 순수하게 그 위에 건립되는 철학, 즉 '보편적 지혜'(sapientia universalis)에 대한 최초의 유일한 기초일 것이다.

그러나 다른 한편 다음과 같은 점도 강조되어야 한다. 데카르트의 『제일철학에 관한 성찰』은 데카르트의 우연적인 주관적 숙고나 심지어 저자의 사상을 전달하기 위해 만든 저술의 형식이고자 하지 않았다. 오히려 『제일철학에 관한 성찰』은 명백히 근본적으로 철학을 하는(philosophierend) 주관 그 자체가 필연적으로 극복해야 할 그 동기부여의 방식과 순서에서 필연적 숙고로서 제시되었다. 철학을 하는 주관은 자신의 삶을 주도하는 목적이념으로서 철학의 이념을 선택한 주관——그래서 그 이념을 자신의 인식하는 삶에서 자발적으로 실현하는 데서 바로 진정한 철학자가 되려는 주관——으로 만들어야 한다. 그러므로 여기에 데카르트의 『제일철학에 관한 성찰』이 지닌 영원한 의미가 포함되어 있다. 『제일철학에 관한 성찰』은 철학적으로 출발하는 것의 필연적 양식을 묘사하거나 묘사하려 시도했다. 철학자는 단지 성찰하면서 출발할 수 있지만, 이러한 성찰의 과정과 방법은 필연적 형태를 띤다. 다른 한편 그리고 이와 상관적으로 이 경우 객관적인 이론적 관점에서 철학 자체의 출발, 출발하는 이론, 그 문제제기의 방법과 방침이 생겨야 한다. 이 둘은 하나로 생성되는 가운데 드러나야 하고, 이 둘은 그 방식에서 학문적이어야 한다.

10 데카르트의 성찰

이로써 즉시 거대하게 형성되고 완전히 새로운 형태로 발전해가면서 강력한 충격이 주어졌다는 사실은 역사를 한번 들여다보면 나타난다. 『제일철학에 관한 성찰』이래 철학은 우선 막연하게 뒤엉켜 올라온 새로운 종류의 문제를 실제로 성과를 거둘 수 있는 연마를 통해 원리적 명석함과 순수함의 단계로 이끌어 갈 수 있게 시종일관 노력했다. 물론 더욱더 새로운 싹이 트고 강렬하게 노력했는데도 철학은 이러한 일을 완전히 만족스럽게 성공하지 못했다. 실로 발전해간 출발점 전체는 숙명적으로 막연했다. 여섯 개 성찰 가운데 처음의 가장 중요한 두 성찰[46]에는 위대한 발견, 곧 무엇보다 선험철학을 만들어야 했고 그래서 선험철학을 시작할 수 있었을 발견이 놓여 있다. 즉 그것은 자기 자신을 항상 절대적으로 의심할 여지 없는 가운데 깨달을 수 있는 그 자체 속에 절대적으로 완결된 선험적으로 순수한 주관성을 발견한 것이다.

그러나 데카르트 자신은 이러한 발견에 본래의 의미를 장악할 수 없었다. 모두에게 이미 알려진 '나는 생각한다', '나는 존재한다'(ego sum)는 발언의 표면상 진부함 배후에 사실상 너무나 엄청나고 희미한 심층이 열린다. 데카르트는 새로운 대륙을 발견했지만 이에 대해 아무것도 모르고 단지 예전의 인도로 향하는 새로운 항로를 발견했다고만 생각한 콜럼버스(C. Columbus)같이 지냈다.[47] 데카르트의 경우 그가 새롭고 근본적으로 정초할 수 있는 철학의 문제가 지닌 가장

---

46) 데카르트의 『제일철학에 관한 성찰』 가운데 제1성찰의 제목은 '의심할 수 있는 것들에 관해', 제2성찰의 제목은 '인간 정신의 본성에 관해. 정신이 물질보다 더 쉽게 인식된다는 것'이다.

47) 후설은 데카르트가 방법적 회의를 했지만 세계를 괄호 치지 않았기 때문에 "그가 발견한 참된 선험적 주관성의 실마리인 사유의 주체는 잃어버린 것과 같게 되었고"(『이념』, 10쪽), 그 결과 "불합리한 선험적 실재론의 시조"(『성찰』, 63쪽, 69쪽)가 되었다고 비판한다. 그러면서도 순수하게 사유하는 자아로 되돌아가 철학을 절대적으로 정초하려는 데카르트의 동기를 철저하게 전개하는 자신의 선험적 주관주의를 "신-데카르트주의(neu-Cartesianismus)"(『성찰』, 43쪽)라고 부른다.

심오한 의미 ─본질적으로 일치하는 것이지만, '나는 생각한다' 속에 뿌리내린 선험적으로 인식을 정초하고 학문을 정초하는 진정한 의미 ─를 파악하지 못한 것에 원인이 있었다. 그러나 그 근거는 다시 그가 회의할 때 올바른 방식으로 그 학설에 들어서지 않았다는 데 있다.

우선 데카르트가 『제일철학에 관한 성찰』에서 걸어간 이 길 ─우리 자신이 진정한 철학을 엄밀하게 정초하는 방식을 실행할 경우 여전히 한 번은 철저하게 전념해야 할 길 ─의 대강의 윤곽을 생생하게 묘사해보자.

데카르트는 이제까지의 모든 학문은 여전히 절대적으로 근거지어진 참으로 엄밀한 학문이 아니라고 한다. 그와 같은 학문에 도달하기 위해, 절대적으로 확실하고 체계적으로 구축하는 가운데 보편적 학문인 철학을 획득하기 위해, 우리는 탁자를 깨끗하게 치워야 하고 이제까지의 모든 인식을 전체적으로 의문시해야 한다. 우리의 원리는 생각해볼 수 있는 모든 의심에 대해 절대적으로 저항할 수 있을 만큼 확고하지 않은 것은 결코 타당한 것으로 간주하지 않는 것이다. 그러나 이때 일상의 의미에서 총체적 세계 전체, 우리의 감성을 통해 주어진 이 총체적 세계는 우리가 인정할 수 있는 타당성의 범위에서 즉시 사라진다. 왜냐하면 우리는 감성이 속일 수 있다는 것, 우리가 감성을 따르면 잘못 생각할 가능성이 항상 열려 있다는 것을 모두 인정하기 때문이다.

그런데 내가 모든 세계를 의심할 수 있고 심지어 의심하더라도, 한 가지는 의심할 여지가 없다. 이것은 바로 내가 의심한다는 사실이다. 더구나 이 세계가 나에게 감성적으로 나타난다는 사실, 내가 지금 다양하게 지각하고 이에 대해 다양하게 판단하며 느끼면서 가치를 평가하고 욕구하고 원하는 등의 사실이다. '나는 존재한다', '생각하는 나는 존재한다'(sum cogitans). 나는 이러한 지각, 기억, 판단, 느낌 등을 지니고 그럭저럭 흘러가는 이러한 의식 삶의 주체다. 그러한 삶의 흐름 속에 절대적으로 확실하고 의심할 여지가 없다. 심지어 세계 전부, 내 신체가 감금되거나 존재하지 않더라도 나는 존재한다. 이렇게 의심할 수 있는 세계가 존재하거나 존재하지 않더라도 나는 존재한다. 그러므로 나의 절대적 존재(Sein)와 그 자체 속에 절대적으로 완결된 존재로서 나의 절대적 삶을 지닌 나에 대해 존재함(Fürmichsein)이 생긴다. 이것은 바로 우리가 우리의 견해에서 이전에 선험적 주관성으로 부른 것이다.

명백히 이 자아는 그 자체로서 또 그 자체 속에 존재하지 않는 것을 결코 함께 정립하지 않는 자아 ─ 순수한 정신적 주체 ─ 로서 순수하게 파악된 구체적 자아일 따름이다. 그런데 이 순수한 자아가 자신의 의식 속에 객관적 세계를 감성적으로 경험하고 자신의 인식작용으로 학문을 구축하면, 그것은 어느 정도까지 주관적 명증성 속에 주관적 나타남과 주관적으로 산출된 판단을 단순히 내적으로 지니는 것이 아닌가? 그것이 일상의 모호하고 맹목적인 것에 비해 우수한 명증성, 이성의 통찰, 학문적 판단이라면, 이것 자체는 어쨌든 주관적 의식의 사건이다. 이러한 주관적 성격에 주관적 체험작용을 넘어서 타당성을 요구해도 좋을 만큼 그 자체로 타당한 진리에 대한 기준의 가치를 부여하고 그 권리를 주는 것은 무엇인가? 하물며 인식작용이 이른바 주관[주체] 이외의 세계로 향하면, 나는 이 세계가 존재하며 실제로 이 객관적 학문이 타당하다는 신념 속에서 이 신념이 요구하는 주관 이외의 가치를 부여할 나 자신과 나의 주관적 체험만을 직접적으로 또 의심할 여지 없이 확신하는 곳에서 무엇이 나를 정당화할 수 있는가?

데카르트는 명증성의 권리와 그 초(超)주관적 효력범위를 증명하려고 시도했지만 여기에서 일찍 보았고 많이 한탄했던 순환론에 빠졌다. 그는 그 방식이 어떻든 인간의 순수한 '자아'(ego)의 유한한 특성에서 신의 필연적 현존재를 추론한다. 즉 신은 명증성의 기준으로 우리를 속일 수 없을 것이다. 그런데 이러한 기준을 적용하는 것이 승인되고, 이 기준에 따라 수학과 수학적 자연과학의 객관적 타당성이 추론되며 이와 동시에 이 자연과학이 자연을 인식하는 대로 자연의 참된 존재가 추론된다. 그런 다음 두 가지 실체의 학설이 정초된다. 이에 따르면 궁극적인 철학적 진리에서 참된 객관적 세계는 물질적 물체〔연장실체〕로 구성되고, 이 물체와 인과적으로 결합된 정신적 존재〔사유실체〕는 나의 '자아'의 본성에 따라 각기 그 자체에서 또 그 자체만으로 절대적으로 존재한다.

　새로운 발전을 규정하는 사상의 특징은 이렇다. '나는 생각한다'는 그의 첫 번째 꼭짓점은 확실히 누구나 어느 정도 알 수 있는 발견이었다. 그 발견이 강력하고 지속적인 효력을 지닐 수 있었던 것은 아주 새롭고 비할 데 없이 매우 중요한 통찰이었다. 자신의 순수한 삶을 형성하는 의식의 흐름 속에 자신의 순수한 그 자체만의 존재(Fürsichsein)에서, 그 자신이 그 자체에서의 존재(Insichsein)와 그 자체만의 존재에서 직접 의식된—그 자체만으로 스스로 절대적으로 확실하게 경험할 수 있는—주관성이 처음 밝혀졌고, 확고하게 구상되었다. 그리고 자아에 대해 현존하고 어떻게든 정립될 수 있다고 생각할 수 있는 것은 무엇이든 자신의 의식 삶 속에 나타나는 것이라는 게 명백해졌다. 그리고 그 의식 삶에 주관적으로 어떤 방식이든 의식된 것일 뿐이라는 점 또한 명백해졌다. 그래서 인식할 수 있는 모든 존재의 회의적 상대주의가—바로 회의적으로만—환원하는 '단순히 주관적인 것'(bloβ Subjektives)의 영역이 정확하게 학문적으로 밝혀졌다. 즉 그 환원은 생각할 수 있는 것, 인식할 수 있는 것이고, 나타나는 것 모두가 존재한다면 나타남(Erscheinung)이라 부르는 단지 주관적 자료만 인식할 수 있고 그 자체로 존재하는 것, 참된 것에 대한 인식은 결코 존재하지 않는다는 생각으로 이루어진다.

그런데 나는 이미 데카르트의 경우 이러한 철학의 상대주의를 통해 수립된 전혀 외면할 수 없는 과제의 본래 의미를 심화시키지 못했다고 말했다. 그 철학, 즉 학문 일반은 이제 더 이상 이성이 소박하게 자신을 신뢰하는 가운데 이루어져서는 안 되고 자신이 방법적으로 처리하는 것의 명증성을 믿는 가운데 오직 소박하게만 계속 작업해 가면 안 된다.

회의를 통해 무엇이 의문시되었는가? 객관적 인식의 보편적 가능성, 순간적 의식과 이 의식 자체에 순간적으로 거주하는 의견과 나타남을 넘어서 도달하는 인식을 획득할 가능성, 그 자체로 존재하는 대상, 그 자체로 존립하는 진리를 인식한다고 가장하는 것으로서 그러한 인식을 획득할 가능성이 의문시되었다. 인식하는 의식이 시선 속에 들어오고 인식된 것이 다양한 인식작용의 통일체로서 또 인식작용과의 관련 속에 고찰되어야 할 회의를 통해 나타나는 대상에 대한 소박한 인식에 몰두하는 것에서 반성적 태도로 넘어갔듯이, 여기에서 그 자체로 존재하고 그 자체로 타당한 것의 가능성과 의미가 즉시 수수께끼 같은 것이 되지 않을 수 없을 것이다.

한편으로 우리는 인식하는 자에게 모든 대상은 그 대상이 의미하는 것을 의미한다. 그 대상이 인정한 것도 인정한다. 그의 인식작용을 통해, 즉 다양한 형태로 그 자신 속에 의식에 적합하게 실행되는 의미를 부여하고 판단을 수행함으로써 존재하는 그대로 존재한다는 사실에 직면한다. 그러나 다른 한편으로 세계는 자명한 사실로서 자신의 권리를 요구했다. 우리는 '그렇다면 과연 외부의 실재적 존재의 의미와 권리, 이에 못지않게 이념적 대상성이 지닌 그 자체의 존재는 사정이 어떠한가?'라는 물음을 강요받는다. 순수한 내적 인식의 작업수행이 영혼 이외의 존재, 그 자체만으로 어딘가 '밖에' 존재하는 것, 그밖에 그 자체만으로 존재하는 것, 그 밖의 모든 종류의 의미에 대해 무엇을 의미할 수 있는가? 어쨌든 여기에서 마지막으로 한 번은 외부의 것과 그 자체로 존재하는 것에 대한 이러한 논의도 그 의미를 오직 인식에서만 길어낸다는 점을 숙고해야 한다. 또한 외부의 존재에 대한 모든 주장이나 정초, 인식은 인식 자체 안에서 실행되는 판단과 인식의 작업수행이라는 점도 숙고해야 한다.

데카르트를 통해 순수 주관성, 그 자체로 완결된 '나는 생각한다'〔'생각하는 나'〕가 밝혀진 순간 어쨌든 이는 적어도 완전히 명백하게 드러난다. 하지만 이때 우리는 '여기에서 인식하는 의식에 주목함으로써 또 모든 대상성과 진리를 필연적으로 가능한 인식으로 소급해 관련지음으로써 빠져든 모든 막연함과 당혹함에 점점 더 깊게 휩쓸린다. 그래서 의식을 연구할 때 작업을 수행하는 의식으로 연구하지 못하게 된 모든 이해할 수 없는 것과 수수께끼'를 말해야 하지 않는가?

모든 학문적 연구는 이제까지 객관적 방향을 취했다. 어디에서나 소박한 경험작용과 인식작용 속에 객관성이 미리 주어지고 전제되었다. 그러나 결코 이것이 원리적으로 주제가 되지 않았다. 인식하는 주관성이 어떻게 자신의 순수한 의식 삶 속에 이러한 의미의 작업수행, 판단과 통찰의 작업수행을 '객관성'으로 실현하는지 ─즉 인식하는 주관성이 어떻게 경험 속에 또 경험에 대한 믿음 속에 미리 가졌던 객관성을 이론적으로 전진해가면서 규정하는지가 아니라, 그 주관성이 어떻게 실로 그 자체 속에 이러한 것을 갖게 되었는지 ─는 순수한 주제가 되지 않았다. 왜냐하면 그 주관성은 자신이 그 자체에서 수행한 것만 갖기 때문이다. 가장 단순하게 지각작용에 대립해 어떤 사물 자체를 〔의식해〕 갖는 것은 의식이며, 대단히 풍부한 구조 속에 의미를 부여하고 실제성을 정립한다. 단지 반성과 반성적 연구가 주관성에 관한 어떤 것, 더구나 학문적으로 사용할 수 있는 것을 아는 데 필요할 뿐이다.

데카르트가 순수한 주관성과 함께 순수하게 그 자체로 자신의 내재적 완결성에서 고찰할 수 있는 의식의 연관을 드러내 밝힘으로써 비로소 모든 객관적 탐구의 과제에 대립해 이러한 과제의 의미를 혼란되지 않게 유지할 수 있다. 인식하는 자에 앞서는 이러한 대상을 이론적으로 규정하기엔 지금 필연적으로 생성된 선험적 탐구는 매우 다르다. 이 탐구가 '미리 주어져-가진 것', 대상〔객관〕이 '전적으로-현존하는 것'을 원리적으로 타당하다고 인정하면 안 된다. 그 탐구의 과제는 '인식 속에서 객관성 그 자체와 모든 범주의 객관성이 어떻게 그와 같이 주관적으로, 인식하는 자와 그가 인식하면서 '갖는 것'(Haben)에 대해 구성되는지', '따라서 인식이 어떻게 가장 단순한 지각으로서 다양한 대상〔객관〕이 미리 주어지게 하는지', '그 인식이 어떻게 그 때문에 더 높은 인식의 작업을 실행하는지'를 보편적으로 또 모든 종류와 단계에서 탐구하는 데 있다.

그래서 사실상 선험적 학문은 모든 객관적 학문과 총체적으로 다른 주제를 지니며, 모든 객관적 학문과 분리되지만 어쨌든 그 상관자로서 모든 객관적 학문과 관련된다. 우리가 이 새로운 종류의 학문에 대해 미리 보는 모든 것은 이 학문이 자신의 과제를 순수하게 그래서 자신의 탐구를 소박하고 객관적인 탐구의 태도로 후퇴하게 하는 모든 것에서 지킬 수 있다는 사실에 달려 있다. 하지만 앞으로 알게 되듯이, 물론 본질적으로 정화할 수 있는 데카르트의 발견과 그 방법이 비로소 그러한 일을 효과적인 방식으로 이루어낼 수 있다.

회의 속에 은폐된 선험적 동기부여를 완벽한 명석함으로 이끌고 이것을 의견 속에, 따라서 단지 인식 속에 드러내 밝히는 양식으로 계속 숙고해보자. 그것은 데카르트가 『제일철학에 관한 성찰』의 처음 두 성찰에서 선험적 순수 주관성을 드러내 밝힌 다음 어느 정도 포착하기만 하면 되게끔 이미 그의 지평 속에 놓여 있었다. 즉 이전에 획득한 통찰이 올바르다면, 곧바로 계속되는 결과가 생긴다. 그런데 객관적 학문이 정밀한 학문이더라도 플라톤의 이념에서 아직 학문이 아니라는 사실, 즉 우리에게 궁극적 답변을 줄 수 있고 스스로 절대적으로 정당화할 수 있는 학문이 아니라는 사실과 그 이유도 완전히 분명해진다. 객관적 학문, 심지어 수학의 방식에 따른 순수한 합리적 학문은 그러한 일을 성취하지 못한다. 어떤 유일한 학문에서도 여전히 매우 명증적인 명제를 성취하지 못한다. 단도직입적인 탐구의 방향에 합리성이 반박되지는 않지만 그 원리적 의미에 관해, 그 작업수행의 본질(능력)에 관해 의문이 제기되고 선험적 인식의 작업수행에 대한 연구에 입각해 생기는 합리성이 획득될 때 비로소 철학이 생길 수 있으며, [한편으로] 객관적 존재, 객관적 진리와 [다른 한편으로] 인식하면서 작업을 수행하는 의식 사이의 본질관계를 이해하지 못해 생긴 모든 혼란과 오해가 선험적 학문의 적극적 해명을 통해 제거될 때 비로소, 철학이 생길 수 있다.

여기에서 중요한 문제는 가령 객관적 학문에 그렇게 첨부될 수 있고 결국 객관적 학문에는 별로 상관이 없을 사소한 해명이 결코 아니다. 그 자체만으로 존재하는 대상성의 의미가—어쨌든 오직 인식하는 의식에서만 유래할 수 있는 것으로서—막연하고 수수께끼 같은 한, 소박한 자명함으로 미리 주어진 세계 전체의 의미는 막연하고 그래서 결국 객관적 학문 속에 인식된 실제성과 진리의 의미도 모두 막연하다. 막연함(Unklarheit)이 지배하는 곳에는 이치에 어긋난 것(Widersinn)도 멀지 않다. 사실상 합리성 자체는 최고로 완벽한 객관적 학문에 방해가 된다. 가령 수학에도 방해가 된다. 시간이 경과하는 가운데 변화하면서 그 성과에 붙어 있고 철저하게 선험적 오해[48]에 그 원천이 있는 이치에 어긋난 매우 많은 이론을 방해하지는 않는다. 실로 회의적 부정은 ── 이치에 어긋난 견해 즉 독아론 (Solipsismus)의 견해에 관한 ── 모든 것을 인식할 수 있는 실재성을 그 상관자로서 포괄한다. 독아론이란 세계 전체가 나 자신으로 환원되는 것이다. 나 혼자만 존재하며 그밖에 모든 것은 내속에서만 주관적 허구(虛構)다. 적어도 나는 나로부터 지식을 획득할 수 있다는 것이다. 그러나 객관적 학문이 승인하고 높게 평가하는 것도 언제나 이치에 어긋난 새로운 이론에 빠지는데, 이것을 유물론, 여러 가지 관념론, 심리일원론, 플라톤과 같게 만드는 실재론 등으로 부른다.

우리가 다른 모든 학문에서와 유사하게 자연학(Physik)을 넘어서 형이상학을 사용하고 추구하는 것은 어쨌든 그 주된 부분의 원천이 '그밖에 자신의 방법으로 진행해 추구되어온 객관적 이론과 학문을 선험적 해석과 오해가 사로잡고, 결국 자신의 고유한 방법론 자체를 매우 자주 혼란시킨다'는 데 있다. 하지만 정당한 학문적 인식에서 학문의 하위단계 위에 '형이상학'(Metaphysik)이라는 명칭으로 ── 어떤 종류이든 확실한 최고의 궁극적 문제를 다루어야 할 ── 더 높은 단계를 구축할 필연적 등급이 존재해야 한다면, (어떻게 이해하더라도) 그와 같은 형이상학은, 이 형이상학이 실제로 궁극적인 것에 관한 학문이고 실제로 절대적으로 정초된 학문이어야 한다면, 선험적 주관성에 관한 학문이 필요하다는 사실, 형이상학은 가령 이러한 학문을 정초할 수 없고 이러한 학문에 그 어떤 전제도 기여할 수 없다

---

48) 여기에서 '선험적 오해'는 궁극적 근원으로 되돌아가 묻는 반성적 태도의 선험적 학문의 의미를 이해하지 못한 것을 뜻한다.

는 사실은 아무튼 우리에게 미리 확실하다. 이것은 모든 학문에 대해서와 마찬가지로 그러한 학문에 대해서도 타당하다.

11 선험적 학문에 대한 최초의 실제적 조망. 데카르트의 성찰에서 로크로 넘어감

학문은 학문이 최초의 가장 원초적인 것에서부터 제기한 모든 의미와 인식의 가치, 따라서 학문이 인식하기를 요구한 존재 전체의 의미가 그 답변에 달려 있는 채 해결되지 않거나 심지어 심문되지 않은 문제를 지닐 필요가 없다. 그러나 그러한 문제는 선험적 문제이며, 이 문제는 실로 '그 문제가 선험적이지 않은 모든 객관적 문제에 선행해야 하고 그래서 선험적 주관성에 관한 학문도 다른 모든 객관적 학문에 선행해야 한다'는 뚜렷한 방식의 이러한 근거에 입각한다.

선행한다는 것은 역사적 발생의 의미가 아니라, 철학의 이념을, 따라서 가장 진정하고 엄밀한 학문의 필연적 이념을 지시한다는 의미다. 왜냐하면 그와 같은 학문이 되려는 것은 학문으로서 그 의미를 실제로 충족시키는 것 그 이상도 이하도 아니기 때문이다. 즉 학문은, 그 자체가 자신의 방법과 성과를 이해하지 못하는 한, 따라서 여전히 끊임없이 사태에 관해 이야기하고 사태에 대한 이론을 수립하는 상태에 있으며 그 원리적 의미를 이해할 수 없는 한, 학문으로서 타당하게 간주하지 않을 것이다.

그러므로 여기에서 의견은 단순히 '선험적 학문의 기능은 모든 학문에서 (그 자신과 반성적으로 소급해 관련되어) 자신의 방법이든 그 방법 속에 인식된 대상적 존재의 의미이든 부착될 어떤 불쾌한 오해에서 격리되어야 한다'는 것이 결코 아니다. 마치 모든 선험적인 것 (Transzendentales)에 대립해 전혀 흔들리지 않는 차단막이나 — 인식하면서 구성하는 의식을 고려함으로써 어떻게든 유래하는 모든 개념과 생각을 엄밀하게 피하면서 —— 단도직입적(gerade)[49] 시선의 방향과 명증하게 생긴 실질적 연관에 시선을 신중하고 영리하게 고정시키는 것이 가장 엄밀하게 완전히 도달할 수 있는 학문을 만들어낼 수 있다. 그러나 오해가 없다는 것이 곧 올바로 해석한 것을 뜻하지 않고, 심문되지 않은 문제, 아마 가장 절박한 문제 역시 답변되지 않은 문제다.

아마 선험적인 것을 눈가리개로 외면하는 것이 때때로 유익할 것이다. 실로 객관적 시선의 방향에서 객관적 학문의 이론을 많이 산출하기 위한 필수적 방책일 것이다. 그러나 마치 이러한 정신적 눈가리개가 확고하게 뿌리내린 듯이, 선험적인 것에 대해 모르는 것은 습관적 무지몽매함이 된다. 이 경우 오해가 없는 그 장점은 매우 비싼 대가를 치른다. 왜냐하면 모든 해석이 없어지고, 우리가 그 해석으로 알고 본래 궁극적으로 세계와 더불어 존재하며 어떤 종류의 실천적-윤리적 태도를 궁극적으로 요구하는 실행되어야 할 그 해석도 없어지기 때문이다.

그런데 사실상 이것은 소박하게 경험을 정립하는 가운데 우리에게 전적으로 현존하는 세계를 인식하는 주관성(더구나 이 주관성이 데카르트처럼 순수한 주관성으로 간취된다면)으로 소급해 관련시키는 것이 참된 존재 자체와 이것의 절대적 의미에 대해 전혀 말할 수 없다는 것은 아니다. 라이프니츠는 모나드(Monade)론[50]이라는 독창적

---

49) 이것은 구부러진 반성적 지향(intentio obliqua)에 대립된 곧바른 자연적 지향(intentio recta)을 뜻한다.

50) 라이프니츠의 '모나드'는 더 이상 나눌 수 없다는 점에서 물질적 '원자'와 같다. 그러나 양적 개념이 아니라 질적 개념이며, 기계적으로 결합·분리, 생성·소멸되는 것이 아니라 정신적인 표상과 욕구 때문에 통일적 유기체로 구

묘안(Aperçu)을 다음과 같이 구상한다. 궁극적으로 참된 그 존재에 따라 존재하는 모든 것은 모나드—즉 이것은 데카르트의 '자아'일 뿐이다—로 환원된다. 결국 선험철학으로 정초된 세계고찰은 곧바로 그와 같거나 유사한 해석을 전적으로 필요한 것으로서 요구할 수 있다. 그리고 우리가 인식에 대한 선험적 고찰과 형이상학을 가장 밀접하게 관련지우면, 어쨌든 아마 그렇게 정당화된다. 이때 궁극적 학문, 절대적으로 정초된 학문, 따라서 선험적 학문은 '당연히' 그 학문이 존재의 의미를 해명함으로써 우리를 이 존재에 관한 궁극적 정보로 이끌어야 하는 것과 같다.

데카르트의 '나는 생각한다'로부터 열리고 동시에 회의의 동기부여를 완전히 성취시킨 철학적 문제제기의 지평을 통과한 다음, 근대의 이 위대한 창시자인 데카르트 자신으로 다시 되돌아가자.

그런데 이때 우리는 유감스럽게도 그가 어쨌든 자신의 지평 속에 포착할 수 있었던 이 거대한 문제제기에 관해 전혀 몰랐다는 사실을 확인해야 한다. 우리는 그가 선험적 의식에 관한 학문, 즉 선험적 자아론(Egologie)의 필연성과 그 이념에 관해 전혀 예상하지도 못했다고 말할 수 있다. 아무튼 불멸의 명성을 얻은 그는 이러한 선험적 '자

성된다는 점에서 구별된다. 그는 '지각'을 외부의 세계를 반영하는 모나드의 내적 상태로 간주하고, 각 모나드는 자발적으로 변화하며 그 자체만으로 완전해 외부와 교섭하는 '창'(窓)이 없지만, 근원적 모나드(Urmonad)의 예정조화로 결합되었다고 주장했다.

후설은 선험적 주관성을 표현하는 데 이 용어를 라이프니츠에게서 받아들였지만, '실체'의 성격을 제거함으로써 서로 의사소통하며 영향을 주고받는 '창'이 있는 상호주관성을 강조했다. 그가 선험적 현상학은 '독아론'이라는 오해를 더 증폭시킬 위험이 큰 이 용어를 사용한 것은 선험적 주관성이 생생한 현재뿐 아니라 무한한 과거와 미래의 지평을 지닌 습득성의 기체로서 구체적 사회성과 역사성을 포함한다는 점을 강조하기 위해서다. 그러면서도 이 용어에 간혹 '상호주관적' '공동체화 된'이라는 수식어를 첨가한다.

아'를 발견함으로써 또 순수한 의식 삶의 다양함 속에 그와 같은 학문을 위해 연구할 영역을 발굴해냈다.

그를 재촉한 의식, 즉 이제까지 모든 학문은 충분치 않으며 가능한 모든 회의에 대립해 절대적으로 보증된 학문이 필요하다는 의식은 지극히 감명 깊은 거대한 사유과정과 체계 속에 작동했다. 하지만 처음부터 여기에서 요구된 성찰에는, 또한 〔그의〕 체계에는 적어도 그 양식(Stil)에 따라 미래의 철학을 예견할 수 있는 것이 없었다. 그는 회의를 통해 일깨워진 (선험적 문제제기로서) 문제제기의 가장 내면적인 의미와 객관적 학문의 독단적 소박함이 지닌 가장 내면적인 의미 그리고 완전히 충분한 학문의 가장 내면적인 의미를 명백하게 설명해야 할 성찰, 선험적 학문으로서 그러한 학문에 이르는 데 필요한 길을 구상해야 할 성찰을 제시하지 않았다.

데카르트는 참된 ― 오직 출발의 출발에서만 ― 철학 자체를 진정으로 출발시킨 창시자다. 즉 '나는 생각한다' 속에 정점(頂點)을 이룬 그의 성찰에 출발은 사유를 여전히 소박하고 거칠게 이끌어갔지만 『제일철학에 관한 성찰』에 고전적 양식인 필연적 양식을 미리 지시했을 뿐이다. 나는 '사유를 여전히 소박하고 거칠게 이끌었다'고 말했다. 왜냐하면 그 속에는 여기에서 진행되는 것에 대한 궁극적으로 명료한 통찰 대신 위대한 천재의 단순한 본능이 지배하기 때문이다.

데카르트는 그가 열어놓은 선험적 철학, 참된 근본적 철학의 문 앞에 머물고 말았다. 그는 이제껏 아무도 들어서지 않았지만 아주 잘 밟아갈 수 있는 '어머니 영역'(Reich der Mütter)에 이르는 길을 내딛지 않았다. 그 결과 그의 철학적 근본주의는 거부되었다. 인간은 선험적 주관성에서 모든 인식의 근원적 기반으로 되돌아가야 한다는 그의 확신은 그에게도 다음 시대에도 올바른 성과를 거두지 못했다.

그 이유는 바로 그가 그 근본주의의 더 깊은 의미를 만족시킬 마음이 없었기 때문이다. 그는 해명하는 숙고를 계속 끝까지 만족시키려 하지 않았다. 그 때문에 그 자신의 훌륭한 출발을 오해했다. 그래서 그는 그렇지 않으면 이치에 어긋난 문제로 인식할 수 있었을 문제로 즉시 넘어가고 말았다.

이 모든 커다란 불행은 데카르트가 곧 근대철학의 새롭고 축복에 넘치는 자극과 일체가 되었다는 사실과 연관된다. 그의 막연함, 가상(假象)의 문제, 잘못된 두 실체[51]의 이론, 이에 못지않게 잘못된 수학적 학문을 정초하는 데 기초한 이론이 [그 후의] 미래를 규정하고 혼란시켰다. 그래서 데카르트는 선험적 토대(Boden), 즉 '나는 생각한다' 위에 구축되고 그래서 실제적인 선험적 철학의 정초자가 되기보다, 철저히 객관주의적 편견(Vorurteil)에 사로잡혀 있었다. 그가 철학적으로 성찰하는 방법론의 기구(機構) 전체는 결국 객관적 세계, 객관적 학문의 기체(基體)와 회의의 비난에 맞선 객관적 학문 자체를 구해내는 데 사용된다. 특히 그의 목표는 새롭게 형성되던 형식과 방법에서 수학과 수학적 자연과학에 절대적 타당성의 권리와 진정한 모든 학문에 대해 전형이 되는 역할을 인정하는 것이었다.

그가 발견한 순수한 '자아'는 그에게는 순수한 영혼(Seele), 인식하는 모든 자에게 절대적 확실성에서 주어진 것, 추론하면서 그 밖의

---

51) 데카르트는 방법적 회의를 통해 제1원리 '나는 생각한다. 그러므로 존재한다'(cogito ergo sum)에 도달하고, '이처럼 명석(clare)하고 판명(distincta)하게 인식되는 것은 모두 진리'라는 제2원리를 규칙으로 삼아 기하학적 방법(more geometrico)으로 추론하는 연역체계로서 보편수학(mathesis universalis)을 추구했다. 그는 이 규칙들을 확실히 성립시키는 보증자이자 인간을 기만하지 않는 무한실체로서 신의 존재와 그 진실함을, 그런 다음 유한실체로서 객관적 자연, 즉 사유실체(res cogitans)와 연장실체(res extensa)의 물심평행(物心平行) 이원론을 추론한다.

세계를 확인하는 것이 타당하게 되는 객관적 세계가 직접 유일하게 주어지는 단편일 뿐이다. 그가 어쨌든 명증성의 문제와 함께 직면한 본래의 선험적 문제제기를 이해하지 못했기 때문에 그는 이러한 견해 전체와 이 견해를 정초하는 명증성이론이 이치에 어긋난 점을 깨닫지 못했다. 그는 진리의 단순한 지표, 기준으로서 명증성을 파악하는 이치에 어긋난 점, 이렇게 지표로 나타내는 정당성을 다시 보장해야 할 모든 증명이 이치에 어긋난 점을 깨닫지 못했다. 그리고 그는 순수 '자아'에서 선험적 영역으로부터 객관적 영역을 넘어서 이끌어가야 할 추정적인 모든 추론이 이치에 어긋난 점을 깨닫지 못했다. 나쁜 유산을 상속한 것이다. 이 이치에 어긋난 점이 선험적 '실재론' (Realismus)의 모든 이론이 지닌 형식으로 근대를 관통해갔다. 그밖에 이치에 어긋난 동기가 미래로 전해졌다. 데카르트의 철학을 객관주의로 근본에서 유지하는 것과 학문을 정초하는 양식 전체는 새로운 정밀한 학문과 그 이상 자신의 모범을 본받으려는 모든 실증적 학문에 절대적 학문을 위해 유지될 수 있었다. 결국 근원적인 자립적 학문으로서 철학을 대조시킬 외견상의 권리를 부여했다. 이러한 객관주의적 특징은 그 은폐된 이치에 어긋난 점과 더불어 몇 세기에 걸쳐 고생했을 이성에 대한 심리학주의의 이론과 자연주의의 이론을 형성시켰다.

그러한 상태는 우리가 심리학주의(Psychologismus)[52]와 자연주의

---

52) 심리학주의는 논리법칙을 심리적 사실에 근거한 심리법칙으로 보기 때문에 논리학을 심리학의 한 특수 분과로 간주한다. 따라서 논리법칙은 심리물리적 실험을 반복해 일반화한 발생적 경험법칙으로 사유의 기능 또는 조건을 진술하는 법칙이며, 모순율도 모순된 두 명제를 동시에 참으로 받아들일 수 없는 마음의 신념, 즉 판단작용의 실재적 양립불가능성을 가리킨다고 주장한다.

그러나 후설은 순수 논리법칙이 대상의 존재를 함축하거나 전제하지 않으며, 실재적으로 판단하는 주관의 다양한 작용과도 무관하다. 즉 주관의 작용

(Naturalismus)[53]에 대해 아주 잘 말할 수 있는 고대에 플라톤 이후의 시대와 몇 가지 점에서 유사하다. 그때와 마찬가지로 지금도 이러한 말은 선험적 문제제기와 심리학적이거나 생물학적-자연과학적 문제제기를 혼동한 데서 유래하는 완전히 잘못된 이성의 이론을 나타낸다. 고대에 플라톤은 인식의 가능성을 근본적으로 의문시하는 회의에 주목한다. 그는 '변증술'이라는 명칭으로 이 문제를 적극적으로 해결하기 위해 숙고하고 최초로 구상하기 시작했다. 그러나 이미 밝혔듯이, 아리스토텔레스 이래 이러한 근본주의의 활력은 이제 겨우 성공한 객관적 학문──그 인상이 너무 깊어 우리가 회의적 문제제기의 심원을 더 진지하게 숙고할 수 없었던 객관적 학문──에 감명 받아 약화되었다. 따라서 우리는 고대논리학과 윤리학 속에 숨겨진 심리학주의를 거의 느끼지 못했다.

나는 근대에도 어느 정도 유사하게 진행되었다고 말했다. 데카르트의 근본주의는, 충분히 깊게 파고들지 않아서, 진지한 후계자가 전혀 없었다. 어쨌든 이러한 점에서 학문은 자신의 방법에서 매우 훌륭

들을 통해 통일적으로 구성된 객관적 내용이다. 모순율도 모순된 명제나 상반된 사태의 이념적 양립불가능성이기 때문에, 이념적인 것(Reales)과 실재적인 것(Reales)의 차이를 인식론적으로 혼동(metabasis)했다고 심리학주의를 비판한다.

53) 후설은 자연주의를 모든 존재자를 단순한 물질과 이것에 의존해서만 경험되는 심리로 구별하고 이 심리물리적 자연 전체를 정밀한 자연법칙으로 수량화(數量化)해 규정하며 이념을 자연화(自然化) 또는 사물화(事物化)하고, 의식을 자연화하는 것으로 정의한다. 그런데 자연주의자가 이념적인 것을 부정하는데, "이 이론 역시 객관성과 보편성을 요구하는 이념적인 것이기 때문에 자신의 행동에서 관념론자이자 객관주의자"(『엄밀한 학문』, 295쪽)이며, 자연주의는 가치나 의미의 문제를 규범과 인격의 주체인 인간 삶에서 소외시켜 "영혼(Seele), 즉 심리(Psyche)가 빠진 심리학(Psychologie)"(『이념들』 제1권, 175쪽)일 뿐이다.

하고 자립적으로 형성되어야 한다. 물론 고대와 유사하게 다시 인식의 문제는 실증적 학문에 대립해 사라지지 않고 언제나 다시 관심 받을 수 있고 받아야 할 만큼 힘껏 관여되었다. 인식의 문제를 이론적으로 다루는 것은 다시 심리학주의의 형태와 자연주의의 형태로 작동했다.

그 후 숙명적으로 발전해가는 데 특히 중요한 것은 로크의 『인간오성론』(*An Essay Concerning Human Understanding*, 1690)인데, 이것은 내적 경험에 근거한 근대 감각주의 심리학의 기초작업인 동시에 인식론적 심리학주의의 기초작업이다. 여기에서 현저한 교훈적 입장을 바꿔보자.

근본적 철학, 즉 미리 근본적으로 의문시된 학문을 절대적으로 확실한 기초 위에 체계적으로 정초하는 것이 더 이상 진지하게 논의되지 않는다. 세계는 확정되어 있고, 객관적 학문의 가능성도 결국 확정되어 있다. 그러나 객관적 학문의 도구, 인간의 오성을 촉진시키기 위해 올바른 방식으로 연구하는 것이 중요하다. 이 경우 자명하고 구체적으로 파악된 주제이어야 하는 것은, 로크에 따르면, 데카르트의 '자아'일 뿐이다. 이것은 물론 자연적인 객관적 방식으로 인간의 영혼(Seele) ─ 순수하게 그 자체로, 그 자체가 명증한 내적 경험 속에 발견되는 인간의 정신(Geist) ─ 으로서 파악된 것이다. 데카르트가 자신이 근본적으로 인식을 정초하는 것과 연관해 충분히 숙명적이었던 것, 즉 '나는 생각한다'를 자신의 학문의 주제로 삼지 않았다면, 이러한 일을 한 것 ─ 하지만 완전히 자연주의적 태도에서 '자아'를 미리 주어진 세계 속의 영혼으로 파악한 것 ─ 이 로크의 새로운 점이다.

로크가 얻고자 힘쓴 것은 완전한 의미에서 심리학이 아니다. 명확하게 그는 정신에 관한 모든 심리물리적 고찰이다. 그가 표현했듯이 물리적 고찰을 배제한다. 그러나 물론 이것은 완결된 연관으로서 심리학 전체에 분류되는 분과다. 즉 영혼은 그 신체의 영혼으로서 세계에 속하고, 따라서 심리물리적 인과성에 관련된다. 그 내면(Innerlichkeit)뿐 아니라 인과적인 외적 관련에 따라 모든 것을 결합하는 인과법칙에 지배되는 영혼을 탐구하는 것이 완벽한 심리학의 과제다. 하지만 로크는 영혼에 단순한 역사(Geschichte)를 부여하려 했다. 영혼을 그 자신의 내적 존재에서 또 순수하게 내적 경험에 근거해 단순한 '역사적'(historisch) 방식으로 연구하려 했다. 역사적인 것(Historisches)과 이렇게 비교하는 것은 순수한 영혼의 내면을 기술해 고찰하고 이 경우 영혼 삶이 최초로 깨어나기 시작한 영혼의 발전을 체계적으로 기술하는 것이 중요하다는 점을 시사한다. 어쨌든 이것은 로크가 본래 의도한 것이 아니다. 왜냐하면 다른 한편으로 『인간오성론』이라는 명칭은 로크가 본래 겨냥한 것이 인식능력인 오성의 발전이라는 점을 지시하기 때문이다. 바로 이러한 길에서 로크는 그 저술의 본래 주제가 인식의 본질, 가능성, 효력범위, 타당성의 범위와 한계 그리고 기술해 구별할 수 있는 모든 종류의 인식을 이해시킨다. 그 결과 가능하고 정당화된 학문과 그 학문을 구성하는 방법의 본질, 근본종류, 권리영역을 해명한다. 로크는 이 방법으로 이해할 수 있는 존재인 인간에게 학문적 행위 속으로 이끌어야 할 규범을 획득하려는 것이다. 이때 그는 이와 유사하게 인간의 윤리적 행동과 이것을 규범화하는 것을 염두에 두었다.

로크는, 순수하게 원리적으로 파악하면, 가능한 타당성의 인식의 문제와 그 방법의 객관주의가 양립할 수 없다는 사실, 인식의 문제는 '당연히' 객관성의 우주——이미 데카르트가 실행한 바와 같이——를 근본적으로 의문시하고 완전히 전적으로 순수 의식의 토대에 입각해야 한다는 사실을 깨닫지 못했다. 더구나 그는 이미 데카르트가 벗어났던 것과 참된 선험적 학문을 놓쳐버렸던 것을 알아차리지 못했다. 여기에서 본래의 과제가 무엇에 대한 의식으로서 의식을 체계적으로 탐구하고, 특히 인식하는 사람에게 명증성과 통찰에 의한 정초라는 명칭으로 의식이 근원적으로 자신의 고유한 연관 속에 대상적인 것을 스스로 갖는 것(Selbsthaben)과 스스로 확증되는 것(Selbst-sich-bewähren)을 수립하는 두드러진 의식의 연관이라는 관점에서 탐구하는 것이라는 사실을 깨닫지 못했다. 그는 참된 객관성은 의식 속에서만 의미와 근원적으로 실현하는 확증을 경험할 수 있다는 사실, 참된 존재는 주관에 내재적인―본질의 특성과 법칙에 따라 직관적으로 이해될 수 있는―목적론(Teleologie)을 가리킨다는 사실, 바로 이것이 여기에서 수행되어야만 할 것이라는 사실을 깨닫지 못했다.

제2장 로크가 자아론을 시도한 기초와 그가 남긴 문제제기

1절 원리적으로 제한된 로크의 시야와 그 원인

12 객관주의의 소박한 독단론

지난 강의의 결론에서 말한 것을 다음과 같이 표현할 수 있다. 로크는 고대의 회의론을 통해 제기된 근본적 인식의 문제를 깨닫지 못했고, 그래서 이 문제는 당연히 그의 『인간오성론』의 주제가 아니다. 어쨌든 이 저술은 오성이론, 인식론이려 했다. 더구나 형이상학과의 끝없는 논쟁을 종결짓고 모든 학문의 작업수행에서 참된 의미, 그 근본개념과 방법의 궁극적 원천에 관해 모든 학문의 완벽함에 필수적이며 완벽하게 하는 데 필요한 해명을 마련할 인식론이려 했다. 이 경우 목표는 원리적인 것, 즉 모든 학문 일반과 그러한 것에 공통적인 것뿐 아니라 본질적으로 구분되는 학문유형의 차이를 규정하는 것, 즉 경험적 학문과 순수 이성적 학문의 차이를 규정하는 것을 겨냥한다.

데카르트가 절대적으로 근거에 입각하고 절대적으로 정당화된 학문인 참되고 진정한 철학을 위해 노력하면서 인식의 문제에 직면하고 적어도 모든 진정한 학문에 선행해야 할 오성이론을 이미 요구했다면, 로크는 바로 그러한 이론, 게다가 바로 그러한 목적을 실제로 실행하려 했다. 그렇지만 로크는 데카르트 정신에 정당한 상속자가 아니다.『제일성찰에 관한 성찰』에 함축된 가장 가치 있는 충동을 받아들이지 않았다. 우리는 데카르트 자신을 선험적 인식의 문제에 직면했다고 비난해야 한다. 어쨌든 그는 본래 그 문제를 오해했다는 점을 알아차리지 못했고, 그래서 근본적으로 정초된 보편적 학문 또는 철학을 구상하는 데 실패했을 것이다. 선험적 자아론과 이 속에 포함된 인식에 대한 진정한 선험적 이론 대신 그는 신학적 인식론과 독단적 형이상학의 그릇된 길로 빠져들었다. 아무튼 로크는 데카르트의 출발이 지닌 위대함과 중요성을 포기했다. 그래서 항상 더 나은 상승, 철학──우선 선험적 인식론──으로 이끌어갈 직접적 동기부여의 원천이 되는 장소를 포기한 것이다.

데카르트처럼 모든 학문과 경험세계 자체를 의문시하는 것으로 시작하는 대신, 로크는 완전히 소박하게 새로운 객관적 학문의 타당성을 전제했다. 더구나 경험된 세계의 현존재를 자명한 것으로 간주했다. 그는 자신의 인식론이나 이와 유사한 인식론에 내포된 이치에 어긋난 점과 순환론을 깨닫지 못했다. 이 점을 완전히 확인하는 것이 결정적으로 중요하다. 로크 이래 인식론의 저술에서 주제는 막연한 일반적 표현으로 '객관적 인식 일반을 해명하는 것'이라고 미리 말할 수 있다. 이 경우 인식은 우선 객체〔객관〕적인 것을 주관적으로 의식해 갖는 다양한 모든 방식을 나타내는 가장 일반적인 표제다. 이에 관련된 자아는 곧 이러한 방식으로 '나는 어떤 객체적인 것을 자각한다'고 가장 일반적으로 표현할 수 있는 것을, '나는 사물, 인간 등을 지각하고 기억하거나 예상하며 막연하게 표상한다.'고 그때그때 특별한 표현으로 나타내는 것을 체험한다. 나는 이 모든 것을 확실하게 또는 막연하게 느낀다. 이것은 나에게 단순한 가능성으로 의식된다. 나는 그것이 여기나 저기에 있다고 추정하든지 확실했지만 이제는 의심되거나 존재하지 않는다는 확신으로 끝낸다. 물론 여기까지도 모든 술어적(포괄하는) 판단의 작용과 특히 이론적–학문적 판단의 작용이 포함된다.

그와 같이 의식해 갖는 모든 것, 가장 넓은 의미에서 다양한 의미와 확실성의 양상에서 '추정한다'(Vermeinen)는 결코 실제로 추정하는 것이 아니라 바로 어떤 '생각한다'(Meinen)로 들어가 상상하는 것인 단순히 '상상한다'(Phantasieren)나 '날조한다'(Fingieren)에 대립한다. 또한 '인식한다'는 표제도 이것을 자신의 범위로 끌어들이고, 여기에서 논구할 필요조차 없게 쉽게 알아차릴 수 있는 이유로 끌어들인다. 따라서 이러한 범위의 인식을 수행하는 것, 그 어떤 객체적인 것이 곧바로 의식의 다양하고 특별한 양상으로 의식되게 한다. 이는 의식해 가짐 자체를 현실적 인식의 영역 속에 갖는 것을 뜻하지 않는다. 즉 관련된 객체에 주제로 몰두함은 객체를 의식해 가짐을 주제로 삼는 것을 뜻하지 않는다. 그러므로 인식을 해명하는 과제, 더 명백하게 말하면, 인식하는 체험작용을 해명하는 과제는 '그것을 깨달음' 속에 자신의 원천과 의미를 지닌다. 단도직입적으로 객체를 향한 통상의 인식작용에서 그 원천과 의미는 상이한 단계로 알려질 수 있고, 인식될 수 있으며 자신의 명석함과 명증성을 획득할 수 있다. 그러나 이 경우 주관적 체험작용인 인식작용 자체는, 우리에 대해 그 객체가 바로 객체가 되는 자신의 변화하는 모든 주관적 양상 속에, 인식되지 않고 막연하게 남아 있다.

그렇지만 인식론의 특별한 목적은 이렇게 가장 넓은 의미에서 인식의 형태를 일반적으로 연구하는 기반 위에 **적확한** 의미에서 인식의 작업수행 속에 미리 놓여 있는 특별한 인식의 활동을 해명하는 것을 겨냥한다. 추정하는 것 일반, 모든 종류와 특별한 형태의 의식 일반은 가능한 목적론적 판정에 지배받는다. 그 의식은 자아가 '목적'(telos)을 겨냥하는 것, 즉 객체의 참된 존재(Sein)와 그렇게 존재함(Sosein)에서 객체 자체를 겨냥하는 것을 처음부터 받아들이거나 그 자체로 받아들일 수 있다. 그래서 (생각함 일반으로서) 추정된 인식과 그러한 인식(부각된 생각함)으로서 적확한 의미의 인식—이 인식에서 인식하는 자는 목적 자체에 도착했다는 의식을 갖는다—은 구분된다. 이와 연관해 의식의 이행하는 형태들—확증과 그 부정적 대응인 논박—은 형태를 단순히 겨냥하는(단순히 의도하는) 의식의 단순한 의견[생각]에 속한다.

인식의 길인 통일적 의식은 단순히 겨냥하는 것을 충족시켜 겨냥하는 것으로 이행시키거나 그 반대로 이전에 겨냥해 생각한 것에 대립되고 '폐기되는' 달성된 목적인 스스로 파악된 것이 나타나는 다른 최종의식으로 이행시킨다. 적확한 의미에서 인식작용이 그와 같이 부각된 과정, 즉 이성이 작업을 수행한 목적론적 과정도 자연적으로 실행되는 가운데 은폐되고 알려지지 않으며 심지어 인식되지도 않는다. 그런데 그 과정은 해명해 밝히는 것, 즉 이 과정을 스스로 명석하게 파악할 수 있게 이끄는 이 과정을 주제로 삼는 반성이 필요하다. 그 과정은 이 과정을 겨냥해 체계적으로 인식하는 탐구가 필요하며, 이 탐구는 객체적인 것을 인식하는 작업수행에 본래의 본질(was) 그리고 이 작업수행이 객체적인 것을 달성하게 촉구하는 방식(wie)—또는 객체적인 것이 어떤 때는 단순히 추정된 것으로, 어떤 때는 참으로 존재하는 것, 달성된 목적으로 그런 다음 항상 달성할 수 있는 목적으로 이해될 수 있는 방식—과 함께 이해된다.

예를 들어 우리의 깨어 있는 의식 삶 속에 끊임없는 층을 형성하는 주관적 체험작용의 흐름에 외적 경험작용에서 '나는 끊임없이 시공간적 자연을 경험한다.' '나는 다양한 사물을 경험한다.' 등의 표현을 가능케 하는 바로 이 작업수행이 어떻게 이루어지는지 이해할 수 없다. 그때그때 경험작용 자체에는 '거기에 어떤 사물이 있고, 다양한 성질을 지닌 어떤 객체적인 것이 다양하게 변화하면서 그 다른 사물에 거기에서 영향을 미친다.' 등이 의견으로서 놓여 있다. 경험작용 자체에는 '거기에 있는 이 사물의 모든 주관적 변화에도 하나의 동일한 객체적인 것이 존재한다.' '지금 경험 속에 들어오는 그 사물은 지금 새삼스럽게 형성된 것이 아니다.' '그 사물은 존재하며 내가 '눈을 돌리 때도' 그 자체로 존재하길 계속한다.' 등이 놓여 있다.

그런데 그것이 나의 주관적 경험작용 자체 속에 나에게 어떻게 주어지고 그 자체로 파악되며 바로 경험하는 나 자신의 것이 될 수 있는지 또 이것이 그 자체로 그 본질인지'를 심문하면, 그 물음은 '경험작용 그 자체의 본질이 무엇인지 또 그것이 어떻게 그 자체로 객체적인 것을 지니며 그 자체로 존재하는 것을 의식케 하고 의식에 적합하게 증명하는지'는 여기에서 막연하고 이해할 수 없다는 점을 나타낸다. 하지만 이것은 '경험작용 속에 경험된 것이 알려지지 경험작용이 알려지지 않는다'를 뜻하며, 그것이 경험하는 작업수행의 본질과 의미는 아니다. 그러나 여기에서는 체험작용이라는 주관적 삶이 그 자신의 고유한 존재 속에 은폐되고 결코 연구되지 않았기 때문에, 이것은 아주 당연하다. 동일한 것이 이론적 사유가 실행되는 다양한 주관의 체험에도 타당하다. 우리는 경험에 근거해 개념을 형성하고 술어로 판단하면서 이론적 통찰로서 명제를 형성한다. 이것을 항상 더 높은 형태로 결부시킨다. 이렇게 획득한 것을 우리는 참으로 존재하는 객체에 관한 진리라 부른다. 우리의 주관적 행위 속에 형성된 이 진리가——우리에 의해 경험된 객체가 경험을 확증해 관통하는 일치의 경우 그 자체로 존재하는 것으로 생각되는 것과 유사하게 — '그 자체로' 타당성을 지닌다고 확신한다. 또한 인식하는 삶과 작업수행을 술어로 겨냥해 해명하는 연구, 이러한 인식하는 삶의 내재(Immanenz) 속에 추정되고 달성된 이론적 진리 또는 객관적 존재, 이론적으로 참된 규정의 기체로서 본래 작업을 수행하는 것을 비로소 이해시켜주는 연구가 필요하다.

객관적 인식 일반의 원리적 보편성 속에 부착된 애매함은 어떠한 것인지, 바로 이러한 보편성에서 이론적으로 이해하고 명석하게 변화시키는 것은 어떤 인식론의 과제인지 하는 모든 인식론의 질문이 겨냥하는 것을 분명하게 했다. 이제 인식론에서 객관적 경험이 이론 이전에 주어지는 모든 권리행사와 객관적 학문에서 나온 모든 전제는 허용되지 않는다는 점도 완전히 분명하고 확실하다. 그와 같은 권리행사는 명백히 이치에 어긋난 기초이동(metabasis)[1]을 뜻한다.

인식하는 '이성'의 이론인 인식론의 보편적 주제는 모든 객체성을 가능한 인식작용의 인식된 객체성으로 포괄하지만, 아무튼 객체성 그 자체를 결코 포괄하지 않는다. 경험에서 나온 객체성 또는 이미 이론적 사유작용에서 주어지고 이미 획득된 더욱더 새로운 인식의 소유물에 의해 주어진 객체성은 소박하고-자연적인 방식으로 앎, 즉 포괄하는 판단과 통찰에서 새로운 앎으로 이행하며 결국 이론과 학문으로 진보해간다. 그러나 바로 이것이 실로 모든 단계에서 수수께끼다. 실행된 것, 행위는 그와 같은 모든 단계에서 '현존'한다. 그것만 시선 속에 있고 그것만 주제다. 반면 행위 자체가 존립하는 의식에 적합한 삶과 작업수행은 바로 살아간 것이지만 주제가 아니다. 그 삶을 경험하면서 시선 속에 이론화하며 작업하는 것, 현실적 삶 속

---

1) 후설은 『논리연구』 제1권에서 이념적인 것과 실재적인 것의 인식론적 차이를 혼동한 것을 허용되지 않는 '다른 유(類)로의 기초이동'(metabasis eis allo genos)이라고 비판한다.

에 보이지 않고 따라서 이해할 수 없는 삶을 이해시키며 이론적으로 표명하는 것, 이것은 실로 객관성을 겨냥한 자연적 태도가 지닌 모든 문제에 대립된 새로운 문제제기다. 따라서 객관적 '실증'과학을 추구하는 것 ─ 순수한 주관성의 테두리 안에서 객체적인 것을 의식에 적합하게 가짐, 앎, 획득하는 모든 것, 또한 술어적 진리를 의식에 적합하게 추정하고 달성하는 모든 것, 이론을 순수한 주관적 작업수행으로 이해시키는 것 ─ 은 시종일관 근본적으로 다르다는 사실은 분명하다. 이 근본적이고 전혀 연결할 수 없는 간극은, 객체적인 것이 인식하는 자에게 형성되는 주관적인 것에 대한 최초의 혼란스러운 '깨달음'과 '아직 이해하지 못함'에서 결코 나오지 않았더라도, 명백히 존립할 것이다. 초월적 세계를 부정하거나 적어도 인식할 수 없다고 간주하는 부정함과 그래서 객관적으로 존재하는 것에 대한 학문의 가능성을 의심하는 부정함인 회의적 동기가 생겼을 것이다. 이러한 일이 일어났다면, 세계가 존재나 인식할 수 있음에 따라 의문시되는 곳에서 그 세계에 대한 의식은 관련되지 않고 남아 있는 동안 ─ 게다가 객체성과 그 인식을 순수하게 의식으로부터 지니는 의미를 해명함으로써 회의론과 마주치려는 연구에서 ─ 어떠한 객관적 존재도 객관적 학문의 어떠한 가정도 전제될 수 없다는 사실은 더군다나 분명하다.

로크는 자신과 자신을 따르는 모든 인식론자가 의심할 여지 없이 하려 했던 것, 즉 인식의 작업수행에 유적(類的) 본질을 설명했다면, 그가 인식하는 행위에 대한 원리적 규범을 획득하기 위해 불완전한 점을 완전하게 하고 그래서 무엇보다 진정한 학문, 즉 원리적으로 자기책임에 입각한 학문을 가능케 했다면, 그때 자신이 계획한 의미를 혼란되지 않은 명석함으로 이끌고, 그 의미를 혼란되지 않은 명석함 속에서 유지하며, 따라서 인식의 본질, 작업수행과 타당성에 관한 물음이 이러한 연관에서 본래 뜻하는 바를 혼란되지 않은 명석함 속에 유지해야 했다. 그는 진정한─이른바 이성적─인식의 고유한 작업수행은 곧 모든 종류와 형태의 객관성인 참으로 존재하는 것임을 알았어야 했다. 참된 진술, 참된 이론과 학문을 인식하는 자가 달성하며 구성하는 것이라는 사실을 알아야 했다. 주관성 속에 달성할 수 있는 것으로서 객관성은 바로 자신의 의식영역 자체(실제적이거나 가능한 의식영역) 이외에 어디에도 자리 잡을 수 없다는 사실, 가능한 모든 의식 밖에 객관성을─의식이 가령 모사하거나 지시함으로써 겨냥할 수 있는 것으로─수립하는 것은 전혀 의미가 없다는 사실을 파악하거나 근본적으로 포착해 견지해야 했다. 마치 의식이 겨냥하는 것은, 모사하는 의식이든 지시하는 의식이든, 의식이 아닌 다른 어느 곳에서 증명될 수 있듯이 생각했다. 마치 '겨냥함' 자체가 충족시키는 동일하게 확인하는 종합이 아닌 다른 어느 곳에서 현실화될 수 있듯이〔생각하는 것은 전혀 의미가 없다〕. 이 경우 무엇보다 단적으로 또 자명하게 현존하는 것으로 미리 주어진 모든 것은 경험하는 작용이 경험된 것일 뿐이며 이 경험하는 작용에서만 의미와 타당성을 길어낸다는 사실을 파악해야 한다.

데카르트의 '생각하는 나'(cogito)가 유적(類的)으로 의문시되는 세계와 학문의 중요한 기반에 의해 이미 발견되었다면, 약간 심화시킬 경우 그 '생각하는 나'는 쉽게 볼 수 있을 것이다. 그러나 자연적인-소박한 사유의 태도로 후퇴하는 경향이 너무 강하다. 그리고 데카르트의 근본주의는 여기에서 논하는 근본주의에 처음부터 생소한 로크만큼이나 충분치 않았다. 그가 실로 소박한 독단주의를 극복하는 이 실제적 출발인 데카르트의 **출발**을 철저하게 소박함에 매몰되어 이해할 수 없게 포기했다. 이런 사실을 통해 그는 어쨌든 이치에 어긋나지 않는 인식론과 또한 철학의 모든 출발이 의지하는 근본통찰―즉 질문 자체의 순수한 의미에서 통찰―을 미래에 관철하는 일을 아주 극단적으로 더욱 힘들게 했다.

아무튼 소박한 독단적 태도로 완강하게 고집한 로크는 오성, 이성의 원리적 문제를 해결하려 했다. 이 경우 그 문제는 로크에게는 아주 자명하게 심리학적 문제가 된다. 진정한 객관적 학문과 철학을 정초하는 것은 그 자체로 객관적 학문인 심리학의 토대 위에서 실행된다. 심리학은 자명하게 자연적 태도를 취한 자에게 학문으로 제공되며, 이 학문 안에서 진정한 인식과 학문적 방법의 본질과 규범이 탐구될 수 있다고 한다. 근본적으로 서로 다른 문제는 로크가 이끈 근대에서, '인식론'과 '이성이론'이라는 명칭의 ― 원리적으로 차이가 있지만 어쨌든 내적으로는 본질적으로 연관된 ― 이중 의미 속에 반영되면서, 매우 혼란되었다.

철학이 앞으로 계속 발전하기 위해 구별되지만 다른 한편으로는 잘 이해할 수 있게 서로 잇달아 관련된 두 가지 과제가 있다. 철학의 과제는, 철학들이 혼란된 상태에서 하나의 참되고 진정한 철학이 언젠가 생길 때, 인식론, 오성이론, 이성이론이라고 정당하게 주장할 수 있다는 것이다. 즉 그 하나는 인식의 심리학이 완전한 심리학의 존립요소를 형성하듯 인간의 영혼 삶의 전체 연관 속에 한 존립요소를 형성하는 어떤 인간 영혼의 능력으로서 인간의 인식작용 ― 또는 인간 이성 ―의 심리학이다. 다른 한편 동일한 말을 다음과 같이 주장할 수 있다. 선험적 인식론과 이성이론은 모든 심리학의 고향인 터전이나 유용한 전제의 터전이 아니라, 모든 객관적 학문과 이 학문에 속한 모든 존재의 영역이 문제 되는, 즉 함께 문제로 포함되는 터전이다.

그런데 이러한 혼란은, 다음 시대에 얼마나 숙명적이었고 또 진정한 이성이론의 길도 차단했더라도, 최근 철학의 발전방향을 완전히 돌리지 못했다. 나는 방금 두 가지 측면의 문제제기를 분리하는 것 이외에 그 내적 연관도 언급했다. 그 문제가 항상 두 가지 측면에서 종잡을 수 없거나 곁눈질하는 것으로 다루어진 천 년 동안 혼란스러웠던 근거는 당연히 내적 관계, 즉 본질적 연관에 있을 것이다. 그리고 이 혼란은 인식론적 관심이 그렇게 생생했던 다음에도 효력을 발휘했고, 심리학에서 선험적 문제제기로 넘어갈 가능성을 열어놓았다. 아무리 해석이 바뀌고 다의적이더라도 객관적인 심리학적 방법의 소박함 속에 그 본질관계에서 유래하는 가치 있는 동기가 있을 수 있고 그래서 미래에 가치 있는 원동력이 있을 수 있다. 그렇게 미래의 발전을 움직이고 이 발전이 선험적 오성이론과 철학을 정초하는 데 대항해 추구한 동기부여를 묘사할 모든 이유가 있기에 로크에 관해 더 이야기하자.

어쨌든 이 심리학주의는 어느 정도는 '내재적 관념'(ideae innatae) 학설의 데카르트적 플라톤주의와 케임브리지 플라톤주의[2]에 대한 반동으로서 진보였다. 우리는 이러한 학설을 심리학주의로, 더 분명하게는, 신학적 심리학주의로 아주 잘 특징지을 수 있다. 이 심리학주의에서 문제되는 것은 근본개념으로서 확실한 개념이다. 그리고 모든 학문에 대한 가치론적 원칙 — 모든 학문적 이론이나 이론화하는 모든 행위가 아주 원리적으로 결합된 소임을 받은 원리적 규범 — 으로서 근본개념에 속한 명제에 크게 부각된 지위다. 물론 중요한 문제는 형

---

2) 이 플라톤주의는 17세기 중엽 영국 케임브리지대학을 중심으로 커드워드(R. Cudworth), 모어(H. More), 위치코트(B. Whichcote) 등이 활약했다. 이들은 홉스(T. Hobbes)의 유물론과 과격한 교조주의에 반대하고, 인식론과 도덕론에서 경험론과 쾌락주의를 배격하며, 보편적 원리를 강조해 이기심보다 이성에 입각한 질서와 조화를 주장했다. 이 학파는 이신론(理神論)을 통해 로크의 사상에 도 큰 영향을 주었다.

식적 수학의 근본개념과 윤리적 근본개념도 포함한 모든 논리적 근본개념이다. 왜냐하면 논리적 개념이 학문의 작업수행에, 또 근본개념과 원칙이 윤리학의 작업수행에 지니는 관계와 유사한 지위를 명백히 삶의 실천 전체에 지니기 때문이다. 그것은 모든 이성적 실천이 결합된 절대적으로 타당한 원리적 규범으로서 주어진다. 따라서 거기에는 실천적 이성이론에 평행하는 질문이 부착되어 있다. 각자는 이 모든 원리적 존립요소를 주관적으로 자신의 사유 속에 자신의 것으로 삼으며, 필증적 명증성에서 그 절대적 권리를 파악한다. 하지만 절대적 권리, 초(über)주관적 권리, 필증적 명증성으로 표명되는 권리의 궁극적 원천은, 신학적 심리학주의에 따르면, 모든 영혼에 그 명증성을 근원적으로 심어준 신(Gott)이다. 따라서 초주관적 타당성에 대한 신학적–심리학적 설명은 모든 이론이나 모든 이성적 실천의 원리적 기초다.

데카르트의 경우 이미 언급한 신학적 명증성이론과 연관된 이 학설에 대항해 로크는 매우 유명하고 당대에 아주 많은 영향을 미친 『인간오성론』 제1권에서 반발했다. 그가 이 신학적 심리학주의에 반대한 것은 새로운 자연주의적 심리학주의 때문이다. 그의 심리학과 인식론에 대한 심리학적 정초는, 새로운 자연과학이 순수하게 경험에 입각한 학문 또는―더 명확하게 표현하면―순수한 귀납적 사실과학이듯이, 모든 신학적 전제를 배제한다.

그러나 우리가 이미 알고 있듯이, 그것은 인식하는 이성과 실천적 이성의 문제를 해결해야 하고 그 때문에 모든 심리물리적 질문을 포기한 특별히 한정된 심리학, 따라서 순수하게 내적 경험에 근거한 심리학이다. 인식의 문제에 단지 기술적 방법만 문제된다는 점을 로크가 명백하게 느끼는 (그리고 그의 구체적 서술을 통해 비로소 그의 독자도 느끼게 되는) 한에서 중요한 동기가 그 속에 놓여 있다. 인식문제에 대한 해결은 궁극적으로 이성적 타당성 문제에 대한 해결이 그 의미상 인식현상 자체를 직접 직관적으로 고찰하는 근거에서만 획득될 수 있다는 사실이다. 따라서 그 해결은 데카르트의 '생각하는 자아'의 범위 속에, 인식체험이 인식하는 자에게 스스로 주어지는 의심할 여지 없는 토대 위에 움직여야 한다는 사실을 느낄 수 있게 되었다. 사실상 모든 종류의 객관적 인식의 실제적이거나 가능한 타당성이 의문시되고 비판받을 수 있는 곳에서 실로 인식하는 삶 자체는 자신의 실제적이거나 가능한 존재에 관해 의심할 바 없는 사실이다. 이 사실은 모든 비판적 물음 속에 전제된 것, 이러한 의미에서 의심할 여지가 없는 것, 항상 반성적 고찰로 간접적으로 접근할 수 있는 것이다. 로크 이래 '생각하는 자아'가 아무리 객관주의적으로, 즉 인간학적–심리학적으로 오해되었더라도, 어쨌든 이제 데카르트가 놓쳐버린 순수 자아론(Egologie)이 형성된 것이, 적어도 심리학적으로 전환되고 오해되었지만, 그래서 심리학적 자아론으로서, 인간 내면성에 대한 일종의 역사(Historie)로서 시도되었다는 점은 커다란 진보였다.

13 경험론의 편견—인식론에서 심리학주의

사실상 로크의 경우 실제로 그 자체로 반성적이며 순수하게 내적으로 기술되는 '자아'의 내재적인 직관적 의식의 존립요소를—여기에서 방법적으로 요구된—기술하는 것이 되었을 수도 있다. 그리고 의식 삶을 진정한 기본요소로 분석하는 것과 이것이 그 기본요소에 입각해 구축됨을 진정으로 제시하는 것이 되었을 수도 있다. 그렇다면 이러한 작업수행은 진정한 심리학뿐 아니라 선험적 자아론에도 궁극적으로 타당한 의미를 지녔을 것이다. 기술하는 것의 본질적 내용은 오해를 해명한 다음에 또 이에 상응하는 선험적 학문을 계속 연마함으로써 도움이 될 것이다.

여기에서 결여된 것은, 더 정확하게 말하면, 상이한 계열 속에 놓여 있다. 그 하나는 경험적-귀납적 고찰방식의 근본적 결함과 관련된다. 데카르트 자신과 그의 동시대인인 홉스(T. Hobbes)[3]를 통해 형성되던 새로운 심리학은 새로운 자연과학을 뒤쫓아 형성된 순수한 귀납적 학문으로 구성되고, 영혼적인 것(Seelisches)에 관한 '자연과학'으로서 구성된 것이다. 그것은, 로크가 처음으로 실행했듯이, 확실한 철학적 목적에 있어 중요하다고 생각되면, 그것을 우선 내적 경험의 테두리 속에 영혼 삶을 단순히 기술하는 자연사(自然史)로 형성하는 것이 그에게도 남아 있었다.

그러나 이제 분석적 논리학과 역사적으로 막연하게 연루되어 등장한 이성이론 —— 실로 생각할 수 있는 가장 원리적인 학설인 원리적 학설로서 —— 은 그 자신의 의미에 따라 '당연히' 아프리오리한 이론이어야 하듯이, 형상적 직관에서 길어낸 이념의 학문이라는 근원적으로 플라톤의 의미에서 아프리오리한 이론이라는 사실이 숙고되어야 한다. 아주 일반적으로 인간이라는 경험적 종(種)에 관련되든 특수한 유형의 종족, 민족, 시대, 상황, 개인, 연령 등에 관련되든 경험적 오성이론과 인간 오성의 경험적 유형성도 확실히 존재한다. 그와 같은 유형은 경험적으로 기술하고 귀납적으로 탐구될 수 있으며, 개인의 교육이나 국가의 교육에 어쩌면 이러한 탐구를 이용할 수도 있다. 하지만 이 경우 오성 또는 무분별, 더 크거나 작은 오성의 작업수

---

3) 홉스(1588~1679)는 경험을 감각주의 일원론으로 이해해 외부사물이 감각기관에 작용(이것이 흐려지면 흔적만 기억 속에 남고, 보편자나 개념은 언어적 기능을 통해 흔적에 명칭을 붙인 기호일 뿐이다)으로 인식되는 과정을 자연주의 유물론과 유명론의 관점에서 주장해 영국 연상주의 심리학의 출발을 이루었다.

행, 유형적 오류에 대해 이야기하는 어디에서나 이 모든 것 배후나 그 위에 의미를 규정하고 규범화하는 것으로서 순수 논리학이 있고, 의식 삶 속에 인식되지 않고 실행되는 작업수행에 입각해 그와 같은 작업수행을 가장 깊고도 궁극적으로 이해하는 데 원리적 본질로서 해명하는 '아프리오리한' 선험적 이론이 있다.

그런데 아프리오리한 인식의 본질 — 이와 마찬가지로 다른 한편 경험적 인식 그 자체의 본질 — 을 해명하는 것은 그러한 이론 자체의 보편적 과제에 속한다는 사실에서 어려움을 발견할 수 있다. 결국 일반적으로 가장 완전한 보편성으로 이해되는 모든 인식론에 부과된 자기 자신으로 소급해 관련되는 가운데 어려움을 발견할 수 있다. 어쨌든 그 어려움을 일반적으로 받아들여야 할 때 인식주관성과 그 가능한 작업수행의 본질에 관한 순수 합리적 학문인 이념학문의 형식과 가장(假裝)으로만 받아들일 수 있다는 사실만큼은 미리 알아야 한다. 그렇지만 적어도 누군가 경험적 인식을 실행한다고 — 예컨대 인식심리학 — 생각하고 실제로 인식을 아프리오리한 필연성에 획득하는 것을 생각해볼 수 있다. 그래서 현대의 실증주의적 시대에는 순수한 아프리오리한 인식과 이 인식 가운데 '사실상' 순수한 보편성과 필연성에서 통찰된 인식을 — 인식의 명석한 행위에 관해 막연하게 반성하면서 유행하는 이론이 인식을 지배함으로써 — 경험적 인식으로 간주하는 수학자가 충분히 존재한다.

이러한 의미에서 나는 로크의 내재적 기술(記述)이, 그 원리적 의미를 완전히 오해했는데도, 인식론적으로 매우 실속이 있을 수 있었다고 생각한다. 그리고 로크가 실제로 의식을 방법상 올바로 분석했다면, 순수하게 유지된 내적 경험과 내적 상상 속에 제공되는 실제적이거나 가능한 내적 체험의 구체적 형태를 체계적인 기본적 분석을 함으로써 용어상 견지된 신중한 개념형성으로 정확하게 기술했다면, 사정은 사실상 실속이 있었을 것이다. 하지만 로크도 다른 심리학자나 심리학적 인식론자도 그와 같이 기술하지는 못했다.

물론 이것은 학문의 역사에서 가장 주목할 만한 사태다. 무한한 수학적 형식(수학적 다양체)에 관련된 이론적 설명—극도로 조립되고 단계적으로 잇달아 구축된, 대단히 정교한 개념형성과 연역적 이론을 통해서만 수행될 수 있는 설명—이 성공하기 매우 어렵다는 사실은 놀랄 일이 아니다. 그러나 방법상 얼마나 더 단순하고 쉬운 기술인가! 확실히 기술을 거대한 세계의 분야로 처리하는 체계화(Systematik)—자연사(自然史)의 체계화와 같이 복잡하게 구축된 형태를 넘어 대단히 많은 체계화—도 학문적 정신에 어려움을 준다. 하지만 여기에서 중요한 것은 각각의 특징과 또 객관적으로 규제된 채 함께 속한 특수한 징표를 확인하는 것이며 이에 관해 그 각각의 여러 가지 객관적 관찰과 귀납이 무엇보다 발견의 여정(旅程) 등과 같이 거대한 준비를 전제하는 객관적 기술이다.

하지만 순수 주관적 영역에서는 〔사정이〕 다르다. 어쨌든 여기에서는 모든 기술이, 시작하자마자, 그 대상을 충전적으로 경험하는 가운데 장악한다. 경험하는 파악작용은 그 자체로는, 마치 기술할 수 있는 대상을 완전히 놓치는 원리적 위험이 있는 듯 특별히 어려운 환경에 있을 수 없다. 그러나 바로 이것이 진기하게도 로크의 심리학과 인식론이 처한 상태다. 사람들은 순수한 내적 경험 속에 경험된 것을 기술할 수 있다고 주장했다. 그와 같은 순수한 경험을 결코 실제로 수행하지 않았고, 그 진정한 존립요소를 결코 실제로 보지 않았다. 그 범위 속에 실제적 분석을 결코 실행할 수 없었으며, 따라서 진정한 체계적 기술을 할 수도 없었다.

로크의 방법을 거부하는 것에는 기술하는 동시에 기술된 주관성 자체의 본질 속에 깊이 놓여 있는 근거가 있다. 그래서 그 어려움

은 결코 우연이 아니다. 외적 경험 ─ 일반적으로 객관적 경험 ─
은 자연적 태도의 경험이다. 여기에는 인간의 공통적 자기경험
(Selbsterfahrung)도 포함된다. 이것은 인간이 실천으로 활동하는 삶
속에, 그의 동포와 교류하는 가운데 자유롭고 저절로 경과하는 자연
스런 삶의 활동으로서 언제나 다시 자기 자신을 소급해 지시하고 단
순한 사물의 경험을 교환하는 자기경험이다. 그런데 심리학이 경험
과학으로서 기술과 설명을 추구한다면, 공간사물의 이른바 '감성적'
'외적' 경험이 자연과학에 유용하듯이, 이러한 자연적 자기경험은
심리학에 유용하다.

심리학이 그리고 대체로 진정한 학문적 심리학이 아주 일반적으로
어떤 방법적 근거를 지녔고, 지녀야 하는지는 우리와 상관없다. 또한
순수한 내재적 자기경험, 즉 순수한 내적 자기경험의 테두리 ─ 따라
서 본질적으로 데카르트가 주장했지만 아마 비판적으로 한정할 수
있는 의심할 여지없이 스스로 주어진 명증성의 테두리 ─ 속에 기술
해야 하는지도 여기서는 우리와 상관없다. 로크와 심리학화하는 인
식론에는, 이미 들어서 알고 있듯이, 그러한 근거가 본질과 분별 있
는 타당성에 관한 인식의 문제제기 속에 있다. 우리는 인식의 작업수
행 자체를 알아보고 고정시키는 분석으로 설명할 때만 그 작업수행
을 해명할 수 있다는 생각을 하게 된다. 따라서 학문적 해명은 학문
적 기술에 근거해서만 생길 수 있다는 확실히 의심할 여지 없는 생
각을 하게 된다. 하지만 이때 이러한 기술의 객체는 자명하게 인식
이다. 이것은 인식이 순수하게 고유한 본질성 속에 존재하는 것이며,
이 본질성에서 오직 순수한 '나는 생각한다' 속에서만, 또는 로크가
말하듯이, 내적 경험 속에서만 주어지는 것과 같다.

그러나 바로 여기에 실제로 순수한 내적 경험과 자명하게 관찰하
고 응시하는 경험을 수행하는 것에 대립되는 기술하는 상황 자체의

본성 속에 놓인 기초가 있다. 시간이 경과하는 가운데 특히 최근에 내적으로 관찰하는 어려움이 —서로 다른 관찰자가 기술하는 것은, (외적 경험이 확실한 명증성을 그 자체에서 결코 요구하지 않더라도) 외적 경험의 영역과 아주 다르게, 거의 일치되지 않는다는 사실을 계기로— 충분히 협의되어야 한다. 기술하는 소견을 경우에 따라서는 논쟁이 그것으로 판정될 수 있을 그 자체로 참된 소견으로 실제로 확신하면서 밝히려는 모든 시도는 거부된다.

참된 내적 경험도 이에 상응하는 순수 내면성에 대한 순수 기술도 전혀 없는 한, 어려움에 협의하는 것은 모두 거의 도움이 되지 않는다. 나중에 상세히 밝히겠지만, 어려움에 협의하는 것은 일반적으로 최초로 실현하기 위해, 그 순수함을 유지하고 이 순수함을 유지하는 학문적 확신을 수반하기 위해 독특한 방법인 현상학적 환원의 방법이 필요하다. 즉 자연적인 객관주의적 태도가 그것이 주어진 모든 것으로 차단될 때만(바로 이러한 방법을 수행할 것을 가르치는 것), 따라서 그밖에 객관적으로 경험된 것들(동일한 것이지만, 순수 내면성에 초월적인 것들)의 불가피한 혼합이 완전히 불가능해질 때만, 이러한 어려움은 극복될 수 있다. 그때 비로소 '내적인 것'이라는 명칭으로 제시된 것, 따라서 '나는 생각한다'의 명증성 속에 순수하게 포함된 것을 실제로 볼 수 있다. 그때 비로소, 편견이 일종의 최면상태에서 실제로 보인 것을 다시 보이지 않게 하지 않는 한, 내적 삶 전체는 완전히 의식인 동시에 의식된 것이며, 그래서 이러한 것으로서만 기술될 수 있다는 사실을 볼 수 있고 또 보게 될 것이다.

물론 이 경우 활발한 정신의 시선이 다방면으로 미끄러져 갈뿐이며 주어진 것이 등장하는 어떤 장(場)이나 평면, 공간 같은 로크의 '백지'(tabula rasa)[4]라는 견해와 다르게 진정한 '내적 경험'은 잇달아 단적으로 파악하고 결정하면서 연속적인 공간적 질서에 이끌린다는 사실이 즉시 밝혀진다. 오히려 항상 새롭게 시작하는 반성 속에 또 이미 반성으로 주어진 것에서 시작하는 상이한 단계의 반성 속에 엄청나게 풍부한 의식의 양상이 뚜렷이 드러난다. 의식 자체는 다시 매우 상이하게 다양한 방식으로 의식에 관해 의식된 것으로 나타날 수 있다. 이것은 다시 계속 진행되는 함축 속에 나타날 수 있다. 정말 의식이 의식한 것에 관해 의식하는 연속체 등 여러 가지 연속체가 등장한다. 여기에서 내적 존립요소들이 파악되는 지각작용은 그 자체로 내적으로 지각할 수 있는 존립요소들에 함께 속한다. 지각작용은 실로 이러한 존립요소들을 〔얻고자〕 반성될 수 있다. 그렇기 때문에 우리는 그것에 대해 알고, 기술하면서 그 자체를 '내적 경험'의 영역에 함께 포함시킨다.

기술하는 작용, 이론화하는 작용도 당연히 마찬가지다. 활발하게 수행되는 가운데 파악되지 않고 관찰되지 않았지만, 기술하거나 이론화하는 작용 자체는 반성적으로 파악할 수 있고 기술할 수 있다. 이것은 다시 더 높은 단계의 기술하는 작용이다. 내적으로 경험된 것 또는 경험할 수 있는 것은 의식된 것으로서 언제나 그것 역시 관찰되지 않고 파악되지 않은 채 순수한 내재적 영역에 포함되는 그 의식과 불가분의 관계를 지닌다. 이러한 의식은 그 나름으로 다가올 것 또는 그 체험의 내용과 분리된 것이 아니라, 의식은 그 내용에 관한 의식이며 그 내용은 그 의식의 내용이다. 의식과 그 내용은 분리할 수 없

---

4) 로크는 데카르트의 본유관념(Innate Ideas)을 부정하면서 감각적 경험은 이성에 의해 해명되어야 할 의심스러운 것이 아니라 그 자체로 직접 지식을 전달하는 근원적 원천이라 파악한다. 그래서 인간의 마음, 즉 오성은 경험을 쌓기 이전에 아무것도 씌어 있지 않은 '백지'(白紙)라고 주장한다. 이러한 견해는 '먼저 감각 속에 없는 것은 아무것도 지성 속에 없다.'는 아리스토텔레스의 인식론적 전통을 계승한 것이다.

는 하나다. 그와 같이 '무엇에 관한 의식'이라는 구체화가 얼마나 풍부한 기술의 특성을 포함하는지, 가장 단순한 경우에도 극히 복잡한 구조를 지니는지 여기에서 결코 시사될 수 없다.

로크나 그다음 시대는 이 모든 것을 전혀 예상하지 못했다. 다음과 같은 사실은 극히 주목할 만하며 어쨌든 내적 근거와 역사적 억압을 알면 다시 이해할 수 있다. 즉 심리학과 인식론은 수세기 동안 내적 경험이 주어지는 것, 이렇게 주어지는 것의 상이한 종(種)과 뷰(類)――예컨대 지각, 표상, 판단작용, 의지작용, 느낌 등――에 관해 줄곧 논의할 수 있었다는 사실을 깨닫지 못했다. 순수함 속에 놓여 있는 것과 순수한 내면성 속에 실제로 확정될 수 있는 것을 전혀 보지 못했고 따라서 보는 것을 결코 배우지 않았음에도 이 모든 것을 기술하는 개념 속에 학문적으로 확정하려고 생각했다. 그 방법을 내적 지각의 단순한 방법이 아니라 더 넓은 의미에서 경험, 따라서 특히 내적 경험의 방법으로 이해해 알려고 했다는 사실은 전혀 개선되지 않았다. 이 경우 내적 경험의 절대적 명증성은 포기된다. 왜냐하면 기억에서 원리적 상황은 지각에서 원리적 상황이기 때문이다.

그런데 (모든 심리학적 개념이 구축되는 개념으로서) 구성적 근본개념의 체계 전체를 그 유일한 원천으로서 순수한 내적 경험에서 길어내지 않는 심리학은 생각해볼 수 없다는 것이 사실이라고 생각할 수 있다. 그렇다면 근대심리학은 '그 심리학이 학문으로서 충분히 근거를 두었고 자신의 개념소재를 가졌다고 생각하며 심지어 이것을 내적 경험에서 기술해 길어냈다고 생각할 것이다. 어쨌든 참으로 오직 진정한 개념을 제공할 수 있는 순수한 내적 경험의 영역을 인식하지 못하는' 이상한 볼거리를 제공해준다. 이것은 '적절히 필요하게 변경하면' 근대 인식론――어쩌면 단순히 로크 계열의 심리학주의적 인식론은 아니더라도――에도 말할 수 있을 것이다.

14 진정한 직관주의적 의식학문의 형성을 억제하는 동기인 근대 자연과학의 전형

이미 시사했듯이, 그럼에도 근대 이념의 역사적 상황에서 유래하는 역사적 동기도 존재한다. 이 동기는 처음부터 억압하는 편견으로 기능했고, 순수 내면을 향한 시선의 태도[5]에서 주어진 것을 그 고유한 특성으로 알게 되는 사실을 방해했다.

이러한 관점에서 근대 자연과학의 전형은 심리학에 지극히 해로운 영향을 미쳤고, 여전히 영향을 미치고 있다. 이 천재적 사상가[로크]가 심리학 자체를 어느 정도까지 현혹시킬 수 있었는지는 실로 홉스에서 보게 된다. 그에게 자연과학은 궁극적으로 가능한 참되고 철학적인 학문의 원형(原型)으로 매우 중요시되어 그는 물질적 자연에 절대적 존재를 혼합시켰을 뿐 아니라 거꾸로 모든 절대적 존재——내적으로 경험된 영혼의 존재도——를 자연으로 환원시켰다. 데카르트가 순수하게 파악된 '자아'(ego)와 그 '사유작용'(cogitationes)을 정신적 실체로 절대적으로 정립했다면, 홉스는 주관적 내면 삶을 그것의 참된 존재가 물질적인 심리-물리적 상관관계에 있는 단순한 주관적 가상(假象)으로 간주한다. 그래서 그는 근대 유물론의 선조인 동시에 근대 유물론적 심리학의 선조가 되었다.

물론 이러한 방식으로 로크가 자연과학의 전형(典型)에 감명받지는 않았다. 그러나 그 전형은, 비록 다른 방식이더라도, 그에게도 숙

---

5) 후설은 세계가 존재함을 소박하게 믿는 '자연적'(natürlich) 태도와 이것을 반성하는 '선험적' 태도를 구분했다. 다시 전자에서 일상생활의 자연스러운 (natural) '인격주의적' 태도와 객관적 자연과학의 방법으로 의식을 자연(사물) 화하는 인위적인 '자연주의적' 태도(이것도 습관화되면 자연스러운 자연적 태도가 된다)를 구분하고, 후자에서 주관으로 되돌아가지만 여전히 세계가 존재함을 전제하는 '심리학적' 태도와 이 토대 자체를 철저하게 되돌아가 물어 선험적 주관성을 해명하는 '현상학적' 태도를 구분한다.

명적이었다. 우선 그도 자연과학의 전형을 절대화했다. 그가 자연을 이해하는 방식 그대로 그의 시대에 자연과학적 규정을 통해 자연을 절대화한 것이다. 따라서 물질적 물체는 그 시간성과 공간성, 그 물리학적 속성, 따라서 전적으로 기하학적-역학적 규정에서 절대적 실재성이다. 로크는 여기에서 제일성질〔속성〕과 힘을 구분한다. 양, 형태, 상황, 운동이나 정지의 제일성질 또는 근원적 속성은 모든 상태에서 물질적 물체에 불가분하게 부착된 〔성〕질이다. 그 물체는 이 성질로 다른 물체와 우리의 감각에 힘의 효과를 행사한다.

그런데 물체에 대한 경험의 직관, 물질적 사물이 우리 밖에서 우리에게 감각적으로 나타나고 우리 속에 주관적으로 제시되는 '관념'을 고찰해보면, 이 관념도 외적 사물과 유사한 것으로서 제일성질을 포함한다. 그러나 색깔, 음, 따뜻함과 참 등 특수한 감각적 성질이나 이와 같은 종류의 성질도 물질적 실재성에 이르지 못한다. 이러한 성질은 단지 주관적이며, 심리-물리적 인과성의 연관에 의해 기하학적-역학적 속성을 지시하는 한에서만 객관적으로 중요하다. 감각된 음은 어떤 규칙형식의 공기진동을 지시하며, 이것을 통해 인과적으로 '설명된다.' 마찬가지로 감각된 색깔은 물체나 그밖에 물리학적 운동경과의 방출을 통해 '설명된다.' 그리고 이것은 어디에서나 그러하다. 로크는 '그 자체로 존재하는 물질적 물체는 제일성질의 기체(Substrat)일 뿐 아니라 힘의 기체'라고 말한다. 그는 이것을 내적 경험 속에 근원적으로 경험되는 영혼의 힘과 유사한 것으로 간주한다. 성질과 이에 속한 힘은 단순한 복합이나 집단의 방식으로 물질적 실재성을 조립하는 자립적 요소가 아니라, 통일적 기체에서, 즉 완전히 '알려지지 않은'(Unbekanntes) '무엇인지 모르는 것'(Je ne sais quoi)[6]인 실체(Substanz)에서 자존(自存)하는 것이다.

자연과학과 그 자연과학적 자연에 대한 이러한 해석뿐 아니라 참된 자연(Natur)[7)]과 외적 자연의 의미에서 자연의 관계에 대한 이러한 해석은 자연과학의 전형에 의해 심리학에 대한 해석과 영혼 및 내적 경험에 주어진 것에 대한 해석에 영향을 소급해 미쳤다. 잘 알려져 있듯이, 로크의 경우도 심리학의 형이상학적 의미에서 물리적 작용 및 상태뿐 아니라 영혼의 작용 및 상태에 그것에서 생기는 담지자(擔持者)로서 알려지지 않은 기체인 영혼의 실체를 기초로 놓았다. 그래서 사람들은 외적 경험을 학문적으로 검토하는 데 물질적 실체로서 기초에 놓인 것이 동일한 것인지 아닌지를 알 수 없었을 것이다.

근대 자연과학과 이와 혼합된 형이상학이 로크에 미친 이러한 방식의 영향 그리고 근대 전체의 오성이론은 특별히 그때부터 전수되어온 미리 확신함에 관해 상세한 비판적 검토가 필요 없다. '이성이론은 그 자신의 의미에 따라 이성 일반에 대한 비판이다. 특별한 인식의 권리를 자명하게 인정된 전제인 근거 위에서 검토하는 통상의

---

6) 로크는 관념(idea)을 감각이나 반성을 통해 얻는 '단순관념'과 이것을 결합, 대조, 추상해 얻는 '복합관념'으로 구분했다. 전자에서 연장, 형태, 강도(剛度), 운동, 정지, 수(數) 등 외적 대상 본래의 객관적 실재성을 '제1성질', 색깔, 음(音), 냄새, 맛 등 파생적인 주관적 양태를 '제2성질'이라 하고, 후자에서 한 대상에 몇 개의 단순관념이 공존하는 '실체'(substance), 이 실체에 종속된 성질인 '양상'(mode), 동일하거나 차이, 원인과 결과 등 서로 대상들의 '관계'(relation)로 나누었다. 그런데 '실체'에 대해 그 속성은 알 수 있고 그 존재는 인정하지만 정작 그 자체를 '무엇인지 모르는 것'(an-I-know-not-what)이라고 했다.

7) 이 용어는 그리스어 'Physis'(어간 phy는 '성장'을 뜻한다)에서 유래한 것으로, 본래 직접 생성되는 실재(to on), 근본 원리(arche)를 뜻한다. 이 말의 의미는 근대 스피노자까지 유지되었으나(가령 '만드는 자연'natura naturans, '만들어진 자연'natura naturans), 소피스트시대 이래, 특히 근대 르네상스의 과학을 통해 오늘날의 '자연'이라는 뜻, 즉 과학적 기술을 통해 경험하고 관찰할 수 있는 영역에 대한 총체적 개념으로 이해되었다.

의미에서 비판이 아니다. 이러한 사실에 놓여 있는 잘못된 순환론을 일반적으로 지적함으로써 그 비판은 실로 여기서 해결된다. 달리 말하면, 그 비판의 목표는 '어떤 형태이든 (경험하고 이론화하며 판단하고 가치를 평가하며 실천하는 의견 같은) 주관적 의견들이 극복하기 어렵게 매개되는 가운데 어떻게 객관적 권리 같은 것이 이른바 이성의 작용 속에 명백하게 드러나는지'이다. 또한 '그것이 어떻게 어떤 특별한 타당성의 양상, 즉 통찰의 양상으로 근원적 의미를 획득하는지이며, '이것으로부터 어떻게 변경할 수 없는 규범─진리 그 자체의 규범이든 가능성이나 개연성 등의 규범이든─에 대한 비판이 생기는지'를 명확하게 하는 것이다.

실로 이성이론은 '사유하는' 자아가 폐쇄된 가운데 그의 모든 의식, 모든 의견─모든 종류의 객체적인 것(Objektives)에 대한 의견도 포함해─이 수행된다는 사실을 깨닫는 데서 생기는 것이다. 또한, 진리와 권리에 대한 모든 논의는 특별한 종류의 생각함이나 생각된 것에 따라 상이한 의미의 형태를 지닌 확실하게 특별한 의견, 즉 통찰에 근거하는 의견에서 자신의 의미를 주관성 자체에서 길어낸다는 사실을 깨닫는 데서 생기는 것이다. 객관적 인식작용을 수행하는 동안 이른바 익명으로 남아 있는 인식하는 삶이 은폐된 것과 관련해 이 익명성을 드러내 밝혀야 하면 그 막연함에서 수수께끼와 의혹이 생긴다. 이를 통해 이성의 객관적 인식과 객관적 작업수행은 이성이론의 주제가 되며, 그래서 그러한 막연함과 따라서 이성의 문제 자체는 같은 방식으로 모든 인식작용, 모든 객관적 생각함과 정초함에 관계된다. 그러므로 모든 객관적 확신은 그 문제의 보편성 속에 함께 포함되어 있다. 따라서 이성이론에 객관적 무전제성은 자명함을 뜻하며, '원리적인 보편적 질문의 의미인 이성에 대한 이론적 질문의 의미를 끊임없이 잊지 않아야 하며 그래서 특히 그 자체로 문제의 보편성 속에 함께 의문시되는 어떤 것도 전제하면 안 된다'는 점을 뜻할 뿐이다.

그러므로 모든 자연주의의 (인간학주의의, 심리학주의의) 이성이론에서와 같이 로크의 처리방식에는 이치에 어긋난 일종의 순환론이 놓여 있다. 그것은 그 타당성이 지니는 가능성에 관해 심문하는 동시에 자연, 자연과학을 타당한 것으로 전제한다.

그럼에도 자연과학의 영향과 자연과학을 통해 숭배하는 자연주의적 사유방식의 영향은 특히 숙명적으로 미래의 발전을 규정한 로크의 인식론에 매우 중요한 다른 특성, 즉 '의식의 자연화(自然化)'라 부르는 것에서 여전히 드러난다. 우리가 여기에서 뜻하는 것은 더 자세하게 상론해야 한다.

방금 확인한 바에 따라 로크는 순수하게 '생각하는 자아'에 근거한 수행절차에서 객관적 인식과 학문의 가능성을 이해시키고 이 가능성 자체를 절대적으로 정초하려는 데카르트의 시도를 뒤따르지 않았다. 따라서 그 시도는 모든 인식이 수행되는 순수한 주관성의 권리를 명백하게 제시한다. 모든 종류의 초월적-객관적 인식을 '생각하는 자아'의 테두리 속에 그 가능성과 권리를 증명하기 이전까지 타당하게 간주하지 않는 것이다. 다른 한편 어쨌든 모든 초재(Transzendenz)[8]가 드러나고 증명되어야 할 순수 내재(Immanenz)에 대한 생각은 로크에게도, 독단적 수행절차의 모든 소박한 불일치의

---

8) '내재'(內在)는 의식영역 안에 존재하는 것으로서 의식영역 밖에 존재하는 '초재'(超在)와 구별된다. 그리고 '실재적'(real)은 시공간적으로 일정하게 지각하고 규정할 수 있는 구체적 개체의 특성을 뜻하는 것으로서, 그렇지 않은 '이념적'(ideal)과 구별된다. 또한 '내실적'(reell)은 의식작용에 본질적으로 내재하는 감각적 질료와 의식(자아)의 관계로서 의식과 실재적 대상 사이의 '지향적' 관계와 대립된다.

경우, 결정적인 것으로 남아 있다. 정신에 유일하게 직접 주어진 것은 그 자신의 관념인데, 이것은 로크의 『인간오성론』에 자주 반복되는 원리다. 데카르트가 그의 '사유된 것으로서 사유된 것'(cogitatum qua cogitatum)과 더불어 절대적으로 의심할 여지 없이 확실하게 직접 주어진 것으로서, 자아가 반성하는 가운데 순수 의식 속에 수행한 '명석하고 판명한 지각'(clara et distincta perceptio)으로서 '사유함'(cogitatio)라는 명칭 아래 순수하게 제한한 것은 로크의 경우 바로 이러한 직접성 속에 있는 '관념'을 뜻한다.

인식론적 문제를 해결하려고 로크가 부여한 그 의식의 '역사'는 이러한 '관념'의 영역에 관련된다. 의심할 여지 없이 중요하지만 궁극적으로 성숙되지는 않는 동기가 그를 그러한 출구와 그 후 계속된 방법으로 이끌었고, 미래('인식론')에도 계속 영향을 미쳤다. 로크는 '왜 형이상학자의 어려움이 그토록 만족스럽지 못하게 경과했는지', '왜 그 어려움은 〔해결하려〕 노력하는데도 확실하고 서로 확신시키는 성과를 전혀 거두지 못했는지'(그는 그가 기획한 것 전체의 근원적 동기로서 비록 모호하지만 이것 자체를 시사한다)를 숙고했다. 그 어려움은 신과 세계에 대한 모호한 표상으로 물체와 정신, 실체와 우유성(偶有性), 시간과 공간, 수와 크기, 힘, 원인, 결과 등을 ─ 그 근원에 관해, 그 명석한 근원적 의미를 심문하지 않았기 때문이다. 즉 이러

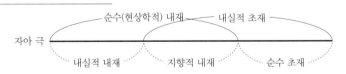

내실적 내재: 구체적인 의식체험의 흐름.
지향적 내재: 구성된 의미, 인식대상(noema).
내실적 초재: 인식의 작용 속에 내실적으로 포함되지 않은 것.
순수 초재: 생각되거나 정립였지만 그 자체로 직관되지 않은 대상적인 것.

한 표상과 이 표상으로 구상된 형이상학적 사유의 형성물이 어쩌면 명석한 직관 자체에서 실현될 수 있는 모든 가능성을 결여하는지 확신하지 않고 — 다루기 때문이다. 또는 로크가 표명하듯이 그 어려움이 본성상 인간 인식에 박혀 있는 한계를 넘어서지 못하는지 확신하지 않고 다루기 때문이다.

이에 비해 로크는 모든 형이상학을 밀어내려고 한다(물론 그는 이런 일을 실제로 거의 하지 않았다). 무엇보다 '인간 지식이 최초로 출발한 역사'를 구상하려고 한다. 그에게는 동일하지만 그는 내적 지각의 직접적 객체〔대상〕로서 또 사유작용의 직접적 객체로서 관념으로 되돌아가려고 한다. 단순한 관념을 체계적으로 증명하고 정신이 이 관념에서 실행하는 정신적 조작을 기술하려고 한다. 그런 다음 더 높은 지식을 형성하려고 하고, 그래서 '정신이 단계적으로 어떻게 일반적으로 얻을 수 있는 모든 지식을 근원적으로 형성하는지'를 전반적으로 보여주려고 한다. 이것이 로크 역시 심리물리적 설명에 대립시키고 인식론의 과제로 간주한 '역사적' 탐구다.

그러나 이 경우 여전히 다음과 같은 사실을 해명하고 보충해야 한다. 즉 그 근원적 형식에서 '관념들'은, 내적 경험 속에 처음 등장하듯이, 쉽게 구별될 수 있고 그것들이 일치하고 차이나는 것에 따라 쉽게 인식될 수 있다. 여기에는 오류의 원천이 전혀 흘러나오지 않는다. 하지만 관념들은 근원적으로 등장한 이후에 단순한 재생산적 형태로 다소 희미하고 막연하게 되돌아가는데, 그런 다음 쉽게 분리되지 않은 채 서로의 속으로 진행해간다. 그밖에 매우 유용한 언어적 사유의 위험도 이러한 사실과 연관된다. 우리 인간은 날카롭게 구별할 수 있는 감각적 관념, 즉 그밖에 모든 종류의 관념에 대한 기호인 단어를 사용하고 언어적 형식으로 사유할 능력이 있다. 만약 단어의 의미가 명석한 직관에 따라 방향이 정해지면, 우리가 앞으로도 이러한 의미를 부여하는 직관이 우리의 기억에 적합하게 남아 있는 희미한 재생산에서 근원적으로 명석한 관념으로 항상 다시 되돌아갈 수 있을 것이다. 따라서 그 의미를 우리에게 명석하게 할 수 있는 상태에 있을 수 있다. 그렇다면 언어적 사유는 의미와 진리를 지닐 것이고 그 진리를 항상 대표할 수 있다. 그런데 사유하는 가운데 막연한 단어들과 단어의 의미로 계속 조작을 하면, 우리는 근원적 직관으로 되돌아감으로써 이 형성물에 명석하게 가능한 의미를 지닌다. 즉 신리의 의미가 상응하는지 확신하지 않은 채 그러한 단어들과 단어의 의미에서 항상 새로운 단어의 개념과 의견을 형성하게 된다. 이 경우 사유는 가치가 없다.

로크에 따르면 여기에서 스스로 획득했거나 이어받은 우리의 모든 개념―즉 우리가 우리 삶 속에 조작하는 다소 간에 혼란스러운 의미의 표상―을 해명해야 하는 중대한 과제가 생긴다. 하지만 그 과제는 무엇보다 자연적이거나 학문적인―따라서 모든 학문에서 보편적으로 지배하는―우리의 세계이해 전체의 근본개념과 근본표상을 해명하는 것이다. 이 근본개념은 곧 정신과 물체, 사물과 속성, 시간과 공간 등 앞에서 말한 개념이다. 이 모든 개념은 명석함과 판명함이 없다. 그렇기 때문에 발생하는 오류는 명백히 대단히 광범위한 결과를 낳는다. 그래서 이들 개념에서 곧바로 해명하면서 근원적 관념으로 되돌아간다. 이 관념에 따라 그 개념들을 새롭게 경계지으며 확고한 형태를 부여하고 가능하다면 그 개념들을 근원적으로 명석한 궁극적 개념의 요소들로 분석하는 것이 가장 중대한 과제다.

여기에서 로크는 그가 서술한 미심쩍게 막연한 모든 경우에도 어쨌든 본질상 중요한 다음과 같은 생각을 떠올렸다. 즉 근원적 직관성에서 순수 의식 속에 생기는 모든 기본적 관념―여기에서는 '사유된 것으로서 사유된 것'(cogitata qua cogitata)으로 이해된―을 체계적으로 제시할 수 있다면, 더 나아가 이렇게 단순한 관념들을 근원적으로 직관에 의해 복합적 관념으로 함께 형성하는 방식을 체계적으로 밝힐 수 있다면, 이것으로써 가능한 인간 인식의 우주 전체는 미리 구상될 것이다. 즉 우리는 가능한 모든 개념, 가능한 모든 언어의 의미에 대해 관념의 소재를 미리 규정했을 테고 이른바 기본적 관념과 정당한 개념의 ABC로서 규정했을 것이다. 또한 실제로 직관적인 복합적 관념에 결부시키는——관념 자체를 떼어낸——양상들을 지녔을 것이며, 따라서 가능한 모든 참된 생각이 제한될 수 있는 이른바 형성하는 방식의 ABC를 지녔을 것이다.

이러한 방법적 구상 속에 중요한 동기가 형태에 따라 밀려들고 여기에서부터 인식론에 어떤 목표가 주어질 것이라는 사실은 틀림없다. 우리는 여기에 다름 아닌 바로 선험적 인식의 정초에 본질인 진정한 직관주의(Intuitionismus)를 예감한다는 사실을 확신하게 된다. 그것은 진정한 인식론과 이 인식론에 종속된 모든 학문을 새롭게 정초하는 방법적 양식을 예감하는 것이다. 이 양식을 통해 모든 학문은 무엇보다 가장 깊고 궁극적인 의미에서 엄밀한 학문이 된다. 왜냐하면 선험적 인식론을 강화함으로써 새로운 학문의 이상(理想)이 명백하게 조명되기 때문이다. 즉 그것은 모든 인식형성물의 궁극적 근원의 원천까지, 따라서 이 속에 인식되는 모든 존재와 스스로를 이해하고 스스로 책임을 지는 학문의 근원적으로 진정한 의미의 이상이다.

그러나 이러한——물론 우리가 명료하게 해소시킨——예감은 풍성한 성과를 거두지 못했다. 보편적 인식을 해명하는 이 이념 자체에 반드시 필요한 명료함을 제공하는 모든 길은 로크가 의식을 소박하게 자연화(自然化)하는 길로 즉시 빠져버리면서 차단되었다.

이 소박한 자연화는 순수 내적 경험의 영역, 이른바 '관념'의 영역이 전적으로 공간세계와 유사하기 때문에 외적 경험의 영역으로 생각된다는 데서 생긴다. 로크가 고대의 전통에서 다시 받아들인 유명한 '백지'의 비유가 그 특징이다. 영혼은 의식에 일깨워질 때 경험이 기호를 써넣는 기술하지 않은 흰 종이를 닮았다는 게 그 비유다. 그때 영혼 또는 내적 경험의 영역 속에 등장하는 것은 그 연속성에서 그와 같이 언제나 새로운 기호, 언제나 새로운 관념이다.[9] 이러한 비

9) 로크가 감각(sensation)과 반성(reflection)을 대립시키면서 일으킨 혼란, 그리고 그 밖의 혼란과 함께 심리학의 전통과 인식론의 전통으로 넘어간 혼란을 간과하면 안 된다. 사람들은 통상 '외적 경험'과 '내적 경험'에 대해—주의를 기울이지 않은 채, 심지어 막연함에 사로잡혀 — '감각'은 이중으로 기능한다고 통상 번역한다. 우선 데카르트적 의미에서 그 감각적으로 '사유된 것'(cogitatum)을 지닌 '사유'(cogitatio)로서, 관계되는 경험된 사물이 존재하는지 존재하지 않는지 또 데카르트가 하려고 하듯이, 가능한 선험적 가상(假象)으로서 세계 전체가 '회의' 속에 남아 있는지 상관없는 현상으로서, 즉 의식의 서판(書板)에 있는 '관념'으로서 기능한다. '사유된 것'을 포함해 이러한 감각적 '사유'의 존재는 로크가 반박하지 않은 '나는 생각한다'의 의심할 여지 없는 명증성이며, 바로 그 때문에 그 존재는 의식의 서판에 있는 관념에 속한다. 우리가 '내적' 경험이라고도 하는 순수 의식의 경험에 대한 올바른 개념을 형성한다면, 그래서 그 개념은 모든 관념, 이러한 의미에서 감각의 관념도 포괄한다.
다른 한편 이 감각은 결코 외적 경험이 아니다. 그 대상은 관념이 아니라 감각적 관념을 '통해' 경험된 공간의 사물이다. 이러한 '통해'가 어떤 상태에 있든, 관념으로서 순수한 사물현상과 외적 경험의 자연적 태도 속에 경험된 사물의 관계가 어떤 상태에 있든, 여기에는 두 가지 사실이 확실하다. 즉 어떤 것에서 다른 것으로 이행함에서 태도를 변경하는 것이 놓여 있다는 것이다. 그 어떤 태도에서 우리는 지각에 대한 신념을 수행하며 이렇게 존재하는 사물을 '갖는다.' 다른 태도에서 이러한 신념은 억제되며 우리는 사물 대신에 '사물의 현상'을 갖는다. 그래서 우리는 이 두 가지를 외적 경험(외적 지각과 이것이 파생된 것)이라 부르면 안 된다. 물론 (신념 속에 수행된) 사물에 대한 경험의 개념은, 다른 개념이 '내적' 경험의 특별한 형태를 산출하는 한, 즉 사물의 현상에 대한 경험과 사물에 관해 지각하는 의견이나 신념에 대해 반성적인 형태를 산출하는 한, 올바른 개념이다. 우리가 이러한 혼란을 해명했다면, 그럼에도 로크의 처리절차는—이 모든 것을 정당한 의미로 이해한다면—모든 인식의 문제를 내적 경험의 토대, 순수한 관념의 경험이나 의식의 경험의 토대로 환원하는 것으로 특징지어진다. 이때 당연히 감각적 관념이라는 명칭으로 언제나 외적으

유에는 로크의 철학이 계속 전개되는 가운데 더욱더 예리하게 작동하는 사물화(事物化)로 향한 경향이 표현된다. 서판 위의 표시, 백묵이나 잉크의 선은 사물의 사건이며 단지 사물과 같은 것을 상징화한다. 공간이 물리적 사물의 존재 장(場)이듯이, 의식의 장, 공허한 서판은 일종에 내적 영혼의 사물성(事物性)을 위한 공간이다. 자연과학, 무엇보다 외적 경험과 외적 공간의 사물과 사건과정을 다루는 기술하고 그런 다음 설명하는 자연과학이 그 사물과 사건과정을 기술하고 인과적으로 설명하듯이, 심리학은 의식의 장에서 관념과 관념의 형성물에 대해 유사한 과제를 지닌다.

매우 경이로운 새로운 자연과학은 진정한 학문 일반의 원형이 되었고, 이것은 우리가 이제 자명하게 공간-사물의 실재성(Realität)뿐 아니라 영혼의 실재성도 포함한 모든 실재성의 유형에 원형으로 간주하는 방식으로도 작동한다. 실로 이것이 데카르트의 이원론, 홉스의 유물론, 스피노자의 〔물심〕평행론에 원천이었고, 로크의 경우 심지어 의식 삶을 영혼의 실체가 지니거나 어쩌면 도달한 근거에서 — 감각적 관념이나 속성의 복합에 기초가 되었을 물질적 실체와 유사하게 — 우연적 존재로 해석해갔다. 그러나 여기 '관념'의 영역에 대한 로크의 '백지'라는 견해에는 내적 경험에 주어진 것을 자연화하는 원천도 놓여 있다.

로 경험된 사물(심지어 표면상의 필연성에서 그 구조가 된 경험될 수 없는 실체)과 동시에 사물의 현상을 '관념'으로 특징지우면 안 된다. (음영지우는 감각자료 등을 지닌 속성의 현상에 대립된) 사물의 속성으로 옮겨가는 이러한 근본적 혼란은 — 내가 오래전에 입증했는데도 — 심리학과 인식론의 문헌을 통해 오늘날에도 여전히 관통해간다. — 후설의 주.

2절 로크의 탐구에서 은폐된 진정한 지속적
문제제기에 대한 비판적 해명

15 내재의 문제와 의식 속의 종합적 통일의 문제

영혼의 실재성이 실제로 자연과 동일한 존재론적 유형이라면, 사실상 심리학은 자연과학과 똑같은 모습으로 학문으로서 엄밀하고 (streng) 정밀하게(exakt)[10] 실행되어야 한다. 심리학은 순수하게 귀납적으로 연관된 학문 그리고 귀납적인 것과 단지 엮여 있는 근본적으로 다른 종류로 연관된 학문이어야 한다. 따라서 심리학적 탐구와 이론의 본질적으로 다른 종류의 방법이 원리상 제외되어야 한다. 그런데 자연과학의 전형에 떠맡긴 순수하게 자연주의적인, 즉 순수하게 귀납적인 심리학의 이러한 유형에서 로크는 내적 경험의 '백지'를 심리학과 인식론에 필연적인 최초의 인식 장(場)으로 제시했다.

또한 모든 기술(記述)과 귀납적 이론화(理論化)가 구축되어야 할 자명한 근거의 장으로 명백하게 제시한 이후 특별히 각인된 것이다. 물론 어떤 결과도 세심하게 고려하지 않았던 로크 자신은 그와 같은 심리학과 인식론을 수행하지 않았다. 이러한 일을 처음 한 사람은 흄이다. 우리는 이것이 모든 철학과 학문 자체의 종말일 뿐이라는 — 요컨대 이치에 어긋난 회의론에 근거해 완전히 새로운 그 역사적 양식을 통해서만 주목할 만하다는 — 철학적 의미를 듣게 된다. 로크의

---

10) 후설 현상학의 이념인 '엄밀성'은 실증적 자연과학의 '정밀성'과 다르며, 논리적 정합성도 아니다. 이것은 객관적 학문들의 궁극적 근원으로 되돌아가 물음으로써 그 타당성의 근거를 밝히고 이론적 앎과 실천적 삶을 주도할 인간성의 철저한 자기책임과 확고한 의지의 결단을 포함하는 선험적 개념이다. 그런데 여기에서와 같이 후설이 이 두 개념을 이처럼 엄격하게 구별해 일관된 의미로 사용하지 않을 경우도 있다.

저술은, 무엇보다 아주 순진하게 보면, 깊게 사유하는 자에게 민감할 수밖에 없는데 규칙적이지 않은 것에서 새로운 형태로 계속 추구해 나갔다. 그런데 이것은 이른바 이러한 종말의 시작이었다.

로크에게 내적 경험은 자아 또는 '정신'이 그때그때 지니는 직접 주어진 것들의 총체를 포괄한다. 물론 이렇게 주어진 것은, 외적 경험에 주어진 것이 외적 자연에서 실재적 사건인 것과 똑같이, 주관성의 테두리 속에 있는 실재적 시간이다. 그러나 이렇게 평행시켜 비교하는 것은 실로 로크가 기술한 것에서 느낄 수 있는 언짢은 위험을 내포한다. 여기에서는 상이한 시선방향이 문제가 된다. 한편으로 '백지'라는 자아의 측면이다. 이 자아의 측면이 내적 경험의 장이라면, 어쨌든 그 측면은 경험하는 자아의 장이며, 내적 경험작용(Erfahren)은 이러한 장의 사건에 대해 자아가 의식해 갖는 것(Bewußthaben)이다.

게다가 자아는 내적으로 경험된 것으로서 의식된 것을 가질 뿐 아니라, 이 의식된 것에 의해 **촉발되고** 의식의 서판 위에 있는 표시에 의해 **촉발된다**. 반응하면서 활동도 하고, 속성들을 설명하고 해명한다. 희미하게 기억된 것을 명백하게 불러오고, 집합하고, 비교하며, 관계 맺는다. 로크는 정직하게도 이렇게 보인 것을 결코 포기하지 않았다. 그래서 심지어 '정신'의 활동을 주장하면서 '이러한 활동은 일반적으로 일어날 뿐 아니라 '정신'에도 직접 의식되며, 따라서 관념 자체로서 다시 의식의 서판에 써 넣는다'고 했다. 그러나 여기에서 함축적으로 끊임없이 논의되는 자아와 관련된 ─내적 경험을 기술할 때 항상 논의되어야 할─ 모든 경우에 비춰봤을 때 그 사정은 어떠한가?

로크는 자아─또는 그가 말하듯이 정신─에 관해 대략 마치 의식의 서판 앞에 표시하려는 자가 서 있는 듯이 말한다. 그럼에도 이것은 이치에 어긋남을 느낄 수 있다. 그밖에 자아는 인식할 수 없는 실체로 해석한다. 그는 즉시 이것을 관념이라 하고, 그것이 관념이라는 것을 즉시 부정한다. 후자는 그의 본래 견해인데, 그에 따르면 관념(본래의 관념)의 장은 가능한 지식의 영역이다. 그렇지 않으면 사물이 '속성들'의 복합체 또는 우리에게 잘 알려진 혼동으로는, 감각적 관념들의 복합체로 환원되듯이, 그래서 자아는 의식체험들의 복합체로 환원된다. 그러나 이것은 산뜻하지 않다. 왜냐하면 활동의 주체로서 또 모든 관념에 대해 지각하는 자로서 자아는 변화하는 감각적 복합체들의 동일한 사물과 달리 부정될 수 없기 때문이다. 더구나 후자의 관점에서 관념들의 복합체 일반, 감각적 관념들의 복합체도 어쨌든 주관성 안에 놓여 있다는 뚜렷한 어려움이 나타난다.

잘 알려져 있듯이 데카르트는 '사유'의 명증성뿐 아니라 '사유'하는 '자아'의 명증성에도 가치를 두었다. 심지어 '사유'하는 '자아'의 명증성이 중요하다며 강조했다. 그러나 이 '자아'는 그 본질이 무엇이며 어떻게 주어지는가? 그것은 형이상학적 '사유실체'(substantia cogitans)인가? 로크의 의미대로 말하면, '무엇인지 모르는 것', 우리가 내적 의식, 즉 '백지'의 체험에 ─ 로크의 평행이론에 따르면 외적 사물에 대한 경험의 자료에 필연적으로 생각해 넣고 당연하게 요구하는 인식할 수 없는 물질적 실체와 같이 ─ 필연적으로 생각해 넣고 당연하게 요구해야 할 것인가? 하지만 내가 알아채는 지각작용, 판단작용, 가치를 평가하는 작용, 욕구하는 작용의 작용체험을 반성하는 나는 이 체험을 결코 자아가 없는(ichlos) 사실로 발견하지 않고 필연적으로 '나는 생각한다'의 보편적 형식으로 발견한다. 이는 명백한 일이 아닌가?

나는 불가분하게 또 매우 직접적으로 그러한 체험에서 또는 그 체험 속에 어디에서나 동일한 의식-자아를 발견한다. 그와 같은 모든 작용체험은, 내가 그 체험을 자아의 작용으로 간취한다면, 이 작용의 측면에서 반성적 작용의 주제가 된다. 이제 다시 반성하면서 나는 그 체험을 그 체험 속에 수행하고 있는 자아와 동일한 자아의 작용체험으로 인식한다. 그래서 실로 가장 완전한 보편성에서 임의의 모든 의식체험——자아의 작용이 아닌 의식체험도——과 같은 방식으로 나의 체험이 된다. 예를 들어 나는 그동안 알아채는 작용 속에 겨냥하지 않았던 어떤 멜로디를 듣는 것을 인식하고, 나중에 되돌아보는 간취함 속에 알아채지 못하고 듣는 것(또는 알아채지 못한 멜로디로서 멜로디)으로서 그 멜로디를 듣는 것을 깨닫는다.

이와 유사한 방식으로 명백한 반성 속에 나의 체험으로 깨닫고, 그러한 반성을 종합적으로 수행하는 가운데 내가 각기 나의 체험이라 부르고 각기 그렇게 부를 수 있는 모든 체험의 동일한 자아로서 깨닫는다. 이때 나는 그 체험을 그러한 반성과 종합에 근거해서만——내가 그 자아인 하나의 동일한 자아의 끊임없이 명백하게 동일하게 확인하는 가운데——그렇게 부를 수 있다. 이에 나는 다음과 같이 묻는다. '이 모든 것은 왜 내적 경험을 기술하는 것 안에서 근본적 사실로 표명되지 않는가?', '나는 내적 의식의 영역 속에 변화하는 여러 가지 체험을 발견하지만, 각각의 체험은 나의 자아로서 체험이고, 이 자아는 절대적으로 동일하다고 말하지 않는가?'

물론 절대적으로 동일한 이 자아는 어려움을 낳는다. 사람들은 이 자아를 잘 알려진 인물, 내가 어쨌든 내 삶의 경험에서 알고 있는 자아와 동일하게 확인하기를 좋아한다. 그러나 인물의 실재성을 규정하는 내 성격의 속성에 관해 절대적 명증성은 전혀 논의되지 않는다. 그럼에도 데카르트가 순수한 '사유'의 자아인 순수 '자아'에 가장 강력한 명증성을 당연하게 요구하는 것은 아주 옳지 않은가? 따라서 내가 절대적 명증성 안에서 자아에 관해 거의 아무것도 진술할 수 없는데도, 자아가 잃어버릴 수 없고 수적으로 동일한 주관의 극(極)으로서 내가 나의 체험이라 부를 생각해낼 수 있는 모든 체험에 속한다는 한 가지 사실을 제외하면, 자아는 공허하게 형이상학적으로 구축한 것이 결코 아니다. 하지만 그것은 부분으로서가 아니다. 체험의 모든 부분은 그 자아 자체와 더불어 사라지며, 새로운 어떤 체험도 이전의 체험과 더불어 어떤 **부분**을 내실적으로 동일하게 지닐 수 없다.

사람들이 처음부터 자연주의에 몰두해 있다면, 견지하는 사물에 관해 여기에서는 실로 처음부터 논의할 수 없다. 따라서 내적 사물이 아니라 외적 존재와 유사한 것에만 맞추어져 있다면, 그래서 어쨌든 실재적 사건과 유사한 것을 겨냥해 있다면, 물론 '순수 자아'와 더불어 출발할 수 있는 것은 많지 않다. 그럼에도 우리는 체험들을 자연화(自然化)할 수 없다. 체험들에 수적으로 동일한 자아 ─ 모든 것에 명백하게 속하지만 결코 실재적인 것, 실재적 부분인 것, 실재적 부속물 자체는 아닌 절대적으로 동일한 것 ─ 와 같은 자연적 난센스를 넣을 수 없다. 우리는 여기에서 '자연주의적 편견에 빠진 모든 심리학 ─ 이 점은 거의 근대 전체에 관련된다 ─ 이 왜 순수 자아에 대해 맹목적이 되었는지' '영혼이 물리적으로 평행하는 실재성의 영혼으로 그리고 내적 의식의 영역이 실재적 사건의 장(場)으로 순수하게 자연적으로 생각되었다면, 그 심리학이 왜 순수 자아에 대해 맹목적이 될 수밖에 없는지'에 대한 이유를 이해하게 된다.

그렇지만 로크 자신은 곧바로 자아에 대해 맹목적이지 않았다. 하지만 자아와 더불어 출발할 수 있는 것은 전혀 몰랐다. 그가 자연주의적 사유를 파괴하고 그럼에도 자아를 고수했다면, 폐기되었어야 할 양립할 수 없는 동기들이 긴장을 일으켰을 것이다. 자연주의가 결정적인 영향을 미치고 있다면, 자연주의적 학설이 계속 발전되는 가운데 자아 또는 자아에 구축된 영혼의 실체를 배제했을 것이다.

의식을 자연화하는 잘못된 일은 여전히 관련된 다른 것에서 나타났다. 그것이 이치에 어긋나는 것을 보편적인 막연함 때문에 전혀 드러내 밝힐 수 없었지만 내적 긴장 때문에 민감했던 이치에 어긋난 견해와 이론으로 빠져들었다.

여기에서는 우선 의식을 자연화하는 것이 자아에 대해서 뿐 아니라 의식으로서 의식에 본질상 고유한 모든 것에 대해서도 맹목적이게 하는 사실을 상론하자. '의식을 어떻게 자아 없이 생각해볼 수 있는지'도 그 어떤 것(irgendetwas), 즉 자아 속에 의식된 것인 그 어떤 '대상성'(Gegenständlichkeit) 없이 생각해볼 수 없다. 따라서 어떤 기술도, 하물며 ― 자아와 자아 속에 의식된 것을 이러한 의식이 의식한 것으로서 함께 기술하고 함께 이론화하지 않는 ― 의식을 더 높은 수준에서 이론화하는 것은 완전히 불가능하다.

자연적인 통상적 표현방식으로 의식이 그 어떤 대상성에 '관계되면' 이때 '의식'이라는 단어는 무엇에 대한 그 어떤 지각, 무엇을 기억함, 어떤 표시를 무엇에 대한 표시로 체험함, 무엇에서 즐거움으로서 즐거움을 체험함 등과 같은 체험을 나타낸다. '나는 현재의 것에 대한 지식을 알아채고 받아들인다.' 또는 '나는 기억하거나 기억된 것을 파악하는 가운데 어떤 과거의 것에 대한 앎을 받아들인다'와 같이 자아-작용(Ich-Akt)이 중요한 문제라면, 그것은 특별한 의미에서 '나는 관련된 대상적인 것에 관계한다.' 또는 '나는 관련된 대상적인 것에 향해 있다'를 뜻한다. 제3의 인물인 자아, 즉 그때그때의 자아는, 다른 한편으로 작용의 체험 자체가 여전히 자신의 방식으로 그에 상응하는 어떤 것에 관련되어 있음을 뜻하는 동안, 관련되어 있거나 향해 있다.

브렌타노(F. Brentano)[11]가 '지향적'이라고 부른(그는 자신에 관한 체험도 '지향적 체험'이라 부른다) 이러한 관계[12]는, 우리가 대상들 서로에 돌리든 자아나 그때그때 의식에서 그 어떤 대상에 돌리든 그 밖의 관계와 본질적으로 다른 의미를 지닌다. 순수하게 작용 속에, 지향적 체험작용 자체 속에 포함된 것으로서 지향적 관계의 객체(Objekt)는 단순한 지향적 객체, 즉 브렌타노가 스콜라철학을 본받아 도입한 바와 같은 내재적 객체다. 그것은 그것이 참으로 존재하는지, '실제로' 존재하는지 아닌지를 묻거나 결정하지 않은 채 순수하게 추정된 것으로서 작용 속에 추정된 것이다. 우리가 통상의 변양된 의미에서 전적으로 관계를 진술하는 곳에서는 존재자를 관계 속의 존재자로 정립하는 요구에 따라 그 고유한 의미를 고양시키고, 그 관계 자체를 실제로 존재하는 대상들(그것이 실재적이든 이념적이든 상관없이) 사이의 관계라고 말하며 주장한다. 그런데 우리가 알고 있듯이 작용 자체 속에 놓여 있는 그 객체와의 관계에서의 상태는 이와 다르

---

11) 브렌타노(1838~1917)는 독일관념론과 신칸트학파를 비판하며 자연과학에 따른 심리학의 방법으로 정신의 구조와 발생을 밝혔고, 윤리적 인식의 근원을 해명하는 가치론을 탐구했다. 그의 날카롭고 열정적인 강의, 특히 물리적 현상과 구별되는 심리적 현상의 특징인 의식의 지향성 분석은 후설 현상학에 결정적인 영향을 미쳤다. 저서로 『경험적 관점에서 심리학』(*Psychologie vom empirischen Standpunkt*, 1874), 『도덕적 인식의 근원』(1889) 등이 있다.

12) 브렌타노는 『경험적 관점에서 심리학』에서 물리적 현상과 구별되는 심리적 현상의 특징으로 ① 표상이거나 표상을 기반으로 한다. ② 연장(延長)을 지니지 않는다. ③ 지향적 내재, 즉 어떤 대상에 관계한다(또는 향한다). ④ 내적 지각의 유일한 대상이다. ⑤ 지향적 존재뿐 아니라 현실적 존재도 포함한다. ⑥ 그 다양성에도 불구하고 항상 통일체로서 나타난다는 점을 들었다.

후설은 이러한 의식의 지향성 개념을 받아들이지만, 그 작용에 다음의 특성을 부가해 더 풍부하게 발전시켰다(『논리연구』 제2-1권, 제5권 2절을 참조할 것). ① 그 흐름 속에 내실적으로 주어진 질료적 자료를 대상에 다양하게 연관시켜 대상화(對象化)한다. ② 다양하게 연속적으로 주어진 것을 의미의 동일한 지시체에 종합적으로 귀속시켜 통합한다. ③ 동일한 대상의 지평을 형성하는 관련된 양상들과 다양한 형태로 관계를 맺게 한다. ④ 미리 주어진 질료에 근거해 의미를 부여하는 작업수행으로 대상성을 드러내 구성한다.

다. 작용이 관계하는 대상은 존재하며, 작용의 참된 존재가 어떤 상태에 있더라도 그 대상은 남아 있다. 물론 나는 내 환경세계의 그 어떤 객체—가령 저기 시냇가에 있는 이 나무—에 지각하면서 관계하며, 따라서 '나는 이 나무를 본다'고 진술한다. 물론 그러한 논의의 통상적 의미에는 '그 나무가 다른 한편으로 동시에 이러한 지각작용 속에 지각된 것으로 생각되는 가운데 참으로 거기에 **존재한다**'는 것이 놓여 있다.

그러므로 여기에서 지향적 관계가 함께 포함되고 함께 진술된 통상적 관계의 진술을 얻게 된다. 하지만 그 나무의 존재를 의문시하거나 그 존재와 관련해 태도를 취하는 모든 것을 자의로 억제한다면, '그 지각의 체험은 그 자체로 '이 나무'에 대한 체험이며, 그 본질은 나중에 이 지각이 환상으로 평가될 수 있다고 명백하게 제시되더라도, 그 자체로 자신의 내재적 대상에 관련된 것에 대한 지각으로 남아 있다'는 점은 결코 변하지 않는다.

따라서 명백하게 밝히기 위해 〔한편으로〕 이러한 의식의 내재 속에 의식된 것 그 자체로서 그때그때 의식의 내재적 대상(내재적인 지향적 대상)과 〔다른 한편으로〕 통상적 진술 속에 기체의 대상으로(무엇에 관한 것Worüber으로) 진술된 것—따라서 그 대상이 참으로 존재한다는 의미와 더불어 진술된 것—으로서 대상 그 자체를 기꺼이 구분한다. 우리가 존재에 대해 믿는다면, 그 대상은 실제로 존재하는 것—거기에 있는 이 나무인 '그' 나무를 단순히 지각하면서 부여한 것처럼—으로 간주되고, 이때 통상적인 태도와 논의 그 자체로 '이 나무는……'이라 진술하며, 이러한 모든 진술은 당연히 실제적인 것으로서 그 나무를 뜻한다.

그래서 체험 자체의 순수한 내재 속에 '추정된 대상 그 자체'—'존재인지 비존재인지 고려하지 않고'—를 억제하는 가운데, 따라서 그 대상에 대해 태도를 취하는 모든 것을 억제하는 가운데 인식할 수 있기 위해 태도를 변경해야 하고 존재를 변양시켜야 한다.

매우 필연적인 이러한 해명을 통해서만 비로소 의식의 대상성(내재적인 지향적 대상성)으로서 모든 의식과 분리될 수 없는 것의 정당한 의미가 이해되고, 그래서 순수하게 내재적으로 기술하는 것의 의미도 이해된다. 그때그때 추정된 것이 관련된 의식 속에 그 자체만으로 추정된 것처럼—우리가 진술하는 것에 대해 완전한 앎을 규정하게 되는 자연적 태도로 되돌아가서 지향적 대상을 기술하는 가운데 바로 다른 방식의 확신에서, 그밖에 여전히 매우 정당화된 우리의 평소 앎에서 유래하는 그러한 징표를 포함시키는 것처럼—정확하게 기술되지 않을 경우, 그 의미는 벗어나고 폐기된다.

모든 의식체험이 자신의 내재적 대상을 그 자체 속에 '지닌다면' 이제 이 '자체 속에 지니는 것'은 마치 내재적인 지향적 대상이 자신의 의식에 실재적 단편, 실재적 계기, 실재적 부분으로 거주하듯이, 내실적 내재의 의미를 지닐 수 없다는 사실에도 주의해야 한다. 그렇게 간주하는 것은 명백히 이치에 어긋날 것이다. 예를 들어 앞에서 말했듯이 우리가 생각해내는 과거는 기억하는 작용 자체 속에 기억된 과거이며, 예상하는 미래는 예상하는 작용 자체 속에 예견된 미래다. 하지만 실제적 과거나 미래만큼 '추정된 것 그 자체', 현재의 체험작용 속에 있는 내실적인 '내재적 지향적' 존립요소는 아니다. 내재적 시간흐름의 자료인 체험의 내실적 단편은 체험의 경과에서 그 자체로 내재적인 모든 시간적 구성요소다. 그러나 동일한 것을 다시 기억하거나 앞서 예상하는 다양한 기억이나 예상은 내재적 시간성(Zeitlichkeit) 속에 분리된 체험이며, 어떠한 단편도 공통적으로 지닐 수 없다. 이러한 사실은 임의의 다른 예에서 확보된다. 예를 들어 우리가 기억이라 부르는 의식의 작용은 그 자체로 다양하게 기억된 과

거의 의식이다. 마찬가지로 외적 지각작용이라 부르는 의식은 그 자체로 지각된 외적인 것에 대한 의식이다. 이것은 어디에서나 그렇다.

따라서 본질상 분리될 수 없는 내재(Immanenz)는 결코 내실적(reell) 내재, 내실적으로 포함된 것이 아니다. 그렇게 간주하는 것은 명백하게 이치에 어긋난다. 이러한 점은 의식도 자신의 내실적 단편, 자신의 부분을 심문할 수 있고 기술할 수 있다는 사실을 배제하지 않는다. 예를 들어 실로 술어적 판단은 자신의 떼어 놓은 단계와 단편을 명백히 지니며, 내적 시간의 경과로서 자신의 주어의 정립, 자신이 관련된 술어의 정립 등을 명백히 지닌다. 마찬가지로 분리된 의식체험도 하나의 전체에 결합될 수 있고, 내실적으로 결합될 수 있다. 하지만 다른 한편 의식을 [다른] 의식과 결합하는 것도 지향적 대상성에 대해 어떤 것을 의미하며 의식을 결합하는 것으로서 자연적인 것에서 유사한 것이 없을 작업수행(Leistung)을 한다. 이러한 작업수행은 '종합'(Synthesis)으로서 결합된 의식에 대해 하나의 의식으로서 자신의 대상성인 통일적인 지향적 대상성을 수립한다.

그럼에도 아마 우리는 여전히 이 후자를, 즉 '의식과 의식은 대체로 결합될 뿐 아니라 그 자체로 자신의 내재적 대상성을 지닌—이것은 그 자체로 주목할 만한 특성이다—하나의 의식으로 결합된다'는 사실을 더 강조할 것이다. 이때 그 종합의 대상성은 필연적으로 결부된 의식체험의 대상성 속에 기초지어진다. 일종의 내실적으로 결부시키는 것과 같은 종합을 다루는 것(가령 현대의 방식으로 종합을 내실적 결합형식—'형태의 질(質)'—으로 만족시키려는 것)은 의식에 고유한 것에 대해 맹목적이며 이치에 어긋나게 된다는 것을 뜻한다.

이와 연관해 더 나아가 어떤 대상의 의식에 적합한 동일성 곧 어떤 대상에 대한 논의를 정초하는 것은 다양한 의식이, 예를 들어 서로 다른 여러 가지 지각들이 하나이자 동일한 대상—이때 이러한 '하나이자 동일한 것'(Eins und dasselbes) 자체는 의식에 적합하게 거기에 함께 있고 그 자체로 지향적이다——에 대한 하나의 의식으로 종합적으로 결부되는 종합을 소급해 지시한다는 사실을 파악해야 한다. 또한 그 종합과 평행해 일종의 종합인 다양한 것의 통일성과 동일성이 끊임없이 지배하며 그래서 자아에 대한 대상으로서 대상들을 의식하게 만든다. 거꾸로 자아 자체는 나의 의식인 무한히 다양한 의식 전체가 대상적 통일성이 아니라 자아의 통일성인 보편적 통일성을 지니게 되는 보편적 종합의 지표(Index)라는 사실을 파악해야 한다. 또는 이러한 종류의 종합을 통해 이 의식 삶의 '서 있으면서 남아 있는 자아'(stehendes und bleibendes Ich)가 끊임없이 구성되고 의식된다는 사실을 파악해야 한다.

16 의식의 종합에서 '자아-대상-극화(極化)'의 내재적 내용이 지닌 비실재성과 상호주관성의 문제. 버클리의 로크 비판에 대한 논평

모든 의식 삶 그 자체가 절대적인 필연성으로 지니는 자아와 대상이라는 명칭 아래 이렇게 이중으로 극화(極化)하는 것은 그와 유사한 것을 자연의 실재성에서 생각해보는 것이 이치에 어긋나는 것과 같을 것이다. 실재적인 것은 실재적 존립요소의 단편을, 실재적 부분과 계기, 실재적 결합형식을 지닌다. 그러나 의식의 종합은 이러한 극의 형식에서 비실재적인 내재적 내용(Gehalt)을 지닌다. 만약 의식에 불가분하게 포함된 것인 이러한 비실재성이 함께 기술되어야 하고 게다가 그것이 그때그때 의식에 속하는 변화하는 모든 양상에서 함께 기술되어야 한다는 사실을 어쨌든 여기에서 보기 시작하고 파악하기 시작했다면, 참으로 무한히 기술하는 작업이 열린다.

그렇다면 우리는 특히 무엇에 대해 의식해 갖는 것(Bewußthaben)에 주목하는가. 예를 들어 지각된 것을 지각하는 작용, 예상된 것을 예상하는 작용, 판단된 것을 판단하는 작용 등은 공허하지만 기술하는 데 빈약하지 않고 그 반대로 어쩌면 단지 질적 차이만 지니고 그 속에서 의식된 것 —— 예컨대 마치 지각작용과 기억작용이 단지 형용하기 어려운 '의식의 질'을 통해서만 구별되는 듯이 —— 이라는 사실을 비로소 명백하게 드러낼 수 있는 방향으로 반성하는 다양체에 주목하게 된다.

오히려 매우 상이한 차원에서 변화되면서 항상 새로운 지향적 작업수행을 하는 지극히 복잡한 의식의 방식들이 있다. 이 방식들은 그 각각 지각작용, 특히 사물을 지각하는 작용이나 기억해내는 작용, 예상하는 작용, 판단하는 작용, 파악하는 작용, 가치를 평가하는 작용, 원하는 작용, 욕구하는 작용을 한다. 이렇게 대략 특징지은 명칭으로 이루어져 있다. 외견상 가장 단순한 지각작용이나 그것에 주목하지 않은 채 의식해 갖는 것, 마치 주관이 이것에 관해 자신의 지향적 대상들을 주머니 속에서와 같이 바로 단순히 그 속에 갖는 것처럼 어떤 것을 공허하게 갖는 것은 결코 의식이 아니다.

그러나 로크와 그의 후계자들은 이렇게 갖는 것(Haben)을 진지하고 면밀하게 확인한 뒤 본질적인 것으로서 실제로 기술하려는 생각을 하지도 않았다. 당연히 자연과학자는 그가 경험할 때 아주 전적으로 그 경험 속에 경험된 사물과 사건의 과정에 주목하고 그가 이것을 경험한 것처럼 받아들인다. 그런 다음 이렇게 갖게 된 것을 기술하고 설명하면서 이론화할 뿐이다. 이것은 오직 객관성을 겨냥해야 할 자연과학적 방법의 본질적 요소다. 여기에서는 주관적인 것(Subjektives)을 문제 삼지 않고 심지어 의도적으로 배제한다. 그럼에도 심리학자나 인식론자에게는 모든 주관적인 것이 주제로 함께 엮인다. 그래서 객관적인 것(Objektives)에 대해 주관적으로 갖는 것은 그에게 잘못 주목해 갖는 것이 아니다. 그것의 고유한 본질에 따라 기술하는 것은 그 자체로 고유한 것이며, 그 자신과 그가 갖게 된 것 자체는 분리될 수 없다.

가령 단적인 외적 경험작용 같은 그 어떤 지향적 체험을 고찰하면, 그 반성적 고찰은 '어떤 사물 그 자체를 단순히 바라봄(Sehen)에서 실로 얼마나 많은 다양한 것을 볼 수 있는지!'를 나타낸다. 그것은 ─어쨌든 자연 속에, 공간 자체 속에 결코 있지 않은─ 대상을 무한히 변화하는 가운데 주관적으로 주시함이며, 오히려 바로 그 사물에 대한 주관적으로 주시함이다. 내가 이전에 한 번 언급했던 것처럼, 지각에 적합하게 추정된 사물은 그 어떤 방법으로든 보지 않은 채 다른 방법으로는 결코 지각에 적합하게 의식될 수는 없다. 이것으로써 이미 충실하게 기술하는 주제가 시사되었다. 주관적으로 기술하는 주제는 단지 사물을 지각하는 경우에만 매우 다양하게 있지 않다. 그것은 모든 의식에도 같은 것을 보여준다. 각각의 모든 체험작용이 그것의 측면에서 의식되는 보편적으로 의식해 갖는 것, 이른바 '내적' 의식도 ─물론 깊이 은폐되어 있더라도─ 지극히 섬세한 지향적 구조를 지닌 참으로 경이로운 구조물(Wunderbau)이다.

혼란을 일으키지 않기 위해 나는 여기에서 '의식이라는 개념은 다의적이며, 그래서 여기에서 문제 삼는 분석의 주제로서 서로 다른 것을 뜻할 수 있다'는 사실에 주목하고자 한다.

1) 자아가 자신에 대해 어떤 의미에서 현존하고 파악할 수 있는 각각의 모든 것을 의식하고 이 모든 것 ─외적인 것과 내적인 것, 자아와 관련 없는 것과 자아와 관련된 것(Ichliches), 상이한 단계의 지향적 체험들과 그 내실적 내용과 관념적 내용─ 을 어떤 시야의 보편적 통일성 속에 포괄하는 자아의 보편적 의식.

2) 본래 데카르트적 의미에서 의식, 따라서 '나는 생각한다'를 통해 데카르트의 명증성에 나타난 의식. 여기에서 초월적 존재, 가령 물리적 자연은 실제성으로 정립되거나 존재하는 것으로 받아들여지지 않는다. 오히려 인위적 방식으로 타당성이 배제된다.

3) 여기에서는 각기 지각, 소망, 욕구 등으로 데카르트의 장(場) 속에 등장하는 지향적 체험들.

이 모든 보편적인 각각의 형태에서 의식의 고유한 본질에 대한 영혼의 맹목성은 진정으로 기술하는 것을 일단 알게 되었던 모든 사람에게 드러난다. 로크의 후계자들과 마찬가지로 로크가 기술한 것이—자연적으로 불가분하게 거기에 함께 있고 어떤 방식으로는 필연적으로 보이는 지향적으로 포함된 것을 언제나 다시 내실적으로 포함된 것으로 오해하기 때문에—그 본질을, 즉 내실적 부분과 결합에 관해 내실적으로 올바르게 분석하고 기술할 수조차 없었다는 점에서도 그렇다. 그렇다면 그러한 오해에서 수세기 동안 희망 없이 헛수고한 근본적으로 잘못된 문제가 생긴다. 이러한 종류의 근본적 오류는 예를 들어 객관적 세계와 심리물리적 인과성이—이것들의 가능성을 무엇보다 이해시켜야 할—인식론적 연구에서 전제되는 독단적 추정—그런데 이 두 가지 오해는 서로를 요구하고 이론 속에 밀접하게 결합되어 있음에도—과는 완전히 다른 계열에 속한다.

앞에서 말한 것을 예를 통해 확실히 하기 위해 나는 아주 유명하고 매우 우세한 제일성질과 제이성질에 관한 로크의 학설을 지적할 것이다. 내재적 체험으로, 따라서 내적 경험의 자료로 고찰된 외적 경험은 사물, 식물, 천체 등에 관한 경험이다. 하지만 사람들은 이 사물들이 그 자체로 외적 경험 속에, 주관적 체험 속에 있지 않다고 마음속으로 생각한다. 그러므로 우리가 내적으로 지니는 것은 외적 사물이 단지 많든 적든 완전하게 상응할 뿐인 내적 지각의 상(像)이다. 따라서 매우 오래된 순진한 상이론(Bildertheorie)은 내적 경험에 관한 학설 속에서 잘못 추정된 자명함에서 유래한다. 근대 자연과학에 대한 로크의 해석과 자연과학자 자체의 해석에 따르면, 내적 지각의 상은 본래의 상(Bild)과 인과적 표시(Anzeichen)의 혼합물이다. 이른바 제일성질 또는 근원적 성질에 관해서 전자는 외적 지각 속에 감각에 직관적으로 나타나는 대상들이다. 즉 보인 연장(延長)은 내적 상으로서 실제적이며, 외적 사물 자체에서 연장에 유사한 것이 있는 한, 실제로 상이다. 자연과학적 학설에 따르면 이것들은 실로 그 자체에서 연장되어 있다.

마찬가지로 그것은 크기, 형태, 상태, 운동, 수 등을 지닌다. 이에 반해 종적 감각의 성질, 이른바 '파생된' '제이'성질은 자연의 사물 자체가 지니는 어떤 성질과 유사하지 않다. 이것은 시각, 청각 등의 속성을 전혀 지니지 않는다. 자연 자체에는 어떤 운동의 경과가 있고, 일반적으로 오직 제일성질, 수학적-역학적 성질을 지닌 채 음영지어진 어떤 사물들이 있다. 이것들은 그와 같은 속성들과 이 속성들에 속한 인과성을 통해 우리의 지각의 상에서 제시될 수 있는 감각의 음, 감각의 색깔 등에 대해 설명하는 원인이다.

이러한 학설은 완벽하게 이치에 어긋난다. 하지만 이런 어긋남이 대략 보편적인 그 타당성을 별로 손상시키지 않았다. 버클리는 이렇게 이치에 어긋남을 최초로 인식했지만, 단지 불완전하게 해결할 수밖에 없었다. 그는 그 학설이 부분적으로 이치에 어긋남을 반박할 수 없게 명백히 밝혔다. 즉 어떤 종적인 감각적 성질화(Qualifizierung) 없이 연장(Ausdehnung)을, 따라서 제이성질 없이 제일성질을 결코 생각해볼 수 없다는 점을 지적한 것이다. 하지만 로크의 내재적 자연주의의 제자인 그는 궁극적으로 해명할 수 없었다. 그는 물론 더 좋은 것을 말하고, 그의 독창적 시선으로 외적 존재에 대한 로크의 학설이 이치에 어긋남을 간파하며 초월적-물리적인 것으로 이끄는 모든 인과적 추론이 이치에 어긋남도 간파한다.

로크에 따르면, 외적 사물에 대한 내적 지각의 상은 외적 자연의 사물에서 인과적으로 유래하는 서로 다른 감관의 감각자료들이 연상(聯想)에 의해 복합된 것이다. 정신은 연상적 복합체에 '담지자'로서 '무엇인지 모르는 것'을 깔아놓는 것일 수밖에 없다. 이때 초월적 원인에 대한 결과를 인과적으로 추론하는 것이 그 역할을 한다. 버클리는 그와 같은 추론이 증명될 수도 생각해볼 수도 없다고 탁월하게 반론을 제기한다. 즉 로크에 따라 유일하게 직접 주어진 것 ― 모든 감각적 자료에 속하는 '백지'가 주어진 것 ― 에 근거해 '주어진 심리적 자료에서 어떻게 새로운 자료로, 주어진 감각적 복합체에서 새로운 복합체로 연상적-귀납적으로 추론되는지' 또는 '감각적으로 경험된 신체성에서 어떻게 경험되지 않은 생소한 영혼 삶으로 ― 자신의 신체성과 자신의 심리적인 것에 대해 경험된 통일체가 유사함에 따라 ― 추론되는지' 잘 이해할 수 있다. 그러나 '무엇인지 모르는 것'으로 추론하는 것, 자신의 내재적 영역 속에 유사한 것이 전혀 없는 원리적으로 경험할 수 없는 것으로 추론하는 것은 무의미하다. 버클리가 그러한 생각에 주된 특징으로 아무리 잘 시작했더라도, 외면적인 것을 내면적인 것 속에 지향적으로 구성하는 실제적 해명과 그 이론을 제공할 수 없었다. 왜냐하면 그 자신은 로크와 마찬가지로 지향성에 대해 맹목적이었고, 그래서 지향적 문제의 상황도 드러내 밝힐 수 없었기 때문이다.

그럼에도 우리는 우선 로크나 그와 똑같이 해석하는 자연과학자가 세계를 이중으로, 실로 천 배로 만드는 것에 별로 불쾌하게 느끼지 않았다는 사실에 놀랄 수밖에 없게 된다. 그것은 우리가 한편으로 이른바 자연 자체, 명목상의 근원적 상을 가졌고, 다른 한편으로 모든 주체 속에 지각의 상들에 대한 자신의 체계—자연과 몇 가지 차이가 있지만 그럼에도 그 자체 역시 하나의 자연, 그 자체만으로 실재적 세계일 체계—를 지녔다는 것이다. 게다가 우리는 인간 주체로서 주체는 동시에 자신의 신체를 통해 객관적 세계의 일원이 되며, 그 결과 주관적 세계들은 동시에 이른바 객관적 세계 속에 삽입되는 기묘함도 지녔다는 것이다. 사람들은 '존재하는 것은 세계들이 아니라 세계에 대한 상들이며, 본래 각각의 주체[주관] 속에 단지 연상적 감각의 복합체만 존재할 뿐이지만, 연상적 복합체는 어떠한 사물도 아니다'라고 반론을 제기할지도 모른다.

나는 '과연 그렇다'라고 답하지만, 도대체 사물들은 무엇을 통해 연상적 복합체와 구별되는가? 로크의 학설을 받아들인다 해도 이때 '우리는 단지 주어진 감각자료의 내적 복합체에 그 내적 복합체와 유사한 것인 외적 복합체의 원인으로서 생각해야 한다'고 말해야 한다. 그와 같이 참된 외적 복합체를 [이 복합체를] 지닌 실체 없이는 생각할 수 없다는 사실이 참이라면, 왜 우리는 어쨌든 같은 종류인 내적 복합체에 대해서도 내적 실체를 생각하면 안 되는가? 따라서 사실상 또 부정할 수 없게 내적 상 전체는 외적 사물이 모사(模寫)되는 내적 사물일 수밖에 없을 것이다.

그렇지만 우리가 로크의 '무엇인지 모르는 것'을 포기할 때도 초월적 자연을 생각할지 모를 다른 모든 종류에 동일한 것이 적용되어야 할 것이다. 우리가 곧 불완전하지만 내적 존재(Innensein)와 외적 존재(Außensein)의 상이 같은 종류라는 것을 받아들일 때만, 이것은 반드시 적용될 것이다.

'유사한 감각만 감각일 수 있고, 연상적 감각의 복합체와 유사한 것은 필연적으로 그 자체가 다시 연상적 감각의 복합체이며, 감각은 감각하는 주관성 없이는 생각할 수도 없다'고 말하는 버클리는 원리적으로 정당하지 않은가? 그래서 우리는, 곧바로 '객관적 자연'이라는 이러한 하나의 복합체가 지닌 명목상 전형적인 객관성의 우선적 의미를 최소한 이해할 수 있게 하지 않을 것이다. 주관들의 수를 이른바 객관적 자연에 속하는 상관자보다 대략 더 많게 늘렸을 것이다. 어쨌든 모든 주관은 순수하게 그 자체에서 자연을 경험한다는 사실, 따라서 이른바 자신의 상을 결코 넘어서지 않는다는 사실도 주목해야 한다. 주관이 경험과 경험을 결부시키며 그 상들의 합치를 체험하는 동안, 달리 말하면 사물과 자연 일반이 정당하게 현존함을 확신하는 동안, 오해해서 고안된 초월적인 것으로 추론할 계기는 명백히 전혀 발견할 수 없다. 각기 자아로서 자신의 직접적 경험에서 그러하다. 자신의 주관성과 스스로 경험된 자연을 초월하는 유일한 방식은——유사한 정신성과 스스로 경험된 상과 유사한 감각적 '상'에 대해 내적으로 동기지어진 정립인——다른 주관성으로의 감정이입(Einfühlung)[13]이다. 그러나 우리는 이때 왜 이것을 우리가 본 것과 동일한 사물이라 부르고, 왜 우리 모두가 본 하나의 자연에 대해 이야기하는가? 로크는 이렇게 숙고하고 심문해야 했었다.

그럼에도 이런 숙고가 제대로 이루어지는 한, 우리는 상태 자체, 즉 지향적 상태를 주시하고 '백지'-심리학자들의 근본적 맹목성을 이해할 수 있게 충분히 준비할 수 있다.

---

13) 타자의 몸(물체)은 원본적으로 주어지지만, 그 신체(심리)는 '감정이입', 즉 유비적으로 인식하게 하는 통각의 의미전이(意味轉移)를 통해, 직접적 제시(Präsentation)가 아닌 간접적 제시(Appräsentation) 또는 함께 파악함(comprehensio)으로 주어진다. 따라서 '감정이입'은 상호주관적으로 경험할 수 있는 신체를 전제한다. 후설은 이 용어를 의식경험을 심리학주의로 기술했던 립스(Th. Lipps)에게서 받아들였지만. 오히려 심리학주의를 비판하고 타자에 대한 경험의 구성을 해명하는 선험적 분석에 적용했다.

17 '외적인 것'의 구성에 대한 의문: 지각에 사물이 스스로 주어져 있다는 데카르트의 명증성

이미 지향성, 무엇에 대한 의식으로서 의식에 대한 시선을 획득했다면, 우리는 '백지' 위의 내적 상(Bild)과 표시(Zeichen) 전체, 초월적 자연에 대한 상과 표시는 잘못된 반성이 꾸며낸 것이라고 반박할 것이다. 이것들은 순수 주관성을 전혀 모르거나 의식주관성인 순수 주관성에 의해 아무것도 시작할 수 없음을 아는 인식론에서 가장 원초적인 단계에서만 납득할 수 있다. 상 이론이 이미 가장 오래된 그리스철학에서 등장한다는 사실은 경험된 외면적인 것을 포기함으로써 최초의 초심자가 자연적인 세계 삶의 태도를 버리는 것과 내적인 것과 외적인 것을 관련짓는 철학적 반성으로 최초로 넘어가는 것이 즉시 그와 같이 구축되게끔 강제했다는 점을 지시할 뿐이다.

하지만 우리는 그때그때 주관적 체험을 절대적으로 명백한 체험이 되게 하고 절대적 명증성의 테두리 속에 내실적 단편과 지향적 존립요소에 따라 분석하도록 허용하는 순수 '사유'를 드러내 밝히는 데카르트의 방법을 사용한다. 그리고 이러한 방법을 외적 지각이라는 유형의 체험에 사용한다. '그렇다면 예를 들어 어떤 탁자, 집, 나무를 볼 때 나는 주관적 체험의 복합체 또는 무엇에 대한 내적 상이나 어떤 탁자 그리고 집 등에 대한 표시 같은 것이 아니라 바로 탁자 자체, 집 자체를 보는 것이다'라는 사실은 절대적으로 명백한가?

지각된 사물은 확실히, 내가 그것을 지각함에도, 환상적인 것일 수 있다. 아마 나는 착각할 수도 있다. 나는 단순히 추정된 지각의 사물과 실제의 사물을 충분한 근거에 입각해 구분한다. 그러나 이 충분한 근거는 나의 경험하는 삶, 즉 내가 그것의 절대적으로 명백한 고유한 존립요소를 항상 이러한 방법으로 심문하고 연구할 수 있는 내적 삶의 내부 이외에 어디에 있는가? 지각에서 [다른] 지각으로 고유하게 이행하는 가운데, 그 이행이 일치하는 종합의 통일체로서 끊임없이 수행되는 한, 이때 나는 '일단 생생하게 그 자체로 현존하는 것으로 정립된 것——가령 이 탁자——은 하나의 동일한 것으로 항상 그 자신을 부여한다'고, '정립하는 지향(Intention)은 언제나 확증된다'고 말한다. 하지만 다른 경우 이렇게 경험하면서 동일하게 확인하는 정립은 갑자기 불일치해서 예상치 않게 깨질 수도 있다. 어쩌면 나는 이제까지 현존하는 것으로 지각된 것이 이제는 무효하다는 성격을 유지한다는 점, 이제까지 언급되지 않은 현존재의 성격이 이른바 무효하게 말소된다는 점을 알게 된다.

　그렇지만 후자의 경우가 일어나지 않는 한 그리고 경험이 그 일치함을 자신의 종합적 통일체 속에 보존하는 한, 지각된 것은 바로 정상적으로 지각된 것으로 단순히 '거기에' 있다. 내가 그것의 참된 존재 안에 끊임없이 확증해 생긴 이념——미래에 경험이 진행되는 가운데 결코 파괴될 수 없는 확증의 이념——만 이해할 수 있을 것이라는 사실을 예견할 수 있다. 그래서 내가 일단 어떤 사물에 대해 획득한 경험은 그 이후의 경험에 의해 포기될 수 있는 것이 아니라 이후의 경험을 통해 보충되고 동시에 강화된다는 사실도 예견할 수 있다. 어쨌든 사물이 실제로 존재할 때 실제의 사물 자체는 지각된 사물일 수밖에 없다는 점, 지각된 것 그 자체는 그 자체로 존재하는 참된 사물——이것은 그 자체의 본질이지 내 지각 속에 있는 것이 아니다——에 대한 단순한 상이거나 표시라고 말하는 것은 근본적으로 명백히 잘못된 것이다.

　여기에서 다음과 같이 숙고해보자. 내가 내 직관 속에 사태 그 자체가 아니라 그 사태와 유사한 것이나 단순한 상을 지닌다고 나는 언제 말할 수 있는가? 이때 유사한 것은 그것과 닮은 다른 것, 그것과 다소 간에 유사한 것이라고 말할 수 있다. 따라서 나는 어떤 사태 대신 그 사태와 다소 간에 닮은 다른 것을 지닌다. 그러나 내가 지금 보고 있는 나무와 집은 이것이 다른 집이나 나무와 닮았기 때문이 아니라 다른 집이나 나무와 유사한 것이다. 유사한 것은 그 속에 다른 것이 유사하게 된 것, 즉 유사한 다른 것에 대해 재현하는 것(Repräsentant)이다. 주어진 것으로서 유사함의 상징이며, 그것은 이 속에 객관적 속성을 지니지 않고 주관적 파악작용에서 기능하는 특유한 방식을 지닌다. 따라서 그것은 오직 유사한 것만 자신의 실제적 의미의 장소를 갖고 유사하게 만드는 특별한 의식을 전제한다.

본래의 상일 경우 더한층 그렇다. 상은 묘사하는 독특한 의식 속에 그 상에서 상으로서의 의미를 발견하는 것에 대해서만 상이다. 회화나 데생을 통해 직관적으로 눈앞에 아른거리는 것으로서 나타나는 풍경 속에 그 자체로 보인 것이 아니다. 여기에서 단지 직관하는 것만 묘사해 표현되듯이, 직관적으로 주어진 것이나 구체적으로 제공되는 그 개개의 특징 속에 다른 것, 심지어 주어지지 않은 것이 나의 의식에 적합하게 반드시 표현된다. 벽에 걸려 있는 사물, 액자 속의 캔버스나 탁자 위에 놓인 동판화지는 지각에 적합하게 현재 여기에 있다. 회화의 상은 이러한 지각과 일체가 되어 의식된 허구(Fiktum)이다. 그렇게 기초지으면서 지각을 통해 허구가 함께 나타나는 고유한 의식에 의해서만 그 자체로 나에 대해 거기에 있다. 이러한 허구 속에 다른 것, 존재자——현재의 것은 아닌——가 나에게 현전화된다면, 나는 이에 상응하는 묘사하는 현전화(Vergegenwärtigung)[14]의 의

---

14) '현재화'(Gegenwärtigung)는 원본적 지각이 생생한 '지금' 속에 현재 존재하는 것으로 '직접 제시하는 것'(Präsentation)이다. '현전화'는 기억이나 상상처럼 시간적 공간적으로 지금 여기에 현존하지 않는 것을 의식에 다시 현존하게 한다. 즉 '직접 제시하는 것'과 함께 통각과 연상을 통해 예측으로 주어지는 '간접적으로 제시하는 것'(Appäsentation)까지 포함하는 작용이다.

식을 바로 수행해야 하며, 이 속에서 현전화하는 표현의 의미와 타당성이 직관적 허구에 분배된다.

여기에는 분명히 우리가 단순히 어떤 사물을 볼 때 전혀 논의되지 않는 단순한 지각에 대립해 근본적으로 다르게 관여하는 의식의 방식들이 있다. 그리고 사태 그 자체를 지니는 것에 대립해 다른 것에 대해 어떤 표시를 지니는 것도 마찬가지다. 표시 그 자체에는 다른 것에 대해 표시로 존재한다는 특수한 의식, 아주 독특한 지향적 구조에 대한 의식이 포함된다.

그렇지만 사람들은 '물론 일상적 지각작용은 실로 처음부터 유사하게 재현하는 작용 또는 상이나 표시를 통해 재현하는 작용이다'라고 말할 것이다. 하지만 여기에서 지각된 것은 바로 외적인 자연의 사물 자체가 아니다. 우리는 올바른 상태를 획득하기 위해 바로 이 새로운 의식의 방식을 작동시켜야 하지 않는가?

그럼에도 여기에서는 그것에서 직접 지각된 것을 지각의 독특한 의미에 따라 순수하게 충실히 기술하는 것이 무엇보다 중요하다. 그것은 내실적 존립요소의 단편으로서 그때그때 지각에 포함되고 따라서 이 지각과 더불어 생성하고 소멸하는 감각적 자료의 복합체가 아니라는 사실을 밝혀내야 한다. 오히려 그것은 때에 따라 다양한 측면에서 지각되며 이렇게 계속되는 가운데 종합적으로 통일되는 지각이 점점 풍부해지고 더욱더 많은 형태로 볼 수 있게 되는 것이 여기 있는 이 탁자일 뿐이라는 사실을 밝혀내는 것이 중요하다. 그러나 그것은 항상 탁자 자체, 계속 진행되는 가운데 존재의 내용을 미리 제시하고 증명하며 자신의 실제적 현존재를 확증하는 이 탁자(종합적 통일체, 의식에 적합한 하나의 동일한 대상)다. 이것은 일어나지 않는 불일치가 그 현존재를 마치 말소하라고 또한 '그것은 단순한 환영이었다'고 말하라며 우리를 강요하지 않는다는 사실만 전제되었을 뿐이다.

그러므로 거기에서 생각해낼 수 있는 모든 확증, 실제성의 입증이 밝히는 것은, 이미 말했듯이 지각에서 스스로 현존하는 의식의 특성 속에 의식된 종합적 통일체이며, 외적인 것 자체, 즉 처음부터 초월적인 것(Transzendentes) 자체인 공간의 사물 자체다. 그렇지 않으면 그것에 대한 앎이 과연 어디에서 유래해야 하는가? 그것에 대한 앎은 지각을 통한 것이나 일치하는 지각의 연관 속에 지각 자체의 연속적 증명을 통한 것 이외에 과연 어떻게 입증될 수 있는가? 무엇이 유사하게 하는 것, 묘사하는 것, 표시를 수행할 수 있는가? 지각이 없으면 전혀 할 수 없다. 실로 내가 사물 자체를 경험했고 경험 속에 직접 그 현존재를 부여하고 증명했다면, 그렇게 생각할 수 있는 가장 근원적인 방식으로 외부 세계에 대한 앎을 획득했다면, 나는 주어진 사물을 통해 다른 것을 유사하게 하고 묘사해 표현할 수 있다. 가령 깃발의 신호가 어떤 배의 도착을 현전화하듯이, 표시를 통해 현전화할 수 있다. 그러나 결코 그 자체가 또 그 존재방식에서 경험되지 않은 것을 그와 같은 유사함과 상징을 통해 획득하려는 것이 어떤 의미를 지닐 수 있는가? 어쨌든 그것들에 의미를 부여하는 의식은 그것이 충족시키는 확증의 근원과 방식에 따라 그 자체로 가능한 지각을 소급해 지시한다. 그리고 그것이 초월적인 것을 지시할 수 있다면, 초월적인 것에 대한 지각을 소급해 지시한다.

따라서 우리가 명백하게 지각 속에 지각된 것으로 의식한 것에다 유사한 것이나 다른 것에 대한 표시, 심지어 인식할 수 없는 것, 지각할 수 없는 것을 덮어씌우는 것은 난센스다. 이러한 착상을 떠올렸고 여기에서 당연한 이론을 찾아낼 수 있다는 점은 명백히 다음과 같은 사실 때문이다. 즉 내적 경험의 영역에서 소박하게 자연화하면서 우리는 의식의 서판에 있는 자료와 같은 것만 보려 한다. 이제는 은근히 심지어 아주 소박하게 인간 주체 전체를 그 서판 배후에 세운다. 물론 인간 주체는 서판 이외에도 세계를 본다. 이번에는 이리저리 주시하면서 서판 위의 표시를 그것 외부의 세계에 관련시키고, 비교하며, 서로 인과성을 인식한다. 따라서 '서판'(tabula)의 자료에서 자신의 인식에 사용할 유사한 것이나 인과적 기호를 만들 수 있다. 내적이며 심리학적이고 인식론적인 내면의 태도에서 분석하는 대신, 순수하게 파악된 의식 자체, 즉 순수한 '나는 생각한다'와 그 지향적 내용에 몰두하는 대신, 자연적으로 소박하게 외적으로 고찰해 자신과 다른 사람을 미리 주어진 세계의 단편으로 받아들이고 그 내면 삶을 받아들일 수 있다. 그렇다면 그 자체가 공간의 사물적인 것, 실재적 통일형식 — 현대의 해석과 논의로는 '형태의 질' — 을 통해 실재적으로 결합되거나 융합된 자료의 단순한 복합체인 것처럼, 공간성의 신체들에 함께 장소가 정해진다.

끊임없이 변화하는 가운데 자연적 인과성, 즉 단순히 귀납적으로 인식할 수 있는 인과성에 의해서만 규제된다. 그 결과 순수한 '내적 경험' 속에, 따라서 주어진 것에서 순수하게 주시하면서 반성에 몰두하는 가운데 '사유작용'(cogitationes)의 흐름으로서 주어진 것, 자연적인 모든 것에 대립해 완전히 다른 종류의 존재방식이 나타내는 것을 전혀 모른다. 즉 그것이 곧 완전히 '사유함'(cogitatio), 다양하게 변화하는 '나타남의 방식들'의 방법에서 내재적-지향적 '대상들'에 대한 의식이며, 앞에서 자아중심화(Ichzentrierung)라 한 것을 통해 보편적으로 중심화 된다는 것을 전혀 모른다.

물론 '경험하는 의식의 흐름 자체와 그 종합적 연관 속에 어떻게 외면성이 구성되는지', '이때 추정된 존재와 참된 존재의 차이를 어떻게 만족시킬 수 있는지'를 이해하는 것은 간단하지 않다. '주관적 나타남의 방식들과 나타나는 것 그 자체 그리고 그것의 진리에서 이러한 그 자체(Selbst)의 진정한 차이를 어떻게 만족시킬 수 있는지'를 이해하는 것은 간단하지 않다. 더 나아가 '이때 더 높은 단계에서 학문적 인식의 가능성, 본질, 작업수행은 어떻게 궁극적으로 해명하는 이해에 이를 수 있는지'를 이해하는 것 또한 결코 간단하지 않다. 하지만 그와 같은 모든 작업수행에서 순수 의식 자체의 본질을 기술하는 것만 이러한 사실을 이해시켜줄 수 있다. 이러한 일은 내적 경험의 토대 위에서 오성〔지성〕을 연구해야 한다고 요청하는 형식으로 예감될 수 있다. 로크는 이에 적지 않은 공적을 쌓았다.

그러나 여기에서 문제는 자연주의적으로 왜곡된 내적 경험이 아니라, 의식 삶으로서 의식 삶이 그 모든 유형 속에 내포하는 것과 개별적으로 또 그 종합적 연관과 지향적 동기부여에 따라 수행하는 것을 내재적 명증성의 테두리 안에 경과하면서 밝혀내는 일이다. 여기에서 밝혀내는 일은 순수 내재의 태도에서 벗어나면 안 된다. 제시되는 것을 정확하게 받아들여야 한다. 그것이 순수 의식 자체 속에 놓여 있듯이 타당하게 두어야 하고, 그 속에 추정된 것은 그것이 추정된 것과 정확하게 똑같이 타당하게 두어야 한다. 따라서 예를 들어 지각된 것은 그것이 지각된 것으로 스스로를 부여하거나 지각 자체에 지각된 것을 부여하는 의미 ─ 가령 시간적 관점에서 시간적으로 현재 현존재의 의미 ─ 에서 정확하고 타당하게 두어야 한다.

마찬가지로 기억된 것은 그것이 기억된 것으로 스스로를 ─ 그래서 바로 이렇게 의미를 부여함에서만 바로 의미를 획득하는 '있었던 경과'라는 의미를 띠고 ─ 부여하는 것과 정확하게 똑같이 타당하게 두어야 한다. 이것은 여기에서 개별적 대상들이 그 주관적 시간의 양상을 어떤 의식의 방식에서 획득하고, 앞에서 그때그때 규명한 것에 따라, 유사함, 상, 표시와 같은 주관적 양상의 다른 의식의 방식들에서 그 의미를 획득하는 어디에서나 그러하다.

그러므로 모든 관점에서 또 생각해낼 수 있는 주관적이고 객관적인 모든 의미에서 순수하게 실질적으로 그리고 객관적으로 받아들이면 대상 그 자체는 자신의 의미, 즉 그렇게 규정된 대상을 구성하는 ─ 대상이 곧 의식주체에 대해 그것이 의미하는 것을 의미하게 되고 가능성이나 실제성에 따라 그것의 본질을 의미하게 되는 ─ 의미를 부여하는 의식에서 갖는다. 대상성의 모든 근본적 종류에 대해 이와 상관적인 의식과 그 구조에 따른 의식의 종합의 근본적 종류가 연구되어야 하며, 여기에서 그러한 성질의 대상성은 곧바로 의식의 작업수행으로서 타당성의 통일체로 구성된다. 이미 자주 강조했지만이 구조에는 당연히 항상 새로운 단계에 주어지는 양상이 포함된다. 내재적인 지향적 개별적 대상에 속한 시간성 ─ '지금' '방금 전에' '곧 다가올'의 양상 ─ 에 관해서도 그렇다. 또는 공간의 사물과 그 공간성 ─ '여기와 저기', '왼쪽과 오른쪽' 등 방향이 정해지는 양상과 다양한 원근법으로 주어지는 양상 그리고 공간의 형태나 그 위에 '연장되는' 색깔이 주어지는 양상, 변화하는 사물의 측면에 따라 주어지는 방식 ─ 에 관해서도 마찬가지다.

요컨대 이것들은 자연과학적 고찰방식을 배제하는 '단순히 주관적인 것' 모두다. 그러나 이념적 대상성을 포함해 각각의 모든 대상성은 다양하게 주어지는 방식들의 통일체다. 내재적-지향적 대상인 구체적인 의식의 체험과 평행해 '그 방법에서(im Wie) 대상성'도 '종합적 통일체'가 된다. 이것을 모든 관점에서 주시하는 반성 속에 드러내 밝혀야 하며, 정확하게 기술되고 이해되어야 한다.

한편으로 인식하는 의식과 다른 한편으로 '그 의식의' 대상성의 상관관계(Korrelation)라는, 인식하는 주관성 속에 세계를 주관적으로 구성하는 모든 문제 ─ 달리 말해 모든 의미부여와 타당성의 원천으로서 주관성의 모든 문제 ─ 에 대해 자연주의적 심리학과 인식론은 원리적으로 맹목적이었다[알아차리지 못했다]. 즉 이 심리학과 인식론은 본래 인식론의 문제, 경험적 표현방식으로는, 심지어 본래 심리학적 인식의 문제에 대해 맹목적이었다. 따라서 우리가 『인간오성론』에서 로크가 데카르트에 대립해 '나는 생각한다'라는 주어진 것에 대한 학문을 정초하려 함으로써 열었던 진보도 오해했다면, 그가 모든 인식에 대한 근본학문에, 다른 한편으로는 내적 경험에 근거한 진정한 객관적 심리학에 발을 들여놓을 수 없었다는 사실은 이제 분명하다.

우리의 비판은 문제가 있는 기본노선에서 로크 인식론의 내재적 자연주의가 방법론상 지닌 이치에 어긋남을 보여준다. 이 경우 심지어 자연적인 객관적 태도에 머무르면서 객관적 심리학을 만들어내려 한다면 영혼의 의식 삶에 근본 특성인 지향적인 것에 대해 맹목적인 실제적 심리학을 불가능하게 할 뿐이라는 사실도 분명해진다. 로크가 그 길을 연 뒤 수세기에 걸쳐 계속 형성된 자연주의적 '백지'-심리학은 거부되어야 했고, 귀납적 외면성에 매달려야 했다. 정신적 삶에 근원적으로 본질적인 모든 것, 무엇에 대한 의식으로서 또 자아의 의식으로서 의식의 지극히 주목할 만한 모든 특성, 실제성과 가능성, 수동성과 자유로운 능동성에 따라 의식의 흐름에 이해할 수 있는 통일체와 이해할 수 있는 발생의 성격을 부여하는 다양한 종합 ─ 의식을 시종일관 합리적 법칙성의 장소로 만드는 종합 ─ 의 모든 경이(驚異), 이 모든 것은 관여되지 않은 채 남아 있다. 기껏해야 자연주의적으로 분장하고 오해하는 가운데 자기 뜻에 상관없이 또 비학문적으로 타당하게 만들 수 있을 뿐이다.

어쨌든 의식이 직관의 도달범위와 의식 속에 그때그때 함축된 의견과 추정된 것을 직관적으로 설명할 능력의 도달범위에 있음에도, 의식은 관여되지 않은 채 남아 있다. 자연과학의 방법은 바로 활동하는 삶 속에 또 모든 정신과학 속에 끊임없이 실행된 정신적 경험, 정신적 동기부여, 은폐된 함께 생각함(Mitmeinung), 이론적이거나 실천적인 전제 등을 드러내 밝히는 데 수행된 방법에 대해 맹목적이게 만든다. 경험과 경험의 방법은 단지 하나의 방식일 뿐이다. 자연과학적으로 실행된 것과 철저하게 동일한 본질의 특성이어야 할 것이다.

물론 여기에서 문제는 정당한 심리학적 방법이 아니라 우리의 방법이다. 우리의 관심은 그 자신의 작업수행에 대한 인식의 궁극적 자기이해(Selbstverständigung)에서 생긴 절대적 학문의 가능성을 정초하는 데 있다. 따라서 진정한 이성이론을 정초하는 것뿐이다. 그런데 이러한 관심으로 객관적 학문 일반과 같이 객관적 심리학에 대한 모든 권리행사도 배제되었다고 생각해보자. 어쨌든 객관적 심리학, 순수한 이성이론과 주관성 일반에 대해 매우 긴밀한 관심의 공동체는 여기에서 우리가 근거 없이 로크에서 출발한 심리학에 별로 주시하지 않았고 주시하지 않았을 것이라는 사실을 밝혀준다.

이성이론에 대한 로크의 방법을 비판적으로 서술해 획득한 것을 숙고해보자. 그 방법은 자신의 객관주의와 '심리학주의'[15] 때문에 이치에 어긋나게 되었다. 따라서 그 방법이 어디에서나 객관적 세계와 객관적 학문을 전제하며 그 이성이론은 심리학, 즉 그 밖의 객관적 학문과 연루된 객관적 학문으로서 심리학에 근거한다는 사실 때문에 이치에 어긋나게 된 것이다. 한 가지 중점을 특히 부각시키기 위해 그 방법은 지극히 중요한 자신의 주도적 동기를 이해하고 작동시키는 방식 전체 때문에 이치에 어긋나게 되었다. 그것은 당연히 모든 개념과 인식의 형성물 일반의 근원을 의식 속에 찾

---

15) 심리학주의에 대해서는 본문 11항의 옮긴이 주 52를 참조할 것. 물론 이러한 맥락에서 심리학주의는 소박한 주관주의의 한 형태다.

는 동기, '관념' 자체와 항상 새로운 관념을 산출하는 작용에 대한 직접적 직관——지금 통상의 표현으로는 '내적' 경험이나 '자기경험' (Selbsterfahrung)——으로 되돌아가는 동기를 뜻한다. 그 방법은 이러한 경험을 아주 소박하게 해석하고, (신체적인 것과 객관적으로 결합된 영혼적인 것의 경험인) 심리물리적 경험의 구성요소에서 당연히 객관적 의미 속의 자기경험인 이성의 문제제기에 고유한 의미에 만족하지 않는다.

그러나 우리가 궁극적으로 비판한 것은 이와 다른, 그 결과에서 더 중요한 이치에 어긋남에 관계된다. 왜냐하면 심리학적 자기경험과 선험적 자기경험을 이렇게 구별할 능력이 없는 것, 따라서 하나의 의식흐름에서 심리학적 통일체와 선험적 통일체도 구별할 능력이 없는 것보다 의식을 그 본질특성에서 의식으로 볼 능력이 없고 그 자체로 순수한 경험분석에 지배되며 더 나아가 순수한 직관적 분석 일반——가능한 의식의 형태와 그 본질법칙상 변양, 함축과 종합에 대한 분석——에 지배될 능력이 없는 것이 더 나쁘기 때문이다. 무엇에 대한 의식으로서 의식인 '지향성'이라는 표제가 열어놓은 엄청난 과제는, 로크와 그를 추종하는 심리학 전체처럼, 모든 의식 삶의 근본특성에 대해 맹목적이면, 당연히 폐쇄되고, 이것은 우리가 '의식의 자연화'[16]라고 한 소박한 편견으로 이루어진다. 우리는 이것을 처음에는 아무것도 쓰여 있지 않은 흰 종이나 '희미한 공간'에 있는 물리

---

16) 후설은 『엄밀한 학문』에서 자연주의를 모든 존재자를 단순한 물질과 오직 이것에 의존해서만 경험되는 심리로 구별한다. 그리고 이 심리물리적 자연 전체를 정밀한 자연법칙으로 규정함으로써 이념을 자연화(自然化) 또는 사물화(事物化)하고, 의식을 자연화한다고 비판한다. 즉 자연주의는 모든 존재를 수량화(數量化)해 규정하고 우연적 사실의 경험만 인식하기 때문에 보편타당한 이념적 규범을 정초할 수 없다. 요컨대 이념적인 것을 실재적인 경험으로 확인하거나 정초하면 할수록 그 모순은 심화될 뿐이다.

적 자료와 같은 '자료들', '관념들'이 함께 있음(Zusammensein)——
이 경우 부분은 내실적 부분으로, 결합은 내실적 결합으로, 통일의
형식은 내실적 통일의 형식으로 그리고 이와 같은 것으로만 생각된
다——인 의식흐름에 대한 파악으로 특징짓는다. 불가피하듯이, 지향
적 존립요소에 대해 몇 번이나 이야기했지만, 그것이 체계적으로 밝
혀낼 수 있고 지향적으로 얽혀 있는 가운데 추적할 수 있는 것으로
주제가 될 체계적 본질직관과 고정시켜 기술하는 것에 근거해 이야
기한 것은 결코 아니다.

　미래의 로크로 상속된 '감각론'(Sensualismus)는 이 속에 있다. 왜
냐하면 우리가 대조시킴으로써 드러내는 것은 인식론적으로 잘못
된 내적 감각과 외적 감각에 관한 모든 전통적 학설, 따라서 내적 경
험과 외적 경험의 '자료'로 조작하는 모든 원리적 의미 또는 오히려
이치에 어긋남일 뿐이기 때문이다. 이 감각론은 로크의 저술에서 출
발하는 두 가지 발전, 즉 철학의 근본학문으로서 이성이론의 발전과
객관적 학문으로서 심리학의 발전을 위축시켰다. 물론 '심리학주의'
와 객관주의 일반(충분한 의미에서 실증주의)을 극복하지 않으면 이
성에 관한 어떠한 철학도 불가능하다. 이것은 철학 그 자체에도 똑같
다. 그러나 감각론, 의식에 대한 자연주의를 극복하지 않으면 진정한
객관적 학문으로서 심리학은 전혀 불가능하다. 모든 심리학적 경험
의 사실에 근본 장(場), 즉 의식의 근본 장을 단지 자연주의적 오해에
서——따라서 그 근원적 본질상——우리는 전혀 알지 못하는 심리학
을 거부해야 하며, 본래의 학문으로 인정하면 안 된다.

　만약 심리학이 일반적으로 그러한 학문으로 출발할 수 있으려면,
심리학은 체계적이고 순수한 내재적 의식분석——심리학적 '현상
학'——의 형태로 출발해야 한다. 현상학의 기본분석과 기본기술은
심리학에 ABC를 만들어낸다. 이 ABC를 탐구하고 이것에서 '아프리

오리하게' 형성할 수 있는 형태 또는 이것에 포함된 구조적인 발생적 본질법칙을 탐구하는 것은 ── 현대에 와서야 비로소 밝혀지듯이 ── 학문 전체를 형성하고, 동시에 아프리오리한 학문을 형성한다. '엄밀한 학문으로 등장할 수 있을' 이 학문은 필연적으로 모든 경험심리학(심리학적 경험지식(Empirie)의 사실에 관한 학문)에 선행한다. 그 학문은 다름 아닌 곧 심리적인 것(Psychisches) 자체의 근원적으로 고유한 본질에 관한 학문이다.

심리학주의는 그러한 현상학적 심리학[17] ── 심지어 그 아프리오리한 특성을 잘못 판단했을 것 ──에 근거해 치유될 수 있다. 심리학주의는 진정한 이성이론과 철학이 형성되지 못하게끔 다분히 해를 입혔고, 실로 원리상 불가능하게 만들었지만, 어쨌든 ── 단지 의식분석을 실제적 직관에서 길어내고 실제로 지향적 분석이었다면 ──상대적으로 쉽게 개선될 수 있는 오류였다. 그렇지만 자연적 태도에서 선험적 태도로 태도를 변경함으로써, 전제되고 함께 정립된 모든 객관[객체]성을 '괄호 침'으로써 모든 내재적 분석은 그 본질의 핵심 속에 유지되어 있고, 인식론적으로 유용하다.

다른 한편 감각론의 심리학주의는 치유될 수 없다. 이 심리학주의

---

17) 후설이 심리학주의를 비판하면서 이성에 관한 참된 심리학을 제시하는데 '경험적(실험적) 심리학' '외면 심리학' '내면 심리학' '지향적 심리학' '현상학적 심리학' '심리학적 현상학' '형상적(아프리오리한) 심리학' '정신과학' 등 다양한 용어가 등장하지만, '선험적 심리학'이라는 용어는 사용하지 않는다.
　① '경험적 심리학'은 객관적 자연과학의 방법을 통해 의식을 자연화(사물화)하는 인위적인 자연주의적 태도로 심리적 현상을 탐구한다.
　② '현상학적 심리학'은 인격적 주체(주관)로 되돌아가지만, 세계가 미리 주어짐을 소박하게 전제하는 자연적 태도로 심리적 현상을 기술한다.
　③ '선험적 현상학'은 세계가 미리 주어진 토대 자체로 되돌아가 물음으로써 심리적 현상의 고유한 본질적 구조를 통해 선험적 주관성을 해명한다.

가 심리적인 것 자체 위에 세운 것은 처음부터 실제로 밝혀낸 것이 결코 아니며, 의식 삶 자체의 고유한 본질에서 길어낸 것도 전혀 아니다. 지향성을 드러내 밝히는 것은 정신적으로 이해하는 것이고 인식과 그 형성물을 이해하는 것이다. 특히 그 속에 진리, 정당성이라는 형성물을 이해하는 것, 즉 구성적으로 형성하는 지향적 연관을 방법상 드러내 밝힘으로써 지향적 형성물을 이해하는 것이다. 이것을 학문적으로 기술해 실행하는 것은 그 형성물을 학문적으로 이해하는 것이다. 반면 지향적 함축의 방식을 주시하고 따라서 이해함의 기본요소를 만들어내는 데 아직 시작하지도 않은 곳에서는 이해할 수 있는 것, 그래서 알아들을 수 있는 것은 전혀 없다. 그러나 심리학적 발생(Genesis)도 그 본질상 알아들을 수 있는 발생이며, 따라서 모든 자연주의적 심리학은 필연적으로 심리학적 발생의 가상(Schein)만 설명할 뿐이다.

3절 순수의식에 관한 형상적 학문의 이념을 간과한 지표로서 경험론의 추상이론

18 보편적 본질성이 직관적으로 스스로 주어져 있음을 오해함

우리가 앞에서 비판한 특별한 기반은 물질적 실체와 그 성질에 관한 로크의 학설이었다. 또는 '참된 외면성이 어떻게 관념의 영역 속에 내적으로 나타나는지', '단지 자신의 관념의 '백지'만 직접 지니는 주체가 어떻게 그 '백지' 위에 외면성의 상과 그것의 참된 존재에 대한 확신을 획득하는지'를 제시하는 그의 시도였다.

그러면 같은 의미에서 이어서 공간, 시간, 힘, 원인, 결과 등 자연에 대한 인식의 구성적 범주에 관련된 로크의 상론 전체의 노선——이러한 방향으로 계속해가는 것은 우리의 중대한 관심사가 결코 아니다—을 계속 비판할 수 있을 것이다.

그런데 로크의 **추상이론**과 그가 〔『인간오성론』에서〕 언어와 사유, 진리와 지식, 학문 등을 다룬 장(章)들은 사정이 아주 다르다. 첫 번째 종류의 연구 배후에 자연, 그 자체로 존재하는 세계를 인식하는 의식 속에 구성하는 문제제기를 삽입했다면, 이제 중요한 것은 특수한 로고스(Logos)의 문제제기, 이론적 진리 속에 규정되는 학문적으로 참된 실제성이 되기 위해 경험된 세계를 그 실재적 범주와 더불어 받아들여야 하는 논리적 범주의 형식적 체제다.

여기에서 지금 중요한 것은 영국 경험론에 의해 근대철학 전체를 숙명적으로 규정했던 새로운 유형의 근본적 오류를 드러내 밝히는 것이다. 물론 그것은 고대 회의론 그리고 홉스에 의해 이른바 근대 경험론으로 스며들어온 중세 유명론이 남긴 유산이며 오래된 유전병이라 할 수 있다. 우리의 새로운 주제는 올바로 이해한 플라톤의 의미에서 관념과 관념의 법칙을 알아차리지 못하는 맹목성이다.

전통적 경험론을 이른바 정의(定義)해 특징짓는 것은 개별적인 것만 근원적으로 직관될 수 있다는 원리적 편견이다. 보편적인 것이 가능하게 존재함을 부정하는 것은 그것을 직관적으로 파악할 수 있음을 부정하는 것과 긴밀하게 제휴해간다. 물론 직관주의의 생각을 이끌어가는 가운데 정당한 사유는 직관적으로 증명되어야 한다. 직관적으로 표상되지 않는 것, 실제적 존재가 문제되는 곳에서 지각되지 않는 것은 존재할 수도 없다.

직관과 개별적 직관, 즉 스스로를 파악하는 직관과 지각의 이렇게 외관상 자명하게 동일하게 확인하는 것은 로크에 의해 새롭게 각인된 경험론, 내재적 자연주의의 경험론을 간과한다. 개념적 본질을 간취하는 것, 보편적 단어의 상관자들을 간취하는 것, 따라서 다른 한편으로 그와 같은 본질 자체의 존재도 인정되지 않는다. 직관적 인식의 우주는 의식의 서판에 제시될 수 있는 관념의 전체다. 직관과 '지각' 또는 '경험'은 동일한 것이다. 달리 말하면 이러한 서판의 자료는 자연의 자료와 마찬가지로 철저하게 시간적인 개별적 사실(Tatsache), 외적 경험과 동일한 종류인 내적 경험 속에 주어진 심리적으로 개체적인 것(Individuelles)이다.

마찬가지로 직관적 인식과 지시적 인식에 관한 로크의 학설, 그리고 이것에 근거해 경험적 학문을 날카롭게 구분해 순수 논리학, 순수 수학, 순수 도덕을 인정한 것은 그가 상론한 '보편적 관념'의 이론에 외견상 모순된다. 그러나 더 자세히 살펴보면, 로크에 따라 추상적 관념은 단지 임의의 각 사물에서부터 서로 닮은 사물들의 다양성에서 부각시킬 수 있는 ─오직 그 사물들에서만 동등하게 반복되는─ 개별적인 단일한 계기일 뿐이다. 게다가 추상적 관념은 우리가 진술하고 사유하는 계기에 유용한 어떤 재현하는 기능을 나타낸다. 예를 들어 여러 가지 사물이 서로 빨간색으로 같다면, 우리는 모든 것에서 같은 방식으로 반복되는 일치함의 계기를 당연히 개별적인 것인 그 자신의 관념으로서 그 자신에 대체할 수 있다. 그러나 이 각각의 것은 ─따라서 그러한 빨간색 계기도 자체 속에 지닌 채 일어나는 모든 구체적 사물을 빨간 사물로 생각하기 위해, 즉 그것을 빨간색이라는 추상적 견본 상을 닮은 빨간색 계기를 자체 속에 지닌 채 사물로 생각하기 위해 ─정신에 재현하는 것 또는 견본 상으로 이용된다. 비로소 이것이 그토록 대단히 유용한 보편적 명칭, '빨간' '둥근' 등과 같은 보편적 단어 ─따라서 보편적 진술─를 형성하고 사용하게 할 것이다.

그러나 여기에서 비교하고 추상하며 재현하고 규범화하는 작용, 즉 아무리 의식의 기능에 호소하더라도 문제되지 않는다. 그밖에 로크가 집합하고 관련지으며 결부시키고 구별하고, 동일하게 확인하는 등 심리적 작용을 아무리 상세하게 다루더라도 문제되지 않는다. 어쨌든 '무엇에 대한 의식'으로서 보편성-의식을 분석하고 기술하는 것, 이 의식이 객관화하는 작업수행을 지향적으로 해명하는 것은 모든 유사한 경우와 마찬가지로 여기에서 전혀 문제가 되지 않는다. 지향성의 문제제기에 대한 이해는 전혀 없다.

따라서 로크는 특수하게 객관화하는 작업수행이 보편적 사유의 기능에서 독특한 대상성이 단계적인 함축 속에 생기며, 게다가 이러한 사유의 원본적 형식으로 근원적으로 직관적으로—즉 직접 스스로 주어진 것(Selbstgegebenheit)으로서—생긴다는 사실도 인식하지 못했다. 로크의 경우 감각적 지각작용의 서로 다른 의식체험이 그 내재(Immanenz) 속에 같은 수의 동일한 사물을 의식해 가질 수 있다는 사실을 기술해 밝혀내지 못했다. 실로 실재적인 것(Reales), 개별적인 초월적인 것은 거짓된 것이 아니라 문자 그대로 생생한 자체성(Selbstheit)에서 지각 속에 그것이 지각된 것으로 등장할 수 있다는 사실을 깨닫지 못했다. 그는 하물며 아주 유사한 것이 보편적 본질과 관련해 보편적으로 간취함—플라톤에서는 '관념'—에 적용된다는 사실, 이에 못지않게 보편적 사태나 관념의 관계를 통찰함에 적용된다는 사실조차 파악하지 못한 것이다. 로크의 추상학설이 오늘날까지 그 이후의 시대에서 항상 변양시켰던 경험론 전체에서도 이러한 사실을 깨닫지 못했다. 또한, 부정할 수 없는 의미로서 의식에 적합하게 모든 보편적 사유와 진술 속에 놓여 있는 것과 명료한 진술 속에 의심할 여지 없이 스스로 주어진 것으로 놓여 있는 것도 파악하지 못했다.

보편적 본질성도 대상이며, 의식에 적합하게 대상으로 생각되고, 대상에 대해—옳거나 그르게, 명료하거나 희미하게—그 밖의 대상, 특히 개별적 대상에 관해서처럼 술어로 서술된다. 그 밖의 개별적 대상처럼 그 대상은 다른 어떤 것도 아닌 그것만 생각하는 다양한 의식 속의 통일체다. 그 밖의 대상처럼 어쩌면 그것이 직접 스스로 파악하게 되는 두드러진 방식으로 의식될 수도 있다. 따라서 그 대상은 지각 속에 지각된 사물과 아주 유사하다. 사물이 때로는 막연하거나 공허하게 비직관적으로, 때로는 스스로 파악하는 지각이나 이전에 스스로 파악한 것을 다시 현전화하는 기억에서 의식될 수 있다면, 이에 못지않게 보편자, 색깔과 음 일반, 삼각형, 도형 일반 등과 같은 상이한 보편성의 단계의 개념적 본질도 의식될 수 있다. 보편자는 때로는 막연하게 숙고되며 논의될 수 있다. 때로는 명료하고 완전한 직관 속에 그 자체로서 또 존재하는 보편자로서 간취되고 파악될 수 있다. 보편자가 때에 따라 다양하게 어쨌든 상이하게 분리된 체험들 속에 의식된 것은 그 수가 하나인 동일한 것이다. 어쩌면 언젠가는 단순히 추정된 것이다. 그런 다음에는 스스로 주어진 것이라는 사실도 여기에서 그에 상응하는, 동일하게 확인하는 종합에서 명백해진다. 또한 여기에서 추정된 것을 스스로 파악된 것으로 소급해 이끄는 충족의 종합이며, 앞서 생각함의 '권리'를 명백하게 제시하면서 실증해가는 확증의 종합이다. 또한 여기에서 의견은 되돌아가는 가운데 스스로 부여하는 직관에 모순되어 ─ 예컨대 추정된 정삼각형이 없음이 명백히 밝혀지듯이 ─ 완전히 분쇄될 수 있다.

그래서 그 동일한 것(Selbes) 속에 종합적으로 합치되는 체험은 '그 체험이 보편자를 생각하고, 보편자를 간취함으로서 보편자를 ─ 가령 공통의 내실적 단편이 아니라 예를 들어 동일한 사물에 대한 경험으로서 사물에 대한 여러 가지 경험과 똑같이 ─ 원본적으로 자체 속에 지닌다. 여기에는 보편성에 대한 의식의 측면에서 명백한 차이가 있을 뿐이다. 체험 자체가 당연히 개별적인 내재적 자료인 반면, 체험을 지향적으로 자체 속에 생각하거나 스스로를 갖는 보편자는 개별적이지 않고 보편적이다. 따라서 참된 실제적 의미에서 보편적 사유작용, 보편적 표상작용, 보편적 직관작용이 존재한다는 것은 난데없는 플라톤주의를 고안해내는 것이 아니라 ── 생각하고 작업을 수행하는 것으로서 의식 자체 속에 절대적 명증성으로 놓여 있는 것을 단지 심문하고 의문을 제기하는 한 ── 우리에게 의식 자체가 부여하는 학설이다.

그런데 일반적인 전통의 의미에 머물러 있으며 명증성, 통찰에 관해 많이 논의하지만 지향적으로 기술하는 방식으로 명증성의식을 심문할 수 없다. 그 논의가 본질상 근원적으로 본래의 사유과정 속에, 즉 여기에서 능동적으로 그 대상성 자체를 형성하는 사유과정 속에 대상성 자체로서, 이른바 생생하게 의식되는 대상성은 스스로를 부여함 또는 스스로를 파악함이라는 것으로 인식하지 못하는 어떠한 이성이론이나 어떠한 철학도 학문적으로 전혀 불가능하다. 그러나 스스로 주어진 것에 대해 파악하는 것은 직접적 직관과 동일한 것이며, 그것은 사람들이 '사유는 직접적 직관에 대립된 간접적 의식'이라고(보인 것과 같이) 말할 때, 그 직접성을 지닌 직관의 개념을 이렇게 확장하는 데[18] 대한 어리석은 반론일 것이다.

---

18) 통상 '직관'은 대상 그 자체를 언어와 논리, 기호나 상징 등을 통하지 않고 직접 파악하는 인식을 뜻한다. 그리고 칸트 인식론의 경우 직관은 물자체에서 촉발된 감각을 수동적으로 받아들이는 감성의 능력이며, '범주'는 이렇게 무질서하게 받아들인 것을 능동적으로 구성하는 오성의 사유 형식이다.
　　그러나 후설은 이러한 직관의 전통적 개념을 확장한다. 즉 주어진 사태에서 질료적 요소는 감성적 지각(직관)으로 충족되지만, 징표나 관계 등 기초지어진 비자립적 계기들인 대상성의 범주적 요소는 범주적 지각(직관)에 의해 충족된다. 따라서 후설이 강조하는 본질직관은 감성적 직관에 그치지 않고 범주적 직관, 즉 이념화작용(Ideation)으로서 자유변경을 통한 형상적 환원으로 발전해 간다.

흔히 직관은 수동성(Passivität)을 뜻하고 주어진 것을 받아들이는 것을 뜻한다. 하지만 사유는 그렇게 주어진 것에서 출발해 다양한 능동성(Aktivität)이라 부른다. 그렇다면 가령 개념을 형성하고 심지어 추론하며 증명하는 것을 간접적이라 부르지 말아야 하는가? 나는 그러한 반론은 어리석다고 말한다. 어쨌든 경험된 대상이 '직접' 직관된 대상, 스스로 주어진 대상인 데 비해, 외적 경험의 '수동성'도 그 방식에서 — 예컨대 변화하는 지각작용 속에, 시간적으로 잇달아 일어남(Nacheinander) 속에 다양한 통각을 종합하는 — 다양한 함축을 지니는 것과 마찬가지다.

사유작용도 이와 유사하다. 실로 상세하게 반복해 설명했듯이, 바로 여기에는 대상의 통일성을 깨닫기 위해 종합적 작용의 통일체에 결부시키는 다양한 작용들이 포함된다. 이 작용들이 고유한 근원적 형식을 지닌다면, 산출하면서 이렇게 산출하는 가운데 스스로를 부여하는 대상의 통일성을 구성한다. 능동적 종합의 이러한 구조 전체는 여기에서 스스로를 부여함의 통일성이고, 여기에서 문제 삼는 대상적인 것 — 예를 들어 추론하는 결과나 의식의 연관 전체, 이론 전체의 대상적 통일성 — 에 대한 직접 직관적인 의식의 작업을 수행한다. 신이 실제로 산출하는 이러한 작용의 연관을 수행한다면, 신이 그와 같은 것도 직접 줄 수 있었을 것이다. 신이 사유하고 이러한 사유작용이 결부된 통일체가 요구하는 모든 것을 결부시켜 사유한다면, 신은 아무튼 사유작용도 지닐 수 있다. 모든 종류의 대상성은 그것이 주어지는 직접성을 지니며, 이러한 종류의 직관은 스스로를 부여하는 명증성을 지닌다. 그 대신 '자연의 빛'(lumen naturale)[19]에 대

---

19) '자연의 빛'은 초자연적인 계시를 뜻하는 '은총의 빛'(lumen gratiae)에 대립해 인간이 스스로 판단하고 인식할 수 있는 이성을 뜻하며, 근대 계몽주의(enlightment)를 강력하게 이끌어간 추진력이었다. 데카르트는 『방법서설』에

한 중세의 논의가 실로 비유적으로 말한 것 ─사유의 필연성에 대한 '감정' 등 수수께끼 같은 빛의 성격은 이때 '이렇게 부각시키는 것이 왜 진리를 지시해야 하는지' 그 근거에 대한 물음의 불합리한 문제가 등장할 때 명증한 사유-작용을 우선적으로 취급한다는 것 ─을 본래 수세기 동안 넘어서지 못했다. 그래서 우리는 데카르트가 신의 '진실함'(veracitas)[20]에 호소한 이래 여전히 예전의 곤란한 상태에 있다.

19 직관의 이념을 확장할 필요성

우리가 개별적인 현재의 것에 대한 지각이나 개별적인 과거의 것에 대한 기억과 아주 유사한 것으로 요구하는 특히 보편자를 주시하는 파악작용에 관해서는, 보편적으로 직관하는 동안 구체적인 개개의 직관이 의식 장(場) 속에 있다는 것은 확실하다. 그 직관이 보편적 직관 자체에서 필연적으로 기능하는 토대로서 그 직관 속에 함께 포함되어 있다는 것도 확실하다. 이 경우 개개의 직관이 어떻게 수행되는지 ─가령 빨간색 일반을 직관하는 경우 개개의 빨간 사물이 의식되는─ 그 방식은 개개의 직관이 바로 그와 같이 기능하지 않는 경우나 그 직관에 근거해 보편자를 끌어내 형성하고 주시하면서 파악하는 데 이바지하지 않는 경우와 본질적으로 다르다. 왜냐하면 그밖에 개별적인 개개의 사물이 '거기에 있는 이것'(dies da)으로 파악되고 생각되며 정립된다면, 지금 보편자, 빨간색 일반, 단지 이것만 생

서 모든 인간이 본성상 좋은 정신(bona mens), 즉 올바른 이성(ratio recta)을 동등하게 지니고 태어났지만, 이것만으로는 부족하고 이성을 잘 활용할 수 있는 방법이 중요하다고 역설한다.
20) 데카르트에서 유한한 사유실체와 연장실체 그리고 무한실체로서 신의 진실함에 관해서는 본문 11항의 옮긴이 주 51을 참조할 것.

각되고 존재하는 보편자로서 간취되고 파악되기 때문이다.

우리는 의식 자체와 그 지향적 내용을 향한 시선의 태도를 이미 획득했다. 이러한 시선의 태도에서 그와 같이 진술한 우리는 이제 더 이상 나아가는 것을 명백하게 미리 지시했어야 한다. 이는 이렇게 상이한 의식의 방식을 대립시켜 특징짓고 개개의 직관하는 의식이 — 어떤 방식으로, 어떤 구조를 통해 거기에서 보편적인 명료한 간취작용을 뜻하는 새로운 작업수행을 실행하는지 — 변화되는 것을 분석해 기술하는 과제일 것이다. 이때 어디에서처럼 여기에서 명석성이나 직관성이 가능한 완전함의 단계와 그 특성을 고려해야 한다. 결국 매우 중요한 비직관적 사유작용과 그 양상 그리고 그 종류를 고려해야 한다. 또한 비직관적 의미, 추정된 보편성을 단순히 공허한 예견 속에 그 자체로 생각하면서 구성하는 것을 고려해야 한다. 하지만 그런 다음 당연히 보편자가 사유작용 속에 생각된다. 명료한 사유작용 자체 속에 간취되고 주어지는, 본질적으로 함께 속한 가장 보편적인 모든 형태도 만족되어야 한다. 특별한 영역에서만 등장하는 특수유형도 만족되어야 한다.

내가 '빨강은 일종의 색깔이다.' '삼각형은 직선도형의 유(類)다'라고 판단하면, 대상이라는 유와 종은 '무엇에 관한 것'(worüber …), 기체(基體)의 대상이다. 하지만 내가 '어떤 삼각형 일반, 즉 모든 삼각형은 그 각의 합이 2직각이다.' 또는 '어떤 빨간 리본이나 복수의 빨간 리본이 바람에 펄럭인다'라고 판단하면, 나는 보편적인 '어떤'(ein)이나 '일반'(überhaupt) 대신 특칭 — 어쩌면 보편성의 형식 — 을 생각한 것이다. '그 빨간색' '그 어떤 빨간색' '모든 빨간색', 이 모든 것에는 공통적인 것이 삽입되어 있다. 그런데도 의식의 방식은 서로 다르며, 더구나 근원적으로 명료하게 스스로를 부여하는 방식도 서로 다르다.

이와 완전히 다른 방향의 연구는 '순수한 또는 이념적 직선'이라는 부각된 형태의 보편자에 관계한다. 모든 기하학적 이념성과 완전히 멀고 전혀 생각하지 않는 곳에서, 가령 식물학에서 기술하는 보편개념—예를 들어 '포도송이 형' '산형화서(傘形花序)형' '원형', '타원형' 등의 단어가 표현하는, 당연히 직관적으로 파악할 수 있는 그 유형—을 나타내듯이 개념적 보편성에 대립해, 그만큼 일반적으로 기하학적 개념과 본질의 '이념적' 순수함에 관계한다. 이것은 공간의 형태에서 뿐 아니라 모든 개별적 영역과 이렇게 유형화할 수 있는 영역에서도 마찬가지다. 이념적 개념과 유형은, 결코 개개의 사물이 아닌데도, 자신의 방식으로 보이며, 자신의 방식으로 데생으로도 제시된다. 보편자의 이 모든 특수형태에 대해서도 그 형태들을 구성하는 의식을 해명하는 유사한 문제가 제기되고 해결되어야 한다.

그래서 의식을 의식으로 파악하고 기술할 것을 배웠던 무한히 진보해가는 문제제기가 나타난다.

그런데 로크 이래 경험주의적 추상학설은 완전히 다르다. 이 추상학설은 보편성의식을 요술처럼 감추며, 보편자 자체를 실제로 명증한 직관적 사유작용의 경우 필연적으로 기능하는 개개의 직관을 지시한다는 사실로 제거한 다음 '단순한 재현'(Repräsentation)[21] 이외에 이것을 넘어서는 것은 전혀 없다'고 한다. 예를 들어 보이거나 허구의 삼각형은 기하학적으로 직관적 사유작용 속에 임의의 모든 삼

---

21) '재현'은 의식의 직접적 내용이 직접 의식되지 않는 것의 대표자 구실을 함으로써 간접적으로 대상이 되는 것으로, '간접적 제시'(Appräsentation)의 한 유형이다. 그래서 후설은 '지각'(Wahrnehmung)에 대해 '상상'(Phantasie)을, '현재화'에 대해 '현전화'를, '직접적 제시'(Präsentation)에 대해 '재현'을 대비시킨다(후설전집 제23권 『상상, 상 의식, 기억』(*Phantasie, Bildbewußtsein, Erinnerung*), 85쪽 이하를 참조할 것).

각형에 대해 재현하는 것으로 이바지한다. 그러나 이 '단순한 재현'은 무엇인가? 정확하게 살펴보면 우리가 관련된 명료한 사유작용 자체에서 가령 '삼각형 일반'이라는 예에서, 그것이 직접 반성 속에 심문될 수 있듯이, 사유작용 자체에 따른다면, 이러한 재현은 더군다나―이 경우 '재현'이라는 다의적 단어가 거의 적절하지 않더라도―부정된 보편적 직관작용 자체일 뿐이다.

그러나 자연주의적 태도는 이 문제에 대해 이론상 맹목적이게 만든다. 물론 경험론자도 이러한 사실을 체험했고, 어떤 방식으로든 알았지만 인정하지 않았다. 어디에서나 사람들은 자연과학적 설명의 전형에 현혹되어 같은 방식으로 설명하려 한다. 사람들은 내적 경험의 영역을 그에 속한 설명하는 자연법칙으로 완결된 사태의 장으로 간주함으로써 인식론적 근원의 문제, 모든 종류의 객체〔객관〕성을 구성하는 의식을 해명하는 문제에 자연을 인과적으로 설명하는 문제를 삽입시켰다. 의식의 지향성과 그 작업수행을 이해시키는 내용을 회고해 고찰하고 분석하며 직접 기술하는 선험적으로 순수한 자기인식(Selbsterkenntnis)을 수행하는 대신, 자연적으로 오해된 내적경험에 근거해 심리적-인과적으로 구축하는 것에 빠졌다. 보편적으로 주어진 것과 보편성의식의 영역인 여기에서도 마찬가지다. 어쨌든 이 경우 그렇게 구축하는 모든 것은 그것에 부착된―그 의미내용이 인과적으로 구축된 것과 애매모호하게 혼합된 이론적으로 무시된 의식에서―설명하는 가상(假象)과 관련된다.

그 사유작용은 어떤 개개의 문제점에서 로크의 추상이론뿐 아니라 매우 유명한 버클리의 추상이론과 그 이후 모든 추상이론의 원리적 오류에 관련되지 않는다. 오히려 같은 방식으로 로고스(Logos)의 영역 전체가 관련된다. 그래서 각각의 모든 사유의 작업수행, 각각의 모든 이론과 학문은 이해할 수 없게 되었다. 실로 더 나아가 그 결과를 볼 수 있는 사람에게는 모든 학문의 가능성이 원리상 폐기된다. 과연 '백지'-심리학주의와 경험론은 사유작용에 대한 자신의 이론에 의해—비록 스스로 은폐되어 있지만—극단적 회의론이며, 진정한 모든 회의론에 그 어떤 형식으로 고유하게 생각할 수 있는 가장 근본적으로 이치에 어긋난 비난을 받는다. 즉 사람들이 자신의 이론 속에 시종일관 포함된 것을 드러내면, 그때 자신이 이러한 이론의 내용을 통해 모든 사유의 작업수행에서 가능성을 전반적으로 또 원리적으로 부정한다. 따라서 그가 자신의 사유하는 행위 속에, 자신의 이론의 형태 속에, 가능하거나 실제로 이룩된 작업수행으로서 요구하는 것을 부정하고 있다는 사실을 명증하게 밝히는 것이다.

이른바 전문적 회의론자인 흄마저도 이와 다른 관련에서 경험론의 회의적 결과를 밝혔지만, 보편적 사유작용에 관해—그가 자신의 회의적 이론에서 어떠한 영향력도 빼앗지 않고 처음부터 대상이 없고 우스꽝스럽게 나타내기 위해 그 결과를 고의로 침묵하지 않았다면—근본적인 회의적 결과를 깨닫지 못했다. 어쨌든 로크와 내적 경험에 대한 그 밖의 모든 자연주의자는 사유작용과 학문적 사유의 작업수행—아주 특히 순수하게 합리적 학문에서 순수한 사유작용의 작업수행—을 포기하지 않았고 단지 심리학적으로 설명하고 이해할 수 있게 만들었을 뿐이라고 진지하게 생각한다.

여기에서 수세기 동안 비판을 결국 거부했기에, 원리적 기본문제점에서, 즉 공리(Axiom)에 의한 인식과 진리에서 회의적 견해를 지적하는 것은 매우 흥미롭다. 그러므로 요컨대 우리는 여기에서 '관념들의 관계'[22)]에 대한 인식이라는 흄의 명칭으로 역사적으로 유명

---

22) 라이프니츠는 '이성의 진리'(vérités de raison)와 '사실의 진리'(vérités de fait)를 구별했다. 전자는 모순율에 근거하고 필연적이며 아프리오리(a priori)하게 알 수 있으며 그 대상영역은 가능세계이다. 반면 후자는 충족이유율에 근거

한 학설, 즉 흄 자신이 그의 회의적 논증에 토대로 사용한 학설을 비판한다. 하지만 모든 본질상 그 학설은 로크에서 유래한다.

예를 들어 '빨간색은 녹색과 다르다' '2는 3보다 적다' 등 관계에 관한 보편명제로 간주할 수 있는 명제인 더 높거나 낮은 보편성에 대한 명제는 직접 그리고 완전히 명증하다. 경험론자의 교리(Dogma)에 따르면 개개의 것만 직관적으로 주어지고 실제로 존재한다. 따라서 그때그때 나는 그와 같은 보편적 명제를 주시하면서 개별적 자료들의 개별적 관계만 실제로 부여했다. '일반'(Überhaupt)과 관계 일반을 보는 것(Sehen)은 전혀 없다.

그러나 과연 무엇이 그러한 보편적 명제를 주장할 권리를 줄 것인가? 여기에서 관련된 사태의 보편성으로도 옮겨놓는 신화적 재현이 ── 이 재현이 '보편자 자체는 그 자체로 간취되지 않는다'는 주장과 바로 결합되어야 한다면 ── 무엇을 도울 수 있는가? '내가 그렇게 개별적으로 보인 관계를 여기서 문제 삼는 의미에서 임의의 유사한 경우에 대해 '재현하는 것'으로서 '이 빨간색과 이 녹색'이라는 그렇게 개별적으로 보인 관계를 여기서 문제 삼는 의미에서 요구할 수 있다'는 사실을 나는 어디에서 아는가? 내가 언제 빨간색을 어디에서 녹색을 각기 표상하더라도 관련된 관계가 불가피하게 존재한다는 사실은 어쨌든 그러한 명제의 의미 속에 놓여 있다. 그것이 보이거나 상상에 의해 직관적 빨간색과 이와 똑같은 녹색의 본성에 속해 인간의식 속에 함께 주어졌고 단지 이러한 관계의 결합에서만 등장할 수 있다고 해석한다면, 우리는 '어디에서 또 어떤 귀납에 근거해 이러한 심리학적 법칙이 밝혀지며, 어디에서 경험론자는 자연법칙으로

하며 우연적이고 아포스테리오리(a posteriori)하게 알게 되며 그 대상영역은 현실세계다. 그리고 흄에서 '이성의 진리'는 '관념의 관계'(realtion of ideas)에, '사실의 진리'는 '사실의 문제'(matter of facts)에 해당한다.

서 심리학적 법칙에 대한 것을 아는가?'를 결코 묻지 않을 것이다. 어쨌든 공리가 의미하는 것을 단순히 판단하고 주시하는 자는 영혼, 즉 현재와 모든 과거 등 자신과 타인의 영혼에 관해 그리고 심리학적 법칙에 관해 이야기하지 않으며, 오히려 그가 보고 주시하는 것, 아주 직접적으로는 '빨간색은 녹색과 다르다.' 등 간단하게 알리는 것만 이야기할 뿐이다. 그리고 '심리학적 법칙을 끌어들이는 각각이 공리의 의미를 완전히 변경하는지', 게다가 '그렇게 관련된 결합이 관련 지점이 의식되는 곳에서 항상 나타나는 것은 영혼의 자연법칙인지' 막연하다. 즉 주어진 개개의 경우 실로 **개별적** 관계만 거기에 있을 것이며, 문제가 되는 것은 '단순한 개개의 경우가 아니라 보편적 법칙에 대한 앎과 바로 공리적 법칙에 대한 앎이 어떻게 진정한 법칙에 대한 앎으로서 가능한지' 이다.

따라서 그것은 요컨대 의식의 서판 배후에 ─ 바로 서판 자체에서, 즉 내적 의식 자체 속에 의식의 작업수행으로 등장해야 하지만 사람들이 강제로 왜곡할 수도 있을 것 ─ 이 모든 것을 알고 사유하면서 작업을 수행하는 주체를 세우는 항상 동일한 방법이다.

그러므로 우리는 경험론이 가상(Schein)의 직관주의나 가상의 경험론일 뿐이라는 사실을 알게 된다. 왜냐하면 경험론은 자신이 직관에서 길어내지 않은 것은 결코 진술하지 않는다는 자신의 원리를 관철하는 가상일뿐이기 때문이다. 즉 경험론이 경험으로, 스스로 파악하는 간취함으로 되돌아가고 진술한 모든 것을 문제(Sache)와 사태(Sachverhalt)에 맞추는 것은 가상일뿐이다. 우리는 단지 공리에 따른 사유작용과 그런 다음 일반적으로 합리적 사유작용을 심리학주의로 해석하는 것에서만 진지하게 숙고해 그것을 비난할 수 있어야 한다고 확신하지 않는다. 이때 우리는 단지 그 속에 포함된 ─ '모순율의 공리와 같이 순수 논리적 공리에 대한 인식과 타당성도 실로 그것에 관련되었다'는 사실을 통해 가장 극단적인 형식으로 그 속에 포함된—이치에 어긋난 회의만 확신하지 않는다. 아니 우리는 결국 경험론에 따라 개별적인 것에 관한 판단의 가능성이 전혀 이해할 수 없게 유지되어 남았다는 사실도 확신한다.

다음의 사실을 주목해야 한다. 즉 '이 음은 저 음보다 높다'와 같은 개별적 진술은 내가 바로 그 진술된 것 자체—따라서 사태 자체—를 직접 인식할 때 내가 그 진리를 직접 인식하는 통일적 진술의 의미를 지닌다. 그런데 여기에서 '음'과 '더 높게 있음'이라는 개념이 진술의 의미에 존립요소의 단편으로 등장하며 직관에 맞추어 진술된 사태 자체의 존립요소의 단편으로 등장한다는 점이 우선 강조되어야 한다. '음'과 '더 높다'는 단어의 의미가 직관을 통해 의미에 적합하게 충족되지만, 어쨌든 두 음에 대한 또 두 음의 감성적 결합에 대한 단순한 감성적 경험을 통해 충족되지는 않는다. 오히려 직관적으로 충족시키는 것은 곧 보편성에 대한 개별성으로서 이러한 감성적 개별성에 관계한다. 그러나 보편자를 반대하는 회의는 개개의 경우 보편자도 폐기한다. 그리고 함께 생각된 개념적 보편성이 없는 개별적 진술은 생각할 수조차 없다. 따라서 그것은 경험론이 개별적인 것에 관한 단칭의 진술조차 이해할 수 없고 불가능한 것으로 나타나게 만든다는 사실을 인식하기에 실로 충분할 것이다.

그러나 여기에서 다음과 같은 것은 여전히 매우 흥미롭다. 그렇다면 진술—실로 개별적 진술—의 문법적 형식 전체, 주어형식과 술어형식, '이다'(Ist) '아니다'(Nicht) '그리고'(Und) '또는'(Oder) '만약'(Wenn) '그렇다면'(So) 등은 사정이 어떠한가? 우리는 일상적 논의로 '나는 이 집이 빨간 지붕을 지녔다고 본다.' '나는 이 음이 저 음보다 높다고 듣는다'고 말한다. 단순히 그 집, 지붕, 음 자체를 보거나 듣는 것에 대해 이야기하지 않는다. 사물들은 자연 속에 있지만,

그럼에도 그 주어형식과 술어형식을 지닌 이러한 사태, '더 높은 것'의 관계와―다른 한편 다른 사물로서 모든 경우에 명제 전체의 직관적인 것, 즉 사태 속에 그 자체로 다시 비자립적 계기인― '더 깊은 것'의 반대관계는 자연 속에 없다. 사실상 '경험작용'은 단순히 개별적 자료를 경험하는 것이 아니라 스스로를 부여함(Selbstgebung), 스스로를 파악함(Selbsterfassen), 스스로를 가짐(Selbsthaben)의 의식이다. 게다가 일반적으로 또 그 어떤 의식의 형태로 생각된 것, 무수한 진술의 형태에서 개별적 형식으로 생각되고 그런 다음 이렇게 정확하게 의미를 형성하는 가운데 바로 주어질 수 있으며 심지어 간취될 수 있고 참으로 존재하는 것으로 파악될 수 있는 것에 대한 의식이다. 의식에 적합한 생각함, 어쩌면 비직관적 생각함에 모든 형태로 정확하게 맞추는 직관의 이념을 이렇게 넓히지 않고는 인식의 상태를 기술하는 것과 인식과 참된 존재에 관해 의사소통하는 것은 전혀 논의될 수 없다.

모든 편견을 무시하고 경험이나 직관을 명증성, 적확한 의미에서 인식과 동일하게 확인할 때, 이렇게 확장된 '경험'은 그것이 생각된 것과 정확하게 똑같이 생각된 것을 스스로 파악하는 것이라는 사실을 깨달을 때만, 우리가 인식을 이해하는 것, 따라서 '단순히 개념이 없는 경험의 세계뿐 아니라 논리적 객체성(Objektivität) 그리고 그 모든 실재적 형식과 관념적 형식을 지닌 모든 종류와 단계의 객체성이 어떻게 우리에게 의미를 지닐 수 있으며 증명할 수 있는 존재를 지닐 수 있는지'를 이해하는 것에 진지하게 생각해볼 수 있다. 의식은 그 자체 속에, 그 본질형태 속에 의미를 만들어내며, 명증성의 형태로―충족되지 않은 사유의 지향을 자신을 부여하는 형태나 그와 같은 형태에 '적합하게' 충족시킬 수 있는 형태로―가능한 의미나 참된 의미를 만들어낸다.

그러나 그것이 고대의 회의론에서부터 또 계속 영향을 받은 최근의 경험론에서부터 매우 민감하고 끈질기게 강요받는 인식의 가능성과 의미에 관한 문제에 착수하기 위해 그 이전에 확실히 그 문제를 혼란됨, 모호함, 모순투성이 막연함에서 해방시키고 그 문제를 모든 객관주의적 문제에 대립될 수 있는 문제로서 진정하고 순수한 문제로 변화시키는 데 유용할 수 있는 유일하게 가능한 방법이라는 것은 비판적 분석에 입각해 분명하다. 그것은 다름이 아니라 데카르트의 토대로, 순수한 인식주관성과 그 순수한 의식으로 되돌아가는 방법, 그런 다음 의식에 명증한 고유한 의미에 관해 그리고 가능한 의미충족이나—모든 종류의 객체성이 자신을 파악하는 가운데 파악된 그 자신(Selbst)으로서 근원적으로 의식에 적합하게 구성되는—명증성의 본질형태에 관해 의식 자체를 심문하는 방법이다.

이것뿐만 아니다. 더 중요한 진전이 필연적인 것으로 입증되었다. 가능한 인식에 관한 물음, 근원적인 의식의 구성에 방식(Wie)을 해명하는 일이 단칭의 대상들과 그 의식을 논의하는 물음으로 역사상 등장하지는 않았다. 그 자체로 존재하는 사물 일반에 대한 경험과 지식 일반의 가능성은 회의적 부정에 의해 수수께끼처럼 되었다. 그 후에 보편성의식 일반과 이념의 존재양식 일반, 진리 일반과 관련된 명증성 일반 등도 마찬가지다. 여기에서 우리가 일단 순수 이념을 지니면, 수학적 이념이나 순수 진술논리 논리학의 이념과 같이, 대상적 측면에서 순수 보편성은 마찬가지로 의식의 측면에서도 순수 보편성을 수반해야 한다는 사실만큼은 분명하다. 우리는 달리 말하면, 선험적 의식은 그 근본형태와 선험적 작업수행 속에 **본질직관**의 방법으로, 따라서 순수하게 파악된 **플라톤**의 **방법**으로 고찰될 수 있고 고찰되어야 한다는 사실을 깨닫게 된다. 대상성 일반에 대한 유(類)나 수학적 형식의 모든 순수한 이념은 그러한 종류나 형식의 대상성에 관련된 의식의 방식들이 형상적 문제제기를 소급해 지시하고, 이때 이 의식의 방식들 자체는 형상적 보편성으로 생각되며, 실제의 연구에서 형상적 방법으로 '이념들'로 제시되어야 한다.

그러므로 여기에서 순수한 '내적 경험'에 입각한 주관성에 관한 완전히 다른 학문의 사상에서 나온 경험론에 대한 비판이 부각된다. 그것은 자아 일반, 가능한 순수 의식 일반, 가능한 의식의 대상 일반에 대한 형상적 학문이다. 이때 모든 사실성은 배제되고, 하나의 동일한 것으로서 자유로운 가능성의 범위에서만 함께 포함된다. 더구나 더 깊게 들어가면 개별적 대상과 개별적으로 규정된 의식——가령 이 인간과 이 세계——에서 제기될 수 모든 선험적 문제는 규정된 어떤 자연의 사물이나 규정된 자연 일반과 관련된 기하학적 문제처럼 오직 그렇게만 다루어질 수 있고 다룰 권리가 있다는 점이 밝혀진다. 즉 개별적 경우가 아프리오리한 보편성의 개별적 경우로 고찰되고 그래서 그 문제가 사실(Faktum)에서 순수한 가능성과 그 아프리오리 (Apriori)의 영역으로 옮겨지는 것이 필연적 방법이다. 선험적 철학은 필연적으로 맨 먼저, 아프리오리한 철학이고, 그런 다음 사실에 적용된다.

그러나 그것이 어떻게 생각되는지는 아직 여기에서 규명할 수 없다. 어쨌든 물론 여전히 매우 멀리 떨어져 있지만 우리가 밝혀낸 것을 고수하자. 그것은 순수 주관성과 그 순수한 의식 삶에 관한 보편적 학문의 이념, 그와 같은 삶의 이념적 가능성과 그 삶 속에 이념적 가능성에 따라 구성되는 대상성의 우주를 형상적('아프리오리한') 학문으로서 체계적으로 탐구하는 학문의 이념이다. 요컨대 '나는 생각한다'에 관한 **형상적 학문**의 이념이다.

제3장 버클리와 흄, 독단적 합리론을 통해 현상학이 회의적 형식으로 미리 형성됨

1절 순수내재의 철학이 로크에서 버클리로 급격하게 귀결됨

20 로크와 그 후계자들을 통해 회의론이 혁신된 긍정적인 역사적 의미

로크의 철학에 대한 우리의 비판은 우리가 그 철학 자체에서 제시될 수 있었던 것을 강제하지 않고 더 이상 전개한 것을 미리 파악하지도 않고 그 철학 자체에서 비판적으로 제시했다는 점에서 당연한 결말이다. 우리는 줄곧 일정한 거리를 두고 비판해왔다. 그 비판은 로크가 새롭게 정초한 유형의 모든 철학에 대한 비판이 되었다. 바로 이 새로운 유형, 즉 인식론적 '백지'-심리학주의의 유형인 근대철학의 상(像) 전체를 본질적으로 규정하는 유형은 충분한 근거에 입각해 그토록 오랫동안 우리를 사로잡았던 유형, 이른바 내재적 철학이나 내재적 '실증주의'로 단지 일관되게만 여전히 계속 형성시켜 우리를 사로잡고 있는 유형이다. 이러한 전개는 로크의 천재적 두 제자, 버클리와 흄에 연결된다. 이 두 사상가와 불가분하게 역사적으로 통일되어, 이른바 이들 속에 완성되는 로크는 생생한 철학적 현대의 정신에서 주요한 원천 가운데 하나다.

그러나 바로 이러한 원천이 다른 무엇보다 우리가 이념 역사적-비판적 고찰을 진행시키는 의미 전체에 따라 관심을 끈다. 왜냐하면 이러한 고찰에서 우리에게 중요한 문제는 모든 철학이 참된 철학이 되려는 한, 모든 철학의 방법에서 그 방법이 참된 방법이 되려는 한, 발전의 충동으로서 살아있는—수세기를 관통해온—동기부여의 통일성을 드러내 밝히는 일뿐이기 때문이다. 철학은 약간의 철학에서 때때로 상대적으로 만족되었지만 어쨌든 궁극적으로 만족되지 않았다. 그래서 항상 새로운 방법적 성찰을 계속 추적해갈 수밖에 없다. 철학은 항상 새로운 방법적 형태를 받아들였으나, 그럼에도 의도한 목표에 결코 이르지 못했다. 철학은 바로 그 목표, 즉 여기에서는 어떤 참된 방법의 힘에 입각해 참으로 생성되는 참된 출발에 이르지 못했다. 하지만 여기에서 참된 방법은 절대적으로 확실한 명증성에서 철학의 의미를 유일하게 충족시키는 방법, 철학에 의해 유일하게 요구된 방법으로 이해되고 고찰될 수 있는 방법을 뜻할 수 있을 뿐이다.

이것은 철학이 그 방법을 이끄는 이념에 따라 초기에 생긴 방법적 이상(理想) 속에 절대적으로 정당화된 학문으로서 객관적-이성적 학문을 충족시킬 수 없었다는 사실, 오히려 철학은 완전히 새로운 방식의 방법적 처리절차를 요구한다는 사실을 이해하는 데 중요하다. 그 처리절차가 없으면 철학, 따라서 진정한 학문 일반은 결코 그와 같은 학문이 될 수 없다. 실로 그와 같은 학문으로 출발할 수조차 없을 것이다. 모든 철학을 함(Philosophieren)이 뿌리내린, 인식의 토대 자체의 본성에 근거한 어떤 억제력, 즉 정신의 눈이 순수 의식을 겨냥한 시선방향을 방해하는 점, 따라서 모든 기본적 연구가 실행되어야 할 소임을 띤 작업장을 방해하는 점을 지적해야 한다. 더 나아가 명증한 지향적 존립요소를 파악하는 것을 방해하고 그래서 오직 여기에서만 연구될 수 있는 진정한 지향적 방법을 형성하는 것을 방해하는 억제력을 밝혀야 한다. 물론 생성되는 철학이 점차 이러한 순수의식의 영역을 깨닫고, 그런 다음 그 철학이 이 영역을 어떻게 필연적 작업장으로 인식하는지 그 발전단계를 해명해야 한다. 반면 그럼에도 그 철학은 우선 자신의 고유한 본질과 자신의 고유한 작업방식에 대해 맹목적이었고, 그래서 실제의 철학에서 참된 방법과 최초의 출발을 궁극적으로 돌파해가기까지는 과거 수십 년이 걸렸으며, 내가 확신하듯이, 새로운 현상학의 형태로 나타났다.

그러므로 우리는 로크가 우리가 논의하는 맥락상 아주 특별한 역사적 의미를 지닌 인물이라는 점을 이해하게 된다. 그는 여전히 매우 지루하고 충분히 장황할 수 있다. 형이상학의 깊은 뜻, 세계관의 직관에 여전히 부족하고, 마음을 끌어올리거나 고심하는 인류의 삶 속에 세상이 놓인 운명의 비극을 상기시킬 수 있는 모든 것이 부족할 수 있다. 로크의 경험론과 그 학파는 '그가 어떻게 그것을 모든 시대에 느끼는지' 여전히 불쾌할 수도 있다. 그럼에도 로크의 철학은 그 근원적 유형뿐 아니라 내재적 철학으로 계속 형성된 유형에서도 참된 방법을 향한 가시밭길의 본질적 도정(道程)이었다.

우리가 증명할 수 있었듯이 실로 로크의 철학은 그것이 ─물론 그 자체로 은폐된─ 회의론, 사실상 계속 발전해가는 가운데 비록 모든 방향에서는 아니더라도 드러내 밝혀진다. 이제 흄의 회의론으로서 새로운 철학에서 모든 근본적 회의론에 대해 필연적 형식, 즉 그 회의론을 더 높은 의미에서 참으로 만드는 형식으로 그 회의론을 극복하는 중대한 요구를 제기하는 회의론이라는 사실로 우리의 관심을 확실하게 끈다.

따라서 로크의 심리학주의는 실로 회의론의 새로운——이미 밝혔듯이 고대철학이 발전하는 데 중요했던 고대 회의론에 비해 새로운——형식으로서 우리의 관심을 끈다. 어쨌든 그 회의론의 근원적 형식에 대한 반동, 소피스트 철학에 대한 반동으로 무엇보다 절대적 정당화에 입각한 학문으로서 철학의 이념과 문제가 생긴다.

이미 알고 있는 것을 회상해보자. 우리는 고대가 어떤 관점에서 상대적으로 매우 성과를 거두었으며 열렬히 노력했는데도 이러한 이념을 실제로 충족시킬 수 없었다고 확신한다. 고대는 객관적인 합리적 학문——외견상 완전히 충분했지만 그럼에도 모든 작업수행에서 내적으로는 회의적 부담을 짊어진 학문, 즉 그 대상에서 자신의 인식과 관련해 제기될 수 있을 수수께끼 같은 물음, 곧 선험적 물음에 답변할 수 없었던 학문——을 만들어냈다. 그래서 고대에 회의론은 폭넓은 흐름으로 존재했고, 사실상 극복할 수 없게 되었다.

근대에 관해서는, 앞에서 살펴보았듯이, 그 학문은 플라톤의 의도를 부흥시키는 것(Renaissance)으로 시작했다. 데카르트는 근본적으로 정당화된 보편적 학문의 이념을 근원적인 힘으로 혁신하고, 그 이념을 새로운 방법으로 진척시키려 했다. 그런데 그가 절대적으로 필연적인 첫 발걸음을 내딛고 '나는 생각한다' 속에 실제로 아르키메데스의 점 또는 오히려 아르키메데스의 토대——절대적으로 확실하고 필연적인 첫 번째 기초를 놓는 연구의 토대——를 발견했는데도, 그 기획은 실패했다. 그러나 데카르트는 바로 '나는 생각한다'가 연구의 토대라는 사실과 거기에 연구의 방식과 방법이 있어야 한다는 사실을 발견하지 못했다. 그래서 그는 무엇보다 역사적으로 영향을 미쳤던 강력한 계기만 부여했을 뿐이다. 이와 동시에 그는 고대에 만들어진 학문유형처럼 객관적 학문——경우에 따라 합리적 자연과학의 새로운 형태로——을, 그 자체를 변경시키지 않은 채, 단지 쓰러져

가는 기초를 통해서만 절대적으로 정당화하려는 근본적 오류를 범했다. 그러한 학문을 열어놓은 근본적 고찰과 신학과 형이상학의 보편적 관점이 어쨌든 실증과학의 연구에 쓸데없다고 보았다. 그 때문에 데카르트는 곧바로 새로운 독단주의에 길을 내주었고, 그 자신 위에 세울 수 있는 자유와 실증적 학문을 보충하는 형이상학——이러한 개별적 학문 자체와 정확히 똑같이 객관주의적-독단적 학문——의 나머지를 떠넘길 자유를 실증과학에 주었다.

그러나 데카르트 이후에 새로운 중대한 발걸음은 우선 로크를 통해 수행되었다. 로크는 데카르트의 '사유작용'(cogito)에서 '사유작용'에 관한 학문의 길을 추구한 첫 번째 인물이다. 그리고 인식과 학문을 보편적 직관주의로 정초할——즉 의식 속에, 내적 경험 속에 모든 인식을 직관적인 근원적 원천으로 환원하고 이 원천에서 해명할——방법적 요구를 제기한 첫 번째 인물이다. 많이 미숙하고 막연한데도 그는 '어떤 주관에 실제성과 진리로 제공되는 모든 것이 그자신의 의식 삶 속에 제공될 때 그리고 오직 여기에서만 제공될 수 있을 때, 옳음과 그름, 참과 거짓, 개연성과 터무니없음을 증명하는 모든 것이 오직 의식의 내재 속에서만 일어나는 작업수행——주체에 의해 일어났고 주체 속에 일어나는 작업수행——일 때, 이때에만 데카르트적인 직접적 명증성의 영역인 의식의 영역에 대한 체계적 연구는 인식의 문제를 일정하게 공식화하고 실제로 해결할 수 있다'는 사실을 알았다. 자연과 세계를 객관적으로 고찰하는 통각에 의한 습관을 데카르트적인 직접적 명증성의 영역으로 소박하게——이렇게 발전하는 상태에서 불가피한 일이지만——옮기는 것은 그를〔의식을〕'백지'로 해석하는 자연주의적 심리학주의로 이끈다. 앞에서 비판했듯이 이 심리학주의는 실로 그 유형에 따라 필연적으로 회의론이었으며, 따라서 이치에 어긋나게 폐기된다.

그런데 이 새로운 종류의 회의론과 관련해 '그럼에도 로크가 새로운 시대를 열었고 현재에 이르기까지 근대를 지속적으로 규정할 수 있었다'는 사실을 고려하면, 고대에서처럼 현재에 이르기까지 근대에 유사한 상(像)이 생긴다. 고대에는 플라톤주의와 이 플라톤주의에서 출발한 합리론철학의 흐름에 회의적 학파의 흐름이 줄곧 평행했듯이, 근대에는 데카르트주의와 이 데카르트주의에서 출발한 합리론철학의 흐름에 경험론 철학의 대립된 흐름이 평행했다. 양쪽에서 회의론을 뿌리째 뽑을 수 없었다면 '그 합리론은 여전히 정당한 합리론이 아니었다.' 즉 '그 합리론은 참된 합리적 — 완전한 절대적 의미에서 정당화된 — 학문의 이념, 더구나 학문들을 보편적으로 통일시킨 체계의 이념을 실현시킬 수 없었다'는 사실을 입증한다.

그렇지만 진리가 이렇게 평행하는 한, 어쨌든 그것은 완전한 진리가 아니다. 고대의 회의론은 실로 어떠한 철학 일반 — 객관적 철학 일반을 포함해 — 도 진정한 철학으로 간주할 수 없고 어떠한 철학 일반도 원리상 불가능하다고 설명하는 부정주의(Negativismus), 반(反)-철학을 줄곧 의식했다. 그 회의론은 실증적 인식과 작업의 영역이 전혀 없고, 회의적 역설을 구축하는 자신의 기술(技術) 이외에 참된 방법도 전혀 모른다. 나중에 경험에만 의지하는 돌팔이 의사의 경험론 — 하지만 고대철학의 상 전체를 거의 규정하지 못하는 경험론 — 만 이러한 사실에서 제외될 수 있다.

근대 경험론의 사정은 이와 다르다. 위대한 독보적 인물인 흄을 제외하면, 경험론은 부정주의가 아니었고, 회의적 태도(Skepsis)를 취하려 하지도 않았다. 심지어 '마치'(Als ob)의 철학자[1]인 흄을 나중

---

1) '마치'의 철학은 실증적 신칸트학파(마르부르크학파) 바이힝거(H. Vahinger, 1852~1933)의 견해로 대표된다. 그에 따르면, 인간은 세계의 실재를 직접 관찰하거나 실제로 인식할 수 없고 단지 사유체계를 구축한 결과로서만 '마치' 이

에 흉내 내거나 모방한 자들도 객관적 학문에서 그의 명예를 지우려 하지 않았고, 객관적 학문을 단지 올바른 방식으로만 해석하려 했다. 실로 흄 자신은 객관적 학문을 완전히 이치에 어긋난다고 평가했지만, 포기하려 하지 않았다. 로크의 '백지'-유형의 경험론철학에는 여전히 이치에 어긋난 것이 많이 삽입되었다. 모든 것이 전부 회의적으로 귀결되더라도, 어쨌든 그것은 어떤 방법을 지니며 그 방법으로 실제로 어떤 것을 행하는 인식론이자 심리학이다. 그것은 단순히 공허한 구축물이 아니며, 스콜라철학의 개념 같은 것도 아니다. 그 경험론자는 철저하게 구체적으로 파악할 수 있는 문제에 그리고 스스로 포착하는 작업을 통해 그 문제를 실제로 해결하는 것에 관심을 둔다. 그도 실제로 어떤 것은 자기 뜻대로 했고, 그 작업은 전혀 성과가 없지 않았으며, 어떤 것은 자기 뜻대로 형성되었다. 그래서 우리는 로크와 그의 후계자들에게 '인간은 언제나 그가 보는 것을 보며, 그가 어떤 것을 보는 사실 그리고 상세한 작업에서 동시에 어떤 것이 형성된다는 사실을 본다'는 것을 배울 수 있다.

하지만 이것이 우리의 비판과 어떻게 양립되는지 질문할 수 있다. 이에 대해 나는 '단순히 사실적으로 새 시대를 열었을 뿐 아니라 지속적으로 여전히 중요한 인물의 위대함은 곧 앞에서 논의한 원리인—그 원리를 체계적인 처리절차로, 모든 인식을 이러한 근원적 원천에서 해명하면서 직관의 근원적 원천인 명증성으로 되돌아가는—직관주의의 방법을 최초로 돌파한 것이다'라고 답변한다. 여기에서 '나는 생각한다'는 표제 아래 그 자체로 완결된 모든 근원적 원

세계가 이러한 모델에 어울리게 존재하는 것처럼 행동할 뿐이다.
　그런데 후설은 철저히 의식에 주어진 현상의 영역 안에만 머문다. 그래서 경험적 사실을 감각적 요소로 기술하려는 영국 경험론 일반을 '현상론' (Phänomenalismus)으로 규정하고 이 용어를 사용하기도 한다.

천의 영역, 모든 연구의 근원적 장이 되어야 할 유일하게 절대적으로 스스로 주어진 것과 직접 명증한 것의 영역이 존재한다는 통찰이 결정적이다. 이러한 형식적인 것 속에 경험론이 지속되는 권리가 있다.

그런데 이미 표명했듯이 경험론도 의식을 순수하게 의식으로 이해할 수 없고 의식 자체를 그 본질과 지향적 작업수행에 대해 심문할 수 없다면, 또한 경험론도 자연화하면서 오해하고 자연주의적 구축물을 실제로 보인 것에 삽입한다면, 어쨌든 경험론은 '사실상'(de facto) 전체적으로 경험론 자체가 선택한 토대 위에 움직인다. 이는 모든 오해와 심지어 악의적으로 구축되었는데도 보인 연관들이 토대다. 이것들 역시 주의 깊게 읽어내는 모든 사람에게 명백해진다. 물론 그 연관들은 학문적으로 파악된 것이 아니다. 결코 학문적으로 파악되지도 않으며, 그 순수한 의미와 의미의 연관 속에 기술되지도, 대체로 지향성의 본질을 통해 요구된 방법으로 다루어지지도 않는다. 그래서 근대 경험론의 엄청난 힘과 그 경험론을 개선하고 그 경험론을 통해 실제로 학문적 심리학과 인식론을 실현시키려는 부단한 시도만 그렇게 이해될 뿐이다.

그러므로 우리가 로크와 그의 학파에 쏟는 주된 관심은 이렇게 이해될 수 있다. 그것은 항상 새로운 측면에서부터 또 역사적–비판적 자료에서 철학 자체의 의미와 이 의미를 통해 요구된 방법의 의미가 직관주의로 몰아세우는 것은 사실이지만 참된 방법, 진정한 직관주의는 로크의 직관주의도 아니고 로크에서 출현한 내재적 철학의 직관주의 — 필연적으로 회의론으로 또 이치에 어긋나게 종결된 직관주의 — 도 아니며, 선험적 현상학의 직관주의(Intuitionismus)라는 사실을 보여주고 있기 때문에 당연하다. 즉 선험적 현상학은 '나는 생각한다'에 대한 학문, 이미 말했듯이, '자아'와 '사유작용'(cogito) 과 '사유된 것'(cogitatum)을 직관 속에 그것이 실제로 있는 것과 정확하게 똑같이 받아들이고 생생하게 흐르는 의식 삶과 이 삶 속에 의식된 것을 그 구체적 생동감이 충만하게 형성하고 은폐된 지향성을 지향적으로 분석하고 드러내 밝히는 순수한 방법을 형성하는 자아론(Egologie)[2]이다. 그것은 내딛는 모든 단계에서 순수하게 간취된 것으로 절대적이며 담대하게 편견 없이 처리해가는 방법이고 절대적으로 확실하게 주어진 것과 합치하는 방법이다.

따라서 내적 경험의 경험론에 대한 비판은 그 밖의 철학적 비판보다 더 근본적이다. 그 비판은 경험론자가 절대적으로 주어진 것에서 실제로 마음에 그리는 것과 그가 다른 한편으로 구축하는 것을 지적하면서 우리가 특수한 선험적인 것(Transzendentales)[3], 즉 순수 주관성과 순수 의식이라는 표제 아래 실행되는 삶과 작업수행 —— 이 속에서 가능한 모든 객체[객관]성은 그 의미와 존재를 가능한 자아에 대해 자신의 것으로 삼는다 —— 에 대해 맹목적으로 만드는 객관주의적 편견에서 우리를 해방시킨다. 바로 이렇게 함으로써 그 비판은 앞에서 시사한 경험론적 회의와 같이 모든 회의에 근본적 회의론을 극복하는 작업수행의 길을 열고, 그 길을 충분한 의미에서 참으로 만든다. 참으로 만드는 것(Wahr-machen) 자체, 가장 완전한 의미에서 그것은 당연히 '비판이 그 방법과 지평을 일반적으로 볼 수 있게 하는 실제로 상론하는 작업'을 뜻한다. 그러나 이미 그 비판은, 직관주의로서 경험적 직관주의를 도와 그 참된 권리를 획득하고 그래서 경험

---

2) 후설에서 '자아론'은 '자아-사유작용-사유된 대상'(ego-cogito-cogitatum)으로 이루어진 선험적 자아의 작업수행 전체를 발생적으로 분석하는 학문을 뜻한다.

3) 이 용어 또는 '선험성'(Transzendentalität)은 소박한 자연적 태도에서 존재를 정립한 것을 판단중지 해 드러난 새로운 차원, 즉 선험적 환원을 통해 밝힌 자아와 그 체험영역 전체의 본질적인 지향적 상관관계를 뜻한다. 따라서 그 의미상 경험적 태도에서 드러난 '경험세계'와 대립된 '선험세계'로 이해할 수 있다.

론을 마치 경험론 자체로부터 지키며 마치 자신의 참된 자아와 그 주도적 이념을 발언하게 하거나 가상의 경험론에서 참되고 진정한 경험론을 끌어내 표본으로 삼는 한에서, 참으로 만들었다(그리고 가령 소피스트의 철학에서 소크라테스나 데카르트로 비판해 넘어가는 것보다 더 높은 의미에서 이 비판은 참으로 만들었다).

21 버클리의 발견과 실재 세계의 구성이라는 문제를 자연주의적으로 왜곡함

우리의 이념 역사적 고찰을 종결짓기 위해 우선 로크의 심리학주의가 순수한 내재적 철학으로 발전해간 것에 대해 이야기하자.

로크가 초월적 세계가 현존함, 새로운 자연과학 그리고 자연과학자들 가운데 이어받은 ─ 감각적으로 직관할 수 있는 사물의 ─ 주관적 성질과 객관적 성질에 대한 해석을 미리 주어진 것으로 전제하는 모순에 가득 찬 방식은, 어쨌든 그가 다른 한편으로 자신의 직관주의를 내적 경험에 순수하게 주어진 것에 대한 방법적 분석에서 구상하는 동안, 그렇게 전제하는 계기를 불러일으켰을 것이다. 아무튼 이 직관주의에는 그 자체로 또한 시대에 대해 로크의 저술에 중요한 새로운 점이 있다. 즉 직접 주어지는 것은 우리 자신의 '관념', 우리에게 직접 주어지는 명증한 내적 경험의 장(場)뿐이다. 따라서 그것은 학문적-심리학적 연구의 근원적 장일 뿐 아니라, 모든 인식문제를 학문적으로 해명할 장이다. 그것은 명백했다. 의식을 자연화하는 것은 누구도 불쾌해할 수 없었다. 이 자연화는 자연적인 사유의 특징에 따랐다. 그래서 내적 경험에 주어진 것을 그 요소들에 입각해 관찰하고 이것의 발생적 근원을 분석하는 로크의 계속된 방법적 처리절차도 명백했다. 즉 전개된 의식 속에 등장하는 복합적 존립요소들은 발생적으로 요소들로부터 구축되며, 이때 일체가 되어 기술되고 전개하면서 이해할 수 있게 된다.

그렇다면 의식의 초월적 객체성, 외적 실재성은 이러한 직관주의적-발생적 방법으로만 또는 '백지'의 내적 현상으로서만—따라서 실재성 자체로서가 아니라 경험의 내용, 감각적 나타남으로서만—자명하게 문제가 된다. 또한 이러한 현상만 근원적으로 주어지고 명백하며 모든 인식—따라서 심지어 경험 속에 놓여 있는 인식—이 더구나 그 가능성에 따라 그러한 내적 분석을 통해 설명된다면, 어떠한 객체성도 전제되면 안 된다. 그래서 그것은 직관주의적 방법의 토대 위에 서 있고 원리적으로 명석하게 사유하는 모든 독자의 지평 속에 놓여 있었다.

그러므로 로크의 저술 자체는 순수한 내재적 철학의 경향을 띤다. 로크의 경우 광범위한 많은 개별적 상론에도 이미 그 경향이 명백히 드러난다. 진리를 깨닫는 인식을 우리 자신의 관념들이 일치하거나 불일치하는 지각으로만 정의할 수 있다는 그의 명확한 학설에서도 그렇다. 어쨌든 그의 학설은 원리적으로 초월적인 것에 대한 인식은 생각할 수 없다고 주장한다. 물론 **초재**에 대한 로크의 학설은 이 학설과 거의 일치하지 않을 것이다. 따라서 이것은 로크의 직관주의를 방법적으로 정화하는 일과 초월적으로 추정하는 일을 엄밀하게 배제한다. 그 가운데 초재에 대한 인식의 문제제기를 오직 내재적으로 주어진 것만 전제하면서 숙고하는 일을 매우 당연하다 여긴다. 하지만 자연주의적 태도에 머물기 때문에 아직 의식을 의식으로 보고 지향적 방법을 실행할 수 있는 시대가 아니었다.

그런데 여기에서 가장 근본적이며 사실상 근대에 가장 독창적인 철학자 가운데 한 사람인 버클리가 나타난다. 현대의 경험론적 인식론과 현대 심리학은 그를 가장 위대한 개척자라고 숭배한다. 그러나 내 생각에는 그의 정신에서 가장 뛰어난 점, 즉 로크의 자연주의적 내면 분석(Innenanalyse)을 그가 경탄할 만하게 계속 형성해간 것을 넘어서는 일을, 근대가 파악할 수 없었다.

우리는 그의 시대에 경탄할 만한 비판, 원리적으로 길어낸 것이 아닌데도 원리적인 것을 언급하는 비판, 즉 물질적 실체와 그 제일성질에 관한 로크의 학설에서 버클리가 행한 비판을 이미 앞에서 이야기했다. 그 비판은 버클리가 물질적 세계에 대한 최초의 내재적 ─ 그럼에도 자연주의적 ─ 이론을 정초하는 데 이바지한다. 이와 일치해 더 일반적으로 말하면, 그것은 실재적 세계(물리적 세계와 동물적-인간적 세계)를 인식하는 주관성 속에 이론적으로 이해할 수 있게 하는 최초의 체계적인 시도였다. 더구나 비록 단순히 원초적인 출발의 형태로 보이더라도, 그 문제는 본래 버클리가 최초로 제기한 것이다. 실로 데카르트의 성찰에서 첫 번째 과제가 '자아'가 어떻게 그의 '사유작용'의 직접 명증한 영역에서부터 초월적 객체성에 대한 믿음 그리고 외부 세계와 신에 대한 믿음에 이르렀는지를 밝히는 것인 한, 그 문제의 핵심형식은 이미 데카르트의 성찰 속에 놓여 있었다. 하지만 아무리 여기에 새로운 인식론 전체의 출발과 구성적 문제의 싹이 놓여 있더라도, 어쨌든 '직접적인 의식의 장 자체를 체계적으로 연구하고 이 장 자체를 심문하며 ─ 그럼에도 이 장만 자신의 현상 속에 외부 세계를 의식하게 하는 한 ─ 이 장 자체에서부터 이러한 외부 세계의 의미를 규명하는 것'이 여기에서 우선 필요하다는 통찰이 결여되어 있다.

로크의 직관주의는, 그 직관주의가 곧 순수하게 파악된다면 그리고 그렇게 파악될 때만, 이러한 길로 이끈다. 버클리가 순수한 내적 태도를 내세우자마자 그는 즉시 그 문제를 간취했고 그것을 해결하려 시도했다. 그는 독창적인 대담함으로 자연적 경험의 권리를 회복시켰다. '자아'의 체험으로서 순수하게 내재적으로 보면, 외적 경험은 외부 세계 자체에 대한 경험으로 주어진다. 보인 것, 들린 것, 감각적으로 파악된 것은 자연 자체로서 주어진다. 자연 자체는 원본에서 그 어떤 모사(模寫)가 아니다. 지각은 〔어떤 것을〕 구축하지 않으며, 어떠한 추론도 하지 않는다.

다른 한편 버클리는 '백지'-견해의 자연주의에 사로잡혔다. 그는 감각자료의 끊임없는 변화가 지각작용의 연속성 속에, 곧 명증하게 동일한 것인 명증하게 주어진 **동일한 사물**을 불가능하게 할 수 있다는 사실을 깨닫지 못했다. 그때그때 감각자료 — 시각, 촉각, 청각 등의 자료 — 의 복합과 그것이 지각되는 명증성에서 그때그때 지각된 사물을 감각론으로 혼동했다. 모든 감각론자, 실로 자연주의적 학파의 모든 심리학주의자처럼 그는 〔한편으로〕 나타나는 방식들의 변화, 즉 이미 모든 개별적 사물의 징표가 관계되는 끊임없이 뒤로 밀리는 조망의 변화와 〔다른 한편으로〕 나타나는 사물 자체와 나타나는 — 게다가 순수하게 나타나는 — 사물의 징표 사이의 내재 안에서 파악할 수 있는 명백한 구별을 하지 않았다.

이렇게 음영지어진 채 나타나는 것을 감각자료로 간주한다면, 따라서 '인식하는 자에게 경험된 세계는 그때그때 그의 감각복합일 뿐'이라는 버클리의 논제를 뜻한다면, '그가 경험된 사물의 통일성에 그 사물의 음영짓는 나타남의 다양성을 끼워 넣는 것'은 곧 '그가 통일성의식으로서 사물〔에 대한〕 의식, 연속적 경험작용 속에 지배하는 의식의 종합 그리고 다양한 의견의 연속성 속에 종합적 통일체로서 경험된 사물 자체에 대해 맹목적인 것'과 연관되어 있다.[4]

---

4) 그 혼동은, 다른 측면에서 뿌리째 뽑아버릴 수 없게 여전히 오늘날의 심리학과 인식론에 사용되듯이, 오래 되었다. 아마 바로 그 때문에 우선 한마디 설명하는 것이 유익할 것이다. 홉스(그 후에 로크도)는 〔한편으로〕 지각의 사물 — 지

그러므로 경험의 통일체가 색깔, 음 등 서로 다른 유(類)의 감각이 자체 속에 분리된 자료에 부여하는 것은 감각론자에게 단순한 연상(Assoziation)[5]이다. 사물들은 습관에 따라 서로 지시하고 공존(Koexistenz)하고 계기(Sukzession)하는 가운데 경험적으로 규칙화되어 감각적 경험으로 등장하는 연상적 복합[체]일 뿐이다. 실로 버클리에서 자연의 인과성은 단순히 습관에 따른 예상으로 환원되었다. 연상은 모든 경험추리의 원리다. 초월적인 물질적 존재의 영역인 초월적 자연은 어떤 초월적 공간 속에 구상된 하나의 허구이며 단지 연상적으로 통일된 내재적 감각복합일 뿐인 경험된 자연으로 환원된다. 마찬가지로 내가 내재적 자료에서 초월적인 것이 아니거나 지각할 수 없는 것이 아닌 내재적 자료로 추론할 수 있다면, 자연의 법칙성은 이러한 복합의 귀납적 법칙성으로, 궁극적으로는 감각적 자료가 의식 속에 나타나고 사라지는 가운데 연상적으로 규칙화하는

각된 속성들의 기체통일체(Substrateinheit) ― 과 [다른 한편으로] 감각의 반성 속에 항상 볼 수 있는 감각자료의 복합 ― 이것은 자신의 개별적 자료를 집합적 요소로 '지니지만' 그렇다고 결코 속성으로 '지니지는 않는다' ― 을 동일시한다. 이미 모든 개별적 속성이 그 지각의 연속성 속에 명백한 종합적 통일체로 주어졌다는 점에 날카롭게 유의해야 한다. 예를 들어 내가 변경시키지 않고 보는 지각된 사물의 색깔은, 내가 정상적으로 눈을 움직이고 더 가까이 다가서는 동안, 바로 이 동일한 것으로 보인다. 반면 이 동일한 색깔을 매 순간마다 제시하는 감각자료(색깔조망의 음영)는 끊임없이 변한다. 태도변경에서, 진정한 사물에서 지각된 사물과 지각된 속성으로, 그 사물과 속성이 원근법으로 제시되는 것으로 넘어가는 가운데 이러한 연관은 ― 필연적 연관으로서 ― 명백해진다. ―후설의 주.

5) '연상'은 어떤 관념이 다른 관념을 불러일으키는 현상을 뜻한다. 그런데 후설은 이것을 정신적 세계를 지배하고 구성하는 근본법칙으로 파악한다. 즉 시간이 흐르면서 변양된 표상이 동기부여로 새롭게 주어지는 표상과 끊임없이 결합하거나 어떤 것이 다른 것을 기억하고 지시하는 내재적 체험발생의 짝짓기(Paarung)를 통해서만 분리된 기억들은 서로 관련을 맺고, 하나의 시간적 연관 속에서 질서 잡힌다.

것으로 환원된다. 여기에 본래의 작용이나 반작용, 본래의 인과성은 전혀 없다. 귀납적으로 예상할 수 있는 규칙적 결과에 대해 규칙적 전제(Antezedieren)만 있을 뿐이다. 실제의 인과성은 자아의-인과성(Ich-Kausalität)일 뿐이다.

22 버클리의 모나드론적 단초: 라이프니츠와의 비교. 흄으로 넘어감

감각자료, 감각복합은 지각된 것, 즉 어떤 주체 속에 의식된 것으로서만 생각할 수 있다. 감각자료나 감각복합에 고유한 물질적 실체를 가정하는 것은 전혀 무의미하다. 그것을 생각할 수 없는 것은 이미 로크의 '무엇인지 모르는 것'(Je ne sais quoi)이 시사한다. 이것은 그것이 존재하는 데 그것을 의식하는 정신만 필요할 뿐이다. 다른 한편으로 정신 자체는 실체다. 그 자체만으로 자립적으로 존재하는 유일하게 생각할 수 있는 존재다. 그것의 존재는 의식을 갖는 것, 지각하는 것이고, 다른 한편 능동적으로 존재하고 진정한 인과성을 실행하는 것이다. 참된 실제성은 정신으로 환원된다.

그러나 어쨌든 나 자신의 관념의 장(場)만 직접 주어진 나는 무엇에서 다른 자아주체의 존재에 대해 아는가? 초월적 자연을 위해 관념의 장을 넘어가는 가능성을 부정하려 하고 그럼에도 다른 한편으로 초월적인 것을, 즉 타인이 지닌 자아의 형식으로 인정하는 것은 전도된 것이 아닌가? 그러나 나 이외의 정신으로 추론하는 것은 물질적 초재로 추론하는 것과 완전히 다른 토대를 지니며, 전혀 진지하게 숙고하지 않는 것이다. 버클리는 정신적 외부 세계의 이러한 문제를 거의 유일하게 주목받은 『인간 지식 원리론』(*A Treatise concerning the Principles of Human Knowledge*, 1710)에서는 유감스럽게 다루지 않았지만, 『하일라스와 필로누스의 세 대화』(*Three Dialogues between Hylas and Philonous*, 1713)[6])에서는 잘 다룬다. 매우 관심을 끌 만한 그의 사유과정은 여기에서 자유롭게(다소 격화시켜) 제시될 것이다.

사물들을 서로 연상적-귀납적으로 지시할 수 있듯이, 사물들도 특수하게 자아적인 것(Ichliches), 자아의 작용, 자아의 의견, 판단 등을 지시할 수 있다. 이러한 관점에서 습관에 따른 결합과 예상이 형성될 수도 있다. 그런데 나의 의식 장 속의 어떤 감각의 사물들은 내가 나의 신체라고 부르는 사물과 유사해 나의 것이 아닌 정신적인 것, 자아의 작용, 주관적 체험의 연관을 지시할 수 있다. 나의 신체는 언제나 나의 의식 장 속에 남아 있다. 따라서 나의 정신적 삶과 밀접하게 결합[연상]된다. 당연히 자신의 방식과 자신이 거동하는 태도에서 자신을 충분히 닮은 어떤 사물이 어떤 유사한 영혼 삶을 지시할 것이다. 그 추론은 완전히 이해할 수 있으며, 인식할 수 없는 것으로 나아가는 것이 아니라 유사한 것에서 유사한 것으로 나아간다.

그렇지만 내가 경험적으로 지시하는 방식으로 함께 주어진 타인의 주체[주관]를 그의 신체와 관련해 부여함으로써 이것은 '타인의 주체는 자신의 감각적 지각을 지녔다'는 사실, '타인의 주체는 감각 사물에 대한 바로 그와 같은 복합을 나와 같이 경험한다'는 사실, '타인의 주체는 나와 함께 '하나의 동일한' 세계나 자연을 '공통으로' 갖는다'는 사실도 지시한다. 이것은 단지 '관용어'(façon de parler)로는

---

6) 이 책은 버클리가 『인간 지식 원리론』에 대한 비판에 대응하기 위해 쓴 것으로, 그리스어로 '지성을 사랑한다'는 뜻의 '필라누스'는 버클리의 견해를, '물질'을 뜻하는 '하일라스'는 로크의 철학을 대변한다. 여기서 그는 연장실체로서 물질과 로크의 '무엇인지 모르는 것'도 추측에 의해 단지 짐작되는 것이라고, 그 인식가능성뿐만 아니라 실재성조차 부정한다. 그래서 '존재하는 것은 지각되는 것'(esse est percipi)이라는, 즉 직접 지각되는 것은 관념뿐이며 이것은 오직 마음속에만 존재한다는 주관적 관념론을 주장한다.

본질적 실제성에서 오직 나와 타인만 존재하며, 우리 각자는 자신의 지각이나 자신의 감각복합을 가지며, 각자 속에 자신의 복합이 귀납적으로 정돈되고 자연이 질서로 인식할 수 있다고 말한다. 주체들의 상호이해가 가르쳐주듯이, 이상하게도 모든 것 속에 하나의 완전히 닮은 자연이 동일한 감각복합과 질서를 지니고 구성되었을 뿐이다. 이렇게 불가사의한 질서나 모두에게 공통적인 자연의 창조자는 이러한 사실에서 곧바로 추론되어야 할 신(神)이다. 그래서 우리는 목적론적 증명[7]의 내재적 유형을 갖게 된다.

이러한 이론 전체가 원초적이다. 따라서 그 이론이 아무리 상세하고 학문적으로 세심하게 전개되지 않았더라도, 그것은 어쨌든 초재를 내재의 토대 위에서 논의한 첫 번째 이론이다. 또한 내재적으로 경과하는 경험 자체가 만든 필연적인 이론적 요구에 입각해 순수하게 그러한 요구 자체에 입각해 경험된 세계의 의미를 학문적으로 규정하는 첫 번째 시도다. 여기에서 우리는 버클리의 이론과 이와 같은 시대의 라이프니츠의 모나드론(Monadologie)의 학문적 차이도 알게 된다. 이것들은 결국에는 매우 유사하지만, 그 기초와 정초하는 방식에서 서로 다르다.

라이프니츠의 모나드론은 수학적 자연과학과 이 자연과학의 정밀한 이론 속에 진리 ─자연과학적 진리─ 로 규정되는 물질적 자연을 형이상학으로 해석하는 양식을 띤다. 그에게는 이 자연과학적 진

---

7) 스콜라철학에서는 아리스토텔레스철학에 입각해 신의 존재를 다음과 같이 증명하려 했다. ① 모든 실체를 가능태에서 현실태로 부단히 변화시키지만 자신은 움직이지 않는 존재(자연철학). ② 모든 결과의 궁극적인 능동적 원인(인과론). ③ 생성 소멸하는 우연한 존재에 반해 필연적 존재(존재론). ④ 상대적으로 완전한 존재에 반해 절대적으로 완전함(충족이유율). ⑤ 모든 실체의 변화가 질서 있게 궁극적으로 지향하는 목적(목적론)으로 증명하려 했다.

리를 종교적인 신학적 진리와 화해시키는 것이 중요하다. 자연과학적 진리는 곧 자연과학에 의해 규정된 자연의 의미를, 원자들의 역학을 모든 세계의—따라서 모든 자연의—존재와 사건에 대해 종교가 요구하는 신학적 의미와 일치시키는 것이다. 라이프니츠는 자신의 모나드론에서 독창적인 묘안을 제시한다. 그는 자연과학적 의미에 내적인 모나드의 의미를 해석하면서 밑에 깔아놓고 이에 대한 논증들을 집합한 자연에 대한 정신적 해석을 통해 그 화해의 가능성을 발견했다.

다른 한편 〔아일랜드〕 클로인(Cloyne)의 주교 버클리도 당연히 신학—심지어 오직 신학—에 관심을 보였으나, 라이프니츠처럼 신학과 자연과학 양쪽에 관심을 보이지는 않았다. 그는 결코 자연과학자가 아니기 때문이다. 그러나 그의 새로운 점은 형이상학과 신학으로 해석한 것이 아니라, 전제 없는 체계적-학문적 연구의 단편을— 그 연구에서 근원적으로 규정하는 신학적 관심과 전혀 무관하게— 제공한 데 있다. 로크의 비판은 그에게 순수 내재적 토대를 제공해주었고, 이 토대 위에서 그는 경험되거나 경험할 수 있는 자연 그 자체의 항상 명백하게 제시할 수 있는 의미가 내재적으로 포함된 특성인 외적 지각의 순수 내재적 특성을 발생적으로 기술해 제시하려고 한다. 따라서 그는 '모든 자연과학이 외적 경험의 이러한 내재적 의미에 관련된다는 점' '외적 경험이 인식하는 사물은 실제로 직접 지각된 것일 뿐이라는 점' '이렇게 함으로써 자연과학자는 모든 학문적 처리절차를 충족시킬 수 있다는 점'을 해석하거나 구축하지 않고, 제시해 계속 밝히려 했다.

여기에서 우선, 앞에서 이미 시사했듯이, 아무리 지극히 원초적이며 자연주의적으로 이치에 어긋난 형식이라도 외적인 것을 구성하는 이론의 문제는 순수하게 그 자체로 완결된 의식 내면의 현상으로 뚜렷이 나타난다. 라이프니츠는 이러한 문제를 아주 당연하다고 생각했고, 어느 정도 그의 시야 속에 있었다. 그러나 그는 이러한 문제에 중심인 철학적 의미를 전혀 깨닫지 못했다. 즉 순수 의식의 영역과 이 영역의 순수한 내재 속에 수행되는 의미부여를 체계적이고도 엄밀하게 학문적으로 탐구하는 이념이 그에게는 그가 철학을 하는 (Philosophieren) 데 원동력이 되지 않았다. 하지만 버클리가 혼란스러운 로크의 단초를 내재적 직관주의로 순화하는 가운데 순수 의식에 관한 학문으로서 객관적 세계의 학문인 전통적 심리학 전체와—모든 심리학이 의식의 체험과 연관되어 있더라도—필연적으로 분리되는 새로운 종류의 의식에 관한 학문으로의 첫 번째 싹이 놓여 있다. 어쨌든 버클리 자신은 이 순수 의식에 관한 학문을 체계적으로 검토했지만, 비록 그의 『인간 지식 원리론』, 『하일라스와 필로누스의 세 대화』, 또한 『새로운 시각론』(*An Essay towards a New Theory of Vision*, 1709)에 관한 독창적인 첫 저술(후자는 몇 가지 필요한 변경을 해서)이 이러한 학문의 이념을 준비하고 원초적 표본으로 정리했더라도, 실로 모든 인식과 학문 일반에 대한 기초학문으로서 그 학문의 완전한 이념을 아직 경계 짓지 않았다.

버클리를 내재적 자연주의 속에—하지만 여전히 훨씬 넘어서서—완성한 사람은 데이비드 흄이다. 철학사에서 그의 출중한 의미는 우선 그가 버클리의 이론과 비판에서 새로운 종류의 심리학이 돌파되는 것을 간취했고 여기에서 가능한 모든 학문 일반에 대한 근본학문을 인식했다는 데 있다. 더 나아가 그가 버클리, 그리고 부분적으로는 순수하지 않은 형식이지만 로크가 한 연구를 이용해 이러한 학문을 체계적으로 완성하려 했고 더구나 가장 신랄하게 귀결지은 내재적 자연주의의 양식으로 완성하려 했다는 데 있다. 이렇게 함으로써 흄은 본질적으로 새로운 유형의 근본적 심리학주의를 정초했다. 이 심리학주의는 모든 학문을 심리학—하지만 순수하게 내재적인 동시에 순수하게 감각론적인 심리학—위에 설립한다.

바로 이러한 결정적인 점에서 흄은 항상 오해된다. 사람들은 이른바 그의 이론에서 '그들 자신이 흄의 심리학으로 객관적 세계에 있는 인간의 영혼 삶에 관한 객관적 학문이라는 통상적 의미의 심리학을 이해한다'는 사실을 이해하지 못한다. 물론 흄 자신의 논의는 오해를 불러일으켰다. 이는 필연적인 일이었지만 〔로크나 버클리와〕 결코 대조하지 않았다. 그러나 사람들은 그의 심리학의 의미를 거의 완전히 일관된 그의 방법적 처리절차에 입각해 알아내고, 게다가 이 처리절차를 역사적 연관에서 해석해야 했다. 그는 『인간 본성론』(*A Treatise of Human Nature*)[8]의 머리말에서 이렇게 말한다.

인간에 관한 이론은 다른 학문들에 대한 유일하게 확고한 토대다. 또한 인간에 관한 이론에서 그 해결이 함께 포함되어 있지 않을 의미의 문제는 결코 없으며, 우리가 이 학문에 친숙하게 되지 않는 한, 어떠한 의미의 문제도 일치하게 확실히 결정될 수 없다. 더 나아가 우리가 생각해낼 수 있는 어떠한 학문도 여기에서 배제되면 안 되며 심지어 수학이나 자연과학의 궁극적 정초도 인간에 관한 이론을 통해 이루어져야 한다는 것을 입증하는 다른 명제로 알아차릴 경우, 인간 본성의 원리를 설명하는 데 학문의 완벽한 체계가 포함되어 있다는 것을 뜻한다.

---

[8] 흄의 『인간 본성론』은 제1권과 제2권(1739), 제3권(1740)으로 이루어졌지만 미완성이었기 때문에 나중에 수정되고 확대되어 『인간 오성론』(*An Enquiry concerning Human Understanding*, 1748)과 『도덕 원리론』(*An Enquiry concerning the Principles of Morals*, 1751)으로 나누어 출간되었다.

나는 사람들이 이 모든 것을 알아차리면 달리 해석할 여지가 전혀 없을 극단적 인간학주의 앞에 서게 된다고 생각한다.

어쨌든 사람들이 기억해야 할 이 저술 자체를 더 상세하게 연구하고 부분적으로 지각의 영역에서 일어난 사건만 전제하거나 이론적으로 밝혀내는 방법에 주시하며 다른 한편으로 초월적인 물리적 자연뿐 아니라 그에 속한 모든 범주적 형식을 지닌 모든 객관적 세계도 지각적 영역에서 허구의 형성물로서 증명될 결과에 주시한다면, 아무튼 이때 이 모든 것은 단지 통상의 심리학이 아니며 따라서 존재하는 것으로 주어지고 존재하는 것으로 간주된 시공간의 실재적 세계의 토대 위에 있는 경험과학일 뿐이라는 사실이 분명하다. 인간, 인간 영혼, 인격, 인격적 집단 등을 포함한 세계 전체가 허구(Fiktion)일 뿐이라는 점을 입증하는 학문이 통상의 의미에서 인간이나 인간 영혼 등에 관한 학문일 수는 없으며, 인간의 경험적 실제성을 전제하는 학문일 수도 없다. 그와 같은 난센스를 흄과 같은 사람에게 기대할 수 없으며, 그도 자신의 저술 자체에서 그렇게 주장하지 않았다.

실제로 나는 '이러한 흄의 심리학이 순수하게 의식에 주어진 것에 관한 학문을 최초로 체계적으로 시도한 것이며, 흄도 자아를 단순한 허구라고 하지 않았더라도 그것은 순수한 자아론(Egologie)을 시도한 것이다'라고 생각한다. 그것은 철저하게 조심하는 가운데 '백지'에 내재적으로 발견되는 것만, 따라서 직접 명백한 의식의 존립요소들만 활용하고 그래서 이러한 영역(감각론으로 해석된 '나는 생각한다'의 영역) 속에 심리학적으로 설명할 수 있을 심리학적 법칙을 추구하는 '백지'-심리학이다. 또한 그것이 구체적인 구성적 문제제기를 최초로 체계적이며 보편적으로 구상한 것, 최초의 구체적인 순수한 내재적 인식론이라고 할 수 있다. 필요하다면 흄의 『인간 본성론』이 순수한 현상학 ─ 하지만 순수하게 감각론적 경험적 현상학의 형태에서─을 최초로 구상한 것이라고 할 수도 있다.

2절 흄의 실증주의─회의론을, 동시에 선험적 근본학문의 결정적 준비단계를 완성함

23 흄이 유명론의 견해에서 모든 이념을 인상으로 환원한 것과 이러한 원리가 이치에 어긋난 점

흄에서 비로소 감각론이 완전히 확신을 얻어 보편적으로 전개된다. 버클리는 외적 자연에 대한 직관을 해석하는 데 감각론자일 뿐이었다. 사물은 의식 자체의 내재 속에 주어진 감각자료의 복합이다. 초월적인 물질적 사물은 허구이며, 어떠한 물질적 실체도 존재하지 않는다. 그러나 버클리에 따르면, 감각적 지각은 감각하는 주체인 자아를 전제한다. 버클리에서 자아는 가령 단순히 연상된 심리적 체험의 집합체에 대한 단순한 명칭이 아니다. 오히려 모든 감각적 지각─그 밖의 모든 주관적 사건, 모든 자아의 작용, 자아의 상태도 포함해─은 정신적 실체로서 자아 속에 통일의 원리를 지닌다.

그러나 바로 이것은 흄이 부정하는 일이다. 내가 나 자신에 관해 성찰할 때마다 나는 반성하면서 의식에 적합하게 제시할 수 있는 것으로써 무엇을 발견하는가? 열기와 냉기, 빛과 그림자, 사랑과 미움 등의 지각을 발견하지만 나는 자아나 이 말에 상응하는 특별한 '인상'(Eindruck) 같은 것을 발견할 수 없다. 자아, 그것은 서로 이해할 수 없을 만큼 빠르게 따라가는 서로 다른 지각들의 다발일 뿐이다.

그 결과 여기에 흄 자신에게는 어쩌면 중대한 문제가 발생한다. 즉 어떻게 내가 나 자신을 동일한 자아로 간주하고 각자가 자신을 단순히 체험들의 덩어리가 아니라 이렇게 지각이 끊임없이 변화할 때 하나의 동일한 인격으로 파악하게 되는가? 하지만 아무튼 감각자료에 기초가 되는 통일체인 물체적 실체와 같이 영혼의 체험 전체에 기초가 되는 총일체인 정신적 통일체도 삭제된다. 그런데 영혼은 결코 '백지'와 비교될 수 없고, 일시적인 여러 가지 심리적 형태로 등장하는 무대와 비교될 수도 없다. 왜냐하면 실재적인 것(Reales)은 이러한 서판이나 무대에 상응하지 않으며, 그것은 체험 속에 있는 어떤 사물이 아니라, 유일하게 결합하는 것은 심리적 체험을 공존과 계기에 따라 순수하게 실질적으로 규제하는 법칙성이기 때문이다.

이제 세계를 해석하는 감각론은 완전히 연장되고 완결된다. 모든 존재, 정신과 마찬가지로 물체의 존재는 자아가 없는 지각들의 덩어리인 심리적 자료로 환원된다. 갓 출발한 정밀한 자연과학이 자연을 원자론–역학으로 파악한 것과 유사함이 눈에 띈다. 물리적 자연은 그 자체만으로 존재하는 원자들의 시공간적 합체(Zusammen)로 생각되고, 모든 물리적 사건, 모든 원자의 운동을 명백하게 규제하는 자연법칙의 통일성에 의해서만 포괄된다. 따라서 의식의 자연주의는 유사한 방식으로 주관성을 의식의 원자로, 공존과 계기의 단순히 실질적 법칙 아래 궁극적인 실질적 요소로 해체한다. 이러한 의식의 원자는 지각(흄의 경우 이것은 로크의 '관념'과 동일한 것을 뜻한다)이며, 여기에서 외적 자연법칙에는 연상과 습관의 내적 법칙 그리고 이것들과 밀접하게 연관된 유사한 유형의 법칙이 상응한다. 그렇지만 이것들은 본래 서로 대립해 평행하는 법칙이 아니며, 심리적 법칙은 모든 존재의 참된 근본적 법칙이다. 즉 각각의 모든 존재는 그것에 속하고 추정적으로 자립적인 모든 법칙성에 의해 내적 심리적 법칙 덕분에 지각에서 지각과 그 형성물로 환원된다.

흄은 그런데도 이러한 사실을 전제하지 않고, 체계적으로 진행해가는 전제 없는 심리학 — 직접 심리적으로 주어진 것에서 출발하고 연상, 회상 등의 법칙인 심리학에서 존재하는 근본법칙을 모든 내적 심리적 발생의 근본법칙으로 경험적으로 밝혀내는 심리학——에 의해 바로 이러한 사실을 입증한다. 그때그때 주체에 경험의 세계라는 명칭으로 물체와 정신이 현존하는 모든 것, 즉 공간, 시간, 인과성, 사물, 힘, 능력, 인격, 공동체, 국가, 법률, 도덕 등 매우 친숙한 모든 객관적 형식은 거기에서 이러한 세계 전체나 개별적 세계의 영역을 인식하는 체 하는 모든 학문의 방법과 작업수행과 마찬가지로, 이러한 심리학을 통해 설명되어야 한다. 물론 모든 존재와 모든 학문을 이렇게 가장 깊게 심리학적으로 설명한 결과는 다음과 같다. 즉 모든 객체성을 지닌 세계 전체는 내재적 심리학적 법칙에 따라 주관성 속에 필연적으로 생기는 허구인 가상으로 형성한 것의 체계일 뿐이다. 그리고 학문은 주관성의 자기기만(自己欺瞞)이거나 허구를 삶의 목적에 유리하게 조직하는 기술(技術)이다.

하지만 지금은 흄의 심리학과 인식론에서 추정된 무전제성과 근본적 실질성, 일반적인 방법적 형식 전체를 다소 자세하게 비판적으로 관찰해야 한다. 우선 데카르트가 철학을 체계적으로 정초하는 데 필요하다고 간주한 근본적 고찰이 전혀 없다는 사실에 주목하자. 데카르트에서 근본적 고찰은 매우 중대한 요건이다. 그는 한편으로 『방법서설』(*Discours de la methode*, 1637), 『제일철학에 관한 성찰』(1641), 『철학의 원리』(*Principia philosophiae*, 1644)가, 다른 한편으로 유작이 증명하듯이, 근본적 고찰을 항상 새로운 형태로 시도했다. 철학은 절대적으로 정당화된 보편적 학문이 되어야 한다. 따라서 근본적 고찰은 보편적이고 절대적으로 인식을 정당화하는 처리절차를 모든 학문과 일반적으로 진정한 인식을 체계적으로 포괄하는 처리절차로서 숙고하며 이 필연적 처리절차 그 자체를 구상하고 정당화하는 기초가 되는 성찰이다.

앞에서 말했듯이 흄에게는 궁극적으로 정초하는 방법에 관한 그와 같은 근본적 성찰이 없었다. 따라서 그의 근본주의는 궁극적 자기성찰과 자기해명에 입각한 궁극적 자기책임(Selbstverantwortung)을 뜻하는 진정한 근본주의가 아니다. 직접 주어진 것 —즉 그때그때 발견되는 자신의 체험—의 명증성은 자명하게 이어받았지만 신중한 비판 자체를 통해 획득하지는 않은 유산의 일부다. 모든 인식을 경험을 통해 정초하려는 경험론의 원리도 마찬가지다. 이러한 원리의 의미는 해명에 관한 로크의 직관주의에 입각해 규정된다.

흄의 경우 그 원리는 감명 깊은 가상의 명석함에서 모든 관념을 인상으로 환원하는 방법적 형식으로 제시된다. 인상은 근원적으로 생생하며 강렬한 지각이다. 그 인상이 지나가버린 다음 흄이 '관념'이라 부른 희미한 잔상(殘像), 모상(模像)은 이 지각에서 재생산적으로 되돌아온다. 인상들이 서로 함께 혼합됨으로써, 이른바 사유 속에 새로운 관념에 결합됨으로써—이러한 형성물로서 관념이 그 자체가 근원적 인상에서 유래하지도 않고 어쩌면 나중에 증명할 수 있는 실제적 인상에 관련되지도 않는 반면—이제 관념, 즉 모상으로서 느낌을 주는 생각이 생긴다. 이러한 점에 모든 오류, 실질적이지 않은 사유의 모든 잘못의 원천이 놓여 있다. 따라서 인식비판을 수행하는 것은 우리의 모든 생각, '관념'을 '이것들에 근원적 인상이 상응하는지, 어느 정도 상응하는지, 이것들에서 그러한 인상이 증명될 수 있는지'에 입각해 연구하는 것을 뜻한다. 모든 경험론뿐 아니라 로크의 직관주의를 이끌어간 대립, 즉 〔한편으로〕 막연하고 실질적이지 않은 의견, 가령 스콜라철학이 단어의 미묘함에 휩쓸린 사변[9]의 경

---

9) 후설은 이미 『엄밀한 학문』(305/6)에서 스콜라철학에 반발하는 구호 '공허한 단어분석을 버려라!'에 공감하면서 사태 자체(Sachen selbst)로, 즉 우리가 사용하는 단어에 의미와 이성적 권리를 유일하게 부여할 수 있는 의식에 직접 주

우와 같은 인위적인 사유의 형성물이라도 공허한 의견과 〔다른 한편으로〕 명석한 직관, 명석한 직관으로 가득 충족된 판단——인상이 직관적으로 스스로를 부여한 것을 진술하면서 정확하게 표현하는 판단——의 의견대립이 지극히 대충으로 감각론을 거칠게 만들면서 여기에서 명백하게 결정적이다.

여기에서는 진지하게 인식을 이론으로 해명하려는 내재적 인식심리학에서 어쨌든 이 원리적 근본파악(그럼에도 이것은 실로 인식의 작업수행 자체에 대한 설명일 뿐이다)이 본질적 부분에서 전제하고 타당하게 하는 모든 것을 신중하게 기술해야 한다. 그것은 해명과 확증, 정당화와 그 부정적 대립인 그 권리박탈의 종합을 기술하는 것이다. 즉 막연한 생각이 충족되는 명석함과 이 생각을 입증하는 권리나 올바름이 자신의 것이 되는 종합적 의식의 경과를 정확하게 기술해야 한다. 그것은, 그 생각이 이전에 '단순히 생각한' 바로 그것을 이제 '그 자체로' 지니며 그것을 생각한 바와 정확히 똑같이 지니듯이, 이렇게 생각하는 모든 분류와 형식에 관해서도 마찬가지다. 또는 반대의 경우 '권리박탈이 어떤 모습인지', '여기에서 어떻게 어떤 의견이——그 의견이 지시하는 직관, 그럼에도 그 의견에 적합하지 않고 그 의견을 폐기하는 직관과 이러한 직관 모두를 뜻하는 직관——직관에 다가서는지' 분명해져야 한다. 그러나 우선 단지 모호한 보편성으로 나타내는——'직관'에 대립된——'단순한 의견', 공허한 생각, 공어한 단어개념 등을 신중하고도 학문적으로 엄밀하게 기술하는 것이 당연히 모든 것에 선행해야 한다. 근본상 본질적이며 어디에서 함께 작동하는 이러한 의식의 유형을 특수화하는 것은 명확하게 제시되

어지는 경험과 직관으로 되돌아갈 것을 역설한다. 이에 하이데거는 『존재와 시간』(27, 34쪽)에서 현상학을 상징하는 모토로 '사태 그 자체로!'(zur Sachen selbst!)를 각인시켰다.

고 기술되어야 한다.

그러나 흄뿐 아니라 감각론의 양식으로 더 나아간 심리학과 인식론의 경우에도 이에 관해서는 아무것도 발견할 수 없다. 모든 것이 인상과 관념에 대한 논의에서 또 모든 관념에 대해 상응하는 인상을 입증하려는 요구에서 〔인상과 관념의〕 격차가 거칠게 없어졌다. 이 감각론은 〔한편으로〕 내재적 기억의 상이나 환상으로서의 관념과 〔다른 한편으로〕 종적 의미에서 판단하는 사유와 그 모든 구성요소를 부각시키는 의미에서 생각의 근본상 본질적 구분조차 하지 않았다. 그리고 개별적이며 직관적인 것이 사유에 알맞게 각기 형성되기 이전에 주어지듯, 개별적이며 직관적인 것이 이렇게 형성되는 직관적인 것과 구별되지 않는 이른바 인상에서도 사정은 마찬가지다. 그 것은 모든 근본상 본질적인 것과 심리학뿐 아니라 인식론으로 결정적인 것에 대해 맹목적으로 만드는, 의식으로서의 존재와 의식 속에 의식된 것으로서의 존재를 자연적인 객관적 세계고찰에서 실재적 사태로 일어나는 것에 대립해 '극도로'(toto coelo) 다른 종류로 만드는 자연주의적 편견에 사로잡혀 있다.

인상과 관념을 완전히 구별하는 것과 관념을 인상으로 환원하라는 요구는, 이러한 의식의 유형에 단순히 그 실질적 특성만 지닌 심리적 사태를 삽입한다면, 전적으로 무의미하다. 흄과 그를 따르는 실증주의는 인상과 관념의 성격에서 실질적 징표를 만든다. 그의 생각은 '나에게 현존하거나 존재하는 것으로 타당해야 할 모든 것은 내 의식 속에 증명되어야 한다'는 것이다. 직접 발견될 수 있는 영역인 내 의식은 '이론에서 벗어나고' '형이상학에서 벗어난' 실질성(Sachlichkeit)으로 고찰되어야 하고 따라서 단순한 사태의 장(場)으로 인정되어야 할 직접 경험된 존재의 영역이다. 그러므로 인상과 관념의 차이는 단순한 사태의 차이로 간주된다. 체험, 음 자료, 촉각 자료 등은 처음에 근원적 힘을 지닌 신선함과 생생함으로 실질적 징표—가령 강도(强度)의 징표 등—와 더불어 등장한다. 그리고 재생산과 연상의 법칙성인 실질적 법칙성에 따라 나중에 인상에서 이끌어낸 모상, 더 약화된 여운(餘韻)으로 등장한다. 이것이 관념이다.

이미 『인간 본성론』에서 근본적으로 규정하는 것으로 수행된 첫 번째 단계는 방법상 이치에 어긋난다. 그 단계는 단지 가상(Schein)인 것을 방법상 학문적으로 확증한 것처럼 보이게 꾸민다. 예를 들어 희미하게 약한 어떤 빨간색 지각이 바로 그 희미하게 약한 빨간색 지각보다 더 많은 것을 의미하는 것은 어디에서 오는가? 마치 그것이 총체적으로 새로운 것이 아닌 것처럼, 즉 누군가 지금 희미한 빨간색을 '이전의 것'과 완전히 다른 것으로 체험하고 게다가 희미한 것이 아니라 생생하게 이전의 '인상'으로서 체험하는 것처럼, 그것은 '이전 지각의 잔상'이라고 어떻게 주장할 수 있는가? 또한 현재의 희미함을 미래의 전형으로 어떻게 간주할 수 있는가? 더구나 현재의 희미함이 때에 따라 강렬함이나 미약함에 대한 기억으로 상이하게 특수화되어 간주되는 것이 어떻게 당연한가? 하지만 여기에서 우리는 실로 '무엇으로 간주하는 것', 다양한 의미로 생각하는 것에 대해 이야기한다.

우리는 기억이나 예상과 단순한 상상의 차이도—과거, 현재, 미래 어떤 것이든—만족시켜야 한다는 사실과 '관념'을 반복할 때 그 관념은 동일한 것이며 하나의 동일한 것을 표상하는 데 매우 상이한 '존재'(Entität)가 사용된다는 사실을 깨닫게 된다. 이때 이 동일한 표상작용은 의식에 적합하게 동일한 것—어쩌면 항상 명석하게 밝혀지는 것, 규정되는 것, 증명되는 것—을 생각하는 작용이라는 사실도 깨닫게 된다. 곧바로 최초의 것으로 또한 데카르트의 의미에서 의심할 여지 없는 것으로 주어진 모든 것, 즉 모든 객관적 사실과 가정에 앞서, 구축할 수 있는 설명하는 모든 이론에 앞서 주어진 모든 것은 '이러저러한-것으로-표상함', '이러저러한-것으로-간주함' 그 자체, 요컨대 의식, 그래서 바로 주관성을 주관성으로 만들고 주관적 삶을 주관적 삶으로 만드는 것은 이른바 무시당한다.

그러므로 인상은 하나의 사태(Sache)이며, 그러한 것으로 실질적 징표를 통해 드러난다. 그리고 사라지는 것은 바로 인상이 경험된 것, 스스로 주어진 것에 대한 경험일 뿐이다. 그것은 사라지지만, 그럼에도 사람들이 줄곧 이 자료가 직접적 명증성 속에 주어진 것인 체한다는 사실에 의해 이미 전제된다. 그러나 단순한 사태는 사태로서 존재하지만 자신의 실질적 속성에서 자신이 존재하는 그대로다. 또한 아무것도 의미하지 않고(bedeuten), 아무것도 생각하지 않고, 그 자체 속에 의미(Sinn)에 관해 아무것도 지니지 않는다. 즉 의견과 생각된 것의 차이에 관해서도, 공허한 표상이나 스스로를 파악하고 반복해 생각되고 주어지거나 동시에 생각되고 주어지는 동일한 것에 관해서도 아무것도 지니지 않는 것이다. 그러한 것을 사태 속에 또는 실질적 속성으로 발견하려는 것 모두는 이치에 어긋난다.

내재적 체험은, 오직 사건 — 내재적 시간의 보편적 형식으로 경과하고 내재적 시간의 구간을 관통해 연장되는 사건 — 으로만 고찰되는 한, 일종의 실질적으로 기술하는 것을 가능케 하는 내실적 부분과 속성에 입각한 일종의 구조도 확실히 지닌다. 시간적 경과, 그 경과의 분류와 시간형태의 성격을 따라 그와 같이 기술하는 데는 '관념'이 인상으로서 일시적인 것으로 존재하곤 한다는 사실이 확실히 포함된다. 생생함의 강도 차이를 여기에서 진지하게 계산해도 좋은지, 이미 여기에서 지향적 직관성의 양상이 내재적 시간성 속에 개별적 유사-존재의 양상과 혼동되지 않는지는 여전히 진지하게 숙고해야 한다. 하지만 그것이 올바르더라도, 인상을 인상으로 또 관념을 관념으로 만드는 것이 그러한 실질적 순간뿐이라고 우리를 가르치려는 기술(記述)은 얼마나 근본적으로 잘못되었는가! 상대적으로 매우 희미하고 일시적인 빨간색 지각이 어떻게 바로 희미하고 일시적인 빨간색 지각 그 이상이거나 이 빨간색 지각과 다른 것이며, 강렬하고 고정된 빨간색 지각이 〔이와 다른〕 강렬하고 고정된 빨간색 지각 그 이상인가? 모든 세계에서 지각에 대한 논의가 왜 매우 의미심장하고 실질적인 것보다 많을 것을 표현하는가? 특히 어떤 지각은 왜 무엇에 대한 인상으로 부르고, 더 자세하게 살펴보면, 우리에게 생생한 현재의 빨간색의 의식이 되는가? 다른 지각은 왜 관념 — 더 자세하게는 기억이나 예상 — 으로 부르고 우리에게 각기 과거의 빨간색에 대한 의식, 미래의 가령 지금 곧 다가올 빨간색에 대한 앞선 직관(Voranschauung), 또한 순수한 상상으로서 현전화되었지만 결코 현재화하지 않는 날조된 빨간색에 대한 직관이 되는가? 지각하면서 생생한 현재의 것으로 현전화하는 인상은 단순히 강렬한 것, 생생한 것 — 또는 사태를 기술하는 유사한 양식의 무엇이든 — 인 반면, 기억과 허구 그리고 매우 다양한 종류의 극히 일반적인 현전화와 같이 그렇게 철저하게 다른 잡동사니 관념은 희미한 것 등일 뿐이라고 말하는 것은 얼마나 난센스인가!

물론 그것이 독특한, 어쩌면 유일한 생생함이나 일시적인 것 — 또는 그밖에 이러한 양식이 무엇이든 — 이라고 말하는 것은 전혀 도움이 되지 않는다. 여기에서 줄곧 실질적으로 기술하는 것을 시도한 흄의 분석뿐 아니라 근대심리학의 분석 전체가, 시간을 배분하는 형식성을 넘어서는 모든 단계가 매우 많은 것이 하나의 정신적 의미 속에 알아차릴 수 있고 고정될 수 있는 지향적 분석으로 즉시 끌어들이는 곳에서, '우리가 심리학은 순수한 심리학의 나무 앞에서 그 숲을 보지 못했다고 실제로 말해야 한다'는 사실을 어떻게 거부했는지는 곧바로 그로테스크해진다. 여기에서 브렌타노가 지향성의 특징에 주목해 최초로 제시한 뒤 윌리엄 제임스(William James)[10] 같은 사람이 실질적 '색조'나 '언저리'(fringes)를 통한 이러한 특성에 '함축'(Obertöne) ── 유사하게 비유해 말하면, 아무리 이제껏 듣지 못한 유일한 것이더라도 바로 실질적 성격만 지시하는 것 ── 시켜 만족을 추구한 것은 별 도움이 되지 않는다. 모든 종류의 의식 자체를 의식으로서 심문하고 그 진술을 듣는 것 이외에 어떠한 상(像)도 필요 없고, 다른 것을 실행할 필요도 없다. 그러나 그것을 실행하자마자 단번에 또 아주 저절로 유일하게 가능한 새로운 종류의 심리학이 바로 생긴다. 이 심리학에서 그 방법은 무한히 다양하게 세분되는 하나의 거대한 주제인 의식과 지향성에 의해 아주 자명하게 규정된다. 그런데 이것은 '시간의 배분과 따라서 이와 연관된 실질적 특성 그리고 특히 귀납적 고찰방식은 확실하지만 그럼에도 언제나 단지 이차적 역할만 할 것이다'라는 사실을 배제하지 않는다.

여전히 인상은 흄에게 명증성을 증명하는 의식의 작업을 수행하게 임명된 직관에 대한 인식론적 명칭이라는 점을 보충하자. 이것은 이 직관이 측정할 수 있는 단순한 의견이 이른바 충분히 만족될 수 있는 그때그때의 대상, 개념적 본질, 개별적이거나 보편적인 판단의 내용

---

10) 제임스(1842~1910)는 1860년까지 유럽 각지에서 다양한 교육을 받았고, 그 후에 미국에서 화학과 생리학, 심리학을 공부했다. 그는 분트(W. Wundt)와 같은 실험적 요소심리학에 반대하고, 직접 경험에 주어지는 '사유(의식)의 흐름', 주관과 객관이 미처 나뉘기 이전의 '순수 경험'을 강조하는 '근본적 경험론'을 주장했다. 이러한 그의 심리학은 후설의 지향적 의식분석에, 특히 '순수 경험'은 선술어적인 주관적 속견(doxa)으로서 '생활세계의 경험'에, 의식의 '언저리'는 발생적 분석의 핵심개념인 '지평'(Horizont)에 깊은 영향을 주었다. 저서로 『심리학 원리』(1890), 『프래그머티즘』(1905), 『근본적 경험론』(1912) 등이 있다.

을 그 자체 속에 스스로 주어진 것으로서 의식해 갖는다는 사실을 명백하게 전제한다. 따라서 인상은 실제로 명증성의식 일반에 대한 명칭, 가장 넓은 의미로 말하면, 모든 종류의 명백하게 함, 모든 종류의 확증에 가능한 기초로서 자기직관(Selbstanschauung) 일반에 대한 명칭이다. 그 자체로 단순한 것인 실재적 사태는 아무것도 확증하지 않고, 그 자체 속에 확증하는 아무것도 지니지 않는다. 사태는 확증할 수 없고, 단지 사태에 대한 자기직관만, 실재적인 것에 대한 지각이나 기억만 확증할 수 있다. 그리고 이렇게 할 수 있는 것은 사태가 바로—동일한 사태에 대한 그에 상응하는 모든 단순한 의견에 의해 동일한 것이 추정된 것으로 또한 동시에 참된 것, 확증하는 것 자체로서 의식되는 더 높은 하나의 종합적 체험 속에 통합될 수 있는—사태를 스스로 파악함(Selbsterfassung)이기 때문이다.

그러므로 그렇게 이해한 인상은, 그렇게 이해해야 하듯이, 바로 자신에게 스스로를 부여하는 것에 대한 스스로를 부여하는 의식으로서 이중성을 지닌다. 이 이중성은 '관용어'(façon de parler)가 아니라, 내용이 매우 풍부하게 기술하는 계기의 이중 방향이다. 물론 유사한 것이 확증할 수 있고 확증이 필요한 모든 의견에 대한 명칭인 '관념'이라는 대립된 명칭에 적용된다. 그 각각의 의견은 그 속에 의식된 것, 그 속에 생각된 것 —그렇지만 이것은 스스로 주어진 것이 아니다—에 대한 이중 의식이다. 그래서 모든 기술, 특히 종합에 대한 기술은 자명하게 이러한 이중성을 반드시 지녀야 한다.

다음과 같은 사실에 계속 주목해보자. 각기 상이한 종류의 체험 속에 놓여 있는 지향적 관계, 그 대상성에 주목하지 않고 이러한 체험을 단지 내재적 시간 속의 단순한 시간적 자료로, 이른바 단순한 감각으로 고찰하더라도, 통상 이러한 자료가 직접 주어져 갖는 것(Gegebenhaben)을 아무것도 아닌 것으로 만든다면, 이치에 어긋난다. 이렇게 직접 갖는 것(Haben)도 의식해 갖는 것(Bewußthaben)이다. 즉 체험은 아무 곳도 아닌 거처(Nirgendheim)에 있지 않다. 체험의 존재는 의식이며, 나의 체험인 모든 체험은 모든 것을 포괄하는 내 의식의 통일체다. 그래서 자아에 대해 특수하게 반성하는 가운데 접근할 수 있다.

그래서 우리는 사실상 의식의 사건이 기술하는 데 주제라는 점에서, 이때 추정적인 모든 순수한 객관적 기술이 이 모든 지향적 사건에서 아무것도 고정시키지 않고 이것을 원리적으로 진지하게 받아들일 수 있는 것과 실제적인 것으로 간주하지 않는 것을 겨냥하는 반면, 지향적 작업수행이 끊임없이 문제 되고 요구된다는 점에서 각 단계마다 이치에 어긋남을 제시할 수 있었다. 그래서 그 방법에는 이미 원리적 회의론이 포함되어 있다. 그렇다면 지향적 삶에서 인식의 작업수행에 모든 것은 객관적 세계와 학문을 단순한 허구로 설명하는 결과가 되는 것은 전혀 놀랄 만한 일이 아니다.

24 흄의 경우 의식에 관한 학문과 귀납적—경험적 객관주의에 필수적인 형상학(形相學)

여전히 흄의 방법론에 한 측면을 논의해야 한다. 그 방법론은 그의 심리학과 인식론에 근본개념과 설명하는 근본법칙을 길어내는 귀납적 경험과 관계있다. 〔『인간 본성론』〕 '머리말'에서 그는 어떠한 논쟁도 있을 수 없는 자명함과 같은 경험적 원리를 이렇게 말한다.

인간에 대한 학설이 다른 학문에 유일하게 확고한 토대이듯이, 우리가 이 학문에 부여할 수 있는 유일하게 확실한 토대는 경험과 관찰에 있다.

베이컨(F. Bacon)[11], 로크 그리고 근대의 다른 사람을 예로 드는 것으로 충분하다. 그러나 여기에서는 무엇보다 흄이 계획한 근본학문의 의미가 요구하는 방법에 대한, 실로 우선 이러한 근본학문 자체의 의미에 대한 근본적 성찰이 결여된 것이 앙갚음을 한다.

다음과 같이 숙고해보자. 즉 그와 같은 근본학문은 무엇에 동기를 부여했나? 또는 이러한 순수 주관성의 인식에 우선권을 부여했고, 그 때문에 그 주관성이 다른 모든 인식과 학문에 선행하며 그 인식과 학문에 대해 궁극적으로 정초하면서 기능해야 하는 것은 본래 무엇이었나? 더 나아가 이러한 인식 자체를 정초하는 것, 따라서 이러한 새로운 종류의 심리학을 순수 주관성의 장(場) 속에 정초하는 것은—그 주관성에 다른 모든 학문과 이 학문을 정초하는 것에 앞서 우선권을 부여하고 다른 모든 학문을 그 주관성에 의미 있게 근거지울 수 있기 위해—어떤 방식이어야 하는가?

우리에게 그 답변은 분명하다. 순수 주관성, '나는 생각한다'로 되돌아가는 것은 그것의 측면에서 각기 의문이나 의심을 제기하는 가운데 전제된 궁극적으로 의문이 없거나 의심할 여지 없는 것을 숙고하는 것을 뜻한다. 그러나 이 순수 주관성을 파악하자마자, 우리는 '그 순수 주관성이 자신의 순수한 의식체험에서 모든 의미부여의 원천, 인식하는 자아에 대해 어떤 것을 의미하고 존재하는 것으로 간주될 모든 대상적인 것이 그 의미를 유지하고 그 타당성을 지키

---

11) 베이컨(1561~1626)은 아리스토텔레스의 형식적인 추상적 연역논리뿐만 아니라 단순한 사실만 수집하고 결론을 이끌어내지 못하는 경험론도 비판하면서 관찰과 실험을 중시한 귀납논리를 체계화하고 새로운 과학적 방법으로 학문 전반을 개혁해 근대 과학혁명을 크게 촉진시켰다. 저서로 『학문의 진보』(1605), 『고대인의 지혜』(1609), 『새로운 기관』(*Novum Organum*, 1605), 『새로운 아틀란티스』(1627) 등이 있다.

는 근원적 터전이다'라는 사실도 깨닫는다. 즉 대상은 나에게 다양하게 변화하는 나의 나타남이 드러나는 것, 다양하게 변화하는 의식체험 ── 직관작용, 상징적 표상작용, 사유작용 등 ── 에 의식된 것이며 다른 것일 수 없다. 그와 같은 주관적 체험작용에서만 그때그때 의식의 의미내용으로서 모든 종류의 대상성이 생긴다. 그리고 이 대상적인 것 자체는 각기 존재하는 것, 존재하지 않는 것, 가능한 것, 개연적인 것 등으로 나에게 간주되고, 어쩌면 이때 증명되기도 한다. 또한 의식의 다양한 형태로 실제로 또 참으로 존재하는 것으로, 존재하지 않는 것으로, 가능하게 존재하는 것 등으로 간주되고 증명된다. 의식 삶 자체에는 주관적으로 '간주함', 즉 판단하면서 생각함과 특별하며 주관적인 것 ── 나에게 정당하게 타당한 것, 객관적으로 타당한 것, 참된 실제성으로 증명되거나 그렇지만 착각과 가상으로 증명되는 것 ── 이 놓여 있다. 이때 학문이 의문시 된다면, 그럼에도 학문은 인식하는 주관성에서의 작업수행이며, 따라서 그 인식하는 주관성에서부터 그때그때 그 주관성의 학문적 인식작용으로부터 의미와 진리〔라는〕 증명을 또 다시 학문으로서 받아들인다.

그러나 여기에서 필연적으로 주도하는 중심사상 ── 사람들은 이러한 상태를 단순히 예고하는 방식으로 처음에는 아직 모호하게 예견해 이해했지만 ── 이 발생한다. 인식 일반과 특히 학문적 인식의 작업수행을 이해하려면, 나는 그 작업수행 자체를 그 순수한 특성으로, 따라서 순수 주관성의 근원적 터전에서 연구해야 한다. 그렇지만 이렇게 하는 것은 일반적인 '객관적'이며 '실증적'인 학문을 도모하는 것과 완전히 다른 일이다. 이 학문에는 그때그때 대상의 영역이 단적으로 주어지고, 그 학문이 하려는 것은 이 영역의 존재(Sein)와 그렇게 존재함(Sosein)을 이론적으로 밝히는 것이다.

그런데 이렇게 '단적으로 주어진 것' 속에 무엇이 있는가? 이것은 결코 객관적 학문의 문제가 아니다. 객관적 학문은 이론적으로 다듬어가는 일에 앞서 주어진 모든 것, 그때그때 특수한 주제가 되는 모든 대상과 함께 대상적 영역, 순수 주관성의 의식형태 속에 내재적으로 구성된 의미에 대해 전혀 모른다. 다른 한편 순수 주관성, 선험적 주관성에 관한 학문은 곧바로 순수 의식 일반 또는 이 의식이 구성하는 순수 형태를 주제로 삼는다. 바로 그렇게 함으로써 이 학문은 증명되고 또 증명할 수 있을 뿐 아니라 추정된 모든 대상적인 것도 소박하게 절대화해 정립된 것이 아니라 실제적이거나 가능한 의식이 그 학문에 대해 주제로 구체화되어 포함된 것으로, 그 의식의 지향적 작업수행으로서 주제로 삼는다. 그리고 이러한 작업수행의 방식(Wie), 이러저러한 의식으로 그 방식이 순수하게 주관적으로 이루어지는 것이 그 학문의 문제다.

여기에서부터 모든 인식과 학문을 그 고유한 '심리학', 즉 '순수' 주관성에 관한 선험적 학문에 궁극적으로 정초하려는 요구의 의미가 우리에게 완전히 이해되며, 동시에 근본적 직관주의의 의미와 모든 학문의 근본개념과 일반적으로 모든 '토대'를 해명하는 인식의 궁극적 해명을 그 직관주의가 요구하는 의미가 이해된다. 왜냐하면 모든 학문—이것은 물론 역사적으로 생긴 '객관적' 또는 '실증적' 학문인 선험적 이전의(vortranszendental) 모든 학문을 뜻한다—은 그 학문들이 미리 주어진 것들(이러저러한 실재성의 영역과 이 영역들을 완전히 포괄하는 세계)을 받아들이고 개념, 원리, 이념적 학문, 이념적 대상의 영역을 형성하는 소박함 속에 근본적 결함을 지니기 때문이다. 이들 학문은 그 출발과 토대에서부터 근원적 토대, 근원적 출발, 참된 '원리들'(archai)로 내려가야만 절대적으로 정초된 학문이 될 수 있다.

그러나 총체적으로 이것들은 내용이나 의미상 또한 실제성과 진리의 존재가치상 가능한 방식의 모든 존재자가 본질적으로 속한 의식의 형태로 주관적으로 구성되는 순수 의식 속에 놓여 있다. 순수 의식 자체 속에 수행되거나 수행될 수 있는 의미부여와 확증하는 작업 수행―이 속에서 가능한 모든 인식주체에 대해 존재 자체와 진리 자체는 근원적으로 분명하게 드러난다―이 이해되지 않는 한, 의식은 살아 있고 명증성도 객관적으로 작동된다. 하지만 그럼에도 그 자체가 반성적 명증성 속에 간취되고 학문적으로 연구되지 않는 한, 모든 학문과 이 학문에서 이론화된 모든 객체성은 이해할 수 없는, 따라서 의문과 의심이 가능한 엄청난 차원을 지닌다. 실로 자신의 무기를 이른바 선험적 영역으로 약탈하기 위해 침입할 때만 획득하는, 개방되거나 은폐된 모든 회의론은 이러한 사실을 아주 강렬하게 가르쳐준다. 그렇지만 회의론이 반성적 명증성에서 자신의 본질을 드러내 밝히지 않고 충전적 개념과 통찰 속에 이론적으로 밝히지 않은 한, 그와 같은 일은 항상 가능하다.

우리가 오래전부터 인식했던 것을 요약 반복해 결합하는 이러한 방식에서 선험적 근본학문의 의미를 주목해보자. 이때 '그 의미를 통해 유일하게 가능한 학문으로 미리 지시될 그와 같은 학문이 어떤 방법으로 정초될 수 있는가?' 하는 계속된 물음도 쉽게 답변할 수 있다. 인식과 인식의 대상성에 관한 보편적 해명에서 다양한 종류와 형식의 대상성과 관련된 다양한 보편적 인식유형의 인식은 제외된다는 사실은 처음부터 명백하다. 그렇다면 선험적 영역의 보편적인 법칙적 특성을 밝혀내려면 어떤 방법에 따라 심문되어야 하는가?

계속 해명할 수 있는 원리로서 보편적 본질특성, 본질법칙성을 의심할 여지 없는 방식으로 정초할 가능성이 없다면, 인식을 절대적으로 정초하는 이러한 이념 전체는 공허한 망상이라는 점은 여기에서 분명하다. 순수 의식을 모든 인식을 해명하는 명목상의 근원적 토대로서 의심할 여지 없이 증명하는 일은, 순수 의식 위에 의심할 여지 없는 학문, 우선 절대로 의심할 여지 없는 직접적인 의식의 진리들의 체계가 확립될 수 있을 때에만 그와 같은 해명에 유용할 것이다.

그러므로 흄에 따라 다른 모든 학문——존재의 학문이든 규범의 학문이든, 실재적 학문이든 이념적 학문이든——에 대해 근본적 학문으로서 기능해야 할 그 내재적 심리학을 주시해야 한다.

그래서 우리는 다시 흄의 『인간 본성론』에 주목하고, 그가 근본개념과 근본법칙을 획득한 방식에 주목한다. 그의 자연주의는 '그가 의식을 마치 하나의 자연과 같은 것처럼 사물화(versachlichen)한 것'뿐 아니라 '그가 내적 의식의 토대 위에 나쁜 경험론이 지배하게 한 것'에 있다. 여기에서 '나쁜 경험론'이란 오직 순수 의식에서 수행할 수 있는 것만 내적 경험의 사실을 경험적 개념으로 이끌고 그런 다음 경험적 법칙을 귀납적으로 내세울 수 있다고 주장하는 것을 뜻한다. 물론 흄은 귀납적 법칙이 절대적으로 정초될 수 없다는 점, 모든 귀납은 단지 유보적 조건이 붙은 타당성만 지닐 수 있다는 점을 아주 잘 알았다. 더 나아가 그는 '모든 귀납적 추론이 연상에 근거한다(왜냐하면 이것을 입증하는 것이 그 저술 자체의 유명한 요점이기 때문이다)'는 점도 알았고, 계속해서 '연상의 원리 자체가 필연성이라면——또는 절대적으로 정초될 수 있다면——오직 타당성의 필연성만 수반할 수 있을 것이다'라는 점도 알았다.

그러나 흄에게는 자신의 심리학 전반의 궁극적 근본법칙인 모든 경험추리의 바로 이러한 근본원리가 흄에 의해 단순히 귀납적으로 확인된 것으로서 요구된다. 따라서 법칙은 유감스럽게도 절대적 명증성 대신 절대적 비합리성에서 단순히 내재적 경험의 절대적 명증성일 뿐인 직접적 명증성의 기반 위에 세워진다. 절대적 명료함 대신 귀납을 소박하게 신뢰하는 것은 나쁜 대용물이다. 왜냐하면 이제 심리학적 근본학문은 완전히 공중에 떠 있기 때문이다. 즉 그 근본학문은 절대적 명증성이 아니라 객관적 학문과 동일한 소박함에서 정초된다. 그런 다음 실로 궁극적으로 인식을 정초하는 기획 전체는 이러한 근본토대에서부터 곧바로 모든 의미를 상실하기 때문이다.

또한 여기에서 흄의 회의론에 궁극적 근거가 밝혀진다. 모든 인식의 완전한 비합리성은 '순수 의식을 단순한 비합리성의 터전으로 만들고 순수 의식에 법칙적 규제를 다분히 기대하지만 그것은 결코 합리적으로 통찰되지 않는다'는 사실에 의해 이미 함축적으로 전제되어 있다. 즉 단순히 경험적 법칙에는 이러한 순수한 토대 위해 절대적으로 통찰할 수 있는 타당성의 근거가 없다.

그러므로 이렇게 귀납적 심리학인 한 흄의 심리학은 어쨌든 일반의 객관적 심리학과 더불어 본질적 성격특징을 공통으로 지닌다. 하지만 중대한 차이도 있다. 왜냐하면 그 객관적 심리학에 완전히 정당화할 수 있는 것(즉 인식론적 원천과 규범에 관한 학설이 객관적 귀납 일반의 권리를 필증적 원리에 입각해 정당화할 수 있을 때)과 그런 다음 어떤 객관적 심리학에도—심리적인 것이 모든 자연적인 것처럼 자연의 연관 속에 귀납적 연관에 따라 고찰되어야 할 이유인—근거에 입각해 정당한 것은 순수 내재적인 주관적 심리학, 즉 이 심리학이 가능한 모든 인식과 학문에 대한 권리근거의 학문인 근본학문이어야 하면 원리적으로 정당하지 않고 실로 이치에 어긋나기 때문이다.

'첫 번째 거짓'(proton pseudos)은 경험론의 편견 속에 있다. 이 경험론은 나쁜 직관주의로서 개별적이거나 시간적인 단일성에 대한 경험만 스스로 부여하는 것으로 여긴다. 보편자, 개념적 보편성과 사태의 보편성이 직접 통찰로 간취될 수 있고 이른바 끊임없이 간취된다는 점에서 맹목적이다. 사실상 우리는 '의식은 자명하게 순수 보편성과 필연성의 본질을 직접 통찰하는 터전이다'는 점을 지적하기만 하면 된다. 더구나 우리는 단지 올바른 순수 내재적 파악이 필요할 뿐인 연상법칙에서 이러한 점을 입증한다고 믿게 될 것이다. 흄과 밀(J.S. Mill)[12] 이래 인간의 영혼 삶의 경험적 특성으로 연상을 고찰하고 영혼 내면성의 연상법칙을 외부 자연이 지니는 질량법칙인 중력법칙으로 평행해 대비시키는 데—가령 단순히 경험적 측면에서가 아니라—익숙하다. 하지만 이것은 오늘날에도 여전히 매우 역설적으로 들린다. 사람들은 '모든 귀납 자체의 권리에 궁극적 원리를 다시 귀납을 통해 정초하는 것이 도대체 가능한지, 오히려 이치에 어긋난 것은 아닌지' 하는 문제를 너무 쉽게 넘어설 수 있을 것으로 믿는다. 그러나 적어도 그와 같은 견해를 지닌 누구도 어쨌든 그 문제를 부정하지 않을 것이다. 과연 언제가 어떤 사람이 수립했던 학문적 귀납이 존재하는 곳에 연상법칙은 그 학문적 정초를 그러한 귀납에 의거한다.

중력법칙에 대해 우리는 물리학의 역사가 있고, 이러한 귀납을 실행하는 데 자연과학에서 얼마나 많은 노력과 준비가 필요했는지 알고 있다. 거기 어디에 심리학에 평행하는 것이 있는가? 왜 심리학에도 밀과 같은 사람이 어쩌면 귀납적 공리로 요구했을 논리적 공리나 산술적 공리가 없는지 하는 간단히 동일한 근거에서 심리학에는

---

12) 밀(1806~1873)은 흄의 연상심리학에 영향을 받아 경험적 사실에 입각한 귀납법적 논리학의 체계를 완성했다. 개인의 자유와 기본권을 보장해 시민사회의 기틀을 마련했고, 개인의 욕구와 다수의 행복을 대화와 타협으로 조정해 노동계급의 지위와 복리를 향상시켰다. 쾌락의 양(量)을 중시한 벤담(J. Bentham)의 공리주의에 쾌락의 질(質)을 추가하고 개인적 이기심 외에 사회적 관습, 명예, 희생정신 등 도덕적 의무감을 부각시켜 개인과 사회의 관계를 중시했다. 저서로 『논리학 체계』(1843), 『정치경제학 원리』(1848), 『자유론』(1859), 『공리주의』(1863), 『대의제정부 고찰』(1863), 『여성의 종속』(1869) 등이 있다.

없다. 바로 귀납된 것이 아니라 순수한 유적(generell) 귀납에서 길어낸—근원적으로 스스로 부여하는 보편성으로서 길어낸—유적 본질통찰이 중요한 문제이기 때문에, 심리학에는 없다. 흄의 경험론 속에 계속 살아 있는 극단적 유명론은 보편적 간취작용에 대해 완전히 맹목적이다. 이미 로크를 비판할 때 말했듯이, 이렇게 맹목적인〔알아차리지 못하는〕가운데 흄은 단칭의 단일성에 대한 자연의 연관을 그가 자명하게 보편적으로 진술한 여관—그 권리에 관해 심문하는 것을 단지 망각했을 뿐인 연관—에 삽입함으로써 모든 보편적 사유작용을 주술로 속여 없애버리려 시도했다. 바로 이러한 점이 우리가 『인간 본성론』에서 실제로 느끼는 것이다. 즉 우리는 실로 근본법칙인 귀납의 이성적 권리에 관해 심문하는 것을 생각할 수 없었다.

25 흄의 경우 구성의 문제—그러나 그는 완벽한 회의론으로 끝났다

흄의 방법적 원리를 분석했다면, 결국 그것이 지닌 이치에 어긋남이 근본적 원리 속에 포함된 이치에 어긋남을 단지 전개한 것이 아닌 그의 이론에 더 깊게 파고들어 갈 필요가 전혀 없다. 그럼에도 그 이론을 주시할 수밖에 없는 것은 그의 엄청난 역사적 영향력이 아니라, 이 이론에 대한 질문에서 자연주의적-회의적 평가절하에도 새로운 현상학의 구성적 주요문제에 앞선 형식으로 간주될 수 있는 매우 높은 철학적 권위를 지닌 문제가 최초로 묘사되는 상황이다.

물론 어떤 방식으로는 로크의 문제제기와 실로 유사하다고 할 수도 있다. 그러나 버클리가 선험적 심리학으로 전환함으로써 비로소 로크의 문제제기는 곧바로 선험적 모습을 띠었다. 흄이 그러한 심리학을 체계적으로 상론함으로써 그 문제를 부각시키고 중요하게 심화시키는 작업은 종합적 통일성을 띠었다. 흄의 예리한 시선은 자연과 자연과학에 대한 버클리의 독창적 설명에서 이론적으로 완성된 형태가 없다는 점을 간취했다. 버클리가 완성되었다고 믿는 곳에서 흄에게는 새로운 종류의 중대한 문제가 열렸다.

의식 속의 감각자료는 복합체로 연상된다. 버클리는 '이것이 사물이다'라고 말한다. 사물의 통일성은 습관에 따라 '함께 속해 있음'이다. 복합체 자체는, 그것이 사실상 경험적 규칙성에서 등장하기 때문에 다시 서로 함께 연상되며, 그래서 우리는 유사한 사물의 상황에서 유사한 결과를 예상한다. 자연의 인과성이라는 모든 것은 이것으로 환원된다. 그것은 주관적으로 습관에 의해 규칙화된 연속의 관계일 뿐이다. 따라서 자연과학이 논의하는 자연의 법칙성도 그러한 규칙화로 소급된다.

그럼에도 이 모든 것은 충분하지 않다. 하물며 흄처럼 감각론의 안경을 쓴 사람에게는 더 충분하지 않다. 우선 사물은 단순한 연상적 복합체여야 한다. 그러나 감각론자인 흄이 인정하듯이, 현상적 사물이 아무리 지각 속에 상이한 감각자료를 소급해 지시해도, 그것은 우선 실제로 그러한 자료가 연상과 습관을 통해 통일된 복합체일 뿐이다. 어쨌든 이것은 버클리가 전혀 진지하게 숙고하고 해명하지 않은 것 가운데 하나다. 즉 '우리는 어떻게 각기 그와 같은 복합체를 그 요소들이 변화하는 경우 때에 따라 변화되거나 변화되지 않은 동일한 사물로 보게 되는지', 실로 더구나 '우리는 어떻게 그 사물에서 현실적으로 지각되든 않든 독립적 현존재를 부여하게 되는지'다.

여기 내 앞에 있는 탁자는 내가 방을 나오더라도 — 어쨌든 기억된 감각의 복합체와 지금 새롭게 등장하는 감각의 복합체가 동일한 것이 아니라 각기 다른 것이며 그 둘이 서로 분리되었기에 — 왜 하나의 동일한 것으로 동일하게 확인되는가? 따라서 이러한(우리가 '종합적'이라고 말하게 될) 통일체, 실제적 경험과 가능한 경험(흔히 여기에서 대체하는 말로, 실제적 복합체와 가능한 복합체)의 통일체인 경험된 사물 자체는 버클리의 경우〔논의되지 않고〕바로 무시당한다. 동일한 사물의 이 통일체, 곧 이것은 흄의 주요문제 가운데 하나를 나타낸다. 흄에게는 이에 평행하는 문제로서 인격, 즉 자아의 통일체라는 문제가 제기된다. 그럼에도 그는 자아에 대한 자신의 인상을 부정했고, 모든 주관적 통일체를 지각들의 집단이나 다발로 허물어버렸다. 그러나 어쨌든 자기 자신을 인격으로 경험하는 모든 사람은 그가 통일적 사물을 경험한다고 믿는 것과 유사하게 생각한다. 그런데 경험이 통일체가 경험되지 않을 때, 양쪽에서 이 경험의 통일체들 역시 존재해야 한다. 그 자체로 존재하는 것의 그와 같은 의미를 우리는 그 경험의 통일체들에게 끊임없이 전가해 부여한다.

더 나아가 자연과학을 학문으로, 게다가 단순한 습관에 입각한 인식으로 해명함으로써 버클리는 그러한 일을 너무 쉽게 했다. 확실히 연상은 공존과 계기의 복합체를 만들어낸다. 그러나 이것이 전부(alles)인가? 이것이 전부라면, 자연과학은 어떻게 가능할 것인가? 그러면 실로 습관에 따른 상황에서 습관에 따른 결과로서의 추론만 존재하고 우리가 일상적으로 수행하지만 학문적인 것으로 간주하지 않는 추론만 존재할 것이다. 그래서 자연과학은 진정한 학문, 따라서 합리성에 의해 드러난 학문이라는 것, 필연성은 자연과학의 추론에 깃들어 있다는 것, 자연과학이 인식하는 법칙은 수학적으로 정밀한 법칙, 엄밀한 보편성에서 타당한 법칙이라는 것을 의심할 수 있는가? 자연과학은 어떻게 습관에 따른 예상의 단순한 보편적 표현일 수 있는가? 합리론은 근대 자연과학의 이러한 합리적 성격을 가장 생생하게 대표해 주장했고, 수학과 더불어 자연과학을〔높은〕수준에 세웠다. 그럼에도 어쨌든 합리론이 그것들에 주장했던 것을 검토해 고려해야 할 것이다.

　물론 버클리는 모든 경험추론의 명칭인 인과성이 정신적 영향과 결과 속에 정신에만 고유한 것으로서 진정한 인과성이라는 것을 부정했다. 그렇지만 그가 영향과 힘이라는 근원적인 정신적 개념을 정령숭배처럼 물질적 사물에 요구하지 않았더라도, 어쨌든 합리적 필연성과 법칙성에 고유한 의미 — 원인, 결과, 힘, 힘의 법칙이라는 자연과학적 개념에 속하며 오직 자연과학자에게만 중요한 의미 — 를 간과하지는 않았다. 따라서 버클리는 자연과 자연과학에 관해 이해할 수 있는 정보를 주지 않았다. 왜냐하면 자연과 자연과학이 보편적으로 받아들인 근본적 의미를 결코 고려할 수 없었기 때문이다. 즉 자연은 그 자체로 존재하는 동일한 사물이 변화하거나 변화하지 않는 것에 관련된 시간과 공간 속의 필연성의 연관이다. 그리고 자연과학은 곧 필증적 원리에 입각한 합리적 필연성의 인식인 학문이다.

　그러나 의식에서부터 이러한 의미부여가 어떻게 이해될 수 있는가? 이 의미부여는 근원적인 의식의 발생에서 어떻게 생기는가? 그 시대의 역사적 제약을 넘어서 의식 자체에 관한 선험적 학문을 마음에 그리는 우리에게 자연과학적으로 설명하는 방식에 따라 귀납적인 내재적 심리학적으로 설명하는 문제는 분명 완전히 이치에 어긋난다. 그럼에도 그 잘못된 문제의 배후에는 세계를 구축(이념적으로 말하면, 세계 일반을 구축)하는 것에 구성적인 모든 근본종류의 대상에 대해 실로 기술하는 문제로서 수립될 수 있다. 강력하고 풍부하게 지식의 확정을 요구하는 진정하고 중대한 문제가 숨겨져 있고, 미리 느껴지며 어떤 방식으로는 미리 형성되어 있다. 즉 이러한 모든 근본종류의 대상성, 그 맨 밑에는 물질적 대상성과 물리적 자연 일반에 대해서는 의식의 본질형태를 확실하게 규정해 제시하고 지향적 작업수행 — 이 속에서 그러한 종류의 대상성 일반이 우선 근원적 경험에서 종합적 통일체로 구성된다 ─ 의 본질형태를 분석해야 한다. 이 때 그와 같은 대상성이 그 자체로 타당한 진리의 기체(基體)로서 그것의 **이론적으로** 참된 존재 속에 규정되는 더 높은 형태의 학문적 의식을 연구하는 것이 중요하다. 후자는 예를 들어 자연과학적 방법과 같은 학문적 방법의 **선험적** 문제를 나타낸다. 이러한 문제제기를 일단 알아보면, 본질적으로 그 문제제기는 최상의 모든 대상영역과 이 속에서 분리할 수 있는 대상의 전체(Allheit) ─ 이것은 원리적으로 완결되는 학문의 '분야'이거나 그러한 '분야'가 되게 소임을 받았다 ─ 에 대해 동일한 문제제기다. 따라서 그것은 '문화'와 '인간 공동체'라는 거대한 명칭에 포함되는 문제제기와 관련된다.

다른 한편 귀납적-심리학적 발생(Genesis)의 문제 속에는 의식의 발생이라는 문제 또는 순수하게 선험적으로 파악된 **상호주관성**(Intersubjektivität)의 이른바 (형상적이거나 경험적인) 역사의 문제 그리고 상호주관성의 작업수행 ─ 따라서 순수 주관 속에 개별적이거나 공동체로 구성되는 실재적이거나 이념적인 '세계' ─ 의 역사가 숨어들어 있다.

철학의 역사에서, 게다가 철저히 이치에 어긋난 경험론이 전개되는 이곳에서 '혼란스럽고 이치에 어긋난 모든 문제의 배후에 어떻게 매우 깊고 중요하며 의미 있는 문제가 명백하게 밀려들었는지'는 주목할 만한 일이다. 또한 '본래 그 가짜의 문제가 자신에 적합한 이론과 함께 지속해 실행하고 이 이론에 발전하는 힘을 주고 역사적으로 멀리 영향을 미치는 암시적 인상이 어떻게 이러한 진정한 문제를 충분히 느끼는 것에 근거하는지'를 관찰하는 것도 대단히 주목할 만한 구경거리다. 어쨌든 순수하게 의식으로서 의식인 선험적 의식은 언제나 스스로를 관철한다. 다만 경험론의 철학이 의식에 정당하게 될 수 없을 뿐이며 철학이 그 고유한 본질상 수행하려는 것, 즉 가장 완전하고 가장 엄밀한 의미에서 학문——하지만 이것은 본질적으로 생각해낼 수 있는 모든 물음의 차원에 따라 이론적 물음과 답변에 미리 또 잘 준비된 학문, 달리 표현하면 절대적으로 또 일치해 절대적으로 정당화된 학문을 뜻한다——이 되는 것에 반대되는 것을 수행할 수 없을 뿐인 은밀한 '지도적 정신〔인물〕'(spiritus rector)이다.

여기에서는 흄이 빠져든 허구주의(Fiktionismus)를 우선 그에게 생긴 결과에 경악하지 않고는 상세하게 설명해 파고들 수 없다. 왜냐하면 그 결과에 따라 심지어 정밀한 자연과학과——정확하게 살펴보면——순수 기하학도 자연 자체와 마찬가지로 허구, 즉 학문의 가상(Schein)일 뿐이며 그 기하학의 순수한 공간도 그가 비로소 밝혀낸 단지 상상(Imagination)의 심리학적 가상일 뿐이기 때문이다. 그 경악은 금방 사라지며, 나중에 흄은 숙고하는 회의론자의 역할에서 지나치게 우쭐해져 보인다.

우리가 관심을 두는 것은 이러한 흄의 회의적 관점에 가장 보편적인 성격의 특징이다. 모든 실재성과 모든 실재성의 학문을 허구로 증명하려는 그러한 이론을 구축하는 것 전체는 '흄이 어느 정도까지 그 이론에 스스로 책임지며 각기 명백한 의식으로 이끌었는지'를 말하기 어려운 일종의 지적 불성실함으로만 가능하다. 자연적 인과성에 대한 인식의 타당성원천(인과추론의 타당성)과 자연의 인과성 자체의 정당한 의미 사이의 선험적 상관관계라는 그의 유명한 이론의 기초는 한편으로 순수 수학적 진리와 순수 논리적 진리처럼 순수한 합리적 진리를 인정하는 것(바로 여기에 지적 불성실함이 놓여 있다)과 다른 한편으로 이 진리를 단순한 사실의 진리와 대조시키는 데 있다. 그 진리의 합리성은 자신의 문제다. 그 이론이 어디에서든 인과적으로 추론하는 가운데 인상이나 기억으로서 직접적 경험을 넘어서더라도, 그 이론의 최종정립은 그 이론의 절대적 비합리성이다.

흄의 문제제기와 논증의 구조에 관해 더 깊게 이해해보자.

역사적으로 고찰해보면, 흄의 학설, 무엇보다 그의 『인간 본성론』은 합리론에 대한 경험론의 가차 없는 승리, 또는 오히려 데카르트 이래 지배적인 수학적 합리론——그 본질은 순수 논리적-수학적 인과성과 수학적-자연과학적 인과성을 구별 없이 혼합하는 데 있다——에 대한 가차 없는 승리로 특징지어진다. 사람들은 수학적 물리학에서 인식의 작업수행을 순수 산술이나 기하학에서 인식의 작업수행과 동일한 것으로 생각했고, 이것을 순수 수학을 확장하는 것으로, 따라서 물리적 자연의 기하학처럼 간주했다. 스피노자의 형이상학적 체계는 수학적 합리론을 극단적이고 형식적으로 일관되게 수행한 것이었는데, 빈축을 사는 그 내용도 순수한 합리적 방법에 대한 의혹을 불러일으키지 않을 수 없었을 것이다.

라이프니츠와 그의 동시대인 로크가 겨우 순수한 이념적 진리(라이프니츠의 용어로는 순수한 '이성의 진리')——이 진리를 부정하는 것은 이치에 어긋난 것, 모순이다——와 '사실의 진리'——이 진리를 부정하는 것은 거짓이지만 이치에 어긋나는 표상[생각]할 수조차 없는 것은 아니다——사이에 폐기할 수 없는 차이를 인식했다. 흄은 이러한 구별을 관념들의 관계에 관한 인식과 사실에 대한 인식이라는 유명한 구분으로 이어받았다. 따라서 경험적 학문인 수학적 자연과학이 철저하게 순수한 이성의 진리에, 직접적이든 간접적이든, 전념하는 수학적-논리적 학문과 분리된다는 사실이 입증된다. 수학을 자연에 적용하는 것은 더 높은 합리성을 만들어내지만, 그렇다고 이것이 경험적 학문으로서 그 본질의 성격을 변경시킬 수 없다. 하지만 그것으로써 부각되고 매우 높게 평가된 수학적 자연과학의 합리성이 해명되지 않으며, 순수 수학적 합리성과 혼합하는 것은 모든 자연적 인과추론에서 그 역할을 하고 수학적 추론과 논리적 추론으로 이끄는 종류의 합리적 필연성과 구분되지 않는 실재적-인과적 필연성에서 줄곧 발판을 마련했다.

비록 본질적으로 새롭지 않지만 인과적 필연성과 순수 합리적 필연성이라는 인상 깊은 흄의 구분은 이러한 후자의 필연성 일반의 합리성이라는 문제 또는 자연과학적 추론방식의 합리성이라는 문제에 대한 출발점이다. 이 경우 마치 관념들 사이의 관계의 합리성과 이 합리성에 포함된 이성이 추론하는 합리성이 ― 바로 〔이 합리성을〕 부정하는 것이 여기에서 이치에 어긋남으로 이끌기 때문에 ― 전혀 문제가 아닌 것처럼 여겨진다. 따라서 완전히 이해할 수 있는 것처럼 여겨지는 것이다. 그런데 다른 한편 인과추론의 부당하게 요구된 합리성은 관념의 연상에 입각한 완전히 비합리적인 근원으로 환원함으로써 허구로 해소된다. 연상과 습관에 따른 맹목적 신념의 강제와 오직 진정한 그 합리성을 심리학적으로 설명하는 혼동으로 해소된다.

흄의 회의적 기술(技術)은 인간의 인식을 이성과 상상력이 배우로 등장하고 화해할 수 없는 적으로 무산시키는 연극처럼 다루는 데 있다. 이성은 확고하게 정해진 자신의 지배영역을 지니며, 그 변경지역은 '이치에 어긋남'이라는 비명(碑銘)을 지닌다. 이러한 권리영역 안에는 관념과 관념들의 관계만 존재하지, 실재적 세계에 아무것도 존재하지 않는다. 이것은 다른 능력인 '구상력'(Einbildungskraft)의 범위에 포함된다. 이 능력은 내재적-심리학적 법칙에 따라 특히 (하지만 유일하게는 아닌) 관념의 연상과 습관의 법칙에 따라 경험된 자연을 자신의 허구적 창조물로서 만들어낸다. 이 창조물은 이때 감히 은밀하게 정당한 권리 없이, 실로 이치에 어긋난 한계를 넘어서게 허용하게 된다. 이때 그 과정은 항상 상상이 자신의 맹목적 법칙성에 따라 우선 이치에 어긋나는 어떤 것을 낳고 그런 다음 이 첫 번째 이치에 어긋난 어떤 것을 더 매력적으로 보이게 만들기 위해 새로운 이치에 어긋나는 것을 추가해 꾸며내는 과정이다.

그런데 상상의 보편적 원리는 인간 영혼에 포함된 고유한 나태함에 놓여 있고, 이 나태함에 의해 그 원리는—이제까지의 경험을 통해 습관에 따른 탄력을 지니게 되었는데—멈출 수 없으며 경험을 재빨리 넘어설 수밖에 없다. 실제의 경험에서 공존과 연속에 관한 그 무엇이 그 원리에 제공되었던 곳에서 그 원리는 이제까지의 경험을 넘어서 이러한 규칙성을 연장시키고 이 규칙성을 미래로 투영하며 이 규칙성을 전적으로 객관적으로 존립하는 것으로 절대화하는 데로 즉시 넘어갈 수밖에 없다.

그래서 그 원리는 대략적인 자료들이 공존함에 입각해 지속하는 사물을 의식에 독립적인 것으로 고안하고, 추정된 필연성 등과의 인과적 연관을 고안한다. 여기에서 이성은 나타나는 세계(실제의 감각자료에 구축된 상상의 사물세계)를 그 어떤 의미에서 존재하는 것으로 인정하게끔 허용하지 않는다. 이 세계를 여전히 그 배후에 더 놓여 있는 초월적인 것을 드러내주는 것으로 간주하게끔 허용하지도 않는다. 흄에 따르면, 우리의 의식 속에 발견되지 않은 것과 그 자체만으로 존재하는 것은 기껏해야 공허한 사유의 가능성일 뿐이다. 주어진 것에서 주어지지 않은 것으로 추론하는 유일한 길은 연상과 습관의 길인데, 이것은 스스로 아무것에도 〔정당화될〕 권리를 주지 않았다.

물론 흄은 여기에서 이렇게 생각한다. 적어도 상상이 어떤 사유를 끌어내고 그래서 귀납의 양식으로 '자연스럽게' 이끄는 반면, 형이상학적인 것으로 이끄는 모든 추론이나 오히려 형이상학적인 것은 비이성적일 뿐 아니라 자연스럽지 않다. 그러나 진지하게 살펴보면, 그럴 수 없다. 왜냐하면 자연스러운 것과 자연스럽지 않은 것은 동일한 방식으로 완전히 비이성적이어야 하기 때문이다. 비이성적인 형이상학적 추론이 경우에 따라서는 비이성적인 인과적 추론과 마찬가지로 자연스럽게 그 어떤 심리학적 법칙에 따라 행해지기 때문이다. 다만 흄은 반복해서 자신은 불가지론자(不可知論者)라고, 그럼에도 실제로 알려지지 않았고 인식할 수 없는 초월적 세계──우리 의식의 경과에 대해서도 존재의 원리로서 가정될 수 있을 세계──가 있다고 한다. 그렇지만 이것이 〔사회의〕 지배적 견해와 교회에 보호받는 견해에서 단지 조정하는 것으로 간주되는 것은 매우 극단적인 자신의 이론에 모순된다.

따라서 흄의 철학은 '바로 그' 세계를 넘어 자연과학이나 형이상학을 통해 학문적 정보를 줄 수도 있는 모든 철학에 개방된 파산이다. 철학은 모든 사실과학이 비이성적이며 따라서 결코 학문이 아니라는 점을 궁극적 학문으로서 입증한다. 그 종결은 당연히 완성된 이치에 어긋나는 것이다. 실로 철학 자체는 보편적 심리학으로서 사실과학이어야 한다. 우리는 회의가 단지 초월적 (자연스런) 실재성에 대한 학문에 관련된다고 말해선 안 된다. 그래서 내재적 토대 위에서 경험을 추론하는 비합리성 전체가 그렇게 증명되어서 그 추론이 우선 일반적으로 단지 직접적으로 인상과 관념에만 관계된다는 것, 따라서 내재적 지각에만 관계된다는 점에 주목해야 한다. 그러므로 한편으로 내재적 심리학의 합리성(Vernünftigkeit)이 ──그럼에도 흄의 이론 자체가 내재적 심리학을 통해 합리적인 것으로 입증되어야하기 때문에 ──끊임없이 전제된다. 다른 한편으로 이러한 이론의 결과는 어떠한 경험과학 일반(따라서 이러한 심리학)도 결코 이성적일 수 없다.

나는 앞에서 이러한 회의적 이론 전체가 이른바 이성 자체의 합리성을 전제한다고 말했다. 즉 관념들의 관계에 관한 인식에 부착된 필연성은 실제로 이해할 수 있는 진정한 필연성이라는 것을 전제한다고 말한 것이다. 자명한 기준에 의해 그와 같은 필연성을 부정하는 것은 이치에 어긋나게 된다는 것을 알아차리게 된다고 말했다. 그러나 나는 바로 여기에서 앞에서 언급한 그 지적 불성실함을(그밖에 흄이 우리에게 반감을 불러일으켰을 지적 불성실함도) 보게 된다. 회의론자로서 흄은 심미적 효과를 성취하기 위해 의도적으로 목록을 만드는 조형 예술가를 너무나도 닮았을 뿐이다. 이것을 증명하는 데는 긴 상론이 필요하지 않다. 왜냐하면 실로 그가 버클리의 추상이론을 이어받았을 뿐 아니라 과장했다는 것을 알기 때문이다.

어쨌든 순수한 합리적 판단작용 속에 본질보편성에 관한 순수 개념으로 판단되지, 순간적인 개별적 관념이나 순간적으로 눈앞에 아른거리는 환영에 관한 순수 개념으로 판단되지 않는다. 그것은 보편적으로 판단된다. 보편성은 더구나 순수한, 절대적 보편성으로 주장되며, 이것을 부정하는 이치에 어긋남은 절대적이며 보편적이다. 또한 이것은 보편적 사유에 대한 유명론(Nomialismus)[13]의 해석에 따라 연상과 그밖에 이에 속한 심리학적 비합리성으로 환원된다. 그런데 보편적 관념, 보편적 통찰은 결국 단순한 주관적 허구에 대한 흄의 주요 명칭이다. 만약 흄이 회의론자로서 일관되었다면, 그는 단순하게 아무것도 말하지 말았어야 한다. 심지어 '도대체 그때그때의

---

13) 유명론(唯名論)은 중세 보편논쟁에서 보편자(관념)가 개별자에 '앞서'(ante rem) 실제로 존재한다는 실재론(實在論)에 반발해 보편자는 개별자 '뒤에' (post rem) 인간의 지성이 만든 추상적 이름이나 기호(nomina)일 뿐이라는 견해다. 로스켈리누스(Roscelinus)는 보편자를 '공허한 목소리'(flatus vocis) 라고 부정했고, 둔스 스코투스(Duns Scotus)는 참으로 존재하는 것은 '이것' (haecceitas)뿐이라고 했다. 이러한 견해를 더욱 강화한 오캄(W. Occam)은 '존재는 쓸데없이 증가되면 안 된다'는 오캄의 면도칼(사유경제법칙)을 주장했다.

지각을 넘어서 무엇이 어떻게 진술될 수 있는지 이해할 수 없다'는 보편적 명제조차 진술되지 않았어야 한다. 따라서 이때 순수 수학의 우선권에 대해서는 전혀 논의가 없다. 그 결말은 모든 인식의 절대적 파산이다.

그럼에도 경험론의 감각주의는 가치가 있다. 어쨌든 흄의 저술은 상세하게 연구할 만하다. 흄이 상론한 거의 모든 것에는 독자의 시야에 들어오는 현상학적 연관 속에 함께 놓여 있다. 자연주의적으로 오해된 모든 문제의 배후에 참된 문제가, 이치에 어긋난 모든 부정(Negation) 배후에 가치 있는 긍정(Position)이 끼워져 있다. 단지 그것은 흄 자신이 타당하게 부각시키지 않았고, 이론적으로 파악하지 않았으며, 이론적인 기본적 긍정으로 형성하지 않았을 뿐이다.

이러한 일관된 감각론의 주관주의, 즉 흄의 회의론이 우리에게 중요한 점은 흄의 회의론 속에 학문적으로 유지될 수 있을 명제가 전혀 없었지만, 그럼에도 직관주의적인 순수 내재적 철학이며, 그래서 유일하게 진정한 직관주의 철학인 현상학의 예비형식(Vorform)이라는 것이다.

3절 근대의 합리론과 형이상학

26 근대의 합리론과 그 독단론을 적극적으로 구축하는 계열의 특징

a) 선험적 근본학문이 결여됨으로써 미래의 진정한 형이상학을 준비하는 데 방해된 것을 살펴봄

경험론에 대립해 데카르트에서부터 스피노자와 라이프니츠를 거쳐 칸트에 이르는, 칸트를 넘어 헤겔로 이끄는 합리론의 매우 위대

한 사상가들에서 거대하고 풍부한 발전계열에 특히 주목할 경우 아주 상세한 고찰이 필요하지는 않다. 근대의 경험론은 모든 인식의 현상학적 근원으로 되돌아가는 철학 일반을 비로소 가능케 할 방법을 정초하도록 도와주고 철저한 직관주의 철학을 요구하도록 강조하는 중대한 기능을 지녔다.

반면 합리론의 기능은 완전히 다른 측면에 놓여 있다. 경험론과의 끊임없는 투쟁에서 합리론은 경험론이 가장 깊은 공정성을 지닌 것을 전혀 이해하지 못했고, 경험론의 회의적 오류 배후에 놓인 중요한 본질핵심을 파악하지 못했다. 그러므로 경험론은 이치에 어긋난 회의적 철학 대신 더 나은 내재적 철학을 형성해낼 출발조차 못했다. 경험론은 그 자체로 그렇게 소임을 받은 것 같았다. 왜냐하면 경험론은 결국 고대의 회의적-부정주의 철학의 속편이기 때문이다. 마찬가지로 합리론은 긍정적으로 구축하는――참되고 궁극적으로 완벽한 학문을, 그래서 진정한 철학을 향한――발전대열의 속편이기 때문이다. 따라서 합리론은 플라톤주의와 중세 실재론의 속편이며, 그래서 보편적 관념과 각기 참된 합리적 인식을 모두 유명론으로 해석해버리는 적(敵)이다. 즉 경험적인 것에 순수한 합리성의 지분을――무엇보다 수학적 자연과학을 본보기로 삼는 형태로――제공하는 '영원한' 진리와 모든 경험과학적 방법의 수호자다.

합리론자인 데카르트는 모든 인식을 정초하는 절대적 토대인 내재적 영역에 이르는 입구를 열었다는 사실을 통해 곧바로 근대를 열었다. 그래서 이 새로운 영역에 착수하고 순수한 합리적 개념형성과 통찰, 따라서 선험적 주관성의 형상학(形相學)을 만들어내려 착수한 합리론으로서 데카르트보다 더 적합한 사람은 없을 것이다!

그러나 우리는 데카르트가 자신이 발견한 것 본래의 철학적 의미를 이해하지 못했다는 사실, 그가 발견한 것은 그에게는 긍정적('독단적') 학문을 정지시키기 위해 단지 〔배를 안전하게 정박시키는〕 투묘지(投錨地)로서만 이바지할 것이라는 사실을 이미 알고 있다. 그래서 그는 그 후의 발전 전체를 독단적 형이상학과 독단적 개별학문의 길로 이끌었다. 제어하기 힘든 강한 지식욕구과 동시에 실제의 자연지배와 세계지배에 따라 함께 분출된 욕구의 반대측면은 항상 새로운 이론 속에 만족되었고, 항상 새로운 학문 속에 무한히 성과를 거두며 전문화되었다. 그리고 형이상학은 방법상 자립적인 이 개별학문들을 넘어섰다. 모든 것이 형이상학에 관련되고, 형이상학은 철학의 보편적 이념을 대표하는 것과 완전한 우주로 간주된 분열되지 않은 실제성에서 이른바 최고의 궁극적 물음을 제기하는 것에 자신의 기능을 찾았다. 그 물음은 실로 아리스토텔레스의 보편적 존재이론의 물음처럼, 곧 개별적 분야에 속박된 특수한 문제가 아니라 신학적 문제에서 정점을 이루는 물음이었다.

하지만 고대나 중세의 형이상학과 마찬가지로 근대의 형이상학인 이 형이상학은 자연과학과 그밖에 항상 새롭게 수립되는 특수학문과 아주 똑같이 독단적인 학문이었다. 형이상학의 근본개념과 원리 그리고 그 방법과 이론은 궁극적 근원에 입각해 선험적 주관성에서 길어내지 않았다. 따라서 선험적 주관성에서 그 궁극적 의미와 궁극적 진리를 받아들이지 않았다. 선험적 개별주체들이 가능한 상호 의사소통을 통해 결합된 선험적 공동체 전체(Allgemeinschaft)의 이러한 선험적 주관성[14]은 간취되지 않은 채 남았고, 하물며 선험적 주관

---

14) 주관성이 사회성을 지닌 상호주관적이 아니면 의사소통은 불가능하고, 따라서 객관적 정신을 이어받고 전달하는 전통과 습득성 없이는 주관성을 지닐 수 없다. 심지어 혼자서 하는 사고도 상호주관성을 전제하는 언어의 기능 없이 결코 생각할 수 없다. 논리적 객관성도 "그 자체로 상호주관성이라는 의미에서 객관성"(『이념들』제2권, 82쪽)이며, 구체적인 선험적 주관성은 "상호주

성이 모든 학문적 주제의 가장 근본적이며 가장 중요한 주제로 인식되기는커녕 소박한 익명성(匿名性)의 상태에 있다. 사람들은 선험적 주관성이 객관성 전체의 본질적 상관자라는 것, 전적으로 '긍정적인 것'(positive)으로 보면 모든 자연적 경험의 주제이며 더구나 전적으로 긍정적[실증적] 학문의 주제라는 것을 깨닫지 못했다. 하지만 '본질적 상관자'는 선험적 주관성 그 자체가 없는 객관성은 생각할 수 없다고 표명한다. 사람들은 바로 자연적 경험 전체와 그래서 일반적으로 긍정성(세계 전체와 수학적 관념의 세계)을 향한 일면적 시선방향이 일종의 추상을 행하고 철학적 사유를 단순히 추상된 것을 절대화하는 데로 유혹한다는 사실을 알아차리지 못했다. 따라서 실증주의에 체포된 것을 방법적으로 차단함으로써, 자연스러움 속에 그 자체로 은폐된 선험적 주관성을 뚜렷이 부각시키고 이 주관성을 모든 종류의 실증적인 것(Positives)을 구성하는 주관성으로 체계적인 연구를 함으로써 그와 같은 추상을 폐기하지 않고는 실제로 **구체적** 인식은 불가능하다는 사실을 여전히 알아차리지 못했다.

인식론적 자극은 데카르트의 『제일철학에 관한 성찰』에서 그리고 진정 학문을 정초하는 방법에 관한 더 오래된 물음을 계속 심문한 결과로서 줄곧 발휘되었다. 형이상학의 작업은 거의 어디에서나 인식론의 고찰과 매개되어 관련되었다. 거꾸로 때로는 인식론의 연구는 형이상학과 개별학문의 전제들을 안심시켰다. 사람들은 곧 인식론,

---

관성 또는 자아의 공동체 안에 있다."(『심리학』, 323, 344쪽) 물론 "절대적 의식은 생성되는 것이 아니라, 다른 절대적 의식과 더불어 '의사소통' 속에 드러난다."(『상호주관성』 제1권, 17쪽) 결국 선험적 주관성을 강조하는 선험적 현상학은 독아론 형태의 자아론으로만 가능한 것처럼 보이지만, 이 독아론은 상호주관적 세계로 나아가는 방법적 통로다(『성찰』, 174~176쪽; 『위기』, 제3부 A. 특히 50항; 『형식논리학과 선험논리학』, 243쪽 등을 참조할 것).

즉 오성이론이나 이성이론이 수행해야 했던 것을 여전히 알지 못했다. 그것은 여기에서 모든 객관적 인식과 학문에 선행하고 동일한 방식으로 문제를 제기하며 따라서 그러한 인식과 학문 모두에 독립적인 근본학문이 요구되는 것뿐이다. 사람들은 순수하게 파악된 주관성을 유일한 작업장으로 삼는 그러한 학문이 없다면 어떠한 철학, 자연이나 정신에 관한 어떠한 학문, 최상의 존재근거에 관한 보편적 학문인 어떠한 형이상학 ─ 전체로서 존재자와 그 특수학문의 독특함에 관한 전면적이고 궁극적으로 정초된 것으로서 **궁극적** 정보도 줄 수 있는 형이상학 ─ 도 불가능하다는 사실을 깨닫지 못했다. 오히려 (앞에서 증명한 것에 따라) 데카르트의 뒤를 따라간 세대가 확실하게 얻은 순수 주관성에 관한 근본학문이 필요하다는 의식이 경험론의 측면에서 이미 생겼다. 하지만 그것은 합리론자가 자신이 예전부터 투쟁해왔던 유명론과 회의론의 새로운 놀이터로서 날카롭게 비판해 거부했던 내재적 감각론의 심리학주의라는 형태다.

그러나 합리론의 비판은 그 역사적 기능을 충족시키지 못했다. 왜냐하면 고대에 이미 회의적 주관주의에 대립했듯이 합리론은 근대에 새로운 내재적 심리학주의에 대립했기 때문이다. 따라서 회의적 이론의 잘못된 생각과 이치에 어긋남을 단순히 증명하는 것이 아니라 작동하는 내적 동기를 적극 비판해 그 진정한 내용을 만족시키는 과제가 제기되었기 때문이다. 그래서 주관주의를 더 높은 의미에서 참되게 만들고 따라서 나쁜 주관주의를 필연적으로 요구된 주관주의로 변형시키는 과제가 제기되었다. 그렇지만 어디에서나 또 모든 철학에서 적극적 가치를 매겼던 라이프니츠 같은 사람조차 로크에 대한 상세하고 낱낱이 매우 교훈적인 비판에서 감각론-경험론의 직관주의에 입각해 선험적 직관주의의 진정한 이념을 끌어내지 못했고, 학문적 철학에 결정적인 ─ 내재적인 경험적이며 심지어 감각론의 심리학 대신에 ── 선험적 주관성에 관한 본질학문을 정초하는 것을 주목하지 못했다.

그럼에도 미래의 학문적 심리학 자체에 지극히 비옥한 엄청난 정신작업 ── 고대의 합리론철학에 못지않게 근대의 합리론철학에서 수행된 정신작업 ── 을 과소평가하는 것은 잘못이다. 그것은 우리가 철학을 불가결하게 가장 넓은 말의 의미로 이해하고 따라서 합리적으로 정초하는 이념 아래 더욱더 완벽하게 형성되는 학문을 함께 고려할 때도 마찬가지다. 철학을 더 좁은 의미로 이해하고 모든 것을 포괄하는 존재문제와 원리적 규범문제를 다루는 학과만 철학에 배분할 때도 마찬가지다. 이미 현상학적 양식의 선험적 철학을 궁극적으로 도달할 수 있는 인식과 궁극적으로 학문다운 학문을 가능케 하는 '필수불가결한 한 가지'(unum necessarium)로 파악한 것은, 우리에게 확실히, 결코 우리의 학문이 아니다. 이제 그것은 정밀한 수학과 자연과학이나 그와 같은 궁극적 의미의 학문인 방법상 여전히 매우 인정할 만한 정신과학을 뜻한다. 요컨대 그것은 수학 이외에 수학과 나란히 '수학의 철학', 물리학 자체와 나란히 '물리학의 철학' 또는 '자연의 철학' 모두를 인정하고, 그래서 어디에서나 실증과학에 유사한 방식으로 붙일 수 있는 철학을 필수적인 것으로 간주한다. 가령 그 분야에 소용없는 논쟁으로 간주하지 않는 것이다. 그런데 오래전부터 실증된 객관적 학문의 이론적 방법론에 주요줄기와 핵심줄기에서 인식을 더 높게 선험적으로 정초하는 것이 중대한 것을 전혀 변경하지 않을 확실한 명증성의 소박함에서라도, 우리는 실로 미리 받아들일 것이다. 그 소득은 근원이 분명한 기초 지움(Fundierung), 절대적 주관성으로 본질적으로 소급해 관련시킴(Rückbeziehung)에 있을 것이다. 이로써 절대적 주관성은 선험적인 대립차원에서 강력한 인식을 풍부하게 성장시키고 그 대상영역에 대해 궁극적 의미를 규정할 것이다.

물론 적확한 의미에서 전승된 철학적 분과, 무엇보다 보편적 존재론으로서 형이상학은 사정이 좋지 않다. 왜냐하면 여기에는 방법상 강화된, 일반적으로 인정된 학문이 결코 이루어지지 않았기 때문이며, 그러한 학문이 이루어질 수 없었던 것은 바로 여기에 우리의 의미에서 선험적 근본학문이 반드시 필요했기 때문이다. 그럼에도 비록 학문에서 실제로 정초되지는 않았더라도 풍부한 체계내용을 지닌 형이상학적 통찰과 형이상학적 이론의 가치 있는 예비형식이 형이상학에서도 발전되었고, 미래의 진정한 형이상학을 준비하는 지속적 사명을 띠고 실제로 상승하면서 발전되었다.

나는 '내가 체계들에 대한 무한하고 소용없는 개별적 비판에 빠져들지 않고 어떻게 그것을 머리에 떠올렸는지' 일반적으로 상세하게 진술하고 싶다. 실로 그와 같은 비판은 경험론에서와 같이 합리론에서도 유사한 의도로 문제가 되지는 않는다. 경험론의 이론에서 로크와 더불어 새로운 방법적 유형이 나타났는데, 그 방법에 대한 비판은 '내재적인 심리학적 방법 배후에 철저하게 필요한 참된 철학적 방법, 즉 현상학적 방법을 향한 역사적 경향을 뚜렷하게 하는' 우리에게 중요한 목적을 띤다. 그러나 합리론은 독단주의로서 내재적 방법을 전혀 겨냥하지 않았다. 자신의 방법에서 비록 불완전하더라도 참된 방법을 겨냥하는 경향을 띠지도 않았다. 바로 이러한 관점에서 회의적 부정주의는 긍정적인 합리적 작업으로 진행해가는 합리론보다 더 긍정적이다.

'이러한 독단주의가 데카르트가 선험적 주관성을 일깨운 동시에 새로운 경험론을 통해 어떻게 동기가 부여되는지'를 살펴보는 일은 흥미롭다. '그 독단주의가 독단적 태도에서 선험적인 것을 고려하고 결국 그 이론이 내재적 현상학에 요구된 의미에 부응하지 못했는데도 어쨌든 그 의미에 적합했던 많은 것을 이끌어올 수 있던 것에 연관된 이론을 전개하는 데 어떻게 강요되었는지'를 여기에서 보여주는 일도 흥미롭다. 더구나 합리론이 새로운 분과, 게다가 존재론에서 아프리오리한 처리절차로 형성했던 것이 순수한 내재적 선험철학으로서 현상학의 과제가 올바로 이해되고 수립된 순간에 중요한 기능을 획득해야 했다는 사실이 지적되어야 한다.[15]

15) 『이념들』[제1권]의 언어로 말하면, 존재론의 근본개념과 원리는 더 높은 단계인 이성의 현상학에서 보편적 현상학에 대한, 또는 한편으로 '대상 일반'이라는 형식적-존재론적 '유사'(quasi)-영역에 관련되고 다른 한편으로는 대상성의 최상의 영역에 관련된 구성적 문제제기(konstitutive Problematik)의 체계적 구상에 대한 필연적 '실마리'(Leitfaden)다. 따라서 모든 형식적 존재론과 영역적 존재론을 체계적으로 정초해야 한다. 또한 이 존재론 자체를 체계적인 공동체로 이끄는 보편적 '범주론', 즉 아프리오리하게 미리 지시된 ─ 형식적 영역으로 둘러싸인 ─ 영역의 체계를 형상적으로 정초해야 한다. 현상학적 탐구의 보편적 토대를 방법적으로 드러내 밝힘(현상학적 환원)에 따라 현상학적 태도 자체 안에서 이러한 작업 전체가 수행되더라도, 어쨌든 소박한-긍정적 명증성으로 구상된 모든 존재론, 동일한 것이지만, 순수한 합리적 분과를 현상학으로 이어받게 되는 것(아마 그 근원을 해명함으로써 개선되더라도)과 그래서 미리 실행한 작업을 현상학에 넘기는 것도 분명하다.

『이념들』[제1권]으로 현상학의 개념을 직접적 직관의 영역에 결합된 형상적-'기술적' 근본학문 ─ 간접적 인식의 영역 전체로 확장할 가능성은 명백하고 모든 합리적 학문을 포괄하는 것으로서 보편적인 현상학적 학문으로 이끄는 근본학문 ─ 에 제한하면, 이러한 기술적 현상학 자체에는 모든 존재론의 근본개념과 원리가 포함되고, 그 구성적 연구에 대해서도 동시에 '실마리'로서 기능한다. 그러면 이 모든 것은, 현상학적 해석으로는, 그 자체에서 철학적 사실과학인, 자신과 나란히 부착할 수 있는 어떠한 특수철학도 결코 허용하지 않는 궁극적 학문의 사실과학이 생기는 긍정적 사실과학으로 옮겨진다. 형상적 현상학을 적용해 이 학문들의 것이 되는 그 학문들 속에 사실로서 탐구된 객관적 존재의 궁극적 해석을 통해 그리고 선험적 주체들의 보편적 공동체와 관련해 이러한 현상학에서 함께 요구된 객관성의 모든 영역에 대한 보편적 고찰을 통해 긍정적 학문의 보편적 주제인 세계 전체는 그 [해석] 뒤의 다른 것을 추구하는 것에 학문적 의미를 전혀 부여하지 않는 해석을 뜻할 뿐인 '형이상학적' 해석을 얻는다. 그러나 그 배후에는 현상학적 토대 위에서

b) 기회원인론 이래 합리론의 구축에서 소급적 절차에 대한 비판적 논평. 진보적 탐구의 과제

우리는 이미 데카르트학파에서 세계에 대한 인과론적 고찰과 신학적 고찰을 화해시키려는 동기에 입각해 형이상학을 형성하고 동시에 수학의 전형에 따라 추정적인 정밀한 방법으로 아프리오리한 존재론을 형성하는 특징을 관찰할 수 있다. 후자의 관점에서는 당연히 스피노자와 그의『기하학의 질서로 증명된 윤리학』(*Ethica ordine geometrico demonstrata*, 1677)이 생각난다. 그는 이론 이외의 동기를 따르는 긍정적 종교와 신학의 욕구를 거의 고려하지 않았다. 오히려 그는 극단적으로 무자비하게 순수한 공리적 근본규정에 입각해 엄밀하게 연역적으로 전개될 수 있는 신학이 아닌 존재론과 신론(神論) 그리고 윤리학을 시도했다.

다른 것은 기회원인론자다. 자연과학과 동일한 종류와 방법에 따라 정신과학을 요구하고 이 두 가지 학문에 절대적 의미를 부여하는 두 가지 실체론을 주장한 데카르트의 철학은 세계에 대한 형이상학적인 인과론적 파악 ── 종교의 요구와 이에 관련된 윤리적 욕구를 만족시킬 수 없었던 파악 ── 으로 밀어붙이는 것 같다. 스피노자의 사상이 발효되기 전에 기회원인론 속에는 이미 종교적-윤리적 요청에 따른 형이상학을 형성하려는 시도가 생겼다. 새로운 수학적 자연과학이 이끈 형이상학의 순수한 결과로 나타났고 막대한 충격을 일으켰던 스피노자의『윤리학』이 등장한 이래 그렇게 시도하려는 충동은 더욱 강해졌다. 일종의 수학적 본질성은 본래 모든 정신적 술어가 제거된 신에서부터 형성되었다. 이러한 절대적 실체에 입각해 세계를

───────────────

더 이상 해석할 수 없는 문제제기가 열린다. 그것은 사실적 세계와 사실적 정신 삶의 구성에서 표명되는 선험적 사실(Faktum)의 비합리성이라는 문제제기, 따라서 새로운 의미의 형이상학이다. ──후설의 주.

습관적으로 파악한 물리적 실재성과 정신적 실재성이 출현한 것은 정의(定義)로 원인을 규정하는 것에 입각한 수학으로 결과를 규정하는 수학이 출현하게 되었다. 경직된 수학적 귀결의 이러한 체계에는 자유, 합목적성, 신에 의한 신학을 위한 공간은 전혀 없었다. 계속된 발전은 세계에 대한 인과적 파악과 목적에 관한 파악, 자연적인 것과 정신적인 것, 수학적–역학적 필연성과 인간과 신의 자유를 화해시키는 철학적 욕구를 통해 본질적으로 지배되었다. 화해시키려는 비로 이 원동력이 형이상학적 시도에 비본질적이 아닌 방법적 성격을 부여했다. 그런데 이 성격은 데카르트 이래 작동하는 동기인 그 자체만으로 완결된 '사유실체'(res cogitans), 즉 직접적으로 단지 자기 자신만 의식하는 정신을 고려할 필요에 의해 동시에 함께 규정된다.

19세기 칸트의 이성비판에 대한 해석에서 출발하면서 '선험적 방법'을 이야기하면, 이제 우리가 여기에서 나타낸 것과 달리 객관적으로 타당한 인식 '가능성의 조건'을 다음 물음의 의미 속에 추구하는 특유의 소급적(regressiv) 방법과 구축하는(konstruierend)[16] 방법을 생각하게 된다. 그 물음은 '인식하는 주관성에 대해 무엇이 전제되어야 하는가?' '그 주관성의 인식능력, 즉 그 주관성 속에 단계지어진 직관작용과 사유작용의 인식기능은 어떻게 받아들여야 하는가?' '그 인식기능은 인식을 형성하면서 어떻게 작동해야 하며, 그래서 참된 객체성에 대한 인식은 어떻게 그 자체로 타당한 진리와 학문의 형식이 될 수 있으며 이해될 수 있는가?'이다. 화해의 형이상학은 처음부터 이와 유사한 의미에서 재구축적(rekonstruktiv)이다. 인식론에 대해 재구축을 획득한 강력한 역할은 그 근원적인 역사적 원천을

---

16) 칸트에서 '소급적'과 '전진적'(progressiv) 또는 '구축적'(konstruktiv)에 관해서는 본문 4항의 옮긴이 주 27을 참조할 것.

이렇게 재구축하는 형이상학에서 갖는 것 같다.

우선 후자에 관해서는, 여전히 독단주의에 삽입된 철학이 한편으로 새로운 객관적 학문의 의미에서 세계에 직면해 있다. 그 학문은 수학, 수학적 자연과학, 자연적으로 구상된 심리학과 정신과학이다. 이 학문들과 그 세계는 절대적인 것으로 간주될 것이다. 다른 한편으로 종교와 신학은 세계의 창조자―그 의미와 존재에 따라 세계 전체와 이 속에 포함된 자유로운 이성적 존재자가 생기는 궁극적 원리―인 신을 제시했다. 이 이성적 존재자에서 자신의 논리적이고 윤리적인 양심에 입각한 자기책임은 신 앞의 책임과 얽힌다. 자신의 자유로운 결정과 행위 그리고 궁극적으로 모든 것을 행하는 신의 모든-결정과도 얽힌다. 이 경우 종교적 요구에 따르면―어쨌든 이 요구가 이해되면―모든 실제의 존재와 심지어 이 존재가 지닌 모든 합법성의 내용, 궁극적으로 권리를 부여하는 모든 이성의 규범이 지닌 의미와 절대적 타당성도 그 목적론적 근거를 신의 정신 속에 지녀야 한다. 긍정적 진리와 신학적 진리는 화해하는 통일체가 되려 했고 그렇게 되었어야 했다. 그래서 신의 존재와 유한한 인간의 존재, 신의 이성과 의지 그리고 인간의 이성과 의지는 일체가 되었어야 했다.

이제 절대적 의미에서 존재자에 대한 학문인 형이상학은 구축적인 길로 내몰렸다. 그렇다면 우리는 무엇보다 자연의 세계, 객관적 학문의 세계를 어떻게 정돈해야 하는가? 그래서 이 세계가 어떻게 신이 작동한 세계, 목적론으로 이해할 수 있는 세계가 될 수 있는가? 그 방법적 처리절차는 신학이 자신의 신학적 이론을 이른바 자연신학의 방식을 통해 합리적으로 이해할 수 있게 하려 할 때 항상 준수해야 할 것과 유사한 처리절차다. 그러나 신학에 인정될 수 있는 것이 철학에는 여전히 주어지지 않는다. 철학은 결코 앞서 가는 교조(Dogma), 어떤 종류든 미리 확신해선 안 된다. 철학의 본질은 실로 절대적으로 근거지어진 학문, 더 단순하게는, 순수한 학문이어야 한다. 그밖에 다른 것이 되려 하면 안 된다. 원리상 철학은 절대적으로 통찰할 수 있는 근원적 근거에서만 출발할 수 있고, 절대 편견 없는 모든 단계에서 명백한 원리에 입각해 정당화되어 정초하는 길을 올라갈 수 있다. 철학의 처리절차는 오직 전진적(progressiv)일 수만 있고 그래야 한다.

어떤 의미에서 모든 학문적 탐구자는 실로 구축적이며 소급적으로 처리해간다. 그는 자신이 고안해내는 사유과정에서 그렇게 행한다. 고안해내는 모든 것은 예견(Antizipation)을 전제하며, 그것을 추구하고 산출하려는 주도적 생각을 미리 하지 않으면 아무것도 추구하거나 산출할 수 없다. 고안해내는 사람은 도정(道程)으로서 이미 확정된 진리를 넘어 예견될 결과로 이끌 수 있는 가능한 길을 상상에 따라 형성할 것을 미리 추구한다. 그러나 이 모든 것과 더불어 단지 추측만, 일시적 개연성만 획득될 뿐이다. 이때 실제로 해결하면서 수행하는 작업이 뒤따른다. 그 작업은 확고하게 정초된 것 위에 근거지어진 것으로 전진적으로 형성된다. 하지만 그 작업이 실제로 상승하면서 정초하는 작업에서 앞을 향해 나아감으로써 본래 통찰할 수 있는, 구체적으로 완전한 인식이 비로소 그 길(Weg) 그리고 목표(Ziel)에 따라 획득된다. 그것은 두 가지 관점〔길과 목적〕에서 대개 풍부할 뿐 아니라 다양한 다른 것이 근원적 추측으로 파악될 수 있는 인식이다.

27 형이상학과 인식론. 라이프니츠 모나드론과 칸트 이성비판의 의미

우리는 독단주의적 합리론이, 비록 경험론과는 완전히 다른 근거에 입각하더라도, 결코 최종적 철학으로 이끌 수 없다는 사실을 이해한다. 합리론은 고대 플라톤주의의 연속이거나 변형일 뿐이다. 여기에서는 참된 존재란 통찰할 수 있는 개념적 사유작용, 논리적 판단작용의 상관자라는 것을 뜻하는 근본적 생각이 끊임없이 작동한다.

그러나 근대 합리론은 데카르트에 의해 인식하는 주관성 ─ 경험하고 논리적으로 사유하지만 다른 모든 의미에서 생각하고 결정되는 주관성으로서 ─ 이 그 순수한 내재 속에서 뚜렷하게 파악할 수 있게 되었다는 사실로 규정된다. 그런데 그 주관성은 인식하는 자아에 대해 나타나는 참된 세계가 구성되는 것을 절대적 토대로서 고려할 것을 요구한다. 이제 모든 것은 이러한 요구가 어떻게 이해되는지에 달려 있다.

앞에서 이미 밝혔듯이, '나는 생각한다'를 모든 객관적 학문을 구축하는 절대적 기초로 만들고 이와 일치해 특별한 학문들과 이 학문들을 포괄하는 형이상학에 통일성과 최종적 정초를 부여하려는 데카르트의 시도는 실패했다. 데카르트가 선험적 경험(또는 형상적 직관)의 장(場)인 '나는 생각한다'의 영역을 기술하는 학문의 주제로 삼고 순수한 내재적 탐구에서 '여기 순수한 의식 속에 또 자신에게 본질적인 필연성에 따라 객관적 형태의 모든 가능성이 어떻게 인식의 형태로서 포함되는지'를 밝혀야 할 이유를 아직 알 수 없었기 때문이다.

그 후 칸트까지의 시대는 내재적 주관성과 주관적 체험이 경과하는 그 명증성을 놓쳐버릴 수 없지만, 직관적 세계와 이 세계에 대해 진리를 규정하는 완성된 객관적 학문을 눈앞에 두고 있으며, 그 종교적 확신과 도덕적 확신을 지녔다. 그래서 이제 이 확신에 관해 반성한다. 즉 '실재성을 어떻게 바꾸어 생각하고 해석해야 하는지', '따라서 학문, 종교와 도덕의 요구를 어떻게 만족시킬 수 있는지', 게다가 이에 못지않게 '인식의 내재를 타당하게 하는 **바로** 그 요구도 어떻게 만족시킬 수 있는지'를 반성하는 것이다. 그 절대적 실제성에서 존재자에 대한 보편적 이론인 형이상학은 후자의 관점에서 내재적으로 수행되는 인식을 해석하는 데 독립적이 된다.

물론 자연이나 정신에 관한 객관적 학문과 같이 보편적 존재론도 **단도직입적으로**(geradehin), 따라서 긍정적 학문의 방식으로 구상될 수는 없었다. 순수 수학과 응용 수학이 구분된 이후에 뚜렷해졌고, 자연에 대해서도 비록 수학적으로 형성되었더라도 경험적 학문과 구별되어 순수하게 합리적인 아프리오리한 자연과학이 구상될 수 있었다. 요컨대 이것은 사실적 자연에 관한 학문이 아니라 이념적으로 가능한 자연 일반에 관한 학문인 자연의 아프리오리한 **존재론**이다. 기하학이 사실적 공간과 그 형태에 관한 학문이 아니라 이념적으로 가능한 공간형태와 이념적으로 가능한 공간에 대한 학문인 것과 정확하게 같은 의미다. 이와 마찬가지로 영혼의 존재론은 가능한 실재성 일반의 **보편적 존재론**으로 추구되고 구상될 수 있었지만, 수학자가 어떠한 인식론에도 개의치 않고 그 아프리오리한 진리를 수립하는 소박함에서 이루어졌다. 그렇게 의도된 존재론적 분과에 대한 다른 표현은 형이상학적이거나 합리적인 자연론과 영혼론이며, 더 포괄적으로는 합리적 우주론과 신학이다. 실제로 스피노자의 『윤리학』은 모든 특수한 존재론을 내포할 순수한 합리적 형이상학이다.

그러나 그와 같은 시도에 대립해, 그 형이상학이 스스로 최종적 학문이라고 주장할 때, 절대적 타당성과 그 결과의 형이상학적 가치가 요구되어야 한다고 소박하게 느낄 수 있을 것이다. 형이상학은 끊임없이 궁극적으로 타당한 존재인식이 당연히 요구되는 명칭이었다. 하지만 데카르트의 『〔제일철학에 관한〕 성찰』로 객관적 인식의 가능성에 관한 문제가 인식하는 주체의 내재 속에 등장한 이래, 모든 객관적 인식의 가치와 그래서 모든 소박한 형이상학의 가치는 의심스러운 것(problematisch)이 되었다. 인식하는 '자아'의 내재(Immanenz) 속에 학문을 합리적으로 이론화하는 '명석하고 판명한' 인식작용이 수행된다. 그렇게 인식된 것은 실제로 존재해야 한다. 실제로 존재하는 것은 합리적으로 인식할 수 있어야 하고, 합리적으로 인식된 것은 참이며, 그것이 인식의 판단을 개념적으로 규정한 것으로서, '그 자체'(an sich)로서 참이다.

그렇지만 어쨌든 모든 학문이 기초를 두고 있는 이러한 합리론의 근본확신은 어떻게 관철되고 설명될 수 있는가? 인식하는 자가 자신의 모든 인식형태와 더불어 어쨌든 자기 자신 속에서만, 자신의 순수한 주관성 속에서만 형성할 때, 그는 무엇을 형성하는가? 모든 학문적 주장 — 그것이 경험적일 수도 아프리오리할 수도 있으며, 아프리오리할 경우 그 원리적 보편성과 필증적 명증성에 의해 형이상학적 주장이라 할 수 있다 — 은 '의미'와 '효력범위'에 따른 해석, 즉 인식론적으로 해석해야 한다. 이 해석과 관련해 인식작용의 내재 속에 실행되는 인식의 작업수행이 '인식하는 가치'에 관계하는 문제가 제기되고 해결될 것이다.

그러므로 이때 비로소 궁극적인 철학적 진리가 존재할 수 있고, 형이상학에 그러한 진리와 궁극적으로 원리적인 것에 대한 명칭이 남아 있을 때, 그때 비로소 실제의 형이상학이 존재할 수 있다. 더 넓은 의미에서 이때 형이상학은 인식론적 해석을 통해 그 소박함에서 벗어난 모든 객관적 학문을 포괄한다. 이것은 데카르트의 자극이 합리론철학에서 작동한 것으로 초기에 관철되었다. 실로 라이프니츠의 철학을 함(Philosophieren) 전체를 규정하며, 그런 다음 새롭고 강력한 힘으로 칸트의 이성비판(Vernunftkritik)에 효력을 발휘했다. 그리고 19세기에는 신칸트학파[17)에서 — 대부분 피상적이 되었더라도 — 다시 부흥한 방법적 확신이다.

그래도 이제 문제는 '어떤 방법으로 인식론적 해석과 이것에서 수행되는 인식론적 작업 전체가 실행되는지'다. 자연에서 인간이 살아가는 가운데 경험세계를 자명하게 현존재하는 실제성으로 간주하려는 것과 아주 똑같이 사람들이 우선 학문을 타당하게 간주하는 것에 착수하는 것은 이해할 수 있다. 그는 실로 경험의 일치해 계속되는 진행에서 경험의 확증되는 명증성을 체험했고—또는 오히려 소박하게 행위로 나타냈고—그 명증성의 힘은 경험된 사물이 자명하게, 직접 나에 대해 현존하는 것 속에 놓여 있다. 마찬가지로 일부 학문을 자신의 활동으로 통찰해 부단히 작업해온 자는 이론적으로 입증된 것과 그 진리를 확신한다. 그러나 이러한 태도가 쉽게 수반하듯이, 사람들이 '타당하다'고 인정한 객관적인 학문적 진술을 인식론적 질문과 혼합시킬 때, 가령 중간 항(項)으로서 심리-물리적 지식을 인식론적으로 숙고하는 데 엮어 넣을 때, 위험하고 방법상 이치에 어긋난 혼란이 존재한다. 경험론자인 로크는 거칠고 어설픈 형식으로 이러한 잘못을 저질렀다. 그리고 대중적 현상이지만, 철학을 하는 자연과학자들과 자연과학을 하는 철학자들은 오늘날까지 여전히 그러한 잘못을 저지른다.

그런데 라이프니츠와 칸트 같은 18세기 위대한 철학자를 이렇게

---

17) 신칸트학파는 19세기 후반 '칸트로 돌아가자!'는 구호 아래 경험론의 객관적 실증적 유물론뿐 아니라 논리법칙이나 도덕법칙을 심리적 과정으로 간주한 주관적 심리학주의를 배격하면서 물질적 세계를 현상의 세계로 환원하고 개념의 형식적 분석에 주력했다. 이러한 견해는 인식은 대상을 파악하는 것이 아니라 산출(창조)한다고 간주함으로써 '물 자체'를 부정하는 일종의 관념론이다. 여기에는 이론이성을 중시해 논리학과 인식론에 관심을 갖고 자연과학적 경향을 지닌 코헨(H. Cohen), 나토르프, 카시러(E. Cassirer) 등의 마르부르크학파와, 실천이성을 중시해 모든 정신과학의 기반으로서 가치론에 관심을 갖고 문화와 역사의 발전에 주목한 빈델반트(W. Windelband), 리케르트(H. Rickert), 크로체(B. Ctoce) 등의 바아덴(독일서남)학파가 있다.

비난할 수는 없더라도, 어쨌든 그들에게는 모든 학문을 학문적으로 진정하게 인식론으로 기초짓는 것(Fundamentierung)에 달려 있는 궁극적인 순수한 방법에 대한 의식이 거의 없었다. 여기에서 모든 것에 앞서 급박하게 해야 할 것은 보편적이면서도 이른바 매우 세밀하게 방법적으로 확정하는 것이다. 단순한 경험의 인식에서 출발해 모든 학문에까지 이르는 모든 인식은 인식론적으로 불확실한 것으로 다루어져야 한다. 그리고 이러한 불확실함의 의미에 따라 모든 각각의 인식(그 인식을 추정적으로 규정하는 진리뿐 아니라 그 인식의 추정된 대상도)은 일치해, 그 인식을 타당한 인식으로 여기고 사용하는 대신, 단순히 현상(Phänomen)으로 착수되어야 한다. 하지만 현상은 선험적 주관성에서 나에 대한 모든 인식이다. 그래서 진정하고 순수한 방법을 최초의 것, 사실상 주어진 모든 것에 그 자체로 최초의 것으로서, 즉 '절대적으로' 명백한 선험적 주관성으로서 정립해야 한다. 다른 한편 여전히 매우 자명하게 미리 주어진 객체적인 것(Objektives), 즉 감각세계와 이 세계를 규정하는 학문은 경험작용에 의해 경험된 것으로서만, 다양하게 학문적으로 형성된 판단체험들의 판단내용으로서만 정립되어야 한다. 주관성의 보편적 영역을 그 현상과 더불어 이렇게 명백히 제시하는 것이 의식적으로 이루어졌다면, 어쨌든 바로 그다음 단계——우리는 경험론에서 이 단계에 주목할 수 있다——가 충분히 당연하다고 생각된다. 즉 그 단계는, 여기에서 말하자면, 체계적으로 탐구될 수 있고 탐구되어야 할 자신의, 완결된 가능한 탐구의 장(場)이다.

하지만 역사적 인식론은 그렇게 처리하지 않았다. 그 인식론은 '사실상' 의심스러운 그 인식——그런데 그것이 감성적 경험과 경험적 판단이든, 순수한 합리적 개념과 판단이든, 수학이나 정밀한 자연과학 같은 학문 전체이든——을 현상으로서 요구할 수도 있고, 그 타당성을 단지 주관적으로 통찰할 수 있는 정초의 내재적 특징으로 표현할 수도 있다. 그래서 어쨌든 그 처리절차는 방법적으로 의식된 것, 즉 가장 먼저 근원적 토대로서 선험적 주관성을 확인하고 근원적 토대 위에서 인식의 형태를 체계적 탐구의 주제로 삼는 것이 아니다. 인식의 형성물을 현상으로 지닌 채 이 형성물에서 그 객관적 타당성의 의미를 질문하는 것은 충분치 않다. 우리는 이러한 현상이 현상으로서 최초로 연구되어야 하며 지향성의 현상으로서 지향적 설명이 필요하다는 사실을 분명하게 이해해야 한다.

물론 우선 우리가 하나씩 살펴보는 보편적 고찰은 해석을 이끌어가는 어떤 동기를 제공한다. 예를 들어 라이프니츠가 감성과 사유에 관해 다음과 같은 방식으로 반성할 때도 그렇다. 즉 단순한 감성적 경험에서 나는 감성적으로 촉발되며, 감성적인 것은 나에게 생소한 것(Ichfremdes)으로서 나를 촉발한다. 사유 속에서 나는 순수하게 나 자신으로부터 활동하며, 순수한 개념은 우연적 경험에서 자유롭고 나의 순수한 본질에서 길어낸 것이다. 모든 아프리오리한 통찰에는 주관성의 순수 본질에 속하는 법칙성이 표명된다. 이 법칙성은 본질 법칙성으로서 모든 주체에 반드시 공통적이다. 이때 감성적 경험과 이 경험을 통해 제한된 경험의 법칙은 사정이 어떠한가? 순수 개념은 어떻게 나의 순수한 지성의 본질에 근원적 형식으로 경험의 학문에서 형성하면서 작동하는가? 이렇게 계속 진행해가면서 감성은 어떻게 해석되어야 하며, 이렇게 계속된 결과 감성적으로 경험되고 자연과학적으로 인식된 자연은——경험의 인식이 객관적 인식으로 이해되어야 할 때——어떻게 해석되어야 하는가?

나는 더 나아가지 않겠지만, '순수한 합리적 방식으로 사유하는 인식작용도 구체적 자연의 객체에 대한 경험작용도 직접 연구되지 않으며, 체계적인 지향적 분질이 분석되지 않았다'는 사실과 그러한 고찰방식은 하나씩 살펴보는 예견으로서만—하지만 이론으로서는 아니다—타당할 수 있다는 사실은 명백하다. 실제로 분석하지 않으면, 관련된 현상이 사태와 거리가 먼 동안, 재구축적 사유가 형성되며, 다양한 인식의 작업이 수행될 가능성이나 합리적으로 이해될 인식세계의 가능성에 대한 조건이—감성(가령 혼란스러운 사유작용으로서)의 구조와 사유작용의 구조가 실제로 연구되지 않고 요청될 때—추구된다. 물론 라이프니츠 같은 직관적 사상가는, 그의 독창적 상상이 그것에 적합한 직관을 예견할 수 없을 때, 아무것도 고안해내지 않았다. 그래서 그의 모나드론 전체는 역사상 가장 웅대한 예견 가운데 하나다. 그 모나드론을 완전히 이해하는 자는 그 모나드론에 있는 진리의 어떤 중대한 내용을 인정할 수 있을 뿐이다. 라이프니츠는 지각이라는 명칭으로 모나드의 근본속성을 규명하고 지각에서 [다른] 지각—특히 내실적으로 현재하는 것이 아니지만 어쨌든 지각적으로 의식된 것의 재현—으로 노력하면서 이행할 때, 지향성의 근본속성을 파악했고 형이상학적으로 충분히 이해해 소화했다. 그렇지만 대체로 그는 그때그때의 묘안, 예견과 구축에 의존했다.

칸트 역시, 아무리 체계적으로 연구했고 사실상 깊이 심사숙고한 체계로 진행했더라도, 진정한 선험학문에 요구되는 방법을 알아차리지 못했다. 그의 방법은 라이프니츠의 방법과 아주 유사하다. 그 자신이 라이프니츠와 전혀 다르다고 믿었지만, 라이프니츠 철학의 본래 의미는 오늘날에도 구상한 초안, 편지, 소논문 속에 흩어진 그의 사상에 대한 더 완전한 지식에 근거해야 비로소 밝혀질 수 있다. 확실히 칸트의 연구 전체는 선험적 주관성의 절대적 토대 위에서 사실적으로 진행된다. 더구나 그는 유례없는 직관적 힘으로 이 주관성에서 비할 데 없이 중요하고 그 이전에는 누구도 예감하지 못한 본질구조를 파악했다. 칸트의 이성비판 속에는 일련의 중대한 발견이 있지만, 이것들은 접근하기 어려울 뿐 아니라 방법상 다음의 형태로 근거하고 있다. 즉 우리가 말할 수밖에 없지만, 칸트의 이성비판은 라이프니츠의 이성비판과 마찬가지로 궁극적으로 정초하고 궁극적으로 정초된 학문으로서 선험철학과 전혀 다르다.

그런데 소급적 방법상 처리절차가 그에게는 가장 중대한 역할을 한다. 그렇다면 순수 수학은 순수 자연과학과 마찬가지로 어떻게 가능한가? 우리는 어떻게 감성을 생각해 떠올려야 하고, 그래서 순수한 기하학적 판단은 어떻게 가능해지는가? 다양한 감성적 직관은 어떻게 종합적 통일체가 되며, 그래서 엄밀한 자연과학, 또한 경험의 객체를 그 자체로 타당한 진리 속에 규정하는 것이 어떻게 가능해지는가? 칸트 자신은 본인이 형이상학적(metaphysisch)이고 선험적(transzendental)이라 부른 직관형식과 범주의 연역인 '연역'(Deduktion)[18]을 요구하고 수행한다. 마찬가지로 순수 오성 등의 원리의 필연적 타당성인 도식론(Schematismus)[19]이 연역된다.

이것은 물론 단순히 연역되지도 않고, 자연히 통상의 의미로 연역

---

18) 칸트가 분석한 '순수오성개념의 연역'(『순수이성비판』, A 98~119)의 과정은 다음과 같다.

　　① 직관형식(시간과 공간)을 통해 촉발된 잡다한 내용이 직관 속에 전체와의 연관 아래 통관되고 총괄된다.

　　② 구상력(Einbildungskraft)에 의해 계기적 선행표상이 소멸시키지 않고 재생산시켜 현재표상과 통일된다.

　　③ 선행표상과 현재표상의 동일성이 개념 속에서 재인식되는 종합으로 나타난다.

　　이러한 과정은 동일한 의식, 즉 선험적 통각(Ich denke, Apperzeption)을 전제한다.

19) 칸트는『순수이성비판』 '선험적 감성론'에서 '물 자체'의 촉발로 생긴 경험의 내용이 아프리오리한 '감성'의 직관형식 ── 시간(내관)과 공간(외관) ── 을 통해 잡다하게 수용되고, '오성'의 아프리오리한 사유(판단)형식으로 연결시켜 주는 '구상력'과 '도식'(Schema)의 원리들을 밝힌다.

되지도 않는다. 어쨌든 그것은 뒤따라오는 직관을 따라가는 **구축적** 사유의 처리절차일 뿐, 아래에서부터 올라가는 처리절차가 아니다. 즉 제시함에서 [다른] 제시함으로 직관적으로 계속 진행해가는 의식의 구성적 작업수행을 심지어 반성에 개방된 모든 시선의 방향에 따라 이해할 수 있게 하는 것이 아니다. 칸트의 경우 구성하는 의식에 어느 정도 가장 내면적인 측면은 전혀 언급되지 않았다. 그가 전념한 감성적 현상은 이미 구성된 ─ 결코 체계적으로 분석되지 않은 대단히 풍부한 지향적 구조의 ─ 통일체다. 마찬가지로 판단이 근본적으로 규정하는 역할을 하지만, 판단체험의 현상학에 관해 그리고 판단체험이 변화하는 가운데 존재명제와 그 존재양상이 통일체가 되는 방식에 관해 아무것도 검토되지 않았다. 그러므로 순수 주관성 속의 형태들에서 매우 많은 것을 보고 이것들에서 알아차려야 할 중요한 것을 발견했지만, 모든 것이 수수께끼 같은 배경 속에 떠돌며, 그 작업수행(Leistung)은 신화와 같이 남아 있는 선험적 능력이다.

만약 칸트가 『인간 오성론』의 흄이 아니라 『인간 본성론』의 흄에 의해 독단의 꿈에서 깨어났더라면[20] 아마 그는 다른 사람이 되었을 것이다. 만약 그가 영국 회의론자의 이 중대한 저술을 정확하게 연구했다면 아마 이때 그에게는 회의적 이치에 어긋나는 것 배후에 내재적 직관주의의 필연적 의미, 선험적 의식과 그 기본적 작업수행 ABC의 이념 ─ 로크는 이 이념을 이미 가졌다 ─ 이 열렸을 것이다.

---

20) 칸트는 "흄의 경고 때문에 독단의 선잠(dogmatische Schlummer)에서 깨어났다."(『미래의 모든 형이상학을 위한 서설』(*Prolegomena*, 260)라고 고백한다. 그리고 흄의 『인간 본성론』(1739~40)은 미완성이었는데, 나중에 수정되고 확대되어 『인간 오성론』(1748)과 『도덕 원리론』(1751)로 출간되었다. 후설은 이러한 과정에서 흄의 회의적 논지가 매우 약화되었다고 지적한다(『위기』, 제2부 특히 24항을 참조할 것).

선험적 의식과 이성에 대한 학문적으로 충분한 이론을 가능케 하는 데 함께 결정적인 한 가지 중요한 점에서 칸트는 라이프니츠보다 뒤떨어진다. 라이프니츠는 근대에 플라톤 관념론의 가장 깊고 가장 가치 있는 의미를 이해하고 따라서 고유한 이념직시(Ideenschau)[21] 속에 스스로 주어진 통일체인 관념을 최초로 인식했다. 실로 정당하게 말하면, 라이프니츠에게는 스스로 부여하는 의식으로서 직관이 가치와 진리의 의미에 궁극적 원천이었다. 그래서 순수 명증성 속에 간취된 모든 보편적 진리가 그에게는 절대적 의미를 띤다. 그러므로 그는 그러한 명증성 속에 간취되는 자아의 본질특성에 대해 전적으로 절대적 의미를 요구하는 것을 당연하다고 생각한다.

그러나 칸트의 경우 아프리오리의 개념은 우리를 끊임없이 난처하게 한다. 그가 그 개념을 특징지은 보편성과 필연성의 성격은 절대적 명증성을 지시하며, 따라서 예상할 수 하듯이, 그것을 부정하면 이치에 어긋날 수밖에 없는 절대적으로 스스로를 부여하는 것(Selbstgebung)에 대한 표현이었다. 하지만 우리는 이때 그것이 그렇게 생각되지 않았다는 사실, 선험적 주관성을 통해 객체[객관]성을 자체 속에 (바로 객체성을 가능케 하는 그 합리적 형식에 따라) 형성하는 아프리오리한 법칙성은 어쨌든 일반적인 인간학적 사실의 의미만 지닐 뿐이라는 사실을 즉시 알게 된다. 그래서 칸트의 이성비판은 자신의 의미에서 '아프리오리하게' 불가능한, 아니 진정한 플라톤의

---

21) 의식에 직접 주어진 사태(Sachverhalt)에서 질료적 요소는 감성적 지각(직관)으로 충족되지만, 징표나 관계 등 기초지어진 비자립적 계기들인 대상성(Gegenstandlichkeit)의 범주적 요소는 범주적 지각(직관)에 의해 충족된다. 따라서 후설 현상학에서 본질직관은 감성적 직관에 그치지 않고 범주적 직관, 즉 이념화작용(Ideation)으로서 자유변경을 통한 형상적 환원이다. '이념직시'는 이념화작용의 다른 표현이다.

의미에서만 '아프리오리하게' 존재할 수 있는 절대적 근본학문의 이념을 놓쳐버렸다.

그러므로 라이프니츠에게는, 비록 그 생각을 추구하지 않았더라도, 그 자체 속에 객체성을 구성하는 의식 삶의 주체인 '자아' 일반의 순수하고 절대적으로 필연적인 본질에 관한 체계적 학문을 계획하는 생각을 당연하게 여겼다. 그것은 절대적 진리와 절대적인 보편적 진리를 파악하면서 또한 이때 체계적으로 이끌어내면서 명백히 제시하는 학문, 즉 충분하고 유일하게 가치 있는 의미에서 아프리오리하며, 그 학문이 이치에 어긋나지 않게 부정할 수 있을 것은 결코 수립하지 않는 한, 아프리오리한 학문이다. 즉 모든 인식과 학문 일반에 대해 궁극적 원천의 학문, 다른 모든 아프리오리가 비로소 더 높은 단계에서 구성되는 가장 깊은 아프리오리에 대한 학문일 것이다.

철학적 문화의 이념. 그리스 철학에서 그 이념이 최초로 싹틈[1]

탈레스(Thales)에서 출발한 그리스학문의 근본성격은 '철학'이다. 그 밖의 모든 목적달성에서 벗어난 이론적 관심 ──순수하게 진리를 위한 진리에 대한 관심 ──을 체계적으로 실행해낸 것이다. 그러나 이러한 의미에서 순수한 학문은 그 밖의 문화형태에 단순히 덧붙여진 단순한 새로운 종류의 문화형태를 나타낸다. 그것은 문화 전체의 발전에 더 높은 소명을 지닌 문화 전체로서 자신을 이끄는 전환을 준비하게 했다. 이른바 순수한 이론적 관심을 지니고 태어난 체계적 보편성을 겨냥한 경향 때문에 철학은 잘 이해할 수 있었던 최초의 우선권에서 우주론적 문제[2]에 머물지 않을 수 있었다. 세계가 자연적인 외적 고찰에서 인류가 그것에 종속된 개별성들의 그룹으로 그 자체에서 파악하는 모든 실재성의 총체로 주어지더라도, 어쨌든 그 세계

---

1) 이 글은 후설이 1922년 또는 1923년 작성해 『과학과 기술에 관한 일본-독일 연보』(*Japanisch-deutschen Zeitschrift für Wissenschaft und Technik*, 1923, Lübeck) 제1권(제2집)에 발표한 것이다.

2) 이것은 탈레스에서 시작해 소피스트 이전까지 만물의 생성원리(arche)를 탐구한 자연철학을 뜻한다.

는 현실적 삶 속에 행위 하는 자에게, 특히 탐구하는 인간에게 '나와 나의 환경세계' '우리와 우리의(공동의) 환경세계'라는 필연적으로 방향이 정해지는 형식으로 주어진다. 이러한 '원리상 동등한 관계'는 이론적으로 탐구하는 관심에도 적용되었을 것이다.

인식하는 주관성의 맨 위에는 이론적으로 인식하는 주관성, 더 나아가 행복과 슬픔 속에 환경세계에서 촉발된 것으로서 주관성, 마지막으로 내면에서부터 자유롭게 환경세계 속에 들어가 작동하고 이환경세계를 목표에 맞게 활동해 개조해가는 주관성, 이 모든 것은 언제나 더 높은 정도로 이론적 탐구의 초점 속에 들어와야 한다. 따라서 세계에 대해 소박하게 외적으로 향한 탐구와 정신에 대해 반성적으로 내적으로 향한 탐구를 서로 관련시키고 조건지어야 한다. 그런데 그 탐구가 활발하게 사유하고 그밖에 행위 하는 주관성을 향해 방향을 취하자마자, 궁극적으로 만족시키는 것의 문제, 이와 결합되어 선택할 수 있는 목표와 방법[길]의 진정함과 정당성의 문제에 직면한다. 학문의 영역 자체에서 그 탐구가 이러한 문제에 직면한 것은, 즉시 체계의 논쟁 속에 말려든 구상된 이론이 자신의 **정당성**을 주장해야하기 때문이다.

따라서 시작하는 학문은 통찰할 수 있고 궁극적으로 타당하게 정당화되는 참된 합리적 학문이 되기 위해 소박한 이론적 탐구가 근원적으로 생성되는 형식을 극복해야 한다. 그 학문은 **학문이론으로** 스스로를 성찰하는 가운데 궁극적으로 타당하게 정당화하는 학문의 **규범**을 탐구해야 하고, 이에 따라 결국 본질적으로 개혁된 형태 ─ 즉 학문이론이 주도하고 그 정당성에 입각한 학문의 형태 ─ 를 게다가 자각해 설정한 목표 속에서 얻으려고 노력해야 한다.

그러나 이와 유사한 규범의 문제는 인식하며 행위 하는 이론가(理論家) 이외에 행위 하는 인간 일반과 관련된다. 그래서 최고의 궁극적 문제들의 복합체 전체는 반박할 여지 없는, 무조건적 타당성에서 인간의 행위를 모든 영역에서 원리적으로 규정해야 할 절대적인 규범적 이념의 전체성을 겨냥한 이론적 작업의 장(場) 속에 들어와야 한다. 이 이념도, 마치 은폐된 완성태(Entelechie)처럼, 그것이 순수하게 간취되고 이론적으로 형성되기 이전에 발전을 규정하는 힘으로 기능할지도 모른다.

그 이념은 자각해 연마되고 필증적으로 통찰된 가능한 정당성의 형식으로서만 '진정한 인간성'(Humanität)을 성취할 수 있었고 성취할 수 있다. 왜냐하면 그것〔그렇지 않은 것〕은 항상 깨어 있는 자기책임성에서 살아가려고 노력하는 참된 성년의 인간성과는 다른 것을 뜻한다. 여기서 자기책임성에서 살아가려는 노력은 항상 '이성'에 따르려는 의지를 지닌, 즉 스스로 생각하고 스스로 통찰한 규범에만 자기 자신을 지배하려는 의식을 지닌 자신의 행동에 규범의 절대적 정당성을 궁극적 타당성의 궁극적 원천에 입각해 항상 주장할 수 있고 주장할 준비가 되어 있는 것을 뜻한다.

따라서 이러한 방식으로 철학 ─ 보편학문 ─ 에 맹목적으로 그럭저럭 살아가는 인류를 도와 가장 깊은 자기의식을, 즉 자신의 참되고 진정한 삶의 의미를 얻게 해주는 과제가 부과되었다. 철학의 가장 큰 책무는 무엇보다 이러한 의미에 궁극적인 합리적 형태, 즉 모든 측면에서 해명되고 파악된 ─ 모든 관점에서 궁극적으로 정당화된 ─ 이론을 부여하는 것이었다. 원리의 학문 속에 체계적으로 전개된 이러한 이론은 참되고 진정한 인류 ─ 순수한 실천적 이성에 입각한 인류 ─ 가 되기 위해 인류가 만족해야 할 규범의 체계 전체를 정초하면서 명백하게 제시해야 할 것이다. 보편적 원리를 다루는 학문의 적확한 의미에서 그 이론 자체는 철학으로서 그 궁극적인 합리적 성찰과 연대해 참된 인간다운 인류의 발전은 결코 단순히 유기체적으로,

맹목적-수동적으로 성장하는 방식으로는 가능하지 않다. 오히려 그 발전은 자율적 자유에 입각해서만 우선 첫째로 참된 자율적 학문—하지만 그 맨 위에는 자신의 원리적 분과에서 가능한 모든 진정한 법칙에 대해 보편적 법칙인 그 절대적 법칙의 체계를 제공한 보편적 철학—에 입각해서만 가능하다는 사실을 분명히 밝혀야 한다. 철학 자체는 궁극적으로 제압하는 합리성에서 자연적으로 생긴 역사적 문화가 학문적으로 기초짓고 방법적으로 조직화된 문화의 형식에서 만—이상적으로 말하면, 스스로 궁극적으로 이해되고 궁극적 합리성에 입각해, 통찰적인 절대적 원리에 따라 정당화되고 실천적으로 형성된 철학적 문화의 형식에서만—진정한 인간다운 문화가 발전하는 형태를 지닐 수 있다는 사실을 분명히 밝혀야 한다.

우리는 인류 역사에서 중대한 이러한 확신이 최초로 싹트고 형성된 것을 그리스철학의 발전과정 속에서 제시할 수 있다. 일반적으로 우리는 (철학이 근원적으로 보편학문으로서 생겼듯이, 그 본질적 의미에 따라 보편학문으로 남아 있어야 할) 철학의 역사를 철학의 가장 중대한 인류의 기능이라는 관점에서—진정한 인류를 개척해야 할 인류의 보편적이며 궁극적인 합리적 자기의식을 만들어내는 것이 철학의 필연적 소명이라는 관점에서—고찰할 수 있다. 이러한 고찰방식의 단편은 수행된 작업수행의 요구보다 한층 더 실제로 철저하게 수행하는 요구로 다음과 같이 거칠게 개관될 것이다.

............3)

---

3) 이 부분은 본문 1항 후반부 "소박하게 외부세계로 향한 그리스 최초의 철학은 발전해가다 소피스트의 회의로 단절되었다"부터 다섯 단락을 포함해 "이 순수한 (또는 아프리오리한) 일반성에서 그것은 그와 같은 본질 일반에 대해 생각해볼 수 있는 모든 개별적 경우에 타당한 규범으로 기능한다"까지 반복되어 있다.

요약해보자. 윤리적 실천가인 소크라테스는 맨 먼저 윤리적-실천적 관심의 중심에서 깨어 있는 모든 인격적 삶에서 막연한 의견과 명증성을 근본적으로 대립시켰다. 그는 맨 먼저 이성의 보편적 방법에 필연성을 인식했다. 이성의 직관적이며 아프리오리한 비판으로서―또는 더 정확하게 말하면, 모든 궁극적 타당성의 원천으로서 필증적 명증성 속에 완성되는 해명하는 자기성찰의 방법으로서―이러한 방법의 근본적 의미를 인식했다.

그는 맨 먼저 유적(類的)이며 순수한 직관에 절대적으로 스스로 주어진 것인 순수한 유적 본질성이 '그 자체로 존재함'을 간취했다. 이러한 발견과 관련해 소크라테스에 의해 윤리적 삶에 보편적으로 요구된, 철저하게 해명하는 과제는 '당연히' 원리적으로 규범화하는 중대한 형태를 획득하거나 순수한 본질직관을 통해 명백하게 밝혀낼 수 있는 이성의 유적 이념에 따라 활동하는 삶의 정당화를 획득한다.

이 모든 것은 소크라테스의 경우 이론적 의도가 결여되어 있는데도 본래 학문적 파악과 체계적 실행이 없을 수도 있다. 어쨌든 소크라테스의 경우 사실상 이성-비판적 근본생각에 싹의 형식이 있었고, 이것을 이론적이며 기술적(技術的)으로 형성하고 극히 성과가 풍부하게 계속 형성한 것이 플라톤이 이룩한 불멸의 명성이었다는 사실을 확실한 것으로 간주해야 한다.

플라톤은 소크라테스의 철저히 해명하는 과제에 원리를 학문에 맡겼다. ⋯⋯⋯⋯[4]

---

[4] 이 부분은 본문 2항의 초반부 "이제 플라톤에 주시하자"부터 2항 끝까지 반복되어 있다.

따라서 이러한 의미에서 유럽문화의 근본성격은 합리주의로 잘 나타낼 수 있다. 유럽문화의 역사는 그 고유한 의미를 관철하고 형상하기 위해 투쟁하는, 그 합리성을 얻기 위해 격투하는 관점에서 고찰할 수 있다.[5] 왜냐하면 이성의 자율성을 위해 그리고 전통의 속박에서 인간을 해방시키기 위해, '자연적' 종교, '자연적' 권리를 정초하려는 모든 투쟁은 궁극적으로 항상 새롭게 정초할 수 있고 결국 이론적 우주를 포괄하는 학문의 보편적인 규범적 기능을 위한 투쟁이거나 그러한 투쟁으로 소급해 이끌기 때문이다.

모든 실천적 문제는 그 측면에서 보편적으로 파악되고 학문적 문제로 이행될 수 있는 인식의 문제를 내포한다. 심지어 최상의 문화원리로서 이성의 자율성에 관한 문제도 학문적 문제로 제기되어야 하며, 학문적인 궁극적 타당성에서 결정되어야 한다.

---

5) 후설은 이러한 시각을 확장해『위기』에서 물리학적 객관주의와 선험적 주관주의가 대립한 근대철학사를 목적론에 입각해 반성하고, 현대가 직면한 학문과 인간성의 위기에서 거부되어야 할 것은 이성이 아니라 소박한 실증적 자연과학의 영향 아래 이성이 추구한 잘못된 방법일 뿐이라고 역설한다.

칸트의 코페르니쿠스적 전환과 이러한 코페르니쿠스적 전환 일반의 의미[1]

순수한 이성 ─사물 그 자체에 적용되어야 할 아프리오리한 공리, 원리─에 입각해 대상에 대한 인식이 어떻게 가능한가? 그러나 이 물음은 즉시 '대상(객체)에 대한 경험의 인식은 수학적-자연과학적 인식에 따라 어떻게 가능한가?' 하는 물음을 내포한다.

만약 단적인 경험판단을 이해할 수 있고 단순히 귀납적 일반화(경험적 일반화)를 통해 획득된 경험적 일반성을 인정한다면, 이것은 '직관적 경험 속에 어떤 일치를 전제하는 그와 같은 판단은 타당하다는 것을 뜻한다. 그리고 나는 그러한 판단을 언제나 입증할 수 있다는 점과 다른 인간─물론 정상적 인간─도 그것을 마찬가지로 발견할 수 있다는 점을 아주 잘 이해할 수 있고, 나는 이 경우 놀랄 만한 것을 전혀 발견하지 않는다'를 뜻한다.

그렇지만 사물에 관한 정밀한 자연과학적 판단을 획득하는 방법의 원리, 따라서 정밀한 경험과학─이것은 정밀한 자연과학의 정밀한 인식에 단순히 이전 단계인 지각판단에 의존하는 기술적(記述的) 자

---

1) 이 논문은 1924년 2월에 작성된 것이다.

연과학이 아니다──에서 사정은 어떠한가?

지각판단은 단순히 주관적이다. 그 보편타당성은 감성 속에 나와 일치하는 인간들의 범위와 관련된다. 타인들도 고려되지 않는다. 모든 감성적 속성은 그에 상응하는 나의 감각기관과 이것이 기능하는 정상성이나 비정상성에 의존한다.

근대의 정밀한 자연과학의 방법은 우리를 이러한 상대성에 의존하지 않게 한다. 지각된 자연의 객체에 대해 모든 사람이 항상 감성의 우연성에 의존하지 않고 재확인할 수 있게 규정지었다. 이 경우 종적(種的) 감각성질은 이러한 규정에서 완전히 제거된다. 방법이 만들어 낸 '참된' 성질에 대한 기호인 '지표'(indices)가 될 뿐이다. 거꾸로 참된 성질을 아는 사람은 이 성질에서 규정된 사물이 그에게 어떻게 보이는지를 알며, 자신의 직관적 환경세계의 테두리 속에 그 사물에 대한 '표상'을 만들 수 있다. 이에 따라 자신의 실천적 행위에 방향을 정할 수 있는 것이다.

그런데 그 방법이 규정하는 개념을 고찰해보면, 그것은 한편으로 시공간적인 개념이고, 다른 한편으로 기체, 속성, 결합, 전체, 단일성과 다수성 등, 논리적 개념과 자연과학적 방법에 힘입어 실재적 의미를 지닌 보편적 판단개념이다. 거꾸로도 말할 수 있듯이, 개념의 존립요소는 모든 사람에게 '아프리오리하게' 또한 항상 접근할 수 있어야 한다. 또한 사물이 바로 객관적 진리로 인식될 수 있을 때 그 사물을 규정하는 자격을 지닌다.

소급적으로 살펴보면, 인식할 수 있는 실재적 진리, 즉 사실상 진리인, 따라서 그 자체에서 또 그 자체만으로 타당하고, 모든 사람이 자신의 판단규범을 지닐 수 있는 유일한 진리가 존재해야 하면, 대상에 또한 모든 사람에게 타당한 진리에 필연적으로 관련되는 개념이 존재해야 한다. 그 개념은 개별적 주체의 경우 인식의 기능 속에 있는 우연성에 의존할 수 없다. 결국 상호주관성의 필연성-영역으로서 아프리오리가 존재해야 한다. 그런데도 사실상 모든 대상이 감성적 지각을 통해 근원적으로 우리에게만 현존한다면, 원리로서 어떤 방법을 가능케 하고 우리의 인식에 대해 자연에 관한 객관적 진리를 가능케 하는 개념의 체계와 근원적 진리의 체계가 존재해야 한다. 따라서 상호주관성이 이성적으로 인식할 수 있는 가능한 모든 함께 경험하는 자와 함께 판단하는 자를 포함해야 하는 한, 그것은 상호주관적으로 타당한 술어들의 가능성에 대한 조건이다.

이것은 명백히 형식적으로 숙고한 것이다. 여전히 더 순수하고 더 형식적으로 파악해보면, 그 내용은 다음과 같을 것이다. 즉 모든 주체에 대해 지각할 수 있고 그래서 모든 주체가 상호 이해하는 가운데 그들의 지각 또는 지각판단을 교환할 수 있다고 생각해보자. 그리고 이 경우 사실상 동일한 환경세계의 사물과 관련된 것을 알게 되는 무한한 환경세계에 관련된 주체들을 상상해보자. '교환'이 가능하다는 것은 아직 이 주체들이 ——비록 매우 이성적이라고 해도—— 참된 세계를 그 자체로 타당한 진리에서 인식할 수 있다는 것을 뜻하지 않는다. 이것은 그 주체들이 지성을 지녔고 판단할 수 있으며 판단의 진리를 지닐 수 있다는 것, 그들이 논리적 두뇌를 지녔다는 것(하물며 그들이 논리학을 학문적으로 형성했다는 것, 그들이 논리학을 형성할 수 있다는 것은 이미 그들이 지성[오성]을 지녔고 이성의 주체라는 논의 속에 함축되어 있다)을 충족시키지 못한다.

그러나 이것은 원리적으로 인식할 수 있는 세계, 즉 그 주체들의 지각에 입각해 인식할 수 있는 세계에 충분하지 않다. 심지어 그 주체들에 이미 세계가 나타나더라도, 이것이 그 주체들에게 또한 일반적으로 존재하며 따라서 그들에게 원리적으로 인식할 수 있다는 점을 말하는 것이 아니다. 여기에는 어떤 조건이 충족되어야 한다. 나는 '심지어 그 주체들에 이미 세계가 나타나더라도'라고 말했다. 이때 물론 '그 주체들이 실제로 개인적 자기의식과 실제적 이성의 활동에 이를 수 있는지 또는 이성이 그들에게는 공허한 가능성으로 남아 있는지'가 의심스러운 경우가 전혀 아니더라도 이러한 점을 그 자체로 생각해볼 수 있다. 감성적인 직관적 세계가 나타나는 것은 그 자체로 주체들이 세계에 대한 참된 인식을 할 수 있어야 한다는 가능성의 조건이다. 그리고 이 나타남에는 그 자체로 아프리오리한 조건을 통찰할 수 있다(선험적 감성론).[2]

만약 체험으로서 그 자체로 대상은 아니고 대상에 대립해 그 자체로 존재하는 나타남이 실제로 대상을 나타나게 한다면, 그래서 나타남이 참으로 어떤 존재를 지닌다면, 그 나타남은 계속 진행되는 지각속에, 따라서 어떤 지각의 나타남에서 다른 지각의 나타남으로 이행한다. 그 가운데 계속 확증되는 것을 생각해볼 수 있어야 한다. 동시에 더 높은 단계에서 '그 자체'(An sich)라는 의미에서 요구되는 지각되지 않은 그 구간에 관련된 것 등을 확증하는 방식을 생각해볼 수 있어야 한다. 그렇다면 이것에 입각해 가능한 '경험'의 대상으로서, 즉 일치하는 지각 속에 가능한 확증 또는 가능한 지각이나 이 지각에서 파생된 기억이나 예상의 대상으로서 그와 같은 선험적 대상의 본질형식에 대해 무엇을 추론할 수 있는지 심문하게 된다.

그렇지만 여전히 무엇을 더 전제했는지 또는 무엇을 전제할 수 있

---

2) 칸트는 『순수이성비판』 '선험적 원리론'의 선험적 감성론에서 물 자체가 촉발되어 주어진 경험의 내용이 아프리오리한 감성의 직관형식인 시간과 공간을 통해 잡다하게 수용된 것을 오성으로 연결시키는 구상력(Einbildungskraft)과 도식(Schema)의 원리를 밝힌다. 후설은 이러한 칸트의 견해를 받아들여 운동 감각적 경험에서 시공간적 연관의 구성을 해명하는 작업을 [새로운] 선험적 감성론이라 부른다(『수동적 종합』, 295, 361~362쪽; 『상호주관성』 제3권, 214쪽 주1, 234쪽 이하; 『데카르트적 성찰』, 173쪽을 참조할 것).

거나 전제해야 하는지를 판단하기는 어렵다. 예를 들어 나타남의 내재적 시간과 대상의 객관적 시간(이 객관적 시간은 내재적 시간과 구별되어야 한다)의 관계에 대해 그 결과를 지니는 무한히 열린 가능한 경험과 경험적 확증의 대상도 심문하게 된다. 게다가 모든 나타남은 여러 번 반복될 수 있고 공존하는 가운데 그 개체화(Individuation)에 대한 시간은 충분하지 않다. 그래서 객관적 시간이 나타남의 내재적 연속 속에 나타남에 적합하게 제시되어야 하듯이 나타남이 공존하는 가운데 그 자체로 나타남에 적합하게 제시되어야 하는 객관적 공존(객관적 동시성)의 질서형식도 필요하다.

따라서 직관할 수 있는 모든 대상에 대해 직관되었거나 직관할 수 있는 열린 형식이 틀림없이 존재한다. 그 질서형식이 곧 '객체'인 선험적 대상으로 나타남으로서 '아프리오리하게' 필연적인 나타남에 속하기 때문에, 우리가 가야할 방향을 알 수 있고 이미 상상으로(가능한 선험적 대상을 단순히 상상하는 표상으로) 단순한 가능성에 속하는 질서형식이 틀림없이 존재한다.

칸트의 시간과 공간에 관한 논증은 감성적 나타남에서 이해할 수 있는 것은 단순히 내재적 나타남의 자료와 이 자료의 복합체가 아니라는 것이다. '우리' 속에 나타나는 가운데, 즉 우리의 체험으로서 나타나고 나타날 수 있을 **사물들**의 나타남이라는 명백하지 않은 전제에 입각해 그 힘을 이끌어낸다. 달리 말하면, 우리는 외적 지각을 지니는데, 이것은 한편으로 ── '내적으로 지각할 수 있는 것', 내적으로 나타나는 것으로서 ── 우리 자신의 체험이며, 다른 한편으로 바로 우리 외부에 있는 시공간적 현존재에 대한 지각이다. 즉 사물은 우리에게 의식에 적합하게 또한 아주 자명하게 제시된다. 공간형태, 시간형태, 공간위치, 시간위치와 같은 시공간적 규정을 지닌 그때그때의 사물은 다양하게 감성적으로 성질화(性質化)된다. 또한 그 자체에서 그 자체만으로 존재하거나 존재한다고 추정되며, 그것이 존재하는 그대로 또는 그것에 대해 나타나는 것 모두에 따라 체험에 적합하게 제시되지만 그 자체가 체험, 즉 주관적-심리적인 것은 아니다.

이에 관해 생각해보고 심문해야 한다. 지각된 사물에 속하는 것으로 추정된 나타나는 것의 어떠한 구성요소가 일반적으로 구별될 수 있는가? 만약 이때 〔한편으로〕 종적(種的) 성질, 즉 감성적 감각자료 속에 심리적으로 제시되는 그러한 사물의 성질과 〔다른 한편으로〕 시공간적 규정을 구별한다면, 계속해서 유일한 규정과 반복할 수 있는 규정을 구별해야 한다. 그러나 우리는 여기에서 시공간적 구성요소로 제한된 구별을 발견하게 된다.

a) 보편화할 수 있는 지속, 형태 등 일반

b) '개체화의 원리'(principicum individuationis)인 개별적 시간위치와 공간위치

보편적인 시공간적 규정은 개체화되고, 이것을 통해 감성적 성질이 된다.

따라서 여기에서 '무엇이 시공간적 규정과 종적 성질의 규정을 근본적으로 구별하는가?'를 숙고해야 한다. 여기에서 '시간'이라는 명칭과 '공간'이라는 명칭은 성질로서가 아니라, 시공간적 성질이 개체화를 통해 어떤 방식으로 삽입되는 보편적 형식으로서 등장한다. 여기에 칸트의 논증에서 부각된 주목할 만한 것이 있다. 즉 어떤 방식을 통해 지각을 상상에 적합하게 사라지게 하거나, 지각의 객체를 생각에서 없애버리면, 그 형태가 일정한 위치에 합치하는 '보편적' 공간이 남는다. 이때 우리는 사물 대신에 공허한 개별적 공간의 일부분을 지닌다. 만약 모든 사물에서 이렇게 하면, 개별적 시간-공간-형태, 따라서 지각의 가능한 사물과 가능한 사물 일반의 ——공허한 공간 일반이 남는다. 모든 사물은 보편적 공간을 수반한다. 모든 지

각의 사물에 대해 가능한 직관을 계속하는 가운데 무한히 실행될 수 있다. 모든 사물은 '기하학적으로' 움직일 수 있고, 이 모든 사물에서 무한한 공간이 구축될 수 있다. 그것은 모든 사물에서 산출될 수 있는 등의 동일한 공간이다.

그런데 공간의 직관필연성이라는 의미는 무엇인가? 그 의미는 오직 시공간적으로 직관할 수 있는 가능한 지각의 사물로서 가능한 사물의 필연적이자 개별적인 형식이다. 만약 그 어떤 지각에 적합하게 나타나는 것을 또는 (순수한 상상 속에) 가능한 방식으로 나타나는 것을 자유롭게 변경한다면, 나는 시각과 촉각 등의 성질과 관련해 어떠한 필연성에도 이르지 못한다. 기껏해야 여기에서 그 어떤 감성적 성질화의 필연성만 내 눈에 띌 것이다. 이에 반해 나는 공간형태와 공간위치에 관해서 유적(類的)으로 필연성에 이른다. 즉 공간적 (그리고 시간적) '성질'만 위치에 적합하게 개체화된다는 필연성, 이 개체화는 모든 형태가 이러한 형식 속에 '기입되는' 사실을 통해 보편적 시간과 공간 속에서 실행되어야 한다는 필연성에 이른다. 더 나아가 형태를 가능한 동일하게 유지하는 가운데 위치가 변경될 필연적 가능성(직관적 운동의 가능성), 모든 가능한 위치의 형식, 변화와 형태를 직관적으로 구축해 산출할 수 있는 가능성에 이른다. 따라서 나는 여기에서 미리 부여할 수 있는 모든 지각의 나타남(지각된 대상 그 자체)의 가능한 변화와 그래서 가능한 모든 '나타남'에 규칙을 지시하는 '직관적'인 본질법칙성에 마주치게 된다(선험적 감성론: 지각할 수 있는 가능성의 조건).

이에 반해 선험논리학3)에서 사정은 어떠한가? 사실적으로 주어진

---

3) 후설은 『형식논리학과 선험논리학』에서 진리를 판단의 형식적 무모순성에서 찾는 전통적 형식논리학의 법칙은 주어나 술어의 공허한 형식 속에 등장하는 판단기체(대상)의 실질적 내용은 문제 삼지 않고 가능한 진리의 소극적 조건을

그때그때 나타나는 객체들이 선험적-감성적 조건(특히 필연적인 시간-공간-규정)을 만족시킨다면, 그 객체들은 개별적 현존재에서 그 개별적 규정에 따라 규정될 수 있는 것이 아닌가? 수학적 법칙은 가능한 개체화의 형식의 법칙으로서 충분한가?

선험적-감성적인 것의 한계 또는 그 고유한 의미를 규정하는 것을 다시 한 번 숙고해보자. 내가 지각작용 속에 들어가 허구로 생각해내고 지각된 것을 그 가능성에서 주시해보자. 나는 형태와 위치, 개체화, 형태변화와 위치변화의 보편적 필연성, 성질이 변화할 가능성 등을 발견할 수 있다. 이것은 내가 지각하면서 관련된 모든 사물 곁에 남아 있다는 사실을 뜻한다. 그리고 내가 이 개별적인 것과 그 특성을 지각하며 개별적인 것 곁에 남아 있는 동안 언제나 새로운 것을 지각할 수 있다는 것은 외적으로 지각되는 것의 본질에 속한다. 물론 내가 이전에 그 개별적인 것에서 지각된 것으로 다시 돌아가는 가운데 변경되지 않은 동일한 징표를 발견한다면, 나는 그때 정말 실제로 '그 개별적인 것은 그동안 변경되지 않았고, 변경되는 동안 자신의 예전 성질을 단지 다시 받아들인 것뿐 아닌가?'라고 말할 수 있는가? 나는 나의 현실적 지각 속에 일어난 변경만 확인할 수 있을 뿐이다. 나는 타인을 지각하지 않은 채, 내가 지각을 통해 그에 대해 확신하거나 추후에 확신할 수 있지 않은 채, 타인을 상정한다. 그러나 어

다를 뿐이다. 판단이 본래 목표한 참된 인식에 도달하려면, 판단의 형식적 조건에 머물지 말고 명증성을 획득하는 주관적 측면도 탐구되어야 한다. 따라서 선험논리학은 곧바로 경험되고 직접 해명될 수 있는 궁극적인 구체적 개체(tode ti), 즉 대상이 스스로를 부여하는 생생한 경험까지 파고들어 가야 한다. 술어로 진술된 판단의 명증성은 술어 이전의 경험(지각)의 명증성에 기초하기 때문에, 형식논리학은 선험논리학에 의해 정초되어야 비로소 참된 존재자(세계)에 대한 논리학이 될 수 있다. 요컨대 수동적 감성은 능동적 이성에 기초를 이루기 때문에, 선험적 감성론은 선험논리학으로 상승해가야 한다.

쨌든 지각이 도달하고 도달할 수 있는 한, 실로 가능한 지각이 전제되는 한, 필연성은 충족되어야 한다. 나에게 나타날 수 있는 것은 '선험적-감성적' 조건을 충족시켜야 한다.

만약 내가 지각되지 않은 변경이나 변경되지 않은 것을 상정한다면, 이것은 '내가 그것을 지각하지 않았지만 그것에 적절한 위치에서 지각할 수 있을 것이고 이때 그것은 감성적 조건을 충족시켜야 한다'는 것을 함축한다. 따라서 나는 필연적 공간형식 안에서 자유로운 변경을 날조해 생각해낼 수 있고, 가능한 지각으로서 경험의 대상이 가능할 수 있는 조건인 그 지각에 속한 본질법칙을 그 자체로서 드러내 밝힐 수 있다.

그러나 지금 문제가 되는 것은 '지각될 수 있을 사물에 필연적이듯이 감성적 조건이 충족된다면, 사물의 대상(Dinggegenstand)──이것이 참으로 존재한다면──이 지각되지 않더라도 인식하기 위해 어떤 조건이 충족되어야 하는가?'다. 따라서 사물의 지각되지 않은 것이 이미 문제가 된다. 사물은 시공간적으로 존재하는 것이며, 그 자체로 존재한다. 우리는 그것이 존재하는 그대로〔본질〕를 그것이 지속하며 현존하는 모든 시간의 지점 속에 모든 시간지점에 대한 그 형태의 모든 공간지점에서 생각한다. 인식하는 자는 일반적으로 자신의 지각과 기억에 입각해서만 사물이 참으로 존재한다는 사실을 알 수 있다. 그래서 이제 문제가 되는 것은 '인식하는 자에게 감성적 사물과 세계에 대한 인식이 감성적인 것을 넘어서 가능하고 그래서 그에게 일반적으로 존재하는 세계의 진리가 정초되고 정초될 수 있기 위해 감성적으로 주어지고 주어졌던 대상에 관해 인식할 수 있는 어떤 법칙성이 충족되어야 하는가?'다.

어떻게 우리는 대상이 지각되었거나 기억된 장소에서나 시간적으로 그렇게 존재하는 것(Sosein) 속에 나타낼 수 있는가? 또한 그렇게 나타냈던 것에서 지각에 적합하게 주어지지 않은 것을 '추론할'[4] 수 있는가(이것은 흄의 '사실의 문제'[5]다)? 오직 이러한 추론이 경험되지 않은 것에 대한 개별적인 실재적 존재를 규정하는 것으로서 가능할 때만 참으로 존재하는 세계에 대해, 실로 더 보편적으로는 가능한 방식으로 참으로 존재하는(가능한) 세계에 대해 정당하게 이야기할 수 있다.

또는 오히려 가능한 직관의 대상이 동시에 (경험적 지식, 일치하는 지각, 정당하게 수행할 수 있는 예견과 판정에 근거한) 가능한 경험적 인식의 대상이 되기 위해—달리 말하면, 개별적으로 규정하고 모든 이성적 존재자가 증명할 수 있는 진리가 되기 위해, 게다가 사물 자체에 다가서는 모든 규정에 관해 인식할 수 있기 위해—어떤 조건이 충족되어야 하는가? 따라서 가능한 '직관'의 사물 또는 대상 자체는 원리적 필연성으로서 인식할 수 있는 어떤 특성을 유적(類的)이며 이른바 형식적 보편성에서 소유해야 하는가?

이 문제는 다음의 문제와 결합되어 있거나 다음의 문제 속에 포함되어 있다. 즉 지각할 수 있는 사물의 속성은 감성적으로 우연적이며, 시공간적으로 '형성될' 수 있는 필연성의 법칙에만 지배된다. 따라서 감성적 대상은 그 감성적 속성 속에 '아프리오리하게' 미리 지시되어야 한다는 사실, 그 대상은 확실한 개별적 규정을 가능케 하는 형식의 규칙에 지배되어야 한다는 사실을 이미 예견할 수 있다.

a) 그러나 이제 우리는 다양한 지각을 통해 우리에게 주어진 세계

---

4) '추론하는 것'은 예견하면서 확신하는 것이며, 미래에 관해서는 예상하는 것이다. 그러나 이것은 경험적으로 정초된 술어적 개념과 판단의 전제이며, 따라서 실재적 실제성에 관한 경험적 진리의 조건이다.—후설의 주.

5) 이 개념에 대해서는 본문 19항의 옮긴이 주 22 '관념들의 관계'(relation of ideas)를 참조할 것.

의 다양하게 주어진 지각의 사실에서 '인식하는 자가 **신체**를 지니고 다른 모든 사물의 나타남이 그의 신체적 나타남(나타남에 적합한 징표)에 의존하며 신체의 나타남이 '신체 자체'에 의존하는 한, 인식하는 자에게 법칙성과 규칙화된 의존성이 있다는 주목할 만한 사실을 발견하게 된다.

더 잘 이해해보면 눈꺼풀이 닫혀 '기능이 정지된', 촉각〔시각〕적으로 변화된 눈에는 모든 시각적 나타남이 없어진다. '화상을 입어' 시각〔촉각〕적으로 변화된 손가락에는 외적 징표가 나타나지 않고 중지되며, 비정상적으로 일어난다. 이처럼 신체는 서로에 대해 관련되어 기능하는 기관(器官)의 체계다. 우리는 이 기관 자체에서 지각이 다양하게 나타나는 것으로 이행할 때 이 다양한 나타남이 여기에서 어떻게 서로 의존하는지를 더 정확하게 기술해야 할 것이다.

그렇지만 이 기능적으로 의존하는 것에는 경험하는 자와 인식하는 자 자신의 신체에 특징을 이루고 이 신체만 접근할 수 있는 내면의 나타남들이 함께 얽혀 있다. 이것은 그것의 측면에서 다시 그밖에 그의 영혼 삶 전체와 연관된다. 이것은 다시 그에게만 직접적으로 지각에 적합하게 접근할 수 있다. 그래서 우리는 경험하는 자 모두에 대해 '사실상' 특별한 상대주의를 지닌다. 그는 항상 사물이 어떻게 그의 신체와 관계하며 그 신체는 어떻게 '자기 자신에' 관계하는지 언제든 말할 수 있다. 사물과 세계가 많은 사람에게, 동시에 지각에 적합하게끔 현존하기 위해 충분한 선험적-감성적 조건이 충족되어야 하지만, 그 조건이 충족되었더라도 그것이 '많은 사람에 의해 동일하게 확인된 사물이 나타나는 모든 징표에 관해서 모든 사람에게 동일한 것이다'를 뜻하지는 않는다. 상호주관적 의사소통, 따라서 '공통적인 외적 지각'이 이루어질 수 있지만 상이한 주체들의 지각에 대한 모든 진술이 일치하지 않는다는 점을 생각해볼 수 있을 것이다.

일치하는 지각의 세계가 어떤 개별자에게 또는 모든 개별자에게 분리되어 나타날 수 있다. 또한 모든 징표에 관해 어떠한 공통의 세계도 확인할 수 없는 반면, 그 지각의 세계는 모든 사람에게 동일한 것으로 (모든 사람이 일반적으로 감정이입 속에 있을 수 있는 상당한 범위에서 그래야만 하듯이) 동일하게 확인될 수 있다.

다른 한편 그와 같은 완전한 공통성은 많은 사람에게 있을 수 있지만, 모든 사람에게 있을 수는 없다. 즉 비정상적인 예외를 지닌 공통적인 것이 있다. 모든 사람은 **자신의** 신체적 규칙을 지닐 수 있거나 평균적으로 모든 사람이 동일한 규칙을 지닌 수 있지만, 그럼에도 다시 예외적인 개별적 인간 등은 그렇지 않다.

여기에서 더 정확하게 숙고해보자. 우리는 이전에 α) 어떤 사물이나 사물의 연관에서 연속적으로 일치하는 개별적 주관이 지각할 가능성에 관한 조건과, β) 의사소통을 하는 지각(그리고 기억)으로서 그와 같이 연속적으로 일치하는 지각의 가능성에 관한 조건을 구별했어야 한다고 말해야 한다.

이 경우 우리는 인식할 수 있는 대상적 규정에 관해 심문한다. 단독적인 지각의 대상, 단독으로 생각된 개별적 주체의 대상은 어떤 구조, 게다가 지각에 적합하게 파악할 수 있는 어떤 구조를 지녀야 하는가? 더구나 만약 지각의 객체에 대한 규정이 의사소통할 수 있는 것이라면 객체는 어떤 속성, 게다가 인식할 수 있는 어떤 속성을 지녀야 하는가? 여기에서 우리는 그 직관적 내용에 따라 직관적 대상자체에 다가서는 구조가 아니라 그때그때 경험하는 자의 신체에 의존하는 규칙에 이르렀다.

이때 생기는 문제는 다음과 같다. '이 의존성이 어디까지 도달하고, 이 모든 개별적 의존성이 조화를 이루는 데 어떤 규칙이 ('아프리오리하게') 필요한가? 경험하는 개인들만큼 많은 상대주의가 조화를 이룬 이러한 상대주의에도 모든 직관적 속성을 동일하게 확인하기 위해―가령 내가 푸른 안경을 통해 바라보는 어떤 객체의 색깔이 다른 모든 사람이 안경 없이 보는 것과 동일한 것이라고 말하듯이―어떤 규칙이 원리적으로 인식될 수 있어야 하는가?'

여기에는 외적 사물의 나타남(존재적 의미에서 외적 지각)이 신체와 그 기관의 나타남에 의존한다는 사실이 전제되어 있다. 더 나아가 심리물리적으로 의존한다는 사실적 유형의 사실 또한 전제되어 있다. 이것은 단순한 사실인가? 또는 여기에는 일반적으로 외적 나타남이 가능하기 위해 또한 연속적으로 외적인 직관적 경험의 나타남에 통일성이 가능하기 위해 본질필연성이 존재하는가?

b) 이때 새로운 물음은 다음과 같다. 즉 '그것이 공간적으로 공존하고 시간적으로 계속되는 가운데 나타남의 그 이상의 어떤 규칙이 존재해야 하는가? 따라서 어떤 규칙이 존재해야 하는가? 이는 시간위치와 공간위치에서 개별적으로 실현되고 직관적 징표의 내용에서 실현될 수 있는 것이 어떻게 다른 시간과 공간의 위치에서 실현되고 또 실현될 수 있는 것에 의존하는지를 지시하는 규칙을 의미한다.' 더 자세하게 진술하면, '아프리오리한' 규칙인 어떤 규칙이 존재해야 하는가? 또는 오히려 그때그때 경험하는 자가 한편으로 자신의 직관영역에 직관된 것에서 직관되지 않은 것을 추론할 수 있고 〔다른 한편으로〕 심리물리적―그리고 생체적(somatisch)―의존성에 관해서 단순히 추론할 수 없기 위해, 특별한 규칙의 형태인 어떤 형식이 존재해야 하는가?

예를 들어 과거에 경험되지 않은 측면의 사물에 대한 규정이나 전혀 경험되지 않는 시간과 공간의 사물성(사건의 경과 등)에 대한 규정은 직관되지 않은―그러나 인과성 없이 사물들 사이에서 획득된 인과성으로서 직관될 수 있을―사물의 내용을 구축한 것으로 생각할 수 있는 것인가? 경험하는 주체 그 자체에 대해, 또한 의사소통을 할 수 있는 연관의 통일체에 속하는 모든 주체에 대해, 경험할 수 있는 공동의 환경세계에 대해 그렇게 생각할 수 있어야 한다.

그렇지만 여전히 중요한 것은 빠져 있다. 모든 사람은 자신의 심리물리적 규칙과 자신의 직관적 환경세계를 지닌다. 자신의 감각자료, 자신의 감각적인 직관적 징표를 지니는 것이다. 그것에 따라 '아프리오리하게'(미리) 구축할 수 있을, 인식할 수 있는 법칙성 ─ 내가 또한 심지어 모든 사람이 그 감성적 내용에 따라 감각자료, 나타남을 언젠가는 갖게 될 법칙성 ─ 을 생각해볼 수 있는가?[6] 심리물리적 규칙은 귀납적-경험적 규칙으로서만 인식에 적합하게 생각할 수 있다. 이 규칙은 내가 가령 유사하게 확충하는 것에서만 추론하는 의문스러운 유(類)와 특수한 종(種), 감성적 자료의 유형을 이미 지니고 있다는 사실을 전제한다. 그래서 인식하는 모든 사람이 무한히 많은 (실제적이며 가능한 무한히 열린 주체들의) 다양체(Mannigfaltigkeit)의 무한함을 구성할 수 있을 어떤 법칙성이 인식될 수 있다는 것은 상상도 못할 일이다. 신(神)도 그러한 일을 할 수 없을 것이다. 그렇다면 세계를, 공동의 환경세계를 인식할 수 있음은 서로 함께 의사소통할 수 있는 무한히 열린 인식의 주체들에게 어떻게 보증될 수 있는가?

확실히 여기에는 어떤 주체가 이 모든 세계, 따라서 모든 개별적 사물에 대해 언젠가 지닐 수 있는 모든 나타남과 모든 주체가 미리 규정되어 있고 심지어 접근할 수 있다는 사실이 포함되어 있다. 사물은 나타나는 가운데 경험하는 자에게 ─ 비록 자신의 신체성과 주관

---

6) 여기에는 감각자료가 규칙화되어 경과하고 그래서 나타남이 형성되고 나타남이 일치하는 연관 속에 계속 유지될 수 있다는 것이 아프리오리로서 놓여 있다. 그것은 어떤 규칙들인가? 나타남 자체만이 그 의미의 구조와 구성의 구조를 드러냄으로써 그 규칙들을 나타낼 수 있다. ─후설의 주.

성 그리고 다른 사물들과 관련해서이지만—그것이 존재하는 사실과 그 본질을 열어놓는다. 만약 나타남이 규정되지 않는다면, 사물도 규정되지 않을 것이다.

그러나 나타남의 전부를 구축할 수 있는 것—이것은 가능한 모든 주체가 상호 의사소통을 할 수 있는 가능한 모든 나타남에서 의사소통을 하는 경험 속에 증명할 수 있는 하나의 동일한 참된 세계가 제시된다는 사실에 대한 동의어(同義語)다—은 다른 것도 뜻할 수 있다. 그것은 내가 나 자신이나 타자의 가능한 모든 나타남을 단적으로 구축할 수 있어야 한다는 것이 아니다. 내가 그것의 자기유지를 가능케 하는 나의 신체성의 가능한 모든 변경을 산출할 수 있을 모든 나타남을 구축할(따라서 모든 종류의 감각자료를 인식할) 수 있다는 상상도 못할 이상적인 경우를 가정하면, 그리고 이때 내가 내 신체성과의 관계에서 일치하는 세계를 나에게 산출해줄 모든 나타남을 구축할 수 있다고 가정하면, 나는 가능한 다른 모든 인식의 주체가—이 주체들이 나와 함께 이 세계를 공통적으로 지닐 때—(나에게 접근할 수 있는) 이 세계와 관련해 지녀야 할 나타남을 구축할 수 있을 것이라는 경우가 결코 없을 것이다. 그 인식의 주체들은 원리적으로 나에게 접근할 수 없는 그것에 속한 심리-물리적 규칙들과 감각자료와 더불어 신체의 양식을 지닐 수 있을 것이다.

그런데 내가 나의 나타남에서 외적 감각으로 사물에 대한 규정을 그렇게 획득하는 인식의 방법을 발견한다고 가정할 수 있다. 또는 다른 모든 사람이 감각에서 동일한 방법을 실행할 수 있다고 가정할 수 있다. 더 나아가 그 사람이 동일한 외적 감각으로 사물에 대한 규정을 발견해야 한다고 가정할 수도 있는데, 이때 어쨌든 우리 모두는 이러한 규정에서 소급해서 또한 방법에 근거해 이러한 규정—게다가 그 자신이나 아마 타인들이 불완전하게 접근할 수 있거나 전혀 접근할 수 없는 모든 규정 ─에 포함된 나타남을 구축하기 위한 방법을 지닐 경우가 있을 수도 있다.

감성적 경험판단과 달리 이성적으로 인식하는 모든 사람의 실제적 공유재산일 수 있는 판단에서 방법적으로 거둔 성과에 방법과 체계가 가능해야 한다. 판단에서 방법적으로 가둔 성과는 모든 사람에게 무조건 타당한 진리로서 인식될 수 있을 것이고 세계의 모든 존재자를 개별적으로 또한 완전하게 규정할 것이다. 하지만 그것은 모든 사람이 자신의 직관으로부터 이러한 비직관적 규정의 직관적 의미를 그에 속한 직관적 다양체나 가능한 지각을 구축하는 형식으로 수립할 수 있다는 의미에서 완전하다.

그렇지만 결국 그 이상적인 경우를 전제하는 것은 필요하지 않다. 이성적으로 완전한 모든 사람은 자신의 직관범위에서 출발한다. 이때 전진해가는 완전함에서 여기에 속한 경험의 모든 규칙과 방법을 실행하는 것을 배울 수 있는 것으로 충분하다. 또한 일치하는 나타남의 영역을 넘어서 지배력이 점점 더 확장되며 이렇게 확장되는 것 자체를 통해 가능한 진리 그 자체의 기체로서 이성적으로 전제할 수 있는 세계 그 자체에 더 가까이 접근해가고 계속 진보해나갈 가능성을 보증하는 것으로 충분하다. 여기에 여전히 아프리오리하게 숙고할 여지가 있다. 특히 모든 주체가 이성적일 필요도 없고, 모든 주체가 객관적 인식에 대해 필연적 전제를 제공할 충분히 인식할 수 있는 신체성을 마음대로 사용할 필요도 없다. 반듯하게 성장한 '인간'이 존재하는 한, 신체적이며 심리물리적 '장애인'도 존재할 것이다.

그러나 세계의 존재는 이성적이며 정상적인 주관성을 전제한다.

물론 이것은 이러한 고찰 전체에서 명백하게 알 수 있다. 그것은 임의의 사실적인 이성적 주관성을 전제하는 것이 아니라, 그의 감성이 보편적으로 지배되고 그의 형태와 표현이 인식의 현상으로서 구성되는 세계를 경유하는 길에서 형성될 수 있다고 생각될 수 있는 주관성을 전제한다.

이러한 세계의 사실(Faktum)의 근거에 관해 자연적 태도를 취한 인간의 문제는 선험적인 내면의 태도에서는 이러한 사실적 주관성이 존재하는 근거와 이 주관성 속에 사실적으로 수행되는 세계가 구성되는 근거 — 여기에는 그렇게 구성될 가능성을 사실적으로 충족시키는 모든 조건을 포함해 — 에 관한 문제가 된다. 여기에서 작동하는 '근거'라는 개념이 어떤 의미를 지닐 수 있으며 이러한 사실에서 우리를 만족시키지 못하고 미해결로 남겨두는 것에 무엇이 있을 수 있는지는 선험적 탐구의 더 높은 단계에서 지적할 새로운 문제다.

이제 생길 수 있을 문제는 '무조건적인 객관적으로 타당한 판단과 진리를 정초하는 방식으로서 그와 같은 방법은 어떤 형식을 지녀야 하는가?'다. 객관적 이론의 모든 개념이 순수하게 논리적인 개념 — 하지만 이러한 방법 속에 획득된 실재적 의미를 실재적 의미를 지닌 개념 — 이어야 한다는 것은 이미 분명하다.

상호주관적으로 교환할 수 있으면서 하나의 동일한 사물에, 그래서 모든 사물에 관계되고 관계될 수 있어야 할 모든 주체의 나타남은 그 자체로 규정되어야 한다. 모든 주체는 아직 경험되지 않은 객체로서 모든 사람에게 직관의 어떤 길이나 여러 길인 통로가 있어야 하는데, 마치 자유로운 상상이 이 길(육체적 기능의 시공간적 길)을 감성적으로 일치하는 직관과 함께 임의로 차지할 수 있듯이 단순히 이렇게 공허한 보편성에서 그 통로를 갖는 것이 아니라, 나타남을 완전히 규정된 것으로 예견할 수 있는 가능성이 있어야만 할 것이다.

그렇지만 여기에서 개념적으로 파악하고 판단하는 모든 사유작용에 앞서 지각과 기억으로서의 경험과 필연적으로 뒤섞인 **예상**이 그 상이한 양상에서 문제가 된다. 예상은 연상(Assoziation)과 연관되며,

통찰할 수 있는 규칙에 지배된다.

그러나 이러한 예상이 주관성 속에 형성된 통일체와 펼쳐진 예견, 예를 들어 빈번히 일어나는 연속에 근거한 예상은 충분하지 않다. 한 편으로 우리는 여전히 개별적인 주관적인 것 속에 있다. 하지만 다른 한편으로 이때도 우연적인 연상은 충분하지 않다. '참으로 존재하는' 사물에 적합해야 할 사물의 나타남(지각)의 연속은 객관적으로 규정되어야 한다. 우연적인 연상은 개별적 주체 속에서 단지 우연적이고 어쩌면 다시 파괴되는 예상만 만들어낸다.

내가 (예상을 형성한 것으로서) 경험해가는 가운데 그와 같은 지각의 체계를 내 것으로 삼고 나타나는 대상을 향한 방향에서 그와 같은 징표나 징표들의 복합을 지각에 적합하게 나타는 것으로 예상하는 일, 이 경우 내가 항상 그 대상을 일치하게 경험하는 것으로 예상에 적합하게 예상하는 것으로 ─ 독아론으로뿐 아니라 나중에 타인들과의 의사소통에서 또한 타인들의 경험을 인정하는 데 기초해[7] ─ 정립하는 것에 남아 있을 수 있는 일이 가능해야 한다. 이것은 나타나는 사물이 그 존재적 징표에 따라 확고한 시간법칙, 또는 오히려 시공간이 지니는 성질의 법칙에 지배된다는 것을 전제한다. 연상과 예상은 여기에서 지각에 적합하게 또한 이에 따라 미래의 지각에서 확실하게 예상할 수 있는 징표에 관계된다.

---

7) 보충 상론을 하면 여기에서 경험의 개념을, 즉 예견(예상)으로 확장하는 것, 그리고 이와 일치해 그 구성적 의미에서 통합의 형태를 고려해야 한다. 그에 따라 경험의 대상이 경험적으로 참된 것으로 굴절되지 않은 채 정립될 수 있게 남아 있는 경험이 일치한다는 의미를 확장하는 것도 고려되어야 한다.

하지만 동시에 의식 속에 의식된 모든 것에 아프리오리한 통일성을 부여하는 것, 필연적으로 이미 함께 의식된 것 그리고 이와 동시에 의식된 통일성, 즉 통합하는 방식으로 주어진 통일성의 형태가 처음부터 고려되어야 한다. 이것이 전제, 즉 그 자체로 통일성을 형성하는 방식인 연상의 토대다. ─ 후설의 주.

예상은 의사소통을 하는 주관성들이 동일하게 정상으로 기능하는 신체성을 지니는 한, 상호주관적인 것으로 연장될 수 있다. 그렇지만 감각성질을 포괄하는 규제는 무조건 상호주관적일 수 없다.[8]

어쨌든 참된 세계가 실제적이거나 여전히 가능한 계속 연장될 수 있는 의사소통의 모든 주체에게('모든 사람에게') 인식될 수 있다. 그러려면 모든 사람이 단지 '나는 내 경험에서 나에 대한 세계로서 세계를 인식한다'고 말하지 않아야 한다. 더 나아가 단지 '타인들도 아무튼 어떤 규정 속에 동일하게 확인되는데도 진리 그 자체가 아닌 그들에 대한 세계를 인식하다'고 말하지 않아야 한다. '개별적이고 상호주관적으로 규정할 수 있는 것으로서 유일한 세계가 존재해야 한다'고 말할 권리를 지니려면 이러한 사물의 세계는 경험하는 자의 '우연적인 신체의 구성'에 의존하지 않는 것, 즉 외적 감각의 징표를 통해 완전히 충분하게 개별적으로 규정할 수 있어야 한다. 이 규정들은 특수한 종(種)의 감성적 성질일 수 없고, '공동의 것'(koiná)도, 그 규정들이 감성적으로 나타나듯이, 시간의 형태와 공간의 형태일 수도 없다.

이에 반해 경험하는 자는 어쨌든 나타남, 즉 일부는 현실적 순간의 지각에서 지각의 나타남[9], 일부는 회상으로서 그러한 나타남의 재생산, 일부는 미래의 나타남에 대한 감성적 예견으로서 예상과 (감성적-직관적 상황에서 가정적 예상과 같은) 이러한 예상의 변화만 직접 지닐 뿐이다. 나타남의 철저한 감성적 내용과 함께 나의 예상들은 각기 모두에 대해 그 자체만으로 일치하는 것이 때로는 예상을 실망

---

8) 여기에는 감성이 주관적 신체성에 관련되는 것, 주관적으로 나타나는 것, 그 구성요소가 전제되어 있다. 따라서 육체적인 것과 심리-물리적인 것에 기초가 되는 아프리오리에 대한 선험적 이론이 구상되어야 한다.—후설의 주.

9) 그러나 나는 감성적으로 나타나는 자료 그 자체만이 아니라 이 자료를 포괄하는 통일성의 형식도 지니고 있다.—후설의 주.

시키는데도 나타남의 종합 속에 언제나 다시 수립되게 경과해야 한다. 또한 경험이 더 완전해질수록 그 내용이 더 풍부해지는 형식을 언제나 지니게 경과해야 한다. 그래서 나는 실제로 사물과 세계 전체를 항상 더 잘 알게 되며, 이 경우 정당한 지각과 경험에 대립해 단순히 주관적인 것인 환상(幻想), 가상(假象)을 제거한다. 내가 내 경험의 경과 속에 개입하고 자의(恣意)로 지각의 과정을 함께 규정할 수 있는 한, 나는 그 과정을 사물과 세계에 대해 더 정확하게 알게 되면서 〔아직〕 알려지지 않은 것, 어쩌면 망각한 것 등으로 채워진 시간과 개방된 공간으로 진행해가게 방향을 정할 수 있다.

다른 한편 나의 세계인 세계를 계속해서 '더 잘 알게 되는 것'이 여전히 모두에 대한 상호주관적 세계를 알게 되는 것은 아니다.

여기에서는 오직 한 가지가 가능할 수 있다. 모든 감성적 규정은 가능한 지각과 경험의 주체인 모든 이성적 주체에게 필연적으로 공동의 것인 비감성적 규정과의 법칙적 연관 속에 있다.

시간과 공간의 위치체계는 필연적으로 모두에게 공동의 것이다. 이것은 틀림없이 개체화의 원리로서 일반적으로 동일한 사물적인 것(Dingliches)을 동일한 것으로 인식하기 위해 상호주관적으로 인식할 수 있는 것에 대한 명칭이다. 그와 동시에 모든 제1성질 ─ 지속, 공간형태, 상대적 위치관계 ─도, 그것이 감성적으로, 따라서 신체적-심리적-물리적으로 조건지어 주어지는데도 틀림없이 상호주관적으로 인식할 수 있다. 사유 속에서 단순한 감성적 개념에 대립된 제1성질에는 공동의 실재적-수학적 개념이 상응한다.

물론 우리는 형식-논리적 개념과 형식-존재론적 개념의 소재 전체를 공동으로 지닌다. 이 소재 전체는 당연히 지각에 적합하게 주어진 것, 즉 실재적인 것(Reales)과 관계되어 있다. 그러나 여기에서 완전히 보편적으로 고찰해야 할 것은 생각해낼 수 있는 모든 직관(외적 직관뿐 아니라)과 생각해낼 수 있는 근원적으로 부여하는 모든 의식 (어떤 종류이든 대상적인 것에 대한 의식으로서)에 속하는 다양한 것들의 통일형식과 전개형식이다. 그 형식에는 동등함, 차이, 동일성, 전체와의 결합, 부분과 전체 속의 부분, 기체와 속성, 관계 등과 같은 것, 또한 조건과 조건지어진 것, 집합, 분리가 있다. 요컨대 능동성과 수동성에 따라 감성적으로 직관적인 모든 것에 속하거나 속할 수 있지만 그 자체가 '지각'은 아닌 모든 것이다. 물론 이 모든 것을 통해 지각, 직관에 대한 특별한 개념이 더 넓은 개념에 대비해 뚜렷이 부각된다.[10]

여기에서 고려해야 할 모든 것은 '로고스'(Logos)[11]의 형식에서 개념성과 판단의 이성적 기능에 앞서 놓여 있다. 더 높은 단계에서 이 기능도 작동하기 시작하며, 따라서 가령 '감성적 동등함', 이러한 '유사–성질의 것', '감성적인' 자발적 관계파악에서 이 동등한 것에서 저 동등한 것으로 '감성적인' 자발적 이행 대신, 'a=b 라는 로고스'인 동등함의 개념적 판단 등이 어디에서나 작동하기 시작한다. 순수한 감성 같은 것은 존재하지 않으며, 어디에서나 지향성 (Intentionalität), 자발성(Spontaneität)이 존재한다. 파악하는 '오성' (Verstand)은, 나중에 직관에서 분리된 판단의 기능을 제공하는 분석적 사유——그렇지만 무엇보다 이념(여기에 포함된 정확한 개념, 즉 본래 논리적 판단을 가능케 하는 순수 논리적인 것)을 창조하는 '이성'

---

10) a) 나는 어떤 사물을 지각한다. 이 사물이 계속 지각되는 지각체험의 흐름 속에 언제나 새로운 징표를 알게 되는데, 오히려 그 사물을 그 흐름 속에 그것의 규정으로서 알게 되면서 그 사물에 향해 있다.

b) '나타남 속에 있는 어떤 사물'이 나에게 다가오고, 나를 촉발한다. 나는 a)의 의미에서 지각하는 경향이 있고, 나는 이러한 경향이 작동하는 가운데 현실적 지각으로 이행하는 잠재적 지각을 지닌다.—후설의 주.

11) 이 말의 의미와 번역어에 관해서는 본문 7항의 옮긴이 주 36을 참조할 것.

(Vernunft)으로서 ─ 에서가 아닌 한, 본래 생산적이지 않다.[12] 그러나 이렇게 할 수 있는 능력(Vermögen)의 개념은 여기에서 별 도움이 안 된다.

따라서 우리는 칸트의 분석론(Analytik)에서 무엇을 간취하는가?

그것은 사소하지 않다. 만약 경험의 대상이 그 진리에서 인식될 수 있으려면, 그 대상에 관한 참된 판단을 내리고 이 판단을 증명할 수 있어야 한다. 이러한 판단은 보편적인 논리적 판단의 형식들에 따라야 하고, 이 형식들은 경험된 실재성을 적용하는 가운데 실현하면서 구별되어야 한다. 대상, 속성, 다수성 등 논리적 판단의 형식 속에 포함된 존재론적 개념은 실재적 의미를 받아들여야 하며, 인식의 형식이 되기 위해 어떤 방식으로든 '도식화되어야' 한다. 오히려 칸트의 사상형성에 진정함과 가치 그리고 역사상 전대미문의 새로운 것을 이룩한 점은 그가 인식하는(의사소통을 하는) 주관성이 실재적 세계의 현존재를 정당하게 확신하고 이 세계를 인식하기 위한 가능성의 아프리오리한 조건을 탐구하는 문제를 최초로 제기한 것이다.

코페르니쿠스적 전환은 여기에서 은밀한 것 ─ 그럼에도 진정한 철학에 대해 결정적인 것 ─ 에 있다. 인류는 이제까지 주어진 경험 세계를 세계 속에 자리 잡은 인간인 인식하는 자에게 ─ 이 인식하는 자가 사실상 항상 이렇게 주어진 세계의 구성원으로서 발견하듯이 ─ 바로 주어진 것으로서 어쩔 수 없이 받아들여 왔다. 따라서 문제는 '실재적 사실로서 인식 자체가 어떻게 인간 속에 이루어지는지' 또한 '인식 자체가 정당하게 되기 위해 기술적(技術的)으로 어떻

---

12) 그렇지만 이것은 많은 것을 주장한다. 논리학의 인식이 아니라 학문적으로 정초된 인식으로서 논리적 인식은 논리 아래에(unterlogisch) 있는 자발성의 영역을 넘어 논리적 학문의 영역으로 고양시킨다. ─후설의 주.

게 형성되어야 하는지' 등일 뿐이었다. 그래서 인식은, 제화공에게 부츠처럼, 세계에서 실천적 목적이었다.

기술(技術) 논리학과 인식론은 '진리, 참된 존재에 대한 인식은 어떻게 목적에 적합하게 형성될 수 있는가?'만 심문할 뿐이다. 그 목적을 달성할 수 있는 것과 특별한 경우 목적을 달성하는 것은 그밖에 기술적인 것에서와 같이 자명한 일이다. 가령 무모순성, 공리와 같은 근본원리는 자명한 목적달성이나 실패의 유형이며, 그 보편성에서 다시 자명하다. 따라서 우리는 세계를 가졌으며, 모든 종류의 대상성을 미리 부여했다. '이 대상성이 어떻게 존재하는지' 또는 '이 대상성이 이미 그 자체로 주어진 것에서 어떻게 최상으로 도달할 수 있는지'를 심문한다. 우리는 이미 그 대상성을 가졌으며, 이러한 믿음으로 살아간다.

칸트에게는 이 문제가 총체적으로 대립된 새로운 방향에 놓여 있다. 만약 나에게 세계가 자명하게 존재하고 내가 세계에서 경험하는 가운데 항상 새로운 것을 발견하며 사물들 가운데 하나의 사물인 신체-영혼의 존재로서 나 자신을 세계 속에 발견한다면, 이렇게 '나에게-존재하는 것', 심지어 직접 발견하는 것 ─ 심지어 세속적 인식작용과, 단적인 지각, 기억, 예상, 경험을 통해 충족시킬 수 있는 열린 지평의 예견, 분리, 결합, 관계, 학문적 인식작용의 작업수행에 이르기까지의 혼잡에서 출발한 모든 인식의 과정 ─ 은 주관적 과정이다. 그것은 주관적 의견, 주관적으로 인식하는 행위의 과정이다.

그럼에도 이 행위는 종종 주관적으로 이른바 이해하고 증명하며 판단하고 학문적으로 정초하는 작용이 속이는 것, 가상, 환상 등으로서 나타난다. 이 경우 대상과 가상, 실제성, 진리의 관계가 논의된다면, 그것은 주관적인 것 자체 속에 정립된 대상, 정립되고 주관적으로 '이해된' '진리', 따라서 그 자체가 주관성에 속하는 것이다. 또한 세계의 '내부-외부의-존재'는 나에게 주관적으로 일어난 사건이며, 경험된 세계의 시간과 공간도 표상된 것, 직관된 것, 숙고된 것이다. 그래서 그러한 것으로서 주관적이다. 이것은 평가절하가 아니라 부정할 수 없는 필연적 상태를 단순히 제시하는 것이다. 그리고 이 상태는 이제 소박한 인식작용과 소박하게 인식된 것 그 자체를 향하는 자신의 내재적 인식작용 속에 이해하는 문제를 수반한다. 즉 이른바 이것이 알려주듯이, 인식하는 주관성이 이 주관성 속에 인식된 세계의 진리를 증명하는 것으로 수행할 수 있고 수행하는 것, 그와 같이 진리를 증명하는 것이 아프리오리하게 가능한 사실에 대한 가능성의 주관적 조건은 무엇인지, 따라서 주관성이 그 자신의 자율에 입각해 또한 그 자신을 이해하면서 정당하게 세계 ― 바로 이 세계 ― 의 존재를 인식하는 사실을 이해하는 문제를 수반한다.

칸트는 선험적 전환으로의 단계를, 우리가 그 발전에서 알고 있듯이, 데카르트 이래 철학의 일반적 발전경향을 그 자체에서 실현하면서 완전히 독창적으로 수행했다. 본래 근대의 문제는 데카르트가 '나는 생각한다'를 발견함으로써 부과되었다. 본래 이 문제는 선험적 주관성을 발견한 것이었지만, 이것은 데카르트도 그의 후계자도 대부분 이해하지 못한 문제였다. 칸트도 이미 라이프니츠의 모나드론이 그 창조자가 그 이론에 부여한 의미에서 선험적 이론을 향한 일격이었다는 사실을 알지 못했다. 더구나 이성비판에서 그의 중대한 적대자인 흄이 젊은 시절 대단한 저술에서 거의 순수한 선험철학을 ― 하지만 이치에 어긋난 감각론적 회의론의 형식으로 ― 구상했다는 사실도 알지 못했다. 흄의 『인간 본성론』은 18세기에 거의 영향력 없이 남아 있었고, 칸트의 시야에 거의 들어오지 않았다.

선험적 태도에서 이러한 선구자들을 제외하면, 칸트의 문제제기는 완전히 독창적일 뿐 아니라 새롭다. 라이프니츠는 선험적 묘안을 제공했지만, 선험적 주관성과 이 속에서 구성된 세계를 해명하는 본래의 체계적 이론은 전혀 제공하지 않았다. 그렇지만 이미 말했듯이 흄은 인식에서 순수하게 자기 자신에 의지하는 주관성의 선험적 토대에서 객관적으로 타당한 인식은 환상적 착각이라는 점을 보여주려 했던 회의론자, 참된 자연과 세계 일반은 주관성 속에 완전히 비합리적 근거에서 생긴 망상의 산물이라는 점을 보여주려 했던 회의론자였다. 요컨대 그것은 '마치'(Als-ob)의 철학이었고, 따라서 반(反)-철학이었다.

그러나 칸트는 선험적 주관성 속에 참된 객관성을 구축할 원리적 가능성에 대한 선험적인 학문적 이론을 구상했다. 오히려 그는, 매우 일면적이고 그 문제제기에 제한되었더라도, 순수 주관성 속에 일어나는 세계에 대한 인식의 본질조건을 해명하려했다. 이로써 우리에게 세계 자체를 본래의 참된 의미에서 이해할 수 있게 해주는, 여기에서 지극히 필요한 학문을 제공하려는, 첫 번째 시도를 했다.

칸트의 문제제기는 결코 완벽하지 않다. 그 때문에 결코 실제로 명확하게 해결될 수 없다. 우리는 칸트가 이성이라는 그 특별한 형식에 대해 말한 것을 선험적 주관성에 적용할 수 있다. 그런데 그는 모든 것의 완벽함이 여기에 있다는 사실을 아주 잘 알았다. 볼프(C. Wolff)[13]의 존재론에 따르면, 그 역시 선험철학에서 언제나 본질적으로 존재론적으로 향해 있다. 그는 객관적 실재성이 그 자체로 타당하고 인식될 수 있는 진리 속에 인식될 수 있다면, 그 실재성이 엄밀한 학문 속에 정초될 수 있어야 할 필연적인 존재론적 형태에 관심을 보였다. 우리의 자연이 시공간적이며 순수한 수학적 법칙에 지배된

---

13) 볼프(1679~1754)는 라이프니츠의 제자로 그 당시 학술용어인 라틴어 대신 독일어로 철학의 다양한 용어와 체계를 정비해 이른바 '라이프니츠-볼프학파'를 형성했다.

다는 것, 자연은 인과적인 것이며 경험적 학문이지만 어쨌든 수학적 방법론에 의해 이끌린 학문은 자연에 대해 타당하다는 것 — 이것은 전혀 우연적 사실이 아니다. 오히려 이러한 유형의 법칙성이 존재한다면, 사물의 세계와 같은 것은 경험될 수 있고 경험에 입각해 규정될 수 있다. 따라서 그 때문에 인식하는 자는 자신의 인식에서 참된 자연을 전제할 권리를 얻을 수 있다. 왜냐하면 경험된 대상은 그것이 경험되는 방식으로 수학적이며 자연과학적인 구조를 지니기 때문이다. 그러한 존재론적 형식이 없으면 자연은 결코 객관적으로 규정될 수 없을 것이다.

그렇지만 물론 칸트의 학설 어디에서나 자명하게 기초가 되는 것처럼 주관적 과정에서 인식 속에 인식된 것이 인식된 것 자체로서 구축된다면, 그와 같은 이론은, 인식 속에 작업을 수행하는 주관성 전체를 기능하고 있는 모든 본질의 구성요소에 따라 고려할 때, 단지 실제적 해명과 엄밀한 학문적 해결만 제공할 수 있을 뿐이다. 칸트는 아직 이러한 일을 할 수 없었고, 첫 번째 선험적 연역[14]에서 조그만 단초를 만들었을 뿐이다. 계속해서 그는 그가 어디에서나 전제한 직관하면서 사유하는 인식의 생체적-심리적-물리적 뿌리내리기 전체를 선험적 주제로 만들지 않았다. 이렇게 함으로써 애매한 인간학주의(Anthropologismus)에 빠졌는데, 이 인간학주의는 못된 형이상학적 귀결을 지녔으며 출발부터 이미 아프리오리의 개념, 선험적 능력의 개념, 선험적 통각의 개념을 비학문적인 막연함 속에 얼버무렸다. 어떤 관점에서 우리는 칸트가 이와 상관적이며 불가분하게 함께 포함된 문제의 체계 전체를 여전히 인식하지 못함으로써 그 문제를

---

14) 이것은『순수이성비판』의 '선험적 분석론' 가운데 제2장 제2절 '순수 오성개념의 선험적 연역'에서 제1판(A 95~130)을 가리킨다.

너무 단순하게 제기했다. 이 때문에 그 체계 전체에 걸쳐 확장되었고 이제까지 아무도 순수한 명석함으로 이끌지 못했던 심원한 내용의 막연한 환경이 조성되었다.

칸트가 비록 거의 자연과학과 그 인과론에만 방향을 맞춘 그 시대의 자식이지만 선험적 문제제기의 진행을 가능한 객관성의 모든 형식에 적용하는 것—이것은 그에게 도덕적 세계와 감성적〔심미적〕세계에 적용하는 것을 뜻한다—에 즉시 착수한 점은 그가 이룩한 불멸의 공적이다. 그는 세계에 대한 목적론(Teleologie)의 정신적 고찰도 자신의 선험적 고찰의 범위로 끌어들였다. 이러한 일은 물론 완전히 충분하지 않았고, 그는 인간의 문화 삶—따라서 그 세계가 단순히 자연만 아니라 정신의 세계인 한, 주어진 세계—에 구체적이며 모든 측면의 선험적 문제제기로 파고들어 가지 않았다. 그럼에도 그는 이러한 관점에서 자연과학적 편견에 억제되지 않고 자연의 존재에 대해 과대평가하는 경향이 더 적은 그의 후계자들에게 길을 열어주었다. 그 역시 존재론적으로 '실천이성비판'과 '판단력비판'[15]에 맞추어져 있다. 그의 선험적 윤리학은 윤리학이 일찍이 이룩한 가장 중대한 진보를 포함한다. 그 윤리학은 형식논리학이 실질적 학문에 대해서처럼 구체적 윤리학에 유사한 위치를 지닌 형식윤리학을 최초로 돌파한 것으로 보인다. 그러나 물론 그는 이론적으로는 지극히 중요하더라도 이렇게 공허한 형식윤리학을 실로 윤리학 **자체**로 간주하는 착각에 빠졌다.

---

15) 이것이 그의 저술 『실천이성비판』과 『판단력비판』을 뜻하는지 그 논지의 내용을 뜻하는지 분명치 않다.

칸트와 선험철학의 이념[1]

머리말

임마누엘 칸트의 탄생 200주기는 우리의 『현상학 연보』(*Jahrbuch*)에서도 축하받지 못한 채 지나쳐야 했다. 왜냐하면 현상학이 내 필생의 작업에서 원리적으로 계속 형성되는 가운데, 근원에 대한 분석 ─ 이 분석은 『논리연구』에서 최초로 돌파했다 ─ 에 새롭게 만들어진 방법에서 새롭고 가장 엄밀한 의미에서 자립적 학문 ─ 『이념들』[제1권]의 순수 현상학 또는 선험적 현상학 ─ 으로 발전해간 과정 속에 현상학과 칸트의 선험철학의 본질상 명백한 친족관계를 밝혀야하기 때문이다. 사실상 칸트의 근본전제, 중심문제와 방법에서 거의 관련이 없지만 칸트의 '선험적'(transzendental)이라는 용어를 내가 이어받은 것은 칸트와 그의 후계자들이 '선험적 문제'라는 명

---

1) 이 자료는 후설이 1924년 5월 1일 프라이부르크대학교 칸트탄생 200주년 기념 축제에서 강의한 것을 기초로 한다. 그는 이 자료를 확장해 그해 『철학과 현상학 탐구 연보』(이하 『현상학 연보』)에 게재하려고 했고 그 초고를 인쇄에 넘기기까지 했지만 결국 생전에는 출간되지 않았다.

칭 아래 이론적으로 연마했던 유의미한 모든 문제를 (적어도 그 문제를 궁극적으로 해명한 공식화에서) 이 새로운 근본학문[현상학]으로 소급해 이끌어야 한다는 잘 정초된 확신에 처음부터 의거한다. 새로운 현상학이 현상학적 철학에 출발로서 동시에 보편적 방법학문[방법론]으로서 소개된다면, 이미 '철학 일반은 그 체계 전체에 따라 보편적 선험철학으로서만——그렇지만 현상학의 토대 위에서만 그리고 특히 현상학적 방법에서만——궁극적으로 엄밀한 학문의 형태를 받아들일 수 있다'고 말한 것이다.

여기에서 몇 가지 설명이 유용할 것이다.

현상학은 그 밖의 일련의 현상학자가 멈추어 선 그 발전의 첫 번째 단계에서 순수하게 직관적으로 기술하는 단순한 방법이었다. 이 방법은 무엇보다 현상학이 모든 '현상'(모든 '주어진 것', 직접적으로 발견되는 모든 것), 즉 주목하는 의식의 시선 속에 들어오는 각각의 모든 것을 그것이 의식의 시선 속에 주어진 것과 정확하게 똑같이 받아들이고 주어진 모든 것 그 자체가 그것이 주어지는 방식(Wie) 속에 개념들——엄밀하게는 '순수한 직관'에 입각해 이렇게 주어진 것 자체에서 길어낸 '기술적' 개념들——을 체계적으로 확정하는 요구를 만족시키려 추구한 근본주의(Radikalismus)를 통해 부각되었다. 이 경우 순수하게 주어진 것의 영역을 넘어가는 모든 의견과 질문은 원리적으로 배제되었다.

그와 같이 주어진 모든 것은 그 주어진 것에 시선을 향하고 이 주어진 것을 부여하는 의식 속에 지니는 주관성에 대해 주어진 것이다. 여러 가지 형태를 띤 이 의식은 그것으로 향한 반성 자체에서 다시 하나의 '현상'이다. 대상들이 주어지는데, 공허하게 미리 생각된 것으로 또는 생생하게 현존하는 것, 상징적으로 표시된 것, 모사(模寫) 속에 모사된 것 등으로 주어진다. 어떤 대상——예를 들어 하나의 동

일한 것으로서 어떤 나무 ── 은 의식의 시선이 통일된 가운데 경과하
고 간취할 수 있는 여러 가지 주어지는 방식으로 주어진다. 즉 어떤
때는 직접 지시되고 다른 때는 모사되며 또 다른 때는 직접 직관적으
로 주어지며, 어떤 때는 술어적 진술의 주체로 다른 때는 관계의 객
체 등으로 주어지는 동일한 것으로 주어진다. 자아가 주목하는 시선
의 전환도 주어지는데, 확실성 속에 생각, 추측, 의심, 긍정과 부정이
주어지며, '정립'(Thesis)의 그러한 양상 등이 변화하는 가운데 추정
된 모든 의미도 주어진다.

현상학은 모든 타당성의 현상, 명증성과 확증의 현상과 그 상관자
인 진리, 참된 존재, 정당성의 현상 등 모든 종류와 형태도 당연히 포
함된 그와 같은 모든 주관적 '현상'을 지칠 줄 모르게 제시함으로써
출발했다. 직관적 자연으로서의 자연, 그 자연이 그때그때 지각된 것
과 정확하게 같은 자연은 그 자연이 주어진 모든 주관적 특성과 더불
어 주어진다(그리고 자연과학자가 방법적으로 '단순히 주관적'이라고
배제한 특성에서만 주어지지 않는다). 이것은 즉시 현상학적으로 기술
하는 데 중요한 주제가 된다. 체험이 주어지는 방식 속의 세계인 실
제적 생활세계가 고찰되는 즉시 세계는 무한한 폭을 얻는다.

세계는 다양한 주관적 나타남, 의식의 방식, 가능하게 태도를 취하
는 양상의 폭 전체를 받아들인다. 왜냐하면 세계는 주체에게 이렇게
오직 주관적 환경 속에서만 주어지며, 주관적으로 주어진 것을 순수
하게 직관적으로 기술할 경우 '나에 대해' 또는 '우리에 대해'라는
주관적 양상 속에 주어지지 않는 '그 자체'(An-sich)는 전혀 존재하
지 않고, '그 자체' 스스로 이러한 연관에서 하나의 특성으로 등장하
며 이 속에서 자신의 의미를 해명해야 하기 때문이다.

직접적 직관 속에 자아에 주어진 모든 것과 부여하는 것에 그 권리
와 개념적 파악의 근원적 권리를 인정하는 처음부터 주도하는 원리

는 어쨌든, 이미 『논리연구』에서 밝혔듯이, 모든 종류의 참으로 존재하는 이념적 대상성 — 특히 형상적 대상, 개념적 본질성과 본질법칙성 — 이 주어지는 근원적 권리를 인정하게 이끌었다. 이와 자명하게 연관된 것은 각각의 모든 대상적 범주의 대상성에 대한 본질학문의 보편적 가능성에 관한 인식과 형식적이든 질료적이든 존재론을 체계적으로 형성해야한다는 요구다. 그렇지만 무한하게 직접 주어진 것을 그 주관적 방식 속에 기술하는 데 다시 한 번 직접적 결과로 어디에서나 실행할 수 있는 본질기술 — 형상적 기술 — 의 가능성과 필연성에 관한 인식이 생긴다. 그 기술은 경험에서 개별적으로 주어진 것에 의존하는 것이 아니다. 그 형상적 유형과 이에 속한 (본질필연성, 본질가능성, 본질법칙성으로서) 본질연관을 찾아내는 것이다. 곧 바로 주어진 것에서 반성적으로 주어진 것으로 상이하게 시선을 전환할 자유와 여기에서 드러나는 본질의 상관관계에 대한 인식은 지향적 본질분석으로 이끌었다. 그리고 이성 — 우선 논리적으로 판단하고 술어화하는 이성과 그 이전단계 — 의 본질을 지향적으로 해명하는 첫 번째 근본요소로 이끌었다.

비록 확산되는 현상학 운동의 출발에서 본질분석과 본질기술(심리학적 관심을 지닌 현상학자들의 경우 대부분 직관적으로 파악할 수 있는 진정한 아프리오리인 '본질'의 근본 특성으로서 그 근본 특성을 전혀 부각시키지 않는다)이 상이한 영역에서 수행되더라도, 현상학은 대부분 내재적-순수한 분석, 기껏해야 형상적-심리학적 분석의 기본 방법 또는 — 주로 학문이론에 관심을 지닌 사람들에게는 — 이미 현존하는 상이한 학문들에 그 근본토대의 근원을 해명하거나 그 이론과 방법의 근본개념을 궁극적 원천에 입각해 철저하게 새롭게 창조해내기 위한 철학적 방법으로 보인다. 그래서 바로 『논리연구』의 가장 깊고 가장 어려운 논의는 계속 이어지지 못했다. 그 논의(무엇보다 제2권의 제5연구와 제6연구)[2]에서 논리적 이성(이와 더불어 모든 이성 일반의 본보기로)의 현상학에 길이 열렸다. 범주적 대상성을 순수 의식 속에 지향적으로 구성하는 출발점이 발굴되었으며, 진정한 지향적 분석의 방법이 발전했다.

심리학이 기술하는 근본사실로서 의식의 지향성을 독창적으로 발견한 나의 스승 브렌타노가 전통적 감각론의 방법적 태도에 사로잡힌 결과 이러한 태도에서 인과성에 관한 자연주의적인 귀납적 탐구를 근거짓기 위해 심리적 작용을 감각자료와 아주 똑같이 분류하면서 기술했던 방식에 대립된 결정적 진보는 거의 이해되지 않았다. 그래서 여러 해에 걸쳐 연구한 결과 현상학을 자립적 학문으로서, 더 자세하게는 보편적인 형상적 선험철학으로서 정초한『이념들』〔제1권〕은 우선 여러 가지 충격을 불러일으켰다. 심지어 이제까지의 의미에서 현상학의 탁월한 공동연구자로서 두각을 나타냈던 사람들의 경우에도 많은 충격을 주었다.

내가 첫 번째 현상학적 시도를 한 이래 오직 강의를 통해서만 공표된 수십 년 동안의 연구성과는 매우 많은 부분이 여전히 문헌으로 확정될 것을 기다리고 있으며, 처리해야 할 엄청난 작업의 경우 여전히 계속 형성될 것으로 파악된다. 그럼에도『이념들』〔제1권〕에는 모든 방법 가운데 가장 원리적인 방법인 현상학적 환원의 방법으로 직접적 직관과 가장 근원적인 기술하는 영역의 보편적 통일체가 명백하게 제시되었다. 이로써 내가 감히 말할 수 있듯이, 근대철학에서 데카르트가 이룩한 전환의 가장 깊은 의미가 드러났다. 그 결과 그 자

---

2)『논리연구』제2권에서 제5연구 '지향적 체험과 그 내용'은 1913년에 많은 수정과 보완을 통해, 제6연구 '인식에 대한 현상학적 해명의 기초'는 1921년에 1901년 초판과 크게 다르지 않은 개정판이 나왔다. 그래서 각기『논리연구』제 2-1권, 제2-2권으로 분책되었다.

체 속에 완결된 순수 의식 일반에 대한 절대적인 형상적 학문이 필요하다는 것은 설득력 있게 증명되었다. 그러나 이것은 의식의 본질 속에 근거한 모든 강관관계, 의식의 가능한 내실적인 내재적 계기 그리고 이 속에 포함된 의식의 지향적-이상적 인식대상이 된 것(Noemata)과 대상성(Gegenständlichkeit)에 관련된다. 이것 역시 체계적으로 활발하게 작업되었고, 방법적뿐 아니라 실질적으로도 끊임없이 계속 형성되는 엄밀한 이론의 형태로 이루어졌다.

따라서 그 자체로 제일철학인 동시에 보편적 철학——즉 절대적인 궁극적 원천에 입각해 정초된 보편학문——의 출발부분이자 근본부분으로 이 형상적인 기술적 현상학을 규정하는 것(단지 표제 속에서만 아니라)이 미리 시사되었다. 단순히 기술하는 것을 능가하지만 형상적 태도에 머물러 있는 기술적 현상학을 형성하는 것은 모든 아프리오리한 학문의 체계로 이끈다. 이것은 선험적 아프리오리에서부터 선험적 사실(Faktum)로 이행하는 것은 선험적으로 기초짓는 가운데 모든 경험적 학문의 체계로 이끄는 것이다.

그래서 현상학적 선험철학은 방법적으로 또한 그 근본확정과 근본이론의 연관 전체에 따라 모든 역사적 철학과 본질적으로 구별된다. 그것은 부정할 수 없는 내적 필연성에 입각한 **선험철학**이다. 현상학을 연구하는 단체가 칸트나 신칸트학파의 연구방식과 날카롭게 대립해 있다고 근원적으로 느끼더라도, 그러한 단체가 칸트를 부흥시키는 방식에서 역사적으로 계속 실행하고 (방법의 공통성이 전제하는 것을) 단순히 개선하려는 시도를 충분한 근거에 입각해 거부했더라도, 그러한 단체가 모든 칸트주의에 대립해 충분한 근거에 입각해 방법적 원리를 위해 투쟁했더라도, 모든 진정한 학문적 철학에 대해 무조건 '앞선 것'(prius)은 의식을 체계적으로 기술함으로써, 인식하는 주관성뿐 아니라 가치를 평가하는 주관성과 실천적 주관성의 본질적 층(層)들을 가능한 모든 형태와 상관관계에 따라 보편적으로 명백하게 설명함으로써 모든 측면에서 기초짓는 일일 것이다. 그럼에도 이제 모든 인식의 절대적인 궁극적 원천에서 체계적으로 상승해가는 우리 연구의 본질적 성과에는 거대한 계열에 따라 칸트와 일치하는 것을 보기 때문에, 학문적 선험철학을 미리 형성한 위대한 철학자인 그에게 경의를 표해야 한다. 누구도 심지어 극단적 반(反)-칸트주의자라 하더라도, 그 시대의 자식으로서 이렇게 강력한 정신에 영향받는 것에서 벗어날 수 없으며 모든 사람이 칸트를 움직이고 칸트에 의해 일깨워진 동기부여의 힘을 그 어떤 형식으로든 경험한다는 사실은 이제 진부해졌을 만큼 자명한 진리다.

그러나 칸트(칸트에 의존하는 모든 거대한 학파 역시)를 현상학의 눈으로 보는 것은 그를 새롭게 이해하는 것도 뜻한다. 자신의 거의 모든 이론 속에 그 현상학적 원천이 지금 증명될 수 있는 그가 앞서 내다본 직관의 위대함에 감탄하는 것이다. 그럼에도 지금 이렇게 하는 것은 그를 모방하고 칸트주의나 독일 관념론의 부흥을 지지하는 것이 결코 아니다. 물론 우리는 처음부터 현상학적 선험주의 (Transzendentalismus)에 또한 이와 함께 칸트의 선험주의의 가장 깊은 의미와 권리에 대립된 이성비판의 모든 ——나쁜 단어의미에서—— '형이상학적' 요소, 즉 물 자체(Ding-an-sich) 학설, '원형의 지성' (intellectus archetypus)[3] 학설, 선험적 통각이나 '의식 일반'의 신화 등과 같은 요소를 무시해야 한다. 또한 그의 '아프리오리'라는 여전히 엉거주춤한 신비적 개념을 현상학적으로 해명된 보편적 본질과

---

3) 칸트는 지성의 특성을 목적의 인과성을 반성적 판단력으로 표상할 수 있는 신적인 이성인 '원형의 지성'과, 인과성을 규정적 판단력으로 기계적 방식으로만 표상하는 인간의 이성인 '모사의 지성'(intellectus ectypus)으로 나눈다(『순수이성비판』, 특히 B 606, 723을 참조할 것).

본질법칙의 개념(본래 이미 흄이 '관념의 관계'(relation of idea)라는 명칭으로 주목했지만 감각론과 유명론의 입장에서 바꾸어 해석하고 가치를 박탈한 개념)으로 대체해야 한다.

본질순수성과 본질필연성에서 관철된 선험적 주관주의, 즉 모든 의미부여와 진리의 작업수행과 함께 모든 참된 대상성과 참된 세계 (이에 못지않게 허구로 날조할 수 있는 모든 세계)의 근원적 터전이자 근원적 원천인 선험적 주관성의 본질은 폐기할 수 없다. 미리 지시된 선험적 주관주의는, 문제되는 것이 자연이나 영혼, 역사, 형상적 대상성 그리고 어떤 종류의 이념적 대성성의 '그 자체'이든 간에, 실제적이거나 가능한 의식의 작업수행 속에 지향적으로 구성되는 존재의 배후에 어떤 존재를 '형이상학적으로' 구축할 여지가 전혀 없다.

물론 진정하고 순수한 선험주의를 관철하는 것은 어느 한 사람이나 '체계'의 과제가 아니라, 모든 학문이 지극히 염원했던 인류 전체의 과제다. 그것은 모든 가능한 학문의 궁극적 체계──그래서 궁극적인 선험적-주관적 학문의 근거 위에 수행된 체계──의 이념, 따라서 모든 학문적 방법의 근원적 학문인 기술적 현상학에 의해 수행된 체계의 이념이다. 그렇지만 적어도 모든 가능한 의미와 가능한 진리의 영향권은 이 이념에서부터 또한 현상학적 환원의 방법을 통해 직관적으로 제시된 올바른 '의식 일반'의 의미──이 의미에서 분리할 수 없는 그 가능한 모든 상관자를 포함해──로서 개념적으로 앞서 미리 지시된다.

원리적으로 초(超)-주관적 초재(Transzendenz)에 관련된 공동의 의미에서 형이상학은 무한한 영역이지만, 명증하게 할 수 있는 이치에 어긋난 영역이다. 그러므로 우리가 칸트철학에서 물론 무관하지 않은 그러한 존립요소를 무시할 때만, 선험적 현상학자인 우리는 칸트의 진정한 직관을 확증할 수 있다. 실제로 연구를 깊이 파고들어

가면 그와 같은 칸트의 '형이상학'을 단념하면 ── 그리고 이렇게 하는 것은 실제로 완전한 맥락을 만들어준다 ── 칸트의 사유와 탐구는 '사실상' 현상학적 태도의 테두리 속에 이루어졌다는 사실, 이렇게 진정한 선험적 이론의 힘은 사실상 그 본질적 계열 속에 근원적 원천에서 길어낸 순수한 직관에 의거한다는 사실을 가르쳐준다. 물론 그것은 두 가지이며, 학문성의 단계에서 본질적인 차이를 만든다. 즉 현상학적 태도에서 소박하게 이론화하든지 또는 근본적으로 자기를 성찰하는 가운데 이러한 태도의 본질과 이러한 태도 속에 명백히 무한한 의식 일반의 본질에 관해 원리적으로 명석하게 하든지 해야 한다. 그래서 근원적으로 길어낸 본질개념 속에 경과하는 기술(記述) ── 자연적 태도의 모든 인식방식을 넘어서게 하는, 따라서 완전히 새로운 태도와 인식방식인, '선험적 태도'의 의미와 필연성을 해명하는 기술 ── 을 만들어야 한다.

칸트가 사실상 사유하고 탐구한 새로운 종류의 태도에 그와 같은 기술을 부여하는 것은 '당연히' 칸트를 넘어서는 것을 뜻한다. 그것은 궁극적인 철학적 자기의식 속에 현상학적 환원의 방법을 만들어내는 것을 뜻한다. 이 방법을 통해 선험철학의 구체적인 주제의 지평 ── 그 진정한 의미에서 선험적 주관성 ── 이 확정된다. 그래서 동시에 그 지평에 유일하게 적합한 연구방식, 직관적 근원에서 상승된 문제제기의 질서가 발견된다. 철학, 특히 모든 이성의 작업수행을 '비판할' 수 있는 모든 철학 가운데 '제일'철학은 방법적 자기성찰 속에서 최후까지 철저하게 나가야 한다. 그 철학은 이러한 실행 자체의 방법적인 것을 파악하지 못하고 그 본질필연성에 대해 명백히 설명하지 못하는 곳에서 아무것도 실행하면 안 된다. 칸트는 오직 그가 근대철학 전체의 원천점인 데카르트의 '나는 생각한다'에 그 궁극적 의미, 즉 구체적으로 직관적인 절대적 주관성의 의미를 강제하지 않왔고, 그렇기 때문에 순수 의식의 영역을 넘어설 수 있었다.

이렇게 궁극적인 성찰이 없었기 때문에 그 자신이 종합하는 심오한 이론 속에 지향적 연관의 특성을 근본상 이미 발견했고 약간의 소박함에서 진정한 지향적 분석을 이미 실행했는데도, 그는——지향적 함축과 본질의 상관관계를 전개하는 것으로서——의식분석의 방식과 방법을 실제로 만들어내는 데에도 성공하지 못했다. 칸트가 그러한 궁극적 반성과 본질기술의 필연성을 깨달았다면, 엄밀한 학문적 철학을 가능케 할 그 무조건적 필연성을 깨달았다면, 그의 이성비판과 철학 전체도 다른 것이 되었을 것이다. 그렇다면 그의 이성비판과 철학 전체는 현상학자인 우리가 힘든 개별적 연구에 근거해 분명히 의식 자체와 그 현상의 본질유형에서 나아가는 길을 걸어갔을 것이다.

자연적 사유방식에서 칸트의 〔사유〕혁명의 현상학적 의미에 관한 다음의 상론은——당연히 청중을 고려해 그에 맞게 단순화해서——내가 금년 5월 1일 프라이부르크대학교 칸트축제에서 강의한 칸트-논의에서 본질적 사상의 내용이다. 지금의 독자에게 나는 서술을 본질적으로 심화시켰을 뿐 아니라 게다가 현상학적 선험주의를 둘러싸고 퍼지는 오해를 말끔하게 해소할 수 있는 몇 가지를 그 뒤에 첨부했다. 그런데 이렇게 첨부한 것들은 그 상당 부분이 『이념들』 제1권이 발간된 후 얼마 지나지 않아 갑자기 일어난 전쟁 때문에 그 제1권과 동시에 구상된 제2부⁴⁾의 출간이 연기되었고 이제까지 출간되지

---

4) 후설은 본래 『이념들』을 총 3부로 구상했는데, 제1부 '순수 현상학의 일반적 입문'과 제2부 '구성에 대한 현상학적 분석' 및 '현상학과 학문의 기초'는 그 초고가 이미 1912년 작성되었고, 제3부 '현상학적 철학의 이념'은 그 당시에는 미처 착수조차 하지 못했다. 여기에서 언급한 제2부는 그 초고를 슈타인 (E. Stein)이 1913년과 1918년 수기로 정리하고, 1924~25년 란트그레베(L.

않았다는 사실에서 유래한다. 사람들은 출간된 것 가운데 여전히 빠진 부분을 너무나도 소박하게 무시했다. 또한 그것에 이어 계속되는 부분이 어떻게 가능한지 볼 수 없었던 곳에서 기껏해야 극도의 원초적 사유에 그리고——추정해서 현상학적으로 제시하는 것으로 나를 논박하려 할 경우——비판가로서 현상학적 유치함에 적합할 정도로, 이치에 어긋난 귀결을 나에게 무리하게 요구했다.

현상학은 우리가 마치 읽으면서 즐겁게 산책하는 '문헌'이 아니다. 모든 진지한 학문에서처럼 우리는 그 성과로서 방법적으로 잘 훈련된 눈과 그래서 비로소 자신이 판단할 능력을 획득하기 위해 실제로 작업해야 하는 것이다.[5]

칸트와 선험철학의 이념

한 위대한 학문적 천재를 기념하는 시간은 역사적 전통의 통일성을 통해 그와 결합된 지금의 학자들 세대에는 책임 있는 자기성찰을 요구한다. 따라서 학문적 추도식에서 가장 걸맞은 주제는 가장 보편적인 의미에 따라 미리 지시된다. 그런 까닭에 칸트-기념축제는 '칸트의 영향이 철학 전체의 모든 방향을 함께 규정한 지 150년이 지난

Landgrebe)가 후설의 수정 지시에 따라 타이프로 정서한 것을 30년이나 지나서야 비멜(M. Biemel)이 관련 자료와 함께 편집해 전자는 1952년 후설전집 제4권으로, 후자는 제5권으로 출간된 것을 가리킨다.

5) 후설은 이러한 점을 '선험적 현상학을 실행함'(ins Spiel setzen) '현상학을 함'(Phänomenologisieren) 등으로 역설한다. 그것은 선험적 현상학이 소박한 객관적 실증과학을 온전히 보완할 새로운 방법적 이론에 그치지 않고, 철저한 자기성찰로 참된 인간성을 이해하고 새로운 차원으로 고양시킬 자기책임의 실천인 '철학을 함'(Philosophieren)을 뜻한다.

현재 우리는 그의 기념비적 이성비판의 영원한 의의로서, 그래서 우리와 모든 미래에 떠맡길 그 순수한 모습으로서 무엇을 주시해야 하는가?'라는 물음을 던진다. 그럼에도 '영원의 상(相) 아래에서'(sub specie aeterni)[6] 칸트의 생애 전체에 걸친 저술을 충분히 이용하고 이와 일체가 되어 우리 자신의 현재 저술의 의미를 평가하며 책임지는 것은 우리가 여기에서 한정된 범위 안에 만족시킬 수 있기에는 너무도 거대한 과제일 것이다.

그러므로 논의를 제한해보자. 마치 우리가 알고자 줄기차게 관심을 쏟고 종종 돌아다녔던 거대한 산맥을 먼 거리에서 조망해보는 것처럼 이제 우리에게는 단지 일반적 형태, 즉 전체적 유형만 나타날 때처럼 칸트와 일정한 거리를 둔 채 세워두자. 이러한 먼 조망에서 칸트철학의 가장 지배적인 전체적 형식은 선험철학의 이념이다. 이 이념은 '철학을 함'에 근본적으로 새로운 종류의 형식을 나타내며, 이와 상관적으로 조건지어진 새로운 유형의 철학적 이론을 나타낸다. 이때 제기되는 물음은 '우리는 그 의미와 영원한 권리에 따라 그 자체에서 이해할 수 있는—칸트의 시대조건에 의해 정화된 그의 선험철학에 본질로 간주되어야 할—보편적 문제제기와 학문의 이념을 그 자신을 가장 깊은 근거 속에 몰아넣은 방법의 이념—비록 그 역사적 동기부여에 의해 제한되고 명료하지 않더라도 그의 체계적 이론 속에 최초로 구체적으로 실현된 이념—으로 묘사해낼 수는 없는가?'다.

---

6) 이것은 본래 스피노자의 용어로서, 그는 이성이 논리적 필연성을 통해 얻은 인식을 '영원의 상 아래에서' 파악한 것, 즉 초시간적 인식을 감각에 의한 인식보다 우위에 두었다.

1) 자연적 사유방식의 혁명

이것으로써 이미 시사되었듯이, 칸트의 선험철학은 단지 그의 시대나 우리가 지극히 감탄하며 진작부터 완전히 검토해 사용했고 그사이에 진부해진 것으로 회고할 수 있을 어떤 발전에만 중요한 작업 수행이 아니다. 오히려 칸트가 요청했고 새로운 학문에 대한 강력하고 어쩌면 강제적이기도 한 구상을 하게 한 철학적 사유방식 전체의 혁명은 여전히 현대의 요청이다. 또한 이 새로운 학문은 우리의 과제 이자 모든 미래를 위해 결코 포기할 수 없는 과제다.

그래서 철학사 전체에서 칸트의 사실상 완전히 유일한 의의가 무엇 속에 드러날 수 있는지 나타냈다. 그것은 그 자신이 파악한 것과 반복해서 단호하게 표현한 것일 뿐이다. 따라서 그의 영원한 의의는 많이 논의되었지만 거의 이해되지 않은—세계의 의미를 원리적으로 새롭고 이 경우 엄밀하게 학문적으로 해석하는—'코페르니쿠스적' 전환에 있다. 그렇지만 동시에 이에 속한 '완전히 새로운' 학문을 최초로 정초한 데 있다. 칸트 자신이 강조했으며 심지어 그가 생각했 듯이, 그것은 '그 종류에서 유일한' 학문이며, '아무도 이전에 그 생각을 파악조차 하지 못했고 그것에 대한 단순한 이념조차 알려지지 않았던' 선험적 학문이다.

확실히 칸트는, 만약 선험적 이념의 발전을 역사적으로 연구해 조사했다면, 그의 마지막 저술에서 이러한 발언을 본질적으로 완화했을 것이다. 〔그렇지 못한 이유는〕 일부 이러한 발전의 주된 기록이 그에게 알려지지 않았다는 데 있고, 다른 이유로는 그가 그의 궁극적으로 타당한 철학이 갑자기 출현한 후에 문제되는 저술들을 더 새롭게 연마해 완성할 수 없었고 새롭게 해석할 수 없었다는 데에 있다. 근대철학사에서 이것에 대해서만 이야기하기 위해, 데카르트는 실로 선험철학의 선구자로 인정받아야 한다. 그는 자신의 『제일철학에 관한 성찰』을 통해 이러한 근대를 정초했으며, 선험철학으로 발전하는 현저한 경향을 근대에 각인시켰다. 그의 심오한 의미에 따라 이해하면, '나는 생각한다'는 확실히 선험적 주관성을 발견하는 최초의 형식으로 간주될 수 있다. 또한 우리는 칸트가 파악한 라이프니츠처럼 그가 그러한 독단적 형이상학자가 결코 아니었다는 사실을 알고 있다. 더 나아가 칸트가 '독단의 꿈에서 깨어났다'는 흄의 『인간 오성론』은——칸트가 명백히 알지 못했거나 주도면밀한 자신의 연구에 입각해 알지 못했던——체계적인 『인간 본성론』에 멀리 뒤처져 있다는 사실[7]이 밝혀졌을 것이다. 그리고 흄의 젊은 시절 이 독창적 저술에서 실로 선험적 문제제기의 체계 전체가 구상되었고——비록 시종일관 이치에 어긋나게 폐기된 감각주의의 회의론에 부정주의의 형식이지만——선험적 정신 속에 숙고되었다는 사실도 밝혀졌을 것이다.

그렇지만 언제나처럼 이러한 사실 때문에 칸트의 독창성이 손상되지는 않는다. 그는 데카르트 이래 줄곧 싹트자마자 파묻혀버린 선험적 이념을 고유하게 특징지어 새롭게 발견한 것만 아니다. 그래서 그가 유례없는 사유의 에너지로 이념에서 이론적 행위로 진행해갔고 그의 세 가지 엄청난 근본저술[8] 전체로 선험철학 자체가 **부활하게 된** 명성은 당연히 그의 몫이다. 하지만 새로운 학문 일반과 마찬가지로 진지한 의미에서, 즉 체계적으로 주도하는 문제제기의 형태와 긍정적으로 해결하는 합리적 이론을 체계적으로 통일하는 형태로 소생하게 되었다. 따라서 그는 라이프니츠처럼 보편적인 묘안(aperçu)에

---

7) 흄의 저술 『인간 본성론』과 『인간 오성론』의 차이 및 이에 대한 후설의 평가에 관해서는 본문 27항의 옮긴이 주 20을 참조할 것.
8) 이것은 칸트의 3대 비판서 『순수이성비판』『실천이성비판』『판단력비판』을 뜻한다.

빠져 있지 않았다. 하물며 그는 흄과 같이 ― 칸트의 비유를 사용하기 위해 ― 좋은 목적으로 위험한 여행을 하는 대신 '그의 배를 회의론의 해변에 좌초시키고 부패시켰다.'

사람들은 칸트 이성비판의 막연함, 그의 근본개념과 연역의 수수께끼 같은 심오함에 대해 정당하게 불만을 호소할 수도 있다. 칸트가 선험적 학문을 거대하게 구축한 것은 그 창조자 자신이 자신에게 인정할 수 있다고 믿었던, 강제적으로 엄밀하게 완성하는 것에 여전히 가깝다고 확신할 수도 있다. 심지어 칸트가 여전히 참된 기초, 가장 근원적인 문제제기, 선험철학의 궁극적으로 타당한 방법에 결코 파고들어 가지 못했다고 확신할 수도 있다.

그렇지만 편견에서 벗어난 스스로 생각하는 ― 이 불가사의한 심층으로 침투해 들어가는 헌신적 노력을 진지하게 떠맡는 ― 모든 사람에게 다음 한 가지 사실은 결국 명증하게 되어야 한다. 즉 여기에서 드러나는 필연적 문제제기와 학문은 혼란스러운 사변 속에서 고안된 것이 아니다. 아무리 생소하더라도 ― 이렇게 자연 그대로의 형태가 아니라면 ― 정제되고 풍부하게 된 형태로 언제나 거부할 수 없을 것이라는 사실이다. 칸트를 통해 일깨워진 지성의 욕구를 만족시키고 순수 주관성의 선험적 작업수행의 영역 전체를 이론적으로 이해할 수 있게 하는 학문을 곧바로 근대의 인류가 수립할 수 있을 모든 이론적 과제 가운데 가장 중요한 과제라고 말해야 할 것이다. 사실상 칸트 자신은 '모든 진정한 학문의 의미와 인식의 가치'를 가르치고, 아주 정당하게 선험철학의 성공에 의존한다. 이렇게 선험철학이 엄밀한 학문으로서 정초되고 궤도에 올랐을 때 비로소 다른 모든 학문은 어쨌든 그 자신에게 필연적으로 요구되는 최상의 궁극적 단계의 이론적 합리성을 획득할 수 있다는 사실을 말할 뿐이다.

여전히 우리 시대를 지배하는 확신 속에 교육받은 모든 사람은 그와 같은 요구를 분개하며 들어야 한다. 이러한 확신의 의미에는 실증 과학이 익명성을 띤 채 철학에 대립해 있을 것이다. 실증과학의 방법, 이론을 형성하고 실증과학이 획득한 진리의 모든 의미, 또한 궁극적 의미를 해석하는 것은 전문적인 여러 학문이 작업할 단순한 소관사항일 것이다. 그 학문들에서 실행된 사유방식 전체를 전복시켜야 한다는 요구는——비록 그 의도가 그 학문들의 방법을 포기하는 것이 아니라 아직까지 열려지지 않은 전문적 학문을 넘어서는 원천에 입각해 그 학문들에 새로운 종류의 인식의 완전성을 제공하는 것이더라도——최근에 철학의 명성을 매우 심하게 손상시킨 그 철학적 '엉뚱한 일탈(逸脫)'[9]과 같은 느낌을 주지 않는가?

이러한 판단이 얼마나 부적절한지를 나는 다음의 고찰에서 우리가 확신할 수 있게 되기 바란다.

2) 세계의 자명함과 의식 삶

이미 시사했듯이 나는 칸트의 출발점과 개념의 형성 그리고 문제의 특징에 역사적으로 조건지어진 특수성을 도외시할 것이다 그 가운데 이전에 완전히 은폐된 '순수' 주관성의 영역과 무한한 '선험적' 문제제기를 최초로 연 자연적 사유방식을 완전히 전환하는 근본의미를 명백하게 설명하려 한다. 모든 세계, 모든 학문, 인간이 살아가는 모든 삶, 활동, 창조에 함께 관련되었더라도, 그것은 자연적으로 태도를 취한 학문들이 세계와 세계 삶에서 겨냥해야 할 물음 가운데 어떤 것도 포함하지 않는다.

인간의 삶과 이 삶이 자연적으로 의식에 적합하게 흘러가는 것과

---

9) 이것은 논의하는 내용이나 지적한 시대 등으로 볼 때, 수학과 자연과학의 객관적 방법으로 모든 학문을 통일해야 한다고 주장하는 논리적 실증주의(Logical Positivism)를 가리킨다.

더불어 시작하면, 그것은 무한한 세계에 매몰되어 ─ 때로는 개별적으로 때로는 서로 함께 그 세계를 직관하고 상이하게 표상하며 판단에 적합하게 숙고하고 가치를 평가하며 의지와 실행에서 목적에 적합하게 형성하며 ─ 그럭저럭 살아가는 개인의 공동체화된 삶이다. 이러한 세계는 그 개인과 우리 인간에게 언제나 완전히 자명하며 우리 모두에게 공통적인 환경세계로서 ─ 자명하게 거기에 ─ 현존한다. 그 세계는 실제로 완전히 직접적이며 자유롭게 활동해 확장할 수 있는 세계이며, 경험 속에 직접 붙잡을 수 있고 볼 수 있는 세계다. 그 세계는 단순히 사물과 생물 ─ 동물과 인간을 포함해 ─ 뿐 아니라 모든 종류의 공동체, 사회제도, 예술작품, 문화형성물을 포괄한다.

우리의 개별적 활동이나 공동체 활동에서 의미와 형태를 획득한 것은 무엇이든 즉시 세계에 함께 속한다. 그것은 적어도 원리적 가능성에 따라 모든 사람이 접근할 수 있는 현존재의 존립요소다. 그래서 우리가 새로운 가능한 활동 속에 편입시킬 수 있다. 우리 인간 자신은 세계를 경험하고 인식하며 가치를 평가하며 행위하는 주체(Subjekt)인 동시에 우리가 경험하고 가치를 평가하며 행위하는 작용의 바로 그 객체로서 세계의 객체(Weltobjekt)다. 특히 이론적 관심에 몰두하면서 그 속에 실제적이거나 가능한 각각의 모든 세계를 포괄하는 학문적 주체로서 우리는 개별적 작업이나 공동체화된 작업에서 학문을 만들어낸다. 이론으로서 학문은 세계 전체를 포괄하며, 인간의 형성물로서 학문 그 자체는 그 세계에 속한다.

이 모든 것은 자연적 태도 속에 수행되고 이해된다. 자연적 태도는 인류의 삶이 총체적으로 자연적-실천적으로 경과해 수행하는 형식이다. 그것은 수천 년에 걸쳐 바로 학문과 철학에서 전환해야 할 독특한 동기부여가 일어나기까지 유일한 형식이었다. 이러한 자연성에 특징적인 것은 모든 질문 바깥에 남아 있고 자연적으로 활동하는 모든 삶에 어디에서나 그 자신의 의미가 지닌 본질에 적합하게 속하는 것으로서 함께 기초가 되는 가정(Voraussetzung) 속에 나타난다. 여기에서 중요한 것은 바로 이러한 자연성을 통해 절대적으로 자명한 것, 그 때문에 자연적으로 태도를 취한 자에게도 은폐된 것이다. 그것은 다음과 같이 정식화된다.

과거나 미래에도 마찬가지로 우리의 깨어있는 삶은, 실재성의 전체인 '바로 그' 세계를 언제나 경험하고 경험할 수 있다. 물론 우리의 경험작용은 언제나 불완전하며 불완전하게 남아 있다. 이 경험작용에서 우리는 세계에 대해 단지 단편적 부분만 파악하고 심지어 이것도 그 측면에 관해서만 파악하는 반면, 다른 측면들은 결코 궁극적으로 타당한 적합성에서 파악하지 못한다. 확실히 우리는 수동성에서 경험작용에 그것이 경과하는 것을 허용하는 대신 경험하는 능동성에서 세계에 알려지지 않은 먼 곳으로 파고들어 가거나 이미 경험된 것을 항상 더 완전하게 경험으로 이끌 수 있다.

그러나 실제로 완전한 경험작용은 불가능하다. 왜냐하면 전진해가는 데는 원리적으로 어떠한 한계도 정립되지 않기 때문이다. 사물, 사물의 측면, 실재적 속성 가운데 아무것도 세계에 속하지 않으며, 그것이 경험되듯이, 궁극적으로 타당하게 주어진 것이다. 기껏해야 그것은 그때그때 실천적 삶의 목적에 우리를 만족시킬 뿐이다. 그렇지만 이렇게 잘 알려진 자명한 불완전함이 우리가 경험을 통해 세계 자체를 알게 된다는 확신과 경험은 우리에게 실재적 현존재를 근원적으로 입증해준다는 확신을 방해하지 않는다.

그럼에도 우리가 확신하듯이, 이제 극복할 수 없는 다른 불완전함을 고려하기 위해 '임의의 경험이 아니라 일치하는 경험이 입증해준다'고 더 정확하게 말해야 한다. 경험은 실로 불일치할 수도 있고, 우리를 의심과 착각 속에 빠트릴 수도 있다. 하지만 모든 경우에 일치함, 즉 궁극적으로 경험의 전체성에 지속하는 일치함을 수립하는 것이 가능하며, 오직 이 속에서만 현존하는 세계 자체에 대한 시종일관 지속하는 의심할 여지 없는 앎이 수행된다.

이때 우리의 연속적 경험을 통해 끊임없이 미리 주어진 이 세계는 계속 판정될 수 있고 이에 상응하는 이론으로-통찰해 판단하는 방식의 방법으로 ── 다른 한편 실천적 이성 속에 목적에 맞게 활동하며 형성될 수 있듯이 ── 그 객관적인 이론적 진리로 인식될 수 있다. 우리는 통찰적인 이론화(理論化)의 조건에 관해 학문적으로 숙고하는 가운데 방법을 형성한다. 우리는 방법의 아프리오리한 원리, 이성적 방법 일반의 본질조건을 탐구하며 '논리학'이라는 명칭으로 획득한다. 하지만 다른 한편 탐구하는 주관성은 모든 특별한 실재성의 학문에서 그 특수한 경험논리의(erfahrungslogisch)[10] 방법을 그 자체로 형성한다. 우리가 이러한 방식으로 순수하게 주관적으로, 우리 속에 또한 우리의 '통찰적인' 사유 속에 실제적이거나 가능한 경험에 근거해 산출한 것은 우리가 세계를 인식하는 규범 ── 세계가 그 자체에서 그 자체만으로 존재하듯이 세계 자체에 대한 진리의 규범 ── 으로서 이바지한다. 왜냐하면 우리가 살아 있든 죽든, 또는 세계를 인식

---

10) 전통적으로 '경험'과 '이성'(논리)은 대립된 개념이지만, 후설은 여기에서처럼 종종 이 둘을 결합해 사용한다. 그것은 '선술어적' '선험적 경험' '경험의 논리 이전의 이성' 등으로도 표현되는데, 이것은 경험의 자료를 단순히 추론하는 것이 아니라, 경험의 근거에 놓여 있는 실재의 본질, 즉 다양한 경험의 의미와 본질을 이성 속에 정초하려는 선험적 탐구이자 근본적 경험주의로서 인식의 고고학(考古學)이라 할 수 있다. 후설에서 이성은 칸트처럼 감성이나 오성과 구별되거나 이론이성과 실천이성으로 구분되는 것이 아니며 기술적 도구적 이성에 그치지 않고 언제나 이론과 실천, 가치설정을 포괄하는 '보편적 이성'(순수 자아)이자 지각, 기억, 판단, 사고, 평가를 수행하는 자아의 총체적 활동의 주체다. 그것은 무의식까지 포함한 생생한 역사성과 구체적 사회성을 띤 끊임없는 의식의 흐름으로서 선험적 상호주관성이다.

하든 인식하지 않든 세계는 자명하게 세계가 존재하는 그대로〔본질로서〕그 자체에서 그 자체만으로 존재하기 때문이다.

그러므로 세계 자체 또는 세계 자체에 대해 타당한 진리와 우리의 인식작용 및 인식형성물 사이에 조화가 의문의 여지없이 존재한다. 달리 표현하면, 의문의 여지없이 우리의 인식은 세계 자체를 '겨냥해 있다.' 우리의 이론적 인식이 그것을 실행하는 것은 우리의 경험이 자신의 방식에서 그것을 실행하는 것을 가정한다. 그러나 이러한 경험이 일치하는 것으로 형성되어 자신의 객관적 권리를 지닌다는 것은 의문의 여지없이 자명한 일이다.

방금 전에 결코 형성되지 않은 '가정'으로 명확하게 한계지어진 것은 모든 '실증적'(positiv)[11] 학문에 기초가 된다. 또한 이에 상응해 제한되며, 그밖에 모든 자연적 삶과 활동에도 마찬가지로 기초가 된다. 실증적 학문은 그 근본토대 위에 자신의 특성을 발휘한다. '실증적' 학문이 될 수 있게 하는 원리적 '가정'으로서, 이 가정은 그 학문 속에 그 어떤 실증적 물음의 주제로서 결코 등장할 수 없다. 실로 그러한 물음을 정식화하는 것은 '자연적으로' 또는 '실증적으로' 태도를 취한 사람에게 거꾸로 된 것으로 나타나지 않는다면 이상한 것으로 나타날 것이다.

모든 실증적 물음은 세계가 생생한 경험 속에 자명하게 미리 주어진 테두리와 이 테두리 위에 구축된 그 이상의 자명함 안에서 움직인다. 그러므로 그 물음은 언제나 '이렇게 경험되고 진행해가면서 경험될 수 있는 세계가 어떻게 개별적 실재성, 그 속성, 관계, 법칙에 따라 참으로 규정될 수 있는지'만을 겨냥한다. 특히 '그 세계가 우리의

---

11) 이 용어에는 '긍정적'이라는 의미뿐 아니라 이와 다소 뉘앙스가 다른 '실증적'이라는 의미도 있는데, 문맥상 적합하지 않거나 어색할 경우 이외에는 주로 '실증적'으로 옮긴다.

인식을 '단순히 주관적으로' 나타나는 방식의 상대성에 독립적으로 만드는 '객관적' 진리 속에 어떻게 규정될 수 있는지'만을 겨냥한다. 마찬가지로 외적으로 활발한 삶의 모든 실천적 물음은 '주어진 세계가 어떻게 그 목적에 따라 실천적 이성 속에 형성될 수 있는지'를 겨냥한다.[12]

자연적 삶과 특히 자연적-학문적 인식의 본질형식 속에 포함된 이 '가정'이 '의문시'될 수 있고 '의문시'되어야 한다는 생각은 여기에서 당연하게 여길 수 있다. 그렇다면 이것으로써 이러한 삶 본래의 권리를 결코 손상시키지 않을 것이다. 자연적-합리적 삶의 활동──자연적 경험과 일치해 계속 진행하는 가운데 이 경험의 자기입증, 이성의 자연적 방법 속에 자연적 사유(가치, 활발한 노력 같은 것도), 그래서 자연적 학문──에 대항해 회의적 이율배반의 시합을 하거나 그것을 어떤 방식으로 비방할 의도는 우리에게 전혀 없다. 미리 단호하게 강조하면, 진정한 선험철학은 흄의 선험철학과 같지 않다. 노골적이든 은밀하든 세계에 대한 인식과 세계 자체를 허구(虛構)로 회의적

---

12) 가정(Voraussetzung)은 전제(Prämisse)를 뜻하지 않는다.
  '가정'(우리는 이 말을 아무 이유 없이 인용부호 속에 넣지 않는다)은 물론 본래의 표현이 아니다. 왜냐하면 우리가 그렇게 나타낸 것은 구체적 특수성에서 자연적 삶 자체의 모든 행사(Aktus) 속에 놓여 있는 것의 보편적 파악이기 때문이다. 경험하는 모든 작용에는 '이러저러한 실재적인 것이 거기에 있다.'는 것이 포함되어 있고, 새로운 경험을 동일한 것에 연결하는 모든 것에는 '동일한 것이 거기에 있다'가 포함되어 있다. 이전에 경험되었던 것은 오직 지금 그것이 존재하는 그 이후의 국면에서 파악된다. 그리고 내가 그사이에 완전히 다른 것을 경험한 동안 그 중간 시간에 그것은 경험되지 않았다. 경험에 기초지어진 작용에도 유사하게 그렇다. 그러므로 우리는 '가정'이라는 명칭 아래 자연적 삶 그 자체가──그 의미가 언젠가 밝혀지지 않고도 그 모든 확신의 형식으로──줄곧 자체 속에 지니는 자연적 삶의 보편적 의미를 기술한다.──후설의 주.

으로 분해시키는 것 — 따라서 현대적으로 말하면 '마치(Als ob)의 철학' — 이 아니다. 그 선험철학은 세계를 — 여전히 그 어떤 이치에 맞는 의미에서 가상(假象)과 관계가 있을 — '단순히 주관적 나타남'으로 '해소시키는 것'이 결코 아니다. 선험철학에서는 경험의 세계를 적어도 부정하는 일, 그 세계가 경험의 현실 속에 실제로 있으며 그 세계와 일치하는 가운데 의심할 여지 없는 정당성에서 입증되는 **바로** 그 의미에 최소한의 것도 그 세계에서 제거하지 않는다. 또한 실증적 학문의 객관적 진리에서 그 학문이 현실에서 그 자연적-자명한 방법론을 실제로 만들어내고 정당하게 타당한 것으로 자체 속에 지니는 그 의미에 최소한 것도 제거하지 않는다.

그러나 물론 선험철학은 이러한 정당함의 의미가 — 이 의미가 그러한 현실에서 생기듯이 — 그것으로써 결코 이해되지 않았다고 여긴다. 선험철학은 자연적 인식에서 의심할 여지 없는 것, 즉 그 소박한 명증성에서 타당한 것의 '자명함'은 가장 근본적인 질문과 해명을 통해 생긴 통찰이 이해할 수 있는 것이 아니라고 여긴다. 또한 그 원리적 방식에 대해 심문되지 않았고 그래서 해결되지 않은 물음이 전혀 남아 있지 않은 — 본질에 적합하기 때문에 모든 인식의 주제 일반에 불가분하게 포함되는 — 그 최상의 궁극적으로 필연적인 의심할 여지가 없는 것이 아니라고 주장한다.

선험철학의 의도 전체는 궁극적으로 방금 전에 논의된 그 원리적 자명함(그밖에 이 자명함과 본질상 유사한 모든 것)으로 소급해간다. 이 자명함 속에 선험철학은 세계와 세계에 대한 인식(또는 이것을 필연적으로 확장해보면, 그 인식과 관련해 '그 자체로' 존재하는 것으로서, '진리 그 자체'에 대한 기체로서 비내실적 대상성도 포함해 모든 대상성 일반)의 가장 깊고도 가장 어려운 문제를 살펴본다. 선험철학은 다음과 같이 주장한다.

확실히 세계의 '그-자체의-존재'(An-sich-sein)는 의심할 여지 없는 사실(Tatsache)이다. 그렇지만 '의심할 여지 없는 사실'은 자연적으로 잘 정초된 우리의 진술일 뿐이다. 더 정확하게 말하면, 실제적이거나 가능한 우리의 경험작용 속에 경험된 것, 우리가 지닌 경험논리의 사유 속에 사유된 것과 이해된 것에 근거한 우리가 진술하는 내용이다. 어디에서와 마찬가지로 우리가 그 어떤 것을 주장하며 그것을 정당하게 존재하는 것으로, '진리 그 자체'의 주제로서 정초하는 여기에서도 그렇다. 진술된 것, 정초된 것, 이해된 것, 요컨대 인식된 것을 길어내지 않았는가? 본질에 적합하게 인식할 수 있는 것이 인식에서, 즉 어쨌든 의식의 그 모든 단계에서 주관적 체험작용인 그 자신의 본질에서 자신의 의미를 길어내지 않았는가? 그것이 내용으로서 어떤 것에 '관계되더라도', 이때 '내용'이라는 이 말이 어떤 의미를 가정하더라도, 이렇게 관계짓는 것은 의식 자체에서 실행되지 않고, 따라서 그 내용은 의식 자체 속에 포함되어 있지 않은가? 그러나 그것이 우리에게 우리 자신의 인식의 작업수행 속에 주관적으로 또는 상호주관적으로 형성된 의미 —그 의미에서만 생각해볼 수 있는 '참된 존재'라는 성격을 자연적으로 포함한— 일 뿐이고 결코 다른 것일 수 없다면, '세계의 그 자체의 존재'는 이제 어떻게 이해되어야 하는가?

결국 이러한 물음의 기체가 이해된다면, 어떤 방식의 세계에 대한 철학적 고찰이 대체로 여전히 가능할 수 있지 않은가? 그것은 마치 '그 자체로 존재하는 세계'에 대한 논의가 정당한 의미 —인식에서 의미의 형성물, 즉 다양한 작용들에서 구체적으로 통찰하게 인식하는 의식에 종합적으로 형성된 의미와는 여전히 완전히 다를 의미— 를 지닐 수 있음을 의미한다. 마치 그 의미가 '형이상학적' 인과성에 의한 '초월적' 규제를 통해 주관성 속에 들어가 작동된 '인식의 상

(像)'으로서 '단순한 주관적' 인식의 형성물과 결부될 수 있을 '형이 상학적 초재(超在)'를 뜻할 수 있음을 의미하기도 한다. 그렇게 실행하는 고찰인 것이다. 그것은 의식의 의미부여(Sinngebung)에서 모든 의미의 근원적 터전에서 찢겨 떨어져버린 의미, 곧 난센스(Unsinn)가 아닌가?

그렇지만 답변을 예견하고 물음을 던져서는 안 된다. 다만 미리 한 가지는 분명하다. 즉 그와 같은 모든 물음에 실제로 답변하고 인식된 존재와 인식하는 의식의 관계를 실제로 이해시켜주는 오직 하나의 방법만 존재할 수 있다. 우리는 인식하는 삶 자체를 그 자신이 지닌 본질의 작업수행 속에(당연히 구체적으로 완전한 의식 삶 일반의 더 이상의 테두리 속에) 연구해야 한다. '바로 의식이 그 자체 속에 그 본질방식에 적합하게 대상적 의미를 어떻게 구성하고 그 자체 속에 지니는지', '의식이 그 자체에서 '그 자체로' 존재하는 것으로서, 참된 존재와 진리 '그 자체'로서 그렇게 구성된 의미를 발견하기 위해 그 자체에서 '참된' 의미를 어떻게 구성하는지'를 주시해야 한다.

3) 선험적 경험의 영역을 개척함

a) 순수한 주관적 의식과 상호주관적 의식

이로써 우리는 결정적인 지점 앞에 서 있다. 그것은 자연적 사유방식 전체를 전환할 필연성이다. 더 깊게 이해하기 위해 몇 가지 단계를 준비하자.

나는 내가 존재하는 그대로 존재하며, 우리는 개인적으로 또는 상호주관적으로 공동체화된 많은 형태의 의식 삶의 주체로서 우리가 존재하는 그대로 존재한다. '사유하는 존재'(sum cogitans)인 나는 내가 보고 듣고 그 밖의 어떤 방식으로 '외적으로' 지각하거나 나 자신에 소급해 관련되어 지각하고 기억하며 예상하는 동안 존재한다. 내가 상(像)이나 비유 또는 기호를 통해 어떤 것을 현전화하고 허구로 날조하는 상상 속에 어떤 것을 눈앞에 아른거리게 하는 동안에도 존재하고, 내가 통합하거나 분리하고 비교하거나 일반화하고 진술하면서 판단하고 이론화할 때도 존재한다. 또는 내가 심정의 방식으로 좋아하거나 싫어하고 기뻐하거나 슬퍼하고 소망이나 공포에 이끌리며 실천적으로 결단하고 실현하면서 행위하는 동안에도 '사유하는 존재'인 나는 존재한다. 이 모든 것은 상호주관적 의식의 작용을 통해 공동체화된 우리가 그 속에 '살아가고 활동하며 존재하는' 연속적 통일의 대열 속에 흘러들어가는 '의식'의 특수한 형태에 대한 예(例)의 유형이다. 명백히 모든 의식의 독특한 본질에 폐기할 수 없게 속한 이 가장 보편적인 특성은 의식은 무엇에 대한(von etwas), '대상적인 것'에 대한 의식이라는 점, 즉 더 자세하게 이해할 수 있듯이, 의식의 특별한 형태에 따라서 변화하는 양상 속에 의식된 것이라는 점이다. 그러므로 의식과—이에 속한 방식(Wie)에서—의식된 것은 불가분한 것이다.

마찬가지로 여기에는 다양한 의식 속에 살아가는 내가 필연적으로 나 자신을 함께 의식하고 이러한 의식 자체를 의식한다는 점도 불가분하게 포함되어 있다. 그렇지만 의식(의식해 가짐)이 곧바로 '주목하는 시선을 겨냥했던 의식된 것을 파악한다'를 뜻하지 않는다는 사실을 처음부터 알아차려야 한다. 그러나 나의 '시야'에 이미 있지 않고 더 넓은 의미에서 이미 의식되지 않은 것은 나를 '촉발시킬' 수 없고 나는 그것에 주의를 기울일 수 없다. 나는 언제든 자유롭게 그때그때 곧바로 파악된 것에서 시선을 함께 의식된 것으로 전환한다. 또한 마찬가지로 나의 의식체험, 그 체험의 '내실적'이거나 '관념적' 존립요소—그때그때 의식의 시선 속에 있는 '대상적인 것'이 나에게 의식되는 여러 가지 주어지는 방식을 포함해—로 시선을 전환한다.

여기에서 '대상적인 것'(Gegenständliches)이 뜻하는 것은 그때그때 의식의 대상적인 것으로서, 순수하게 그러한 것으로서 받아들이는 것이다. 그것은 명백히 비자립적 계기다. 의식 속에 의식된 모든 것은 이 의식이 곧바로 그때그때 '뜻하는' 그 어떤 규정의 내용을 필연적으로 지닌다. 이렇게 파악된 그 대상적인 것 ─ 판명하게하기 위해 우리는 이것을 '대상적 의미'라 부른다 ─ 은, 이것이 필연적으로 다양한 타당성 성격 속에 등장하는 한, 비자립적이다. 그것은 전적으로 존재하지만, 의심스러운 것, 추정적인 것, 단순히 가능한 것, 존재하지 않는 것, 불가능한 것 또한 아름다운 것, 좋은 것 등으로 의식된다. 총체적으로 이것들은 그 자체로 실제성(정립성)과 허구(유사-정립성)의 대립에 따라 분열되는 성격이다. 대상적인 것이 그때그때 얽혀 있는 논리적 형식이 변화하는 것도 지적되어야 할 것이다. 그런데 그 형식은 본래 파악하고 판단하며 술어화하는 의식의 단계 이전에 이미 원초적인 형태로 등장한다. 앞에서 언급한 것뿐 아니라 그밖에 여전히 제시할 수 있거나 ─ 그때그때 구체적 의식체험 속에 의식된 것에 속하는 ─ 완전히 다른 종류의 그 양상의 방식(Wie) 속에 의식된 모든 것(모든 '대상적 의미')은 동시에 다시 어떤 대상으로서 파악하는 것이다. 이때 우리는 다시, 물론 이전의 의식에 종합적으로 연결된 의식작용에 근거하긴 하지만 변화하는 양상의 핵심으로서 대상적 의미를 지닌다. 예를 들어 그 어떤 것이 '존재하지 않는' 양상으로 의식된다면, 이것에서 이제 존재하는 비존재(Nichtsein) 또는 확신이 변화된다. 그 가운데 추정적이거나 개연적인 비존재 그리고 존재하지 않는 비존재 등이 된다.

우리는 의식의 의식된 것 그 자체를 주제로 삼지 않는 통상적으로 판단하는 논의의 의미에서 '대상 그 자체'는 실제로 존재하는 대상,

즉 판단하는 자에게 존재하는 실제성으로 간주되는 '대상'까지를 뜻한다는 사실을 알아차려야 한다. 이러한 문장에서 ── 바로 그 문장 마지막 부분에서 의식된 것 그 자체를 뜻했기 때문에 ── '대상'이라는 말은 명백히 애매해진다. '대상적 의미'와 '대상 그 자체'의 구별은 애매함을 제거한다. 문서에서 더 간단한 표현방식인 '대상'(인용부호 속의)과 대상(인용부호 없는)의 구별도 마찬가지다. 그런데 지배적인 판단의 경향에 적합하게 대상은 실재적인 것(Reales)까지, 만약 불가결한 가장 보편적인 대상이라는 개념을 순수하게 유지하고 그래서 우리가 바로 그것을 뜻하는 곳에서 실재적인 것에 대해 명백하게 이야기하는 것을 염두에 두지 않는다면 우리가 구별한 것 자체를 애매하게 만들 세계의 대상까지 뜻한다.

이제 의식된 것을 의식된 것으로, 그 방식에서 대상적 의미를 이 방식에서 중요한 새로운 차원에 따라 보는 것을 배워야 한다. 이를 위해 의식 삶의 (본래 완전한 의미에서 비로소 구체적인) 흐름 속에서 구체적 개별성인 의식체험의 몇 가지 근본유형에 주목해보자. 그 근본유형은 우리가 그것 속에 또는 그것에서, 그 자신의 본질 속에 또는 그 본질에 적합하게 발견하는 것, 따라서 그것에서 분리될 수 없는 것에 따라 순수하게 고찰되어야 한다.

지각을 고찰해보자. 그 말을 완전히 가장 보편적인(물론 관용적이지 않은) 의미에서 받아들이면, 지각은 우리에게 존재하는 것을 존재하는 것으로서 의식하게 하거나 완전히 근원적인 그 자체로서 의식하게 해주는 의식의 방식(Art)이다. '대상'은 '그 자신의 존재(Sein)와 그렇게 존재함(Sosein)'의 양상으로 있고, 의식의 시선 속에 있는 '원본적인 그 자체'다. 지각작용이 주목하는(알아차리는, 파악하는) 양상을 띠는 곳에서 대상은 이른바 이렇게 '생생하게-거기에-존재하는'이라는 성격으로 파악되고, 그 지각작용 자체에서부터 명백히 그러한 성격을 지닌다. 만약 더 제한된 명백한 의미에서 지각을 실재성에 대한 지각이라는 공통의 의미로 받아들이면, 따라서 그 지각은 존재하는 실재성과 실제로 존재하는 것으로서 '그' 세계를 근원적으로 우리에게 의식하게 해준다. 실제적이거나 가능한 그와 같은 모든 지각을 삭제하는 것은 우리의 의식 삶 전체에서 대상적 의미로서 또한 우리에게 타당한 실제성으로서 세계를 끌어내 치워버리는 것을 뜻한다. 또한 세계에 대한 모든 생각(이러한 말의 모든 의미에서)에서 근원적 의미의 토대와 정당성의 토대를 끌어내 치워버리는 것을 뜻한다. 그 자체만으로 고찰해보면 개별적 지각은 그 어떤 사물성(Dinglichkeit)에 대한 의식이다. 완전히 구체적으로 말하면 그 사물성에 소속된 지각의 지평에 의한 세계에 대한 지각이다.

그때그때 지각이 그 자체에서 세계를 다양한 직관적 징표 속에, 게다가 생생한 현재에 현존하는 것으로 의식하게 해주는 사실을 엄밀하게 유의해보자. 그렇게 의식하게 해주는 것은 이른바 지각으로서 지각에 본질상 독특한 의식의 작업수행이다. 실재성에 대한 지각과 이것이 지각된 것을 더 자세하게 주목하면, 여기에서 그것의 고유한 본질에 속하는 많은 것(시각 등)을 여전히 발견할 수 있을 것이다.

의식 삶의 유형적 형태에서 다른 것은 **기억**이다. 기억 자체에는 의식해 갖고(Bewußthaben) 의식하게 해주는(Bewußtmachen) 새로운 방식으로서 과거에 존재한 시간의 양상 속에 ─ 과거에 존재한 것 속에 포함된 ─ 나에 의해 지각되어 존재했던 것이 놓여 있다.

그래서 우리가 지금 그 예로서 기호나 상징의 표상작용, 보편성의식, 술어적 판단작용과 추론작용, 가정해 정립함, 가능한 것으로 또는 개연적인 것으로 간주함, 긍정함이나 부정함, 그 밖의 무엇이든 받아들이고 싶더라도 의식의 모든 새로운 종류의 방식은 그 방식과 분리할 수 없는 대상적 의미로서 그 '의식의 대상'을 그 자체에 지닌다. 예를 들어 이 대상은 무엇에 대한 기호, 묘사, 개별적인 것의 보편자, 원인이나 결과, 가정 등으로서 ─ 그렇지만 이 경우 단적으로 존재하는 것 또는 가능하게, 추정으로, 의심스러운, 무효한 등으로서도 ─ 의식의 방식과 의식의 특수성에 따라서 그것이 변화하는 의미의 양상을 띤다.

의식을 연결하는 영역에 더 주목해보자. 의식에서 다른 의식 ─ 가령 어떤 지각에서 계속된 지각, 기억, 예상, 사유작용, 또는 가치를 평가하거나 그 밖의 의식 ─ 으로 이행하는 가운데 개별적 의식작용들은 개별화되어 남아 있지 않고 단순히 서로 잇달아(Nacheinander) 있다. 그 의식작용들은 연결되어 나타난다. 그와 같은 모든 연결은 그 자체로 다시 자신의 새로운 '종합적' 의미의 작업수행을 하는 하나의 의식이다. 무엇보다 우리가 의식이 이행하는 가운데 아무리 상이한 종류의 작용들이 연결되더라도 언제나 '하나의 동일한 것'을 의식할 때 그러하다.

이때 그것이 실행되는 만큼 점차 규정되는 이 동일한 것은 계속 연결되는 일련의 의식의 통일체 속에 구축된 의미형태의 통일체일 뿐이다. 서로 잇달아 이어지거나 어쩌면 연속적으로 뒤섞여 이행하는 개별적 작용들 ─ 그 각각의 대상은 자신의 본질(Was)과 방식(Wie) 속에, 그 조망과 이 속에 제시되는 징표 속에, 그 공허한 지평이나 그 밖의 주관적 양상 속에 의식된다 ─ 을 동일하게 확인해 연결한다. 그렇게함으로써 개별적 방식으로 그 작용들 속에 포함된 의미는 계속 진행되는 가운데 항상 양상으로 변화되는 유일한 의미, 즉 점차 풍부하게 규정되는 동일한 것으로서 이 모든 작용의 의미의 작업수행을 '통합하는' 하나인 '대상'을 구성한다. 그리고 어떤 대상의 통일체 ─ 즉 나타남의 방식과 나타나는 징표, 그 의미가 변화하는 가운데 그 동일성 ─ 에 대한 모든 논의는 이것에서 자명해진다. 더 나아가 이 경우 경험하는 의식이 철저하게 일치하는 연속성 속에 진행된다면, '맞아!' '사실이야!'는 다시 합치하는 의식의 이러한 방식으로 스스로를 의식하게 해주는 의미의 형태다. 마찬가지로 만약 일치함이 깨진다면, 내적으로 충돌하는 새로운 종합적 의식의 유형 속에서 '틀려!' '의심쩍어!' 또는 '무효야!'라고 의식하게 된다.

개념적 **사유작용**과 지금껏 매우 높이 발전된 '이론적' 작용을 종합하는 경우도 다르지 않다. 이 작용 자체에서는 개념들과 개념의 형식들, 판단들과 판단의 형식들이 형성된다. 이론적 사유의 과정이 진정한 정초로서 완성된 통찰 속에 진행되고 명증한 진리 속에 한정된다면, 이러한 종합적 의식의 능동성 자체의 통일성에는 그 '내재' 속에 생긴 정신의 형성물로서 정초하는 이론이 있다. 이 이론의 정립은 '정초된 진리'라는 다시 순수하게 내재적으로 생긴 의식의 성격을 지닌다. 그렇지만 이러한 진리가 '관계되는' 참된 존재, 예를 들어 물리적 존재는 당연히 그 자체로 다시 의식의 연관 속에 있다. 이 연관은 그 존재를 그 자체에서 처음에 이미 이론 이전의 표상 속에 확실히 존재하는 것으로 표상에 적합하게 구성했으며 그 존재를 이론적 사유 속에 인식의 표적으로 삼았고, 통찰해 술어화하는 일련의 통일적 인식 속에 방법적으로 계속 진행해가면서 그 존재를 이론적 진리로 규정한다.

자신이나 타자의 '반복된' 논증을 종합적으로 연결하는 가운데 진리와 참된 존재는 의식에 적합하게 동일한 것으로 구성된다. 하나의 의식을 계속 연결하는 가운데 논증을 반복하고 동일한 진리를 통찰 속에 '원본적으로' 회복'할 수 있는' 실천적 자유는 인식의 영역 속에 그 자체로 존재하는 것이다. 이는 실천적으로 항상 접근할 수 있는 것으로서 진리의 존재성격이다. 마찬가지로 진리의 성격은 논증을 모든 시간위치에서 또한 공동체 속에서 우리와 함께 직관적으로 생각할 수 있는 **모든 사람**이 완전히 수행된 것으로 생각할 수 있게 통찰할 가능성의 의식 속에 초(超)시간적이며 우연적인 모든 인식의 주체를 넘어서는 것으로서 ─ 그래서 일반적으로 진리 '그 자체'로서 ─ 생긴다.

만약 완전히 오직 실제적이거나 가능한 그 모든 형태 ─ 개별적 형태와 종합적 형태 ─ 에 따라 주관적이고 상호주관적인 의식만 추구하고 완전히 오직 시선을 의식 그 자체에서 그 자체에만 속하는 것에 향하는 철저한 일관성으로 이러한 고찰방식에 시종일관 남아 있다면, 우리는 이미 **선험적 태도** 속에 있다. 이때 자연적 사유방식이 전환된다. 이러한 태도에 근본상 본질적인 것은 이러한 특성을 완전히 알고 있고 이 특성 속에서도 굴절되지 않는 일관성으로 원하고 실현한 순수한 의식고찰의 근본주의와 보편성에 있다. 왜냐하면 이러한 고찰방식을 통해서만 순수 의식은 그 자체 속에 절대적으로 완결된 순수 주관적 존재의 영역으로서 인식 속에 나타나고, 그것의 순수한 내재적 연관, 능력, 의미의 구조와 더불어 모든 '실증적' 학문에 대립된 ─ 이 실증적 학문의 명제에 원리상 의존하지 않는 독특한 학문인 ─ 선험철학의 영역으로 되기 때문이다.

따라서 선험적 태도의 '근본주의'는 완전히 의식 ─ 그 순수한 고유의 본질성에서 의식 ─ 만 직관적 자기파악과 이론적 인식으로 이끌 확고한 결심을 요구한다. 이때 의식은 순수하게 그 자체만으로 존재하고 순수하게 그 자체 속에 완결된 주관성이 되는데 이렇게 완전히 구체화된 그 의식은 그 주관성 속에 내실적이거나 지향적인 계기에서 종합, 중심화(Zentrierung)가 포함된 각각의 모든 것에 따라 그 주관성 속에 또한 그 주관성에서 자신의 본질과 불가분한 것으로서 직관적이며 이론적으로 제시될 수 있다. 이때 그 근본주의는 자명하게 의식이 아닌 것과 자연적 확신이나 학문적 확신 ─ 심리학적이나 철학적 확신, 정당한 확신이나 잘못된 확신——에 의해 의식과 엮인 것이다. 의식에 선정된 것에 대한 모든 종류의 함께 생각함(Mitmeinung)을 철저하게 배제하는 것에 배려할 것을 요구한다.

이것은 물론 실제로 실행된 것보다, 그 효력범위 전체와 실로 그 참된 의미를 이해하는 가운데 실행된 것보다 더 쉽게 말하고 원한 것이다.

처음부터 순수하게 그 자체 속에 완결되고 그 자신의 순수한 의식삶 속에 '나는 생각한다'의 자기반성(Selbstreflexion)을 통해 자기 자신을 직관적으로 장악하는 주관성의 이념은 특별히 놀랄 만한 것이 아니다. 오히려 데카르트의 시대 이래 예전부터 잘 알려진 것이다. 그런 다음 이론에 맞춰 경험을 분석하고 경험을 기술하는 이념은 처음에는 직접적인 심리학적 자기경험에서, 그런 다음 (감정이입을 통해) 타자경험에서 추구되었다. 아마 선험철학적 심리학주의에 맞선 투쟁과 선험적 의식에 대한 학문을 심리학으로 대체하는 것에 맞선 투쟁은 '심리학적 통각의 의미에서 의식이 곧 여기에서 문제 삼는 의미에서 순수한 의식이 아니라는' 점에 그 정당성의 원리적 뿌리가 있을 것이다. 따라서 우리는 선험적 태도가, 비록 그 자신의 본질성에서 그 자체로 의식을 겨냥해 성공한 태도이며 우리의 단순한 의미에서 선험적——순수하게 의식의 이론적——인 이론적 성과로 이끈다 하더라도 여전히 참된 선험적-학문적 태도이자 선험적-**철학적** 태도로 간주될 수 없다는 사실을 예견한다. 즉 특별한 방법적 성찰이 문제 삼는 순수함을 요구하는 의미와 정당성을 더 깊게 해명하지 못하고 학문적으로 정당화된 방법이 선험적 경험——'순수한' 의식 일반에 대한 명증한 자기파악——을 실행하는 것을 보장하지 못하며 그래서 엄밀한 학문으로서 선험철학을 근원적으로 정초하는 길을 개척하지 못하는 한, 그러한 사실을 예견한다.

이것에 의해 제기된 요구를 새로운 현상학은 '현상학적 환원'이라는 명칭 아래 이미 만족시켰다. 이러한 방법을 발전시키는 것이 쉽지 않고 단지 약간의 상세한 점에서만 이해할 수 있는 몇 가지 고찰을 불가피하게 만들었기 때문에, 그 고찰을 하나의 독자적인 절(節)에서 다룰 것이다.

b) 선험적 본질탐구와 선험적 사실학문

처음부터 ― 다음의 해명과 그래서 심리학적 의식과 선험적으로 순수한 의식의 구별이 완전히 성공한 것을 전제한 ― 그 보편적 범위에서 선험적인 것에 대한 학문의 일정한 의미는 이른바 '형식으로' (in forma) 확정되었다. 그 학문이 전통 전체의 모든 '철학적' 과제를 포괄한다는 것이 나중에야 비로소 밝혀질 수 있다는 사실을 예견하고 있는 한, 그 학문을 곧바로 선험철학이라 부른다. 어쨌든 선험철학은 선험적 태도와 방법적으로 확보된 태도에서, 따라서 앞에서 시사한 그 철저한 배타성과 보편성에서 순수 주관성 일반과 이 속에서 가능한 모든 형태를 이론적으로 탐구한다. 그리고 항상 고유한 본질 방식과 본질법칙에 따라 그 학문에 당연히 주어지는 것과 그 학문이 가능한 의미의 작업수행과 이성의 작업수행 ― 참된 것, 진정한 것, 올바른 것이라는 다양한 명칭 아래 작업수행 ― 에서 실현시키는 것만 심문하는 학문일 뿐이다.

결국 이것으로써 순수 의식의 일반적으로 가능한 모든 형태뿐 아니라 가능한 모든 경험과 학문도 이 학문의 탐구범위에 포함되어야 한다는 사실을 명백히 말한 것이다. 이것들은 선험철학에서 탐구의 주제이지만, 결코 그 인식을 확정하는 것이 선험철학에서 전제로서 이바지할 수 있을 논리적으로 기초지어진 인식은 아니다. 따라서 이와 상관적으로 선험철학은 세계와 가능한 모든 세계에 관계한다. 또한 실제성이나 가능성에서 미리 주어진 단적으로 존재하는 세계가 아니라 이성적 주관성의 삶과 활동 속에서 내재적으로 밝혀지는 일치함과 진리의 형태로서 세계에도 관계한다.

이 경우 당연히 수행될 수 있는 선험적 탐구에 관해 순수 **가능성**의 우주와 **사실**(Faktum)이 분리된다. 사실적 의식 삶, 즉 그 선험적인 상호주관적 내재 속에 보편적 의식 삶은 그것에서 표상에 적합하게 구성된 세계의 상관적 사실을 **자체** 속에 '현상'으로서 지닌다. 따라서 구체적으로 보면, 그것은 모든 선험적 사실성의 우주다. 그러한 우주는 가능한 '**선험적 경험**[13]'의 우주이며, 그에 상응하는 보편적 경험에 대한 이론의 과제를 세운다. 이러한 사실적 상관관계(Korrelation)는 ── 단순히 표상할 수 있는 것, '아프리오리한' 가능성이나 본질의 가능성으로서 ── 무한히 다른 가능성을 열어놓는 하나의 가능성으로 간주될 수 있다. **선험적 본질탐구**('형상적' 본질탐구)는 선험적 의식 일반 ── 이 속에서 이론 이전이나 이론으로 구성할 수 있는 '아프리오리하게' 가능한 세계를 포함해 ── 의 본질가능성에 대한 탐구다.

실로 우리는 그 테두리를 여전히 더 포착해야 한다. 우리에게 존재자 전체가 처음으로 제시되는 자연적으로 미리 주어진 세계에 대한 지배적 관심에서 우리는 그 세계에 대한 선험적 관심도 주목하지 못한 채 제한했다. 그러나 세계에 대한 선험적 고찰을 만족시키기 위해 실로 우리는 모든 제한에서 벗어나야 하고 '아프리오리하게' 가능한 의식 일반의 우주뿐 아니라 이 의식 속에서 구성할 수 있는 대상

---

13) 이것은 의식이 직접적으로 제시되는 대상의 핵심을 넘어서 함께 간접적으로 제시되는 것들을 통각으로 파악할 가능성과 과거에 건설한 습득성을 언제나 생생하게 복원할 수 있는 침전물에 대한 자기경험을 뜻한다. 요컨대 선험적 주관성(자아)이 선험적 태도에서 환원을 수행한 뒤에 드러나는 경험의 지평이다.

성 일반의 우주——이 경우 우리의 가장 넓은 대상개념은 순수한 수, 이념적인 것 등과 같은 실로 많은 이념적 대상성들을 포함해야 한다——도 선험적으로 탐구해야 한다는 것을 즉시 알게 된다.

그런데 형상적 학문은 그 자체로 어디에서나 사실학문에 선행하며, 사실학문을 '합리적' 이론 속에, 그래서 실로 자연적 학문 속에 이론적으로 최고의 형태를 만든다. 따라서 사실상 순수하게 그 자체만으로 정초할 수 있는 형상적 선험학문, 즉 선험적 주관성 일반에 대한 보편적 본질학문은 그 속에 '아프리오리하게' 가능한 모든 선험적 현상과 더불어 선행한다.

결국 가능한 선험적 주관성 일반이 가능한 단일의 주관성뿐 아니라 가능한 의사소통의 주관성으로 이해되어야 하며, 그 맨 위에는 다양한 개별적인 선험적 주관성이 순수하게 의식에 적합하게——따라서 가능한 상호주관적 의식의 작용을 통해——하나의 가능한 전체성 (Allheit)으로 합류되는 그러한 주관성으로 이해되어야 한다는 사실에 주의를 잘 기울여야 한다. 모든 공동체에서 벗어난 '독아론적' 주관성을 도대체 어디까지 생각할 수 있는지가 그 자체로 선험적 문제들 가운데 하나다.[14]

숙명적인 삶의 현실에서 현실적 이성의 주체로서 살아가는 우리는 바로 이러한 삶의 기능과 방법으로서 학문에 종사한다. 따라서 우리

---

14) 후설에서 '(선험적) 주관성'은 '(선험적) 상호주관성'이라는 점은 본문 26항의 옮긴이 주 14를 참조할 것.
    어쨌든 후설은 『이념들』제1권 이후 선험적 현상학은 전통적 의미에서 경험적 실재론에 대립된 합리적 관념론, 심지어 절대적 관념론이 결코 아니며 그의 '구성'도 존재의 창조가 아니라 그 의미의 해명이라는 점을 줄곧 강조해 밝혔지만, 일단 굳게 각인된 편견과 근거 없이 왜곡된 오해를 해소할 수 없었다. 그런데 이 문단만 제대로 읽어도 그러한 편견과 오해에서 근본적으로 온전하게 벗어날 수 있을 것이다.

의 관심은 사실적인 것에 있다. 그래서 계속된 결과 형상적 선험철학 (우리가 말하듯이, 선험적 현상학)은 **선험적 사실학문**에 대한 도구 또는 방법이다.

만약 우리가 여기에서 선험적 고찰의 근본주의가 생소하게 남아 있는 자연적 삶과 인식작용으로 돌이켜보면, 즉 자연적 삶과 인식작용은 자연적 경험의 토대 위에 세계를 돌이켜보면 이 세계와 관련해 '실증적' 사실학문을 지닌다. 그것은 순수한 가능성에 대한 자연적 태도의 토대 위에 사실학문의 실증적 방법에 도구로서 기능하는 (수학적 학문과 같은) 형상적 학문을 지니는 것이다. 무한한 자연적 지평이 어디까지 파고들어 가는지는 아무도 마주하지 않았다. 그러한 태도에서 원리적으로는 선험적으로 주어진 것과 이론에 마주할 수 있더라도, 실제적이거나 가능한 선험적 의식에도, '세계', 즉 선험적 의식의 지향적 형성물인 '가능한 세계'와 앞에서 나타낸 선험적 학문에도 마주하지 않았다.

그런데 선험적 의식이 어떻게 가능한 세계에 관계될 수 있는지, 도대체 어떤 의미에서 가능한 세계에 대해 이야기될 수 있는지, 어떤 의미에서 선험적인 것에 대한 보편적 학문—무엇보다 선험적 주체의 순수한 의식의 작업수행의 가능성에 본질을 직접 기술하는 것을 포함해 선험적인 형상적 현상학—은 자연적으로 주어지고 인식된 세계의 궁극적으로 참된 의미를 해석하게 소임을 받았는지, 마찬가지로 모든 실증적 학문과 이와 동일한 의미에서 모든 실증적('독단적') 철학을 비판하게 소임을 받았는지, 더구나 실로 실증적 학문과 철학에 대립해 그 자신의 태두리 안에서 모든 학문을 궁극적인 학문적 형태로 만들고 그 자체에서 철학의 가능한 모든 의미를 궁극적 형태로 실현하게 소임을 받았는지—이런 것들이 지금 끈질기게 제기되거나 드러난 문제다.

그럼에도 이러한 방향으로 한 걸음 더 내딛기 전에, 앞에서 말한 두 가지 사유방식의 구별을 더 충분히 확인해야 한다. 따라서 무엇보다 '순수한' 주관적인 것만 유일하게 인정하고 추구하는 주목할 만한 근본주의를 '순수 주관성'의 구체적으로 완결된 전체 속에 더 깊게 조명해야 할 것이다. 이미 (실증성의 우주 속에 결정된) 자연적인 객관적 존재에 대해 함께 정립하는 것을 결코 전제하거나 원리적으로 허용하지 않는 것이 이 순수한 주관성의 본질적 의미에 속해야 한다고 말했다.

c) 자연적 반성과 선험적 반성 그리고 지향성의 기반

이미 앞에서 숙고한 것에 연결시켜보자. 자연적 삶을 수행하는 가운데 인간-주체인 우리는 언제나 미리 주어진 존재자, 다양하게 파악할 수 있는 의식이 되고 다시 사라지지만 이때 여전히 우리에게 존재하는 여러 가지 의미에서 존재자를 지닌다. 그와 같이 미리 주어진 모든 것은 어떤 방식으로 통일되어 있고, 우리의 미리 주어진 것의 우주를 형성한다. 자연, 즉 그 자체에서 통합된 우리에게 존재하는 모든 물질적 대상인 '그' 전체 자연(Allnatur)은 언제나 우리에게 현존해 있다. 그러나 자연은 인간, 국가, 교회, 예술작품, 학문 등을 포함해 구체적으로 완전한 세계의 비자립적 구조일 뿐이다.

그렇다면 이념적인 것, 모든 종류의 관념, 수학적 대상성(수, 다양체), 이론 등과 같은 그밖에 존재하는 것으로 스스로를 부여하는 모든 것은 '실재적' 존재자의 전체인 실재적 세계 전체에 소급해 관련된다. 그것은 그것에 자연적 삶을 부여하는 의미에 적합하게 어떤 방식으로 실재적 세계의 단순한 부속물이다. 우리의 자연적 실천 전체, 실재적 활동의 통상적인 좁은 의미에서 우리의 실천——인식실천 (Erkenntnispraxis)[15])도 포함해——은 우리에게 미리 주어진 것인 그때그때 우주에 관계된다. 이 두 종류의 실천을 통해 우리는 존재하는 것으로 우리에게 타당한 것인 우리에 대한 그때그때 '존재자'의 우주를 변형시키고, 이렇게 함으로써 새롭게 미리 주어진 것만 만들어 낸다. 우리가 그 이후에는 우리에게 더 이상 타당하지 않은 것으로서 많은 것을 여기에서 삭제함으로써 동시에 예전의 우주를 축소하면서 그 예전의 우주를 확장한다.[16]

노력하는 것은 언제나 타당성을 수행하는 가운데 개인적으로나 공동체화되어 활동하는 이러한 삶 전체를 관통해 (가장 넓은 의미에서) '진리'를 획득하는 데로 향해 나아간다. 주관적이며 변화하는 타당성에서 우리는 정당하게 확증된 — 주관적으로 뿐 아니라 상호주관적으로 항상 확증될 수 있는, 결국 '학문'이라는 명칭 아래 '궁극적으로 타당한' — 진리, 즉 궁극적으로 타당한 '참된' 의미에서 존재자를 이끌어내 형성하려고 고심한다.

---

15) 후설에서 이론(인식)과 실천의 관계는 아리스토텔레스 이래 대립된 전통적 견해와 다르다. 그는 '술어로 인식하는 작업수행은 그 자체로 행동(Handeln)', '묻는 작용(Fragen)은 판단을 내리려 노력하는 실천적 행동으로서 의지의 영역', '인식이성은 실천이성의 기능이며, 지성은 의지의 하인', '이론적인 이성적 인식작용은 실천적 이성에서 나온 행동', '이론적이지 않은 모든 작용은 태도변경을 통해 이론적 작용으로 변화된다'고 주장한다. 즉 실천적 관심은 이론적 인식을 주도하고 이론적 인식의 성과는 실천적 행위가 나아갈 방향을 제시하는 개방된 순환구조를 형성하는데, 이론적(반성적) 태도와 실천적(자연적) 태도를 종합하는 보편적 태도가 '이론적 실천'이며, '모든 이성은 실천적 이성인 동시에 이론(논리)적 이성'이다.

16) 그럼에도 존재의 타당성을 포기하는 형식으로 변화되는 사실, 일반적으로 가능한 방식으로 일어나는 이러한 타당성의 모든 '양상화'는 언제든 다시 일종의 긍정적 타당성이다. 따라서 비록 (항상 가능한) 태도변경에서라도 우리에 대한 존재자를 수립하는 사실을 간과하면 안 된다. 이때 우리는 객관적 존재자라는 명칭에 따라 존재하는 객관적 가능성, 개연성, 무효화함, 불가능성, 의심쩍음 등을 느낀다. — 후설의 주.

그런데 우리가 말하듯, 그러한 자연적 삶 속에 존재자로서 ─ 어쩌면 '궁극적으로 타당하게 정초된 것'의 형태로 ─ 타당한 모든 것은 우리에게 타당한 것이다. 또한 어쩌면 많은 형태의 의식 속에 종합적 통일체로서 타당한 것이며 다양하게 주관적으로 주어지는 방식에 하나의 동일한 것으로서 궁극적으로 타당한 것이다. 이 주어지는 방식의 주관적 종합으로 그것은 바로 통일체로서 또한 타당한 것, 어쩌면 확증된 것, 참된 것 등의 통일체 성격 속에 구성된다. 그러므로 그 어떤 사물의 '지각', 심지어 이러한 동일한 사물에 관련되거나 관련될 수 있는 나와 우리 전체의 경험으로서 이러한 사물 일반에 대한 경험이라는 단순한 명칭은 실로 지극히 많은 형태의 체험과 체험에 적합하게 주어지는 방식에 대한 명칭이다. 이와 같은 체험과 이것이 주어지는 방식이 없다면 그 사물, 사물 일반은 이러한 하나의 동일한 현존재자로서 의식될 수 없다.

그러나 지각이 우리에게 그 사물을 생생하게 현존하는 것으로 부여하는 동안, 우리는 경험작용을 이 사물에 대한 경험작용으로 형성하는 지극히 다양한 의식의 방식, 의미내용, 정립양상 등에 대해 아무것도 모른다. 파악하는 시선은 구성된 종합적 통일체와 그 통일의 계기, 사물의 속성에 전적으로 의존한다. 자연적 태도에서, 더구나 단도직입적으로(반성되지 않고) 몰두해 그럭저럭 살아가는 근본적 태도에서 우리는 사물을 보지 보는 것(Sehen)을 보지 않으며, 통일체를 보지 그것이 통일체로 구성되는 다양한 주관적인 것(Subjektives)을 보지 않는다.

만약 미리 주어진 것(Vorgegebenes)이 더 높게 기초지어진 의식작용 ─ 가령 이론화하는 작용(Theoretisieren), 어쩌면 통찰해 이론화하는 작용 ─ 에 주제가 된다면, 바로 이러한 사정 아래에 있을 뿐이다. 이렇게 이론화하는 작용이 진행되는 가운데 우리는 오직 주제로 삼는 시선 속에서만 존재하는 것으로 주어진 공리가 된 것 (Theoremata)의 연속을 지닌다. 그 의미내용, 정립양상, 종합 등과 더불어 얽혀 심하게 변화하면서 구축된 의식의 방식들 ──이 의식의 방식들이 통일되는 구조로서 이론의 모든 존립요소의 부분과 계속 구축해가는 가운데 이론 전체가 우리의 시선 속에 들어온다 ──에 대해 우리는 수행하는 가운데 아무것도 모르며, 그것들은 주제 밖에 남아 있다. 통상 현실적으로 주어진 대상이 주제이며, 주제는 주제가 아닌 것으로 남아 있는 다양한 작용들의 통일체다.

　이것은 현실적 현재의 양상으로 주어진 대상성, 그리고 이 대상성에 속한 주관적인 것을 포함해서, 이에 상응해 함께 현전화된 주관적인 것(회상, 모사하는 표상작용 등)도 포함해서 어떤 방식으로 '현전화된' 대상성으로 옮겨진다. 마찬가지로 실제로 타당한 것으로 의식된 대상성 ──이 대상성을 실제로 타당하게 정립하는 작용을 포함해 ──에서 '단순한 상상'의 방식으로 표상된 대상과 그 타당성의 상관적 작용으로 옮겨진다. 이 타당성 속에 사람들은 그 대상을 '실제로' '진지하게' 수행하는 대신 단순히 집어넣어 생각하고 집어넣어 허구로 날조해낸다. 예를 들어 여러 가지 주관적 양상으로 실제로 경험된 현존하는 집의 방향과 조망 등을 변경시킬 수 있다.

　이렇게 명석함과 판명함, 주의를 기울이는 양상 등의 차이가 변화하는 가운데 의식되듯이, 허구로 날조된-현존하는 집도 자신의 양상을 지닌다. 〔실제로 경험된 것과〕 정확하게 평행하는 주관적 양상에 대한 동일한 유형성을 지니는 것이다. 그럼에도 이 모든 것은 실제로 주관적인 것이 아니라 단지 '마치 내가 그것을 체험한 것 같은' 근본적으로 변화하는 성격 속에 지닌다. 내가 지금 거인 족과의 싸움을 눈앞에 아른거리게 하는 상상작용은 현재의 체험이긴 하지만, 이 싸움은 이러한 싸움을 상관적으로 눈앞에 아른거리는 지각작용 ──

실제적 지각작용이 아니라 '마치'(als ob) 속에서 지각작용 ── 속에서만 내 눈앞에 아른거린다. 그래서 모든 직관적 현전화에서도 유사하다.

그러므로 우리는 우리가 존재하는 것으로 간주하는 것, 언젠가 가능한 방식으로 타당한 것으로 표상하거나 표상할 수 있는 각각의 모든 것을 비(非)주제적으로 남아 있거나 남은 은폐된 다양한 의식에 따라 심문할 수 있고, 우리의 목표를 이것을 드러내 밝히는 것에 겨냥할 수 있다. 비주제적이며 어느 정도 익명적인, 하지만 함께 자각된 의식 삶은 항상 반성의 형식으로 접근할 수 있다.

여기에서 문제 삼는 자연적 반성과 선험적 반성의 기본적 차이를 단계적으로 가장 완전한 명석함으로 이끄는 것이 결정적으로 중요한 일이다.

여기에서 말하는 의미 ── 우선 그것이 선험적이든 아니든 아주 일반적인 의미 ── 에서 모든 반성은 공통적으로 의식이 '자신으로 소급해 휨'(Sich-zurückbiegen), 그 어떤 대상성을 그 어떻게 '의식해 가짐'(Bewußthaben)에서 바로 이 의식해 가짐과 그 자아를 '의식하게 함'(Bewußtmachen)으로 이행하는 것이다. 로크 이래 반성은 통상 자기 자신과 자신의 의식 삶, 따라서 (자신의 현재의 의식체험에 관련된) 자기지각(Selbstwahrnehmung) 기껏해야 (자신의 의식의 과거에 관련된) 자기기억(Selbsterinnerung)으로 전환하는 스스로를 경험하는 의식의 전환으로 이해되었다. 그럼에도 우리는 반성하는 자의 반성이 자기 자신에 관련되지 않은 것을 포함해 다른 종류의 반성을 더 알게 될 것이다.

우선 좁은 의미에서 자기반성에 따르면, 이 반성에서 그에 상응하는 (더구나 이해하기 더 어려운) 변양 속에 다른 모든 반성으로 이행하는 주목할 만한 본질특성이 쉽게 제시될 수 있다. 나는 '자아-분열'(Ich-Spaltung)의 현상을 뜻한다.

자기반성을 함으로써 나는 나 자신 위로 나 자신을 끌어올린다. 나 자신을 반성-작용의 자아인 상위의 자아와 내가 반성하는 하위의 자아—〔대상이 된〕'나'(Mich)—로 구분한다. 상위의 자아와 이 자아가 반성하는 체험작용은 이때 그 측면에서는 그 자신에 '의식되지 않고' 익명적으로 있다. 반면 이전에 익명적 자아, 즉 반성 이전에 곧바로 몰두해 살아가는 자아는 이제 반성된 자아로서 인식되거나 경우에 따라 표현되어 '드러나 밝혀진다.' 그러나 이것은 중복되는 가운데 동일성이라는 매우 친숙한 의식 속에 계속해 더 높은 단계의 반성으로 드러나 밝혀지며, '자기를 경험하는 가운데 나는 이전에 경험되지 않은 내가 보는 것, 듣는 것, 사유하는 것 등인 나 자신을 경험한다'는 표현을 만들어낸다.

우리는 여기에서 더 높은 단계의 반성에 마주친다. 그 반성은 다시 더 높은 반성을 허용한다는 것, 따라서 자아-분열이 항상 새롭게 수행될 수 있다는 것은 명백히 모든 반성의 본질에 속한다. 모든 반성은 반성된 것을 시선 속에 지니는데, 이 경우 반성하는 자아와 이 자아의 반성하는 행위는 '익명적으로' 있다. 그것 자체로 시선을 소급해 휘는 가운데, 따라서 새로운 자아-분열을 통해 분명히 드러나며, 이 경우 또 다시 새롭게 반성하는 행위와 그 자아는 은폐되어 있지만, 어쨌든 다시 드러내 밝힐 수 있다.

그럼에도 이제 이미 다양한 형태로 모든 자연적 삶 속에 등장하는 다른 종류의 반성을 고찰해보자. 그 반성은 언제나 지향적으로 얽혀 있고 상이한 단계로 얽혀 있는 매우 상이한 구조를 지닌다. 이러한 반성을 고유한 본질상 포함하는 지향적 함축을 순수하게 전개하고 추구하면, 유일한 근원적 형태가 때로는 매우 직접적으로 때로는 간접적으로 변양된 것으로 각각의 반성을 인식할 수 있다. 이것은 단적인 자기지각이라는 반성의 형태다. 그 반성 자체를 그 구조에서 이해하도록 배우는 동시에 다른 모든 반성을 이렇게 이른바 구조상 이어받아 사용하기 위해 다음과 같이 숙고해보자.

모든 자기반성에 앞서 반성 없이 대상—그 속에서 그 어떤 양상으로 그 의식에 타당한 대상—에 관련된 단도직입적 의식이 있다. 여기에서 자아는 이른바 완전한 익명성 속에 살아가며, 〔객관적〕 사물만 지니지 주관적인 것은 지니지 못한다. 반성을 통해 비로소 또한 단적인 자기지각을 통한 가장 근원적인 형식에서 자아는 '자기의식', 자기 자신에 대한 앎과 어쩌면 인식을 획득한다. 자아는 이제 자기 자신을 평가할 수 있고 다룰 수 있다.

그럼에도 지각은 기억을 통해 비로소 풍부해지며, 자기지각도 자기기억을 통해 풍부해진다. 지각은 고유한 본질상 (그 지향성 자체의 고유한 의미내용을 통해) 자기지각의 변양으로 특징지어진다. 그리고 이렇게 소급해 휨이 단도직입적 지각의 토대에서 유래한다면, 자기기억은 그와 같은 단도직입적 기억에서 유래하는 소급해 휨이다. 이 단도직입적 기억을 '현전화한' 것은, 마치 그것이 그것을 존재자, 즉 '지나간'이라는 시간의 양상 속 존재자로서 정립하는 방식을 통해 생생하게 그 자체로 나타나듯이 현재화한 것이다. 여기에서 기억은—그 대상이 '마치 그 대상이 현존하는 것처럼' 속에 의식되지만 상상하는 자아에 의해 실제로 정립되지는 않은—단순한 상상과 구별된다.

그런데 기억 속에서 '마치'(als ob)는 그 존재에도 관계되지만, 그것은 그 상상의 내용에서 실제적인 것으로 간주되는 것이 아니라 단지 '마치 그것이 존재하는 것처럼'만 간주된다. 가령 어떤 집에 대한 단도직입적 기억에서 옆으로 휜 자기기억이 드러내 밝히는 것은 현실적 지각(여기에는 현재의 체험작용으로서 지금의 회상 자체도 포함된다)의 자아인 현재의 자아가 아니다. 그것에 대해 거기에 있었고(dawar) 다양한 주관적 의식의 양상으로 거기에 있었던 것으로서 기억된 집의 고유한 지향적 본질에 속하는 과거의 자아다. 기억은 그 본질상 과거의 것을 단순히 '타당하게 지니는 것'(In-Geltung-haben)이 아니라, 이 과거의 것을 나에 의해 지각된 것이나 그 밖의 방식으로 의식된 것으로 '타당하게 지니는 것'이다. 바로 이렇게 단도직입적 기억 속에 익명적인 과거의 자아와 의식은 반성(지금의 기억작용에 대한(auf) 반성이 아니라 그 기억작용 '속의'(in) 반성)하는 가운데 드러나 밝혀진다. 우리는 동일한 방식으로 반성이 모든 상상 '속에서도' 가능하다는 사실을 즉시 본다. 만약 내가 어떤 사물(또는 그 밖의 어떤 대상)을 상상한다면, 여기에는 그 사물이 나에게 상상으로 나타나는 사실, 나는 '마치 내가 그 사물을 지각하는 것처럼'이라는 의식을 가지며 지각작용의 주체로서 함께 허구로 날조된 나는 '마치'라는 이 지각작용을 상상에 대한 반성이 아니라 상상 '속의' 반성을 통해 드러내 밝히고 바로 함께 허구로 날조된 주관적인 것으로서 드러내 밝힌다는 사실이 함축되어 있다.

그래서 이와 유사한 방식으로 이러한 의미에서 모든 반성의 근원적 형태인 자기지각인 가장 근원적인 자기반성이 여러 가지 지향적으로 변화된 것이 일반적으로 생긴다. 이 자기반성과 상이한 모든 반성은 (그 자신의 지향성에 따라) 비록 어쩌면 매우 간접적이더라도 동일한 반성이 '변화된 것'이다. 이 경우 처음에는 자기지각이 이른바 반복할 수 있는 조작이듯이, 동일한 것이 처음에는 자기지각이 최초로 (정립해) 변화된 것인 자기기억에도 적용된다는 사실에 주목해야 한다. 자기지각은 이것이 변화된 것으로서 임의의 더 높은 단계의 모든 자기지각을 따라갈 수 있을 뿐 아니라, 모든 기억과 마찬가지로 모든 자기기억도 회상될 수 있고, 따라서 이 자기기억 등도 그렇다.

바로 그 동일한 것이 상상, 특히 그것이 반복할 수 있는 더 높은 단계의 자기상상(Selbstphantasie)에도 적용되며, 그밖에도 일반적으로 그러하다.

내가 '타인', 타자의 주관성, 그의 체험, 나타나는 방식, 지향적 대상 그 자체 등을 알게 되는 반성은 특별히 중요하다. 궁극적으로 자기지각에서 지향적으로 유래한 것은, 명백히 반복해 강조하듯이, 이러한 반성에도 상존한다. 우리는 이것을 반성이라 부른다. 이것으로써 타인에 대한 모든 근원적 경험('감정이입')의 본질 속에, 이것이 계속 변화된 것으로, 내가 타자의 주관적인 것을 (따라서 현재에 있는 것으로서 지각에 적합하게 뿐 아니라 앞선 예상으로, 모사나 사유 등을 통해 기억에 적합하게, 상상에 적합하게) 의식해 갖게 되는 모든 의식의 본질 속에 반성적인 것([재귀적인 것]Reflexives)이 있다고 말한다. 비록 그 형식에서 어쩌면 매우 얽혀 있는 함축이더라도 그렇다. 이 경우 어디에서와 마찬가지로 여기에서도 지향적 함축이 비직관적으로, 상징적으로, 공허하게 수행될 수 있다. 이때 그밖에 가능하게 변화된 모든 반성과 이에 못지않게 모든 방식의 존재자와의 앞선 관련(Vorbeziehung)은 '해명하고' 직관하게 만드는 가운데 비로소 그 반성적 의미를 드러내 밝히는데, 그와 같이 발전되지 않은 종류의 작용 속에 포함될 수 있다는 사실에도 주목해야 한다.

가장 근원적이며 상대적으로 가장 단순한 형태(더 얽힌 모든 타자경험과 이것이 상상에서 변화된 것에 근원적 형태)에서 나는 그 출발의 토대를 나의 신체성(Leiblichkeit)과 이 신체성 속에 원본적으로 기능하는 주관성이 지각에 적합하게 '현존함' 속에 갖는 함축된 반성에 의해 타인에 대한 '직접적' 경험을 획득한다. 여기에서부터 동기부여가 발산한다. 이 동기부여 속에 타자의 신체성 자체가 이해되고 그래서 타인의 기능하는 기관(器官)으로서 이해된다. 나의 원본적 자기경험을 통해 이처럼 기초지어져 이렇게 이해하는 것은 나의 자기지각이 고유하게 변화된 형태로서, 기억과 유사한 일종의 현전화로서 생기지만, 이것과는 명백히 다르다. 그 속에서 나는 자아와 의식을 얻지만, 그러나 이것은 나의 기억(그리고 앞선 예상) 속에, 따라서 나의 원본적 자기경험 속에 드러나고 현전화된 현재로서 재생산적으로 주어진 것이 아니다. 경과하는 나의 삶과 동일하게 경과하는 삶으로서, 게다가 내 삶이 원본적으로 주어지는 가운데 함께 현존하는 것으로 근원적 방식으로 지시되는 것으로서 주어진 것이다.

그래서 언제나 타자의 주관적인 것, 타자의 자아, 타자의 자아-삶, 타자의 주체에 속한 파악방식, 모든 종류의 주관적 현상을 통해 우리에게 타당한 현존재의 방식으로 우리에게 의식되는 반성을 포함해 여러 가지로 변화된 반성들도 그러하다.

우리는 방금 전에 숙고한 것을 통해 모든 종류의 주관적인 것 — 우리 자신과 우리 삶의 여러 가지 주관적 형태뿐 아니라 타인과 그의 삶 — 이 우리에게 주어지게 되는 반성에 대한 몇 가지 통찰을 얻었다. 동시에 우리는 모든 반성이 궁극적으로 전제하는 지향성의 근본 토대를 깨닫게 되었다. 실제의 작용과 상상에 적합한 유사-작용 — 특히 지각, 기억, 예상, 상징적 지시, 비유적으로 제시하는 작용, 공허한 의식, 보편자 의식 등을 포함해 — 과 같이 가장 일반적인 의식의 유형인 반성 없는 의식의 작용은 모든 의식 삶과 마찬가지로 반성 없는 삶이 경과하는 형식을 나타낸다. 그러나 반성 없는 의식은 우리에게 '단순한 사물'이 현존하는 하부 층, 즉 — 그 주체가 어떠한 반성의 작용도 수행하지 않는 동안 바로 그 주체가 자신의 주관성 자체(그 주체에 주제가 될 수 있는 근원적으로 첫 번째의 것)를 전혀 깨닫지 못하는 한, 그 의미상 모든 주관적인 것에서 벗어난 — '나에게-생소한' 대상성의 영역을 나타낸다.

따라서 주관성을 대상적 의미가 사물에 대한 단순한 의식을 통해 구성되듯이 어떠한 대상적 의미에도 포함시킬 수 없다는 견해다. '단순한 자연'이라는 명칭이 나타내는 사물, 그 사물이 이러한 것으로 보이고 이러한 성질을 지닌 것처럼 오직 그 사물만 주시하는 순수한——즉 지금 완전히 자신〔자아〕을 망각한——경험 속에 근원적으로 주어진 사물도 그러한 상태에 있다. 그렇지만 순수 수, 수학적 다양체 등과 같은 이념적 영역의 사물에 대해서도 마찬가지다. 주체〔주관〕가 반성되지 않은 채 남아 있고 실질적으로 주어진 것을 단도직입적으로 해체한다면, 그 주체는 곧 주관적인 것을 전혀 발견할 수 없고 주제의 의미형태로 활용할 수 없다.

그렇다면 반성 없이 주어진 사물의 세계 이외에 나에게 미리 주어진 것의 우주는 나 자신과 개방된 다양한 타자의 주관들도 포괄한다. 이 모든 것은 그것이 직관적으로 이미 알려지고 범주적으로 규정되어 나뉜 나의 환경세계를 형성한다. 동시에 서로 가능한 의사소통을 통해 결합된 우리 모두에게 공통적인 환경세계——우리 자신을 함께 포함하는 것으로서, 따라서 '바로 그' 세계 자체인 환경세계——를 형성하는 관계의 성격들로 뒤덮인 타당한 관계를 통해 얽혀 있다.

모든 자연적 반성에는 본질적으로 그 반성이 의식을, 하지만 단지 '실재적'·'세속적' 자연과 얽힌 의식만 발견하며 언젠가 발견할 수 있다는 사실이 포함되어 있다. 이에 반해 순수한 반성——확실하게 정화하는 방법으로 자연적 반성으로 주어진 것에서 실행된——은 순수한 또는 선험적 의식을 추구하고 발견한다. 자연적 자기경험, 자연적 타자경험과 공동체경험에 대립해 선험적 경험이 나타난다. 그러나 경험이 변화된 모든 것과 그 위에 구축된 더 높은 의식, 특히 이론적으로 인식하는 의식 그리고 사실과학의 의식이나 형상적 학문의 의식도 마찬가지다.

d) 자연적 반성과 불충분한 심리학적 환원

우선 자연적 반성의 고유한 본질을 한층 더 명확하게 부각시켜 살펴보자.

앞에서 말했듯이 자연적 삶 속에 살아가는 자아는 언제나 미리 주어져 있는 것의 우주다. 자아가 이전에 새로운 경험에서 새로운 판단활동, 가치평가 등(우리는 '근원적으로 건립하는 작용'이라 한다)으로 획득한 것은 남아 있고, 이 타당성이 특별한 이유로, 가령 양상화의 작용으로 그 효력을 잃어버리고 포기하게 되는 경우가 아니라면 계속 타당하게 자아에 남아 있다. 그래서 자연적 삶은 마치 자아가 처음부터 발견되고 움직이는 보편적 토대, 곧 실재적이거나 객관적-이념적 존재의 ─비록 변화할 수 있더라도─ 미리 주어진 지평을 지닌다. 무엇보다 자아는 그때그때 새로운 대상이 자아에 (정당하게든 아니든) 등장하면서 타당하고 계속 타당한 규정내용 속에 새로운 모든 실재적 대상을 그 자체에서 받아들이면서 실재적 타당성이 예외 없이 결합된 우주로서 실재적 세계 전체를 '갖는다.'

그런데 자아가 어떤 대상을 자신의 현실적 주제로 부여했다면, 자아에는 그밖에 그의 세계, 즉 자아에 대해 존재하는 그 밖의 모든 것이 현실적으로 현재에 있고 바로 현실적인 것도 아니지만 그럼에도 어떤 방식으로 여전히 함께 있는-주제'(Mit-Thema)다. 이 '함께 있는-주제'는 모든 현실적 파악을 함께 타당한 것으로 규정하며, 그 지향적 지평에 속한다. 그러므로 자아가 그때그때 주제가 되었던 대상에 대한 자신의 의식에, 그 의식의 주관적 양상 등을 반성할 때, 동일한 것이 남아 있다. 이때 그 의식은 자아의 특별한 주제이지만, 어쨌든 함께 타당한 우주 안에서의 주제다.

특히 이 경우 자연적 반성이 그 의식의 방식에 향해 있는 관련된 대상은 물론, 그 대상이 의식 속에 더 타당했던 만큼 반성하는 자아에 대해서도 여전히 더 타당하다. 그러나 의식을 순수하게 그 자체로서 정립하려면, 더 나아가 의식 일반을 순수하게 그 자체에서 완결된 타당한 존재의 독특한 우주로서 확립할 수 있는지 또한 어떻게 확립할 수 있는지를 추구하려면, 우리는 명백히 의식이 아닌 모든 타당한 존재를 정화해 '배제해야' 한다. 왜냐하면 실제적이거나 가능한 의식은 우리에게 우선 자연적 반성 속에서 주어지며, 이미 뚜렷하게 되었고 즉시 더 완전하게 볼 수 있게 되듯이, 자연적 반성은 결코 단순한 의식이 아니며 동시에 단순한 의식과도 다르기 때문이다.

우리가 추구한 순수 의식의 우주가 학문적 인식을 근거지을 확실한 토대가 되어야 한다면, 그 우주는 보편적으로 일치하는 경험 속에 근원적으로 주어져야 한다. 그리고 우선 방법적으로 자명하듯이, 완결된 순수한 삶 속에 살아가는 나의 순수한 주관성의 우주를 수립하는 일이 중요한 문제라면, 따라서 '나 자신과 관련된 순수한 경험, 그래서 순수한 자기지각, 자기기억 그리고 실제적이거나 가능한 순수한 자기경험의 보편적 연속성'이 문제가 된다.

처음에는 마치 다음과 같은 것이 그 주관성의 우주를 수립하기 위한 올바른 길처럼 보인다.

우리의 삶 전체를 반성적으로 개관했다. 개별적 반성에서 다른 개별적 반성으로 이행하면서 그 삶을 — 그래서 우리가 개별적 방식으로 모든 자연적 반성을, 즉 여기에서는 주관적이지 않은 모든 것에 대한 모든 자연적 자기경험을 정화하고 이렇게 함으로써 그 내용을 순수한 주관적인 것에서 획득할 정도로 — 순수한 삶으로 환원했다.

그와 같이 정화하는 데는 모든 상황 아래 우선 '정립적' 작용(그래서 현재로서는 '마치' 사람들이 믿고 가치를 평가하는 등과 같은 작용을 수행하는 가운데 단순히 집어넣어 생각하는 모든 것을 제외하고)에서 분명하게 이해할 수 있는 것이 필요하다. 이렇게 진행해가면서 내가 경험해 포착하는 것과 관련된 '사유작용'(cogito)은 '사유된 것'(cogitatum)의 의식, 즉 그 어떤 양상으로 존재자의 의식이다. 그러나 나에게 여전히 매우 충분한 근거로 타당하더라도 이 '사유된 것'은 실로 자연적 삶 속에 아주 종종 그렇지만 심지어 주관적인 것('심리적인 것')이더라도, 주관적인 것에 대한 의식이 아니다. 또한 결코 어떤 경우에도 더구나 내실적 부분으로서 주관적인 것에 속하는 것은 아니다. 그때그때 의식 속에 나에게 전적으로 그리고 대상으로 타당한 것은 실로 이상적으로 무수한 새로운 의식의 작용들 속에 동일한 존재자로서 의식되어 주어질 수 있다.

나와 타인이 동일한 것으로 반복해 지각할 수 있는 실재성으로서 자연적으로 미리 주어진 모든 대상, 이에 못지않게 나와 타인이 근원적 통찰의 분리된 작용들 속에 반복해 동일한 것으로 파악할 수 있는 미리 주어진 이념적 대상성에서도 마찬가지다. 따라서 순수한 주관적인 것, 그때그때 개별적 의식체험을 순수하게 유지하기 위해 우리는 그 속에 정립된 대상성 전체[의 타당성]를 정지시켜야 한다. 즉 우리가 의식을 순수하게 그 자체로서 존재하는 것으로 정립하는 반면, 그 속에 의식된 것과 정립된 것을 함께 정립하는 일을 단념해야 한다.

그럼에도 이 방법은 개별적 의식 속에 계속 경과하면서 실행되어 왔다. 우리가 우리의 삶에서 반성적으로 이끌어낼 수 있을 모든 의식체험에서 보편적으로 연장된 방법적 의도로 실행하면, 선험적 의미에서 순수한, 근본적으로 순수한 의식 삶을 결코 제공하지 못할 것이다. 사실상 심리학이 주관적 삶의 근본본질을 지향적인 것으로 고려하는 한, 심리학은 심리학의 의미에서 순수한 심리적인 것을 획득하기 위해 이와 같이 정화해야 한다. 심리학의 주제인 인간과 동물의 '영혼 삶'은 의식에 불가분하게 속한 내실적이거나 관념적인 모든 내용과 더불어 의식을 포함한다. 하지만 연속적으로 일치하는 우리의 경험 덕분에 언제나 미리 주어진 세계의 연관 속에 있는 실재적 사건으로서 의식을 포함한다. 그 의미의 작업수행에 관해서 심리적 자기지각과 자기경험은 단순한 물질적 존재에 관련된 공간-사물에 대한 경험일 뿐 아니라 '객관적' 경험이다. 그러한 자기지각은 이러한 경험에 본질적으로 기초지어져 있고, 그 자신의 의미부여와 현존재 정립이 불가분하게 — 이러한 방식의 의미부여와 의미가 자연적인 실재적 의미에서 의식으로, 실재적인 시공간적 연관 속의 영혼 삶으로 유지되어 남아 있는 한, 불가분하게 — 물리적 존재와 결국 시공간적 세계 전체를 함께 정립하는 방식으로 기초지어져 있다.

4) 세계가 '의문시 되는' 의미

확고하게 뿌리내린 자연적 사유방식을 극복하는 가운데 선험적 주관성의 영역을 그 특성과 완전히 완결해 간취했다면, 방금 전에 시사한 바의 고찰로 선험철학의 특성과 영역의 범위를 최초로 앞서 예감했다면, 사람들은 깜짝 놀랐고 내적 불안은 증폭되었을 것이다.

자연적 사유방식의 세계와 학문은, 사람들이 선험적 세계와 학문의 가능성에 대해 아무것도 모르는 한, 일반적으로 경험할 수 있는 모든 존재와 일반적으로 생각해볼 수 있는 모든 학문을 그 자체 속에 포함하는 것으로 보인다. 그렇지만 자연적 존재영역에서 분리될 수 있고 분리되어 유지될 수 있는 그 자체로 이미 엄청난 어려움이 예상되는 새로운 존재영역이 열린다. 그리고 주제에서 실증적 학문 전체를 포괄하지만 그럼에도 그 자체가 실증적이지 않고 그 명제들 가운데 어느 하나도 자신의 이론에 전제나 존립요소의 부분으로 포함하지 않는 새로운 학문이 열린다.

그럼에도 사람들이 포기할 수 없는 자연적 사유방식의 인식에 대한 가치와 그 자신의 정당성이 의심할 여지 없게 된 새로운 사유방식의 인식에 대한 요구 사이에 곤혹스러운 갈등은 막연함에서 생긴다. 이 새로운 사유방식을 따라가면, 이전에 자연적으로 근거지어진 정당성의 자명함에서 소유했던 모든 것이 의문시되는 것으로 보인다. 그러나 이것은 애매한 표현의 이중 의미에서 그렇다.[17] 왜냐하면 순수 의식 일반, 이 가운데 특히 정당성을 부여하는 의식이 보편적 문제가 되고 따라서 정당성 자체(지향적 상관자에 대한 명칭으로서)가 의문의 주제가 되어야 한다면, 우선적으로 처한 막연한 상황에서는 모든 정당성도 다른 의미에서 의문스러운〔불확실한〕── 즉 의심스러운 ── 것이 되기 때문이다.

　모든 정당성의 의미, 즉 그 본질에 관한 선험적 의문 ── 달리 말하면 이른바 근원적으로 정당성을 건립하는 것인 의식의 근원적 의미 부여에서 어떻게 그 본질이 이해될 수 있는지 하는 의문 ── 은 그것이 과연 타당한지 또한 어디까지 타당할 수 있는지 하는 의문으로 변화된다. 이것은 세계에 대한 실증적 인식의 정당성과 따라서 본래 모든 실증적 학문 ── 즉 모든 아프리오리한 학문뿐 아니라 '보편수학'의 학과로서 언제든 자연에 대한 인식의 도구로서 기능하는 순수 기하학과 역학 같은 처음부터 가능한 실재성에 관한 학문도 포함해 ── 에 아주 특별히 이해할 수 있게 된다. 그렇지만 여기에서 중요한 것은 단지 사태와 무관한 혼란과 생각하지 않는 경솔함에 굴복될 수 있는 애매함에서 생기는 정당성 물음이 변위(變位)되는 것이 아니라는 것이다. 오히려 두 가지 사유방식의 관계가 독특해서 단도직입적으로 인식의 선험적 영역에 진지하고 깊게 파고들어 가는 것은 자연적

---

17) 이것은 'Frage'라는 말이 '의문, 의심'이라는 뜻과 '문제, 논제'라는 뜻을 함께 지니기 때문이다.

으로 사유하는 자──또는 선험적 태도에서 자연적 사유의 태도로 되돌아가는 모든 사람──에게 적어도 처음에는 완전히 받아들일 수 없는 것으로 보일 뿐인 세계에 대한 의미(Weltsinn)를 요구하는 것처럼 보인다.

이러한 사실을 보여주기 위해 실재성에 대한 자연적 인식과 대비되는 선험적 인식의 방식과 작업수행을 더 정확하게 설명해보자. 즉 세계의 의미에 대해 어떤 종류의 보편적으로 미리 지시하는 것이 선험적 문제제기의 전향(轉向) 속에 이미 필연적인 것으로 생기게 되는지가 뚜렷해질 때까지 설명해보자는 것이다.

다음과 같이 숙고해보자. 자연적으로 사유하는 자로서 우리는 세계를 가졌고, 세계는 의심할 여지 없는 실제성으로서 주어졌다. 우리는 자연적 명증성에서 그 세계를 경험했고 고려했고 이론화했다. 또한 방법과 성과에 따라 경탄할 만한 학문들을 획득했다. 그러나 이제 자연적 사유방식을 전환함으로써 우리는 세계 그 자체 대신에 '그 세계'에 대한 의식만 지닌다. 더 명료하게 말하면, 우리는 이때 절대적으로 자립적인 명증성에서 인식할 수 있는 우리의 선험적-순수한 주관성만 지닐 뿐인데, 이 주관성은 흘러 들어가는 그 의식에서 그 모든 인식의 의미를 그 자체 속에 지니며, 따라서 주관성이 우리에게 '의미 속에 있는 것'처럼 세계가 우리에게 '의미 속에 있는' '그 세계'도 자체 속에 지닌다. 그것은 주관성이 추정된 것이듯 그때그때 추정된 세계이며, 주관성이 바로 인식되었고 인식할 수 있는 것이듯 그때그때 인식되고 인식할 수 있는 세계다. 오직 이렇게만 그것은 여기에서 탐구의 주제가 된다.

'개별화해 고찰하든 공동체의 삶으로 고찰하든 순수한 주관적 삶이 '무엇에 대한 의식'인 '지향한다'(intentio)의 보편적 본질형식 속에서 경과한다. 그러면서 그 삶에 고유한 의식의 방식과 의식의 종합

덕분에 그리고 순수하게 의미에 적합한 작업수행의 성과로서 어떻게 '현존하는 세계'를 의식하게 할 능력을 지니게 되는지'를 모든 측면에서 명백하게 설명하는 것은 사실상 강력한 주제다. 서로 뒤섞여 기초지어지거나 서로 함께 얽힌 의식의 종합인 의식구조에 어떤 단계의 구조가 반성하고 본질을 기술하는 여기에서 증명될 수 있는가? 이와 상관적으로 의식 속에 구성되는 의미형태—맨 위에는 시공간적 '실재성'의 의미를 종결짓는 형태—에 어떤 단계의 구조가 '객관적으로 참된 존재'로서 '항상' 또한 '모든 사람'에게 구성되면서 확증될 수 있는가? 본질법칙에 입각해 그와 같은 구조의 필연성이 어떻게 세계를 연속적으로 직관하는 보편적 작업수행에, 더 나아가 이 세계에 대한 학문의 보편적 작업수행에 파악될 수 있게 되는가? 이렇게 중대한 과제는 처음에 선험적 탐구의 주체로서 기능하는 개별적-'자아'에 방법상 최초로 제한하는 가운데 어떻게 충족될 수 있고, 그런 다음 더 높은 단계에서 그 개별적-'자아'와 그리고 서로 함께 가능하게 의사소통하는 주체들—따라서 '모든 사람 일반'과 선험적 상호주관성에 관련해—의 전체 공동체의 가장 넓은 테두리 속에 어떻게 충족될 수 있는가?

그러므로 그와 같은 선험적 탐구에서는 '세계'라는 명칭 아래 언제나 다양하게 변화하고 종합적으로 결부된 세계를 인식하는 의식의 지향성 속에 통일적으로 인식된 것으로 구성되는 것 또는 실천적 자유 속에, 자유롭게 추론할 수 있는 의식지평 속에—다양한 의식의 방식들이 변화하는 가운데 하나의 동일한 것으로서 또한 언제나 그 속에 새롭게 '뚜렷이 나타나는' 개별적 객체로서—구성될 수 있는 것만 주어진다. 하지만 이때 오직 우리가 선험적 고찰방식이라 부르는 시종일관 순수한 반성적 고찰방식에서 실제적 의식 또는—형상적 태도의 경우—본질상 가능한 의식 속에 그것이 어떻게 발견되는가 하는 점만 받아들여야 한다.

이러한 관점에서 다음과 같이 고찰해보자. 능동적 의미에서 인식작용은 노력함이고, 행위로서 단순히 목표를 겨냥하는 생각함(Meinen)에서 목표를 달성하는 스스로를 간취함(Selbsterschauen)으로 계속 노력함이며, 이제 추정된 것을 스스로 가짐(Selbsthaben)이다. 목표를 겨냥하는 의식의 양상 속에 의식된 것은 단순한 '의견'('지향하는 의미')의 양상 속에 있는 의미이며, 목표를 달성하는 의식의 양상 속에 의식된 것은 '생생한 실제성', 실제성 '자체'('충족시키는 의미')[18]의 양상 속에 있는 의미다. 그러나 실재성의 영역 전체에서는 충족시킴은 결코 완전한 것이 아니다. 각각의 충족시킴은 충족되지 않은 의견의 지평을 동시에 지닌 그것을 충족시키는 의미가 부착되어 있다. 이미 '생생하게' 파악된 대상 '자체'의 방식으로 의식된 것(외적 지각에서 지각된 것과 같이)은 어쨌든 항상 함께 생각되지만, 그 자체가 파악된 '측면'이 아니다.

충족시키는 경험이 그 측면을 아무리 멀리 추구하더라도 그것은 그렇게 남아 있다. 예견하는 지향의 항상 새로운 지평이 열려 있기 때문에, 경험될 수 있는 새로운 것이 언제나 남아 있다. 하지만 이 새로운 것은 확인된 경험의 목표점으로서 통일적으로 연관해 노력하는 경험작용을 관통하는 '대상'에만 관계하는 것이 아니다. 오히려 새로운 대상도 열린 그 경험의 지평 속에 들어오고, 관심을 촉발하며 어쩌면 일련의 새로운 경험에서 그것에 충족시키는 의미를 자신의 것으로 삼으면서 새로운 경험의 목표점이 된다. 게다가 이 경우 예전의 통일체와 새로운 통일체는 더 높은 단계의 대상성인 결합체로 조

---

18) 그래서 '지향하는 의미'와 '충족시키는 의미'는『논리연구』제2[2-1]권의 화법이다. ─후설의 주.

직된다.

물론 이와 유사한 것이 개념적으로 판단하는 인식작용과 가장 높은 단계에서는 학문적으로 통찰하는 인식작용에 적용된다. 어떠한 앎도 최종적인 것은 아니다. 목표를 달성한 모든 통찰은 끝인 동시에 시작이다. 그래서 모든 통찰에 의해 그 측면에서는 다시 충족시키는 통찰을 요구하는 새로운 문제의 지평이 열린다. 앎의 영역은 무한하며, 이와 상관적으로 그 참된 존재에 따라 앎 속에 규정된 앎의 분야도 무한하다. 그러나 객관적–실재적 사실에 대한 앎의 완전한 분야는 가능하게 일치하는 경험의 우주인 세계, 그래서 그 학문이 모든 객관적 사실학문을 종합적으로 포괄하는 모든 실재적 분야 가운데 바로 그 분야다.[19]

따라서 우리는 이렇게 말할 수 있다. 순수한 선험적 고찰에서 그 세계는 그것이 그 자체에서 또한 논리적 진리에서 존재하는 그대로이며, 결국 그 목표의 의미를 의식 삶의 현실성에서 길어내는 무한함 속에 놓여 있는 하나의 이념일 뿐이다.

이렇게 중요한 명제를 더 완전하게 통찰해보자.

각각의 모든 의미는 순수 주관성 또는 이 주관성이 지니는 의식 삶의 독특한 의미부여에서 생긴다. 습득하는 앎—하지만 항상 다시 일깨울 수 있는 앎—은 변하더라도 언제나 그 의미부여 속에 남아 있다. 그 보편적인 객관적 진리의 의미인 '세계'도 마찬가지인데, 그 기원은 개별적 주관으로 또는 상호주관적으로 일치함의 보편적 연

---

19) 물론 이와 상관적으로 실재적인 것 일반 또는 가능한 실재성과 세계 일반의 우주에 대한 형상적 앎의 완벽한 분야다. 실재적인 것 일반에 대한 보편적 앎의 학문은 특수한 영역이나 가능한 실재성의 형식적 구조(예를 들어 '순수한' 자연과학, 순수한 기하학, 순수한 수론, 순수한 역학)를 위해 형성되었거나 여전히 형성될 수 있을 모든 아프리오리한 학문을 포괄한다. —후설의 주.

관에 조직된 객관적 경험과 이론적 통찰을 지닌 선험적 인식 삶의 현실성에 있다.

이러한 통일체의 의미는 언제나 변화되는 가운데 파악된다. 하지만 의미에 적합하게 하나의 동일한 것이 다양한 규정의 형태 속에 제공되는 방식으로만 파악된다. 동일한 대상적 우주가 언제나 나타나지만, 항상 새롭게 주어지는 방식 속에 나타나며, 이 방식에 의해 언제나 새로운 대상, 속성, 관계가 '본래의' 경험과 인식이 된다. 항상 이 통일체의 의미는 동시에 지향된 의미의 형태와 충족시키는 의미의 형태를 지닌다. 인식의 연속적 진행은 개별적 대상뿐 아니라 우주에 대해서도 다양하게 특수한 과정 속에 경과하는 충족시킴(Erfüllung)의 총체적 과정이다.

이 과정은 모든 실재적 경험을 본질적으로 수반하는 〔아직〕 경험되지 않음, 즉 〔아직〕 규정되지 않았으나 〔앞으로〕 규정할 수 있는 함께 생각함(Mitmeinung)의 지평을 점차 완전성을 증가시키면서 스스로를 제시하는 것(Selbstdarstellung), 어쩌면 스스로를 파악하는 앎으로 이끈다.[20] 그것은 포괄적으로 일치하는 것에서 또한 경험을 점진적으로 확증하는 총체적 효력에서 우연적인 모든 실망을 더 높은 조화로 해소시켜 충족시킨다. 드러나 밝혀진 가상은 동시에 또한 항상 가상 대신에 보편적으로 일치하는 것으로 분류된 참된 존재를 회복시키는 것을 뜻한다.

---

20) 모든 경험은 '유형적으로 미리 알려져 있음'(typische Vorbekanntheit)이라는 선술어적 경험의 지향적 지평구조 속에서만 주어진다. 스스로 거기에 주어진 자신의 핵심을 넘어서 처음에는 주시하지 않았기 때문에 규정되지 않은 국면을 점차 규정해 밝혀줄 가능성을 본질적으로 미리 지시한다. 즉 의식은 '이미 알고 있는 것'(Bekanntheit)을 통해 아직 알려지지 않은 것(Unbekanntheit)을 귀납적으로 예측해나간다. "경험은 그 사물에 관한 앎과 부수적인 앎을 당연히 또 필연적으로 지니기"(『경험과 판단』, 27쪽) 때문이다.

그렇지만 경험과 경험의 과정은 본질적으로 실천적인 '나는 할 수 있다'(더 나아가 '모든 사람은 할 수 있다')의 테두리 안에 있는 과정, 즉 자아에 의해 통제되거나 통제될 수 있는 과정으로 특징지어진다. 실재적으로 주어진 것의 보편적 방식에 속하는 공허한 지평은 실천적으로 관여할 가능성의 체계, 즉 함께 구성되어 있으며 끊임없이 친숙한 체계 속에서 충족될 수 있다.

그때그때의 지각을 이미 지각된 실재적인 것 ──본질적으로 결코 절대적으로 알려지지 않은 것이지만, 그 형식적 유형에서, 예를 들어 공간-사물적인 것으로서 미리 지시된다──에 대해 여전히 알려지지 않은 것을 충족시키면서 상세히 규정하는 형태로 이행시킨다. 이렇게 경험하는 앎으로서 실천적 가능성의 의미에서 충족될 수 있음은 끊임없이 경험적-실천적 명증성을 수반한다. 아무리 내가 나의 가능한 수행방식의 체계 속에 실천적으로 관여하더라도(예를 들어 지각에 적합하게 '나는 가까이 다가간다, 나는 보고 더듬어 본다.'에서), 나는 나의 지각작용을 동일한 것의 지각작용, 즉 그것이 일치해 진행해가는 앎과 동시에 그것을 입증하는 앎의 지각작용으로서 계속 수행할 수 있다. 이러한 사물은 언제나 다시 존재자로서, 그 자체가 있는 그대로 명백히 밝혀진다. 이른바 규정되지 않은 채-규정된 열린 지평 속에 놓여 있는, 따라서 모든 것을 포괄하는 지평의식 속에서 끊임없이 함께 정립되고 알려진 세계의 연역 안에 놓여 있는 다른 사물로 가능하게 자유롭게 활동해 이행하는 경우도 마찬가지다.

쉽게 알 수 있듯이, 내가 자유롭게 소급해 옮길 수 있는 내 삶의 모든 과거의 국면에 속하는 명증성은 이 경험적-실천적 명증성과 불가분하다. 내가 그 당시 나의 실천적 가능성을 자유롭게 실현하는 가운데 자유롭게 활동하면서 나의 과거의 경험을 변화시킬 수 있고 과거의 세계를 그것이 존재했던 그대로 모든 측면에서 알 수 있다면, 현재의 경험에 이르기까지 계속 경과해 일치하는 과정의 경험적 명증성 속에서 동일한 것이었던 세계는 그 실재적 상태가 객관적-시간적 변화 속에 변경된 것 이외에 여전히 동일하다.

언제나 여전히 지향하는 세계의 의미를 충족시켜 실현하는 것이 연속해 성공하는 과정 전체──개별적인 주관적 과정뿐 아니라 상호주관적으로 공동체화된 과정──속에 그것을 미래에 실현할 수 있음과 동시에 무한히 계속 수행될 수 있는 실현할 수 있음이 항상 확인되며, 더구나 완전성이 상승하는 인식과정이라는 형식으로 확인된다. 그렇지만 바로 이렇게 함으로써 세계 자체의 실제적 존재, 즉 항상 자유롭게 활동해 점차 더 완전하게 실현하는 것을 ('나는 할 수 있을 것이다' '모든 사람은 할 수 있을 것이다' 또는 '할 수 있었을 것이다'라는 의식 속에) 계속 수행할 수 있는 이러한 과정의 ──무한함 속에 놓여 있는── '목적'(telos)으로 확인된다.

따라서 순수한 선험적 고찰에는 현실적 주관성 또는 상호주관성 속에 명백히 밝혀지는 더 높은 단계의 고유한 진리의 의미로만, 즉 정초된 타당성의 내재적 형태 속에 구성된 이념(Idee)으로만 '그 세계 자체'가 제시된다. 이것에 동의어는 실제적이거나 가능한 경험의 모든 대상에 관련된 무한히 인식할 수 있는 진리로 생각된 전체성(Allheit)의 이념이다. 이 이념은 그 속에 언젠가는 모든 인식의 주제가 경험할 수 있는 것과 이 경험을 이론화하는 것의 총체성에 관해 모든 인식의 주체에 보편적 법칙을 미리 지시한다.

수행할 수 있는 논증에 대강의 윤곽으로 제시된 명제에 명석함을 부여하고 동시에 강력하게 동기지어진 예견의 명증성을 부여하기 위해서는 이러한 논의로도 충분할 것이다. 어쨌든 앞에서 말한 것은 지극히 거칠고 막연하지만 세계를 선험적으로 해석하는 최초의 시도 속에 이미 일깨워졌던 동기부여에 더 강력하게 부각된 모습을 부여하는 데 이바지할 수 있다. 또한 위대한 철학자들의 독창성은 그들이 예견하는 명증성이 그들이 설명하는 개별적 직관 속에서 해명되는 것보다 더 멀리 도달했다. 비록 최초로 이론적 접근을 시도한 것일 뿐이더라도 근원적으로 창조된 개념으로 명확하게 진술될 수 있었다는 사실이 곧바로 드러나기도 했다. 하지만 위대한 철학자들이 그들이 실제로 해결하지 못하고 넘어서야 했던 자연적 사유방식에 대한 명백한 반론에 직면했던 곳에서 왜 세계에 대한 선험적–주관적 고찰을 하도록 재촉되었는지를 알게끔 하는 것에 이바지할 수 있다.

그럼에도 여기에서 더 자세하게 상론해야 한다.

5) 선험적 '관념론'의 정당화: 이 관념론을 체계적이고 학문적으로 수행함

비록 우리가 일반적으로 어림잡아 '세계'가 타당한 의미로서 선험적 연관 속에, 따라서 가능한 외적 경험과 경험에 대한 학문의 의미부여 속에 순수하게 구성되는 사실과 방식을 이해했더라도, 세계에 대한 이 새로운 종류의 인식은 우리를 결코 만족시킬 수 없다. 왜냐하면 그러한 인식이 세계에 대한 자연적, 실증적 인식의 반박할 여지 없는 진리와 날카롭게 모순되어 나타나는 귀결로 밀어붙이는 것으로 보이기 때문이다.

우리가 논의하고 언젠가 논의할 수 있는, 우리가 알고 있고 언젠가 알 수 있는 세계는 그럼에도 우리가 개별적이든 공동체화된 것이든 우리 자신의 의식 삶의 내재에서 시사된 다양체 속에 통일되는 인식의 형태 ─ 인식하는 자로서 우리가 항상 '지니며' 항상 인식의 목적으로서 얻으려 노력하는, 결국 우리의 단순한 '이념' ─ 를 구성하는 바로 그것일 뿐이다. 가능한 인식작용의 영역 전체에는 바로 그 영역 속에 자신의 작업수행에서 구성된 인식의 형태만 일어날 수 있다는 것은 단도직입적으로 순수한 주관적 고찰방식의 귀결을 통해 이렇게 뚜렷하게 만들고 완전히 명증하게 만드는 선험적 태도의 필연적 기능이 아닌가? 따라서 그 밖의 어디에서도 세계, 즉 가능한 모든 세계는 '존재함'(Existenz)을 지닐 수 없고, 인식하는 주체들 '속에', 인식하는 주체들에게 명증한 그 의식 삶의 사실 '속에' 또한 그 본질법칙에 따른 '능력' 속에 있는 것으로서만 '존재함'을 지닌다.

이에 반해 자연적으로 사유하는 자는 결정적인 이의를 제기할 것이다. 그럼에도 [한편으로] 그 자체에서 그 자체만으로 존재하는 세계 자체와 [다른 한편으로] 그것에 의해서만 주체들이 세계에 관련되는 그때그때 주관적 인식의 형태는 구별되어야 한다고 명백히 밝힐 것이다. 그런데 우리 자신이 어쨌든 이성을 지닌 누구도 결코 의심할 수 없을 세계의 단순한 존립요소의 부분이라면, 세계가 우리 속에 있는 단순한 의미의 형성물, 이념이라고 가정하는 것은 노골적으로 이치에 어긋나는 일이다.

물론 선험철학자는 여기에서 그 답변을 잊어버리지 않을 것이다. 그는 모든 유의미한 차이뿐 아니라, 그 자체에서 그 자체만으로 존재하는 객체와 그때그때 인식된 객체 사이의 모두에게 친숙한 차이가 인식하는 의식에서 근원적이고 정당한 자신의 의미를 길어낸다는 사실을 우선 지적할 것이다. 그러나 인식하는 의식에 따라 명증한 방식으로 인식에 적합하게 실현된 실재적 객체는 아직 인식되지 않은 것, 전혀 생각조차 되지 않은 것—그럼에도 실로 처음부터 우리의 인식할 수 있는 열린 지평에 속하는 것으로 생각된 것—일 뿐이다. 공허한 지향과 충족시키는 직관의 많은 양상을 지닌 불완전한 인식과 이상적으로 완전한 인식 사이의 긴장만 남아 있을 뿐이다. 하지만 무한함 속에 놓여 있는 이념은 자신의 이념성을 위해 더 적은 인식의 형태를 취하며, 인식의 목표로서 그 이념에 접근하고 모든 진정한 인식 속에 자신의 무한한 의미 가운데 단편이나 미숙한 예비단계를 실현하는 각각의 주관성 자체가 지니는 의식의 지평 속에 더 적게 위치하지 않은가?

더구나 세계에 대한 주체로서 또한 세계 속에 있는 객체로서 인식하는 자의 이중 처지에서 일어난 이치에 어긋남에 관해서는, 이 이치에 어긋남은 매우 잘 해소될 수 있을 것이다.[21] 그 의식 삶 속에 모든 객체가 상호주관적 경험과 경험논리적 인식에서 인식의 목표점인 순수한 주체들과 세계 속에 있고 그 자체로 다시 '현상'인 그 객체들이 아니라, 인간과 그 인간의 '영혼 삶'인 심리물리적 주체들이다. 심지어 데카르트에서 객관적 세계가 존재하지 않을 가능성의 단초를 연구하는 가운데 의심할 여지 없이 흘러가버리는 '사유작용'(cogitationes)의 의심할 여지 없는 주체로서 남아 있는 '자아'도 이러한 인간의 심리물리적인 실재적 자아가 아니었다.

그와 같은 답변은 확실히 나름대로 가치를 지닌다. 그렇지만 자연적이든 선험적이든 태도와 명증성의 변화가 얽혀 있는 막대한 어려움을 실제로 해소하는 데 그 답변은 충분치 않다. 자신의 의식의 작업수행에 입각해서만 인식하는 주체에게 존재하고 그렇게 존재하는 세계의 의미를 잘 이해할 수 있게 해명하는 일은, 순수하게 파악되고 맨 처음 구체적으로 간취된 선험적 주관성과 지극히 다양한 의식의 방식과 여기에서 요구된 실제적 통찰을 수립할 수 있는 의식의 작업

---

21) 후설은 『위기』(3부 A 53~54항)에서 인간의 주관성이 세계에 대해 주관[주체]으로 존재하는 동시에 세계 속의 객관[객체]로 존재하는 필연적 역설(Parodoxie)은 토대 없이 출발하는 철저한 선험적 환원을 통해 '선험적 주체-객체-상관관계'(transzendentale Subjekt-Objekt-Korrelation), 즉 선험적 상호주관성의 지평을 구성하는 지향적 작업수행을 해명함으로써 해소된다고 한다.

수행에 대한 구체적이고 체계적인 연구를 통하는 대신, 사태와 무관한 보편성 속에 움직이는 단순히 논증해 숙고하는 것에서는 결코 이루어질 수 없다. 사실상 실제적 통찰은 모든 종류의 객관적 의미가 어떻게 생기고 객관적 진리가 어떻게 순수 의식 속에 생기는지 하는 방식에서 추구되어야 한다. 즉 그 방식은 그 본질특성과 본질구조에 따라 그때그때 의미를 구성하는 의식이 이른바 어떻게 드러나는지, 이와 상관적으로 그 속에 실제로 생기는 의미 자체가 어떻게 그러한 근원적 진정함에서 드러나는지 하는 것이다. 이미 기원에 관한 로크의 학설을 근본적으로 추동시킨 — 하지만 그의 학설에는 숙명적으로 곡해됨으로써 의미가 전도된 형태로 작용한다 — 이러한 과제를 해결하는 것은 이제 그 학설의 측면에서는 지극히 어려운 연구에 휩쓸릴 수도 있다. 그럼에도 그 어려움은 극복되기 위해 현존한다. 그러나 그 어려움은, 실제로 실행함으로써 선험적 고찰방식의 특성에 친숙하게 하려고 힘들게 노력하는 것을 겁내고 꺼려하면, 그래서 절대적으로 자립적이며 모든 객관적 전제에 대립해 절대적으로 독립적인 영역인 선험적 영역을 발견함으로써 철학에 생긴 엄청난 과제를 전혀 이해하지도 못한다면, 결코 극복되지 않는다.

이미 데카르트를 뒤따라 — 하지만 더 철저한 귀결로 — 선험적 고찰방식을 실행하고 (비록 여전히 불완전하고 지나치게 거대한 보편성에서 이지만) 내재적 인식의 형태에 관해 반성한 최초의 철학자들인 라이프니츠, 버클리 그리고 흄은 이것으로써 전대미문의 효력범위를 지닌 새로운 종류의 통찰이 열린다는 사실, 실로 과거 철학자들이 세운 세계관(Weltanschauung) 전체를 개조시켜야 한다는 사실을 알아차렸다. 그래서 '관념론'은 역사상 매우 상이한 형태로 또한 매우 상이하게 평가할 수 있는 형태로 나타났으며, 끊임없이 학문적으로 수행할 것을 요구했다. 그럼에도 세계를 형이상학적으로 해석하는 새로운 종류의 형태로서 선험적 세계관을 보편적으로 예견하는 것에서 그 길은 구체적으로 완성된 작업의 문제와 실제로 수행되고 체계적으로 결합된 이론을 지닌 학문과는 거리가 매우 멀었다. 사람들은 무엇보다 지향성과 그 작업수행의 독특한 본질을 파악하는 것, 순수 의식과 그 의미의 형성물의 다양한 특수형태들을 구별하는 것을 새로운 태도에서 파악할 수 있게 배워야 했다. 그때 비로소 모호한 문제들은 근원적으로 길어낸 선험적 개념에 의해 정확해질 수 있고 이론뿐 아니라 선험적 방법도 가능해질 수 있다.

 6) 학문적 선험철학이 지닐 최초의 체계에 대한 칸트의 구상
 그런데 칸트가 엄밀한 학문에 대한 의지로 완전히 충만해 한 번 간취한 주도적 문제 —— 인식할 수 있는 객체[객관]성의 선험적 의미와 주관적 통찰 속에 인식의 타당성을 요구하는 학문의 문제 ——를 필생의 과제로 삼았다는 사실, 수십 년 동안 극도로 몰두한 탐구에서 학문적 선험철학에 대한 최초의 체계를 구상했다는 사실, 바로 여기에 임마누엘 칸트의 명성에 가장 확고한 근거가 놓여 있다. 처음부터 진정한 학자인 그를 이끈 것은 일정한 개별적 문제다. 이것은 수학과 수학적 자연과학에 대한 철학적 고찰과 그 당시 존재론의 불충분함에 대한 비판적 인식에서 비롯된 것이다. 그것은 그 선험적 의미 속에 더 깊게 파고들어 갈 경우 드러나 밝혀지고 그를 새로운 종류의 '형이상학', 즉 '독단적'(dogmatisch) 형이상학에 대립해 선험적 또는 '비판주의적'(kritizistisch) 형이상학을 자립적으로 발견하게끔 이끈 문제였다.
 선험철학은 발전해가는 과정에서 학문과 그 주요 유형에 따라 분류된 선험적 '가능성'의 문제에 우선적으로 주목한다는 사실로 특별한 이론적 특징을 띤다. 그는 학문을 객관적 실제성이나 가능성의 이

론으로서 객관적으로 고찰할 뿐 아니라 일관된 선험적 조망 아래 의식 일반 속의 주관적 인식의 작업수행으로 고찰하기 시작한 첫 번째 사람이다. 그가 자연의 형식적 존재론('형상으로 바라본 자연')²²⁾의 이념을 구상하고 그 근본개념과 원리를 선험적이며 체계적인 통일적으로 연역하려 대담하게 기획한 방식은 완전히 새로웠다. 이러한 일은 '인식하는 모든 자에게 가능한 경험의 종합에서 하나의 동일한 것으로 경험될 수 있고 이때 더 나아가 이어지는 이론적 인식 속에 — 게다가 모든 사람이 필연적 타당성에서 획득할 수 있고 주관적 인식과정 속에 경과하면서 그럼에도 필연적 보편타당성을 획득하고 보증해야 할 방법에 따라 획득할 수 있는 진리와 학문 속에 — 인식될 수 있을 객관적 세계(자연) 일반은 어떤 개념형식과 법칙형식에 지배되어야 하는가?' 하는 독창적인 소급적(regressiv)²³⁾ 질문의 의미 속에 일어났다.

그럼에도 궁극적인 학문적 정초가 아닌 것의 표시로 간주될 수 있을 칸트 이론에 심오한 막연함은 볼프의 존재론(Ontologie)²⁴⁾에서

---

22) 칸트는 자연을 경험적 인식의 대상영역인 '질료로 바라본 자연'(natura materialiter spectata)과 자기 자신을 유기적으로 형성해가는 존재방식의 총체인 '형상으로 바라본 자연'(natura formaliter spectata)으로 구분하고, 그 가능성의 문제를 전자는『순수이성비판』'선험적 감성론'에서, 후자는 그 '선험적 논리학'에서 다루었다(『미래의 모든 형이상학을 위한 서설』(*Prolegomena*), 36항 318~320을 참조할 것).
23) '소급적'과 '전진적' 개념에 관해서는 본문 4항의 옮긴이 주 27을 참조할 것.
24) 볼프는 모순율과 충족이유율에 따라 존재자 일반을 다루는 '일반 형이상학' 그리고 영혼, 세계, 신을 논하는 '특수 형이상학'을 구별하고, 경험적 지식에 이성적 지식의 종합을 모든 학문의 궁극적 목적으로 삼았다. 이러한 구상을 이어받은 칸트는『순수이성비판』에서 '자연의 형이상학'과 '도덕의 형이상학'을 나누고 전자에서 제1부문인 선험철학, 즉 존재론이 자연학, 심리학, 우주론, 신학에 앞선다고 주장한다.

유래한 칸트가 선험적 태도에서조차 존재론적으로 관심을 두고 있었다는 데 그 확실한 근거가 있다는 사실에 아마 미래도 의견이 일치할 것이다. 즉 그의 연구는, 자신의 독특한 문제제기와 마찬가지로, 의미의 형태 또는 진리의 형태와 객관적 타당성에서 이 형태에 필연적으로 속하는 의미의 계기에 거의 전적으로 관계된다. 그렇지만 다른 한편 그는 모든 종류의 객관적 의미와 객관적 권리[정당성]가 형성되는 작업을 수행하는 주관성과 그 의식의 기능, 수동적이고 능동적인 의식의 종합에 대한 이와 상관적인 구체적으로 직관할 수 있는 연구를 체계적으로 실행하는 것이 그의 문제제기를 해결하는 데 필요 없다고 간주했다. 의미를 부여하는 의식 삶 그리고 의미부여와 의미 자체—특히 '주관적[선험적] 연역'[25]이라는 명칭으로—가 연관된 아프리오리를 아무리 깊게 그리고 최초로 통찰했더라도 어쨌든 그는 그가 실행할 수 있다고 믿었던 대로 선험철학이 축소되지 않는다는 사실, 즉 선험철학을 철저히 명석하게할 수 있다는 사실을 인식하지 못했다. 따라서 철저히 학문적으로 실행하는 것은 구체적으로 완전한 의식 삶과 그 작업수행이 그 삶에 상관적인 모든 측면에 따라 또한 아주 세분화되어 그 연구에 종속될 때만 비로소 가능하며 이것은 구체적으로 직관할 수 있는 통일적인 선험적 주관성의 테두리 안에서만 가능하다는 사실을 인식하지 못했다.

요컨대 선험논리학은 선험적 인식작용에 관한 학문(Noetik) 안에서만 가능하다. 즉 객관적 의미형태에 대한 선험적 이론은, 완전히 충분한 인식, 그래서 절대적 인식이 획득될 수 있을 때, 객관적 의미를 형성하는 삶의 선험적 본질탐구와 분리될 수 없다. 선험적 이론은 결국 의식 일반에 대한 가장 보편적인 연구—'선험적 현상학'—로

---

25) 『순수이성비판』제1판에서.—후설의 주.

소급해 이끈다. 바로 이것이 처음부터 우리가 서술한 것에 기초가 되었던 '선험적'(transzendental)이라는 칸트의 독특한 개념을 확장하게끔 강제한다.

그럼에도 선험철학에 대해 칸트 자신이 경계를 설정한 것에 어떤 견해를 지니더라도, 이미 언급했듯이 그는 선험철학을 실제로 실행하는 이론의 형태로 이끈 최초의 인물이었다. 특히 그는 엄청난 구상으로 무엇보다 직관의 자연과 수학적 자연과학의 자연을 선험적 주관성의 내면에서 구성되는 형성물로 이론적으로 이해하는 일이 완전히 성공할 수 있을 때까지 언제든 다시 수행되어야 할 시도를 떠맡은 최초의 인물이었다. 하지만 동일한 것이 자연적으로-소박하게 경험된 세계의 모든 영역과 그래서 모든 학문에 대해서도 수행되어야 한다. 여기에서 우리 시대에 생생하게 느끼는 절실하게 필요한 것은 '가능한 경험의 대상'으로서 다양한 인간의 사회성과 그 공동체 삶에서 생기는 문화형성물, 따라서 이 형성물과 관련된 정신[인문]과학도 선험적 고찰로 이끌어야 하고 칸트의 '자연과학에 대한 편견'도 극복해야 하는 일이다.

7) 선험철학의 역사적 발전과 그 실천적 의미

만약 내가 선험철학의 이념의 보편성을 넘어서 칸트 이론의 특별한 내용에 파고들어 가도 좋다면, 당연히 그의 명성을 더 찬양할 것이다. 칸트가 이론화하는 어디에서나 거의 직면한 다양하고 중대한 개별적 발견들을 지적할 수 있을 것이다. 물론 그 발견들은 각기 '나를 소유하기 위해 나를 획득해라!'라는 명문(銘文)을 지닌다. 선험철학은 가령 미적분(微積分) 계산과 유사한 관계가 있다. 즉 근원적으로 이론을 통해 만들어졌지만, 그 이론 자체가 무엇보다 진정한 형태와 반박할 여지 없는 생명을 획득할 수 있을 참된 이론을 만들어내기 위해 수백 년 작업이 필요할 것이다.

자연적 사유방식 전체를 철저하게 전환시켜야 하고 이제껏 전혀 간취되지 않은 것을 간취할 수 있고 이제껏 전혀 생각되지 않은 것을 생각할 수 있는 그 자체 속에 절대적으로 완결된 완전히 새로운 종류의 인식영역이 열리면 이제 곧 학문적으로 장악하는 일은 여전히 매우 불완전할 것이다. 특히 그 때문에 처음 제공되는 문제, 방법, 이론에는 완전히 만족시킬 명증성이 없어 아직 해명되지 않은 전제들이 부착되어 있다. 따라서 전제 없이 그 자체만으로 명증한 출발을 침투해 들어가고 사태에 적합한 방법을 만들어내며 실제로 근본적 문제제기를 구상해 결국 궁극적으로 타당하게 책임지는 이론을 체계적으로 구축하기 위해 미래에 제기된 과제는 지극히 어려울 것이다.

그래서 우리가 선험철학의 경우 현대 수학이 처음부터 보여준 것처럼 연속적 상승이 이제까지 없었다는 사실을 깨달을 수 있고 이를 충분히 이해할 수도 있다. 실증적 학문에 대립해 선험철학의 고유한 권리와 특권을 끝까지 관철하기 위해 ── 하지만 이러한 투쟁에서 선험철학과 선험적 방법의 궁극적으로 책임지는 순수한 의미를 무엇보다 우선 연마하기 위해 ──여기에서 매우 길고도 여전히 완결되지 않은 투쟁을 해야 한다. 가장 깊게 뿌리내린 자연적 인식방식의 습관을 타파해야 할뿐 아니라, 여기에는 다른 측면에서 결코 거부할 수 없는 기술적(技術的) 성공을 선전하는 효과도 없다. 매우 쓸모없는 기술인 선험철학은 이 세계의 주인이나 장인(匠人), 정치가, 기술자, 실업가를 돕지 못한다. 그러나 선험철학이 이 세계를 절대화하는 것에서 이론적으로 우리를 해방시키고 더 높은 의미에서 오직 참된 세계, 즉 절대적 정신의 세계로 들어갈 유일하게 가능한 학문적 입구를 우리에게 열어주는 것이 아마 비난받을 결점은 아닐 것이다. 아마 선험철학도 실천(Praxis), 즉 인류의 최상의 궁극적 관심이 필연적으로 작동되어야 할 바로 그 실천의 이론적 기능(theoretische Funktion)일 것이다.

8) 칸트를 계승하는 의미

그러므로 우리는 이러한 방식으로 칸트 필생의 학문적 작업이 이룩한 불멸의 의미를 이해하고, 그래서 우리와 모든 미래세대가 소임을 받은 아주 중대한 과제를 이어받는다. 무엇보다 우선 세계에 대한 그의 독특한 철학적 견해의 성격을 매우 인상 깊게 규정하는 칸트의 특별한 논제와 이론에 의문을 제기하지 않은 채 우리는 그의 철학에서 최초의——하지만 단지 일시적일 뿐인——이론적 존재가 된 선험철학의 이념을 마치 철학의 역사적 발전에 타고난 그리고 철학의 계속적 발전에서 언제나 불가분하게 남아 있는 영원한 의미로 인식해야 한다. 어쨌든 선험철학은 데카르트의 『제일철학에 관한 성찰』과 더불어 싹의 형태에서 이념으로서 최초로 실제로 존재하게 되었다. 또한 즉시 특수한 근대철학이 발전해 추동해가는 의미, 근대철학이 생생하게 계속 추진하고 영향을 미치는 지향(Intention)이 되었다.

'나는 생각한다'는 일단 그 자체에서 완결된 순수한 인식의 주관성으로 여겨질 수 있다. 더구나 실로 인식될 수 있는 모든 것에 대해 보편적 인식의 토대로서 여겨질 수도 있다. 따라서 그 주관성이 철학적 방법의 근원적 원천으로서 인식되고 문헌상 타당하게 되면, 다음 시대에 철학적으로 사유하는 자에게 무조건 개척해가야 할 지향적 지평이 열리는데, 이것은 무조건 명석함을 충족시키고 실현해야 할 철학의 이념을 일깨운다.

비록 처음에는 여기에서 모든 것이 단지 방법만 새롭고 더 깊게 확보된 이론적 내용만 구비할 수 있는 철학——자명하게 이제까지 유일하게 생각해볼 수 있는 형이상학의 양식 전체를 유지할 철학——에 이르는 결과처럼 보이더라도, 어쨌든 그 방법의 선험적 동기를 작동시키는 가운데 선험철학의 진정한 **혁명적 의미**[26]를 드러내 밝혀야 한다. 결국 실제의 선험철학은 이렇게 발전하는 가운데 요구되는 철학에 근본적 본질상 새로운 사실을 명증하게 이끄는 활발한 학문적 실행이 되어야 한다. 모든 방법의 절대적인 궁극적 원천에 입각해 길어내었기 때문에 선험철학으로 실제성이 되었던 것은 이전에는 전혀 들어보지도 못했던 권력으로 적어도 완전히 새로운 종류의 그 본질 유형에 따라 유일하게 가능한 철학을 제시하는 요구, 더 적절하게 말하면, 이것으로써 완전히 새로운 종류의 철학을 근원적으로 건립하는 요구를 제기할 수 있다는 사실이 명백해져야 한다.

이러한 방식으로 칸트의 이성비판은 역사적으로 생성된 근대철학에서 우선시되고 결국 사실이 된 철학적 혁명의 의의를 지닌다. 그의 이성비판이 등장함으로써 철학 자체에는 학문적으로 참된 철학으로서 그 철학에 본질필연적인 방법의 형태가 명백히 드러났고, 따라서 그 이후의 모든 발전이 자각해서 목적을 실현하기 위해 활동해 추구해야 할 진정한 목적이념[27]이 명백히 드러났다.

---

26) 후설은 선험적 현상학을 시종일관 철저하게 추구하는 것이 종교를 개종(改宗)하는 것처럼 어렵더라도 반드시 수행되어야 한다고 역설한다. 그는 "내가 파악한 것을 안내하고 제시하며 기술할 뿐이지 결코 가르치려 하지 않겠다."(『위기』, 17쪽)고 하면서도 "추정적으로 보면 보수주의자인 내가 오늘날 말로만 매우 급진적인 태도를 취하는 사람들보다 훨씬 더 급진적이고 훨씬 더 혁명적이다"(같은 책, 337쪽)라고 한다. 그것은 선험적 주관성이 인간성의 삶을 새로운 단계로 고양시키는 철학적 실천의 주체, 목적론의 이념에 따라 자신의 진정한 삶을 현상학적으로 개혁해야 할(『현상학적 심리학』, 252쪽) 자기책임을 실현하는 의지의 주체이기 때문이다.

27) 후설의 목적론(Teleologie)은 아리스토텔레스와 같이 모든 실체의 변화가 정해지도록 순수 형상을 미리 설정하지도, 헤겔과 같이 의식의 변증법적 자기발전을 통해 파악한 절대 정신을 드러내지도 않는다. 그것은 모든 정상인에

여기에서 한 가지 과제가 가장 중요한 것으로 부각된다. 그것은 모든 방법에 근원의 장(場)인 선험적 주관성을 철저하게 탐구함으로써 철학의 이처럼 새로운 선험적 의미를 완전히 명석하고 순수하게 이끄는 과제다. 이때 이렇게 순수한 형태의 의미(Sinn)에는 정당하게 또한 자각해 이끄는 목적이념의 의미(Bedeutung)가 주어질 것이고, 이 목적이념은 드러나 밝혀진 완전태(Entelechie)로서 철학의 발전에 가장 이성적이며 비할 데 없이 성과가 가장 풍부한 형태를 가능케 한다. 그것은 궁극적이며 가장 엄밀한 의미에서 스스로 책임지는 가장 진정한 학문의 형태에서 이념이다.

그래서 이상적으로 말하면, 철학은 자신이 이끄는 형식적 목적이념으로서 만족시켜야 하고 현실적 이론을 통해 충족시켜야 할 보편적인 방법적 체계형태에 관한 최상의 가장 자각한 명석함에서 참되고 진정한 존재를 비로소 획득한다는 것이 철학의 본질이다. 달리 말하면, 철학이 자발적 성찰과 통찰 속에 이러한 자신의 이성적 목적이념의 형태를 만들고 이러한 이념과 그 생성과정에 적합하게 끊임없이 자각해 스스로를 규정하는 가운데 자신의 진정한 목적의미를 활발하게 겨냥한 것으로서 합리적으로 발전하는 형식을 미리 지시하는 한, 철학은 참된 의미에서 비로소 존재한다.

이 모든 것에 따라 우리는 칸트가 철학을 혁명시킨 것을 단순한 역사적 사실일 뿐 아니라 철학 자체의 본질 의미 속에 미리 지시된 자연적 인식방법에서 선험적 인식방법으로, 세계에 대한 실증적 또는

게 동일하게 기능하는 '이성'과 '신체'를 근거삼아 '사태 그 자체로' 부단히 되돌아가 경험의 지향적 지평구조를 해명할(미시적 방향)뿐 아니라, 이 경험이 발생하는 원천인 선험적 주관성이 구성되는 역사성으로 되돌아가 물음으로써 궁극적인 자기이해와 세계이해를 통해 인간성의 이념을 완성하려는(거시적 방향) 이중의 방향으로 전개된다.

독단적 인식과 학문에서 선험적 인식과 학문으로 발전하는 전환을 역사상 최초로(여전히 불완전하게) 실현한 것으로 간주한다. 그것은 우리가 말할 수 있듯이, 세계에 대한 인식에서 소박한 실증성의 단계에서 인식의 ─ 공허한 보편성에서가 아니라 이성, 진리, 학문이라는 명칭 아래 공허한 보편성을 넘어서 작업을 수행하는 행위에서 ─ 궁극적인 자기의식에 입각한 단계로의 전환이다.

동시에 칸트의 후계자! 우리가 이해하고 도전해야 할 올바른 의미가 이미 획득한 통찰에서 생긴다. 그의 체계를 있는 그대로 이어받거나 개별적으로 개선하는 것이 아니다. 무엇보다 해야 하는 일은 칸트의 혁명에서 궁극적 의미를 이해하는 것, 어쨌든 완성한 자가 아닌 개척한 자로서 칸트 자신이 이해할 수 있었던 것보다 그 의미를 더 잘 이해하는 것이다. 그렇지만 이러한 이해는 근본에서 학문적으로 뚜렷하게 부각되어야 한다. 가장 엄밀한 의미에서 학문적 철학은, 그 본질상 전제 없이 시작하는 것으로서, 무엇보다 근원적 의식에서 길어낼 수 있는 이른바 자신의 ABC〔기초〕가 필요하다. 이것으로써 그 철학은 철학적 체계의 유희(遊戱)를 넘어서는 궁극적으로 타당한 이론이 생성되는 형태를 획득해야 한다. 그러므로 칸트의 유산은 포기되면 안 되고, 그 절대적 내용을 해명하고 정리해 평가함으로써 영속되어야 한다. 이 경우 그의 체계적 세계관이 단지 그의 세계관의 양식에 따라서만 유지되어 남는지는 다른 한편으로 완전히 2차적인 문제다.

이와 같은 정신에서 진지한 노력이, 특히 지난 십년 동안 이루어졌다. 어쨌든 그 노력은 선험적 이념이 완전히 가라앉아 사라질 위험 ─ 선험철학에서 이미 그 선구자와 마찬가지로 칸트의 가장 내면적인 동기의 의미를 전복시킨 오해 때문에 생긴 위험 ─ 이, 우리 시대에 대중의 현상으로 고찰된 세계에 대한 철학적 문헌이 여전히 이와 다른 총체적 모습을 만들어내더라도, 이미 극복된 것으로 간주될 수 있을 것에 대해 염려하고 있다.

지난 십년 동안 특히 우리 프라이부르크대학교는 칸트가, 비록 아주 상이한 형식이지만, 의도한 철학적 영향을 추구한 터전이다.[28] 현재 여기에서 제시되는 현상학적 방향이 아무리 그 문제제기와 공식화가 폭넓게 팽창되고 심지어 그 방법의 원리상 자신의 길을 걷더라도, 그 현상학적 방향이 아무리 근원적으로 칸트와 그의 학파에 의해 직접 규정되지 않았더라도, 예전의 또한 가장 오래된 사유의 동기를 모두 복원시키고 완전히 새로운 사유의 동기를 형성하는 경우 그러한 현상학의 방향은 이것이 칸트의 철학을 함(Philosophieren)이 지니는 가장 깊은 의미를 참으로 만드는 시도라는 사실도 인정해야 한다. 적어도 우리가 이 강의시간에 공동으로 숙고한 해석이 나름대로 정당성을 지닌다면 그렇게 인정해야 한다.

어쨌든 우리는 선험철학을 시대적 요구에 적합한 세계관의 정신이 아니라 궁극적으로 타당한 이념을 추구하는 엄밀한 학문의 정신으로 실현시키고자 노력해야 한다는 사실에서 칸트와 완전히 일치한다.

그래서 우리는 칸트의 창조적 정신이 우리의 검소한 감사헌물[기념강연]을 기쁘게 받아들일 것이라 감히 소망할 수 있다.

---

28) 이와 같은 표현은 후설이 신칸트학파 가운데 바덴학파(서남학파)의 대표적 인물인 리케르트가 1915년 빈델반트의 뒤를 이어 하이델베르크대학교로 옮겨감에 따라 그의 후임으로 1916년 4월 프라이부르크대학교에 취임한 것을 염두에 둔 것이다.

엄밀한 학문의 이념에 역사적 발생이 아니라 이상적 발생의 문제[1]

깨어 있는 이론적 관심(지식에 대한 관심)에서 세계에 대한 보편적 관심이 되는, 세계의 합리적인 구조적 보편성에 대한 관심이 되는 자연적 동기부여에 관한 숙고. 모호한 보편성을 지닌 모호한 자연적 인식은 어디까지인가? 하지만 이때 첫째는 모든 우연적 정상성을 넘어서 모든 기회원인성(상대성)에서 벗어난 진리인 진리의 새로운 이념을 이끌면서 무조건적 보편성의 이념이 어떻게 일깨워지는지 이다. '세계에 대한 자연적 개념으로 되돌아감'—이것은 무엇을 뜻하는가? 하나의 역사적인 것인가?

우리는 철학의 형식적 근본개념에서 무엇을 앞세울 수 있는가?

1) 인식 — 인식 일반 — 은 순수한 이론적 관심에서 생기는가? 그럼에도 이 나무가 떡갈나무인 것처럼 임의의 모든 단일한 인식이 즉시 그렇게 생기지는 않는다. 아직 알려지지 않은 인식이 명백하지는 않다. 단순히 경험하는 어떠한 앎도, 아직 알려지지 않은 임의의 어

---

1) 이 글은 1925년경 작성된 것이다.

떠한 인식도, 임의의 모든 추론도 그렇지는 않다. 단일하게 경험되지 않았지만 마음대로 처리할 수 있는 경험영역의 범위에 놓여 있는 임의의 모든 물음에 대한 어떠한 답변도 그렇지는 않다.

2) 보편적 인식은 그 모든 실재성과 더불어 세계 전체에 관계한다. 모든 것이 어떻게 생성되는지, 무엇에서 생성되며 그것에서 근원적으로 내포하거나 그 자체에서 존재하는 것은 무엇인지, 모든 생성작용은 어떻게 이루어지며 모든 생성작용에 무엇이 나타나고 나타나야 하는지, 변치 않은 모든 존재자는 어떻게 대립들의 조화에서 생기는지, 도대체 필연적 규칙이 어떻게 지배하며 이성 ─ 이성이 없다면 세계는 혼돈이며 통일적 세계가 전혀 아닐 것이다 ─ 이 지배하는지에 관계한다.

세계의 모든 존재와 사건을 관통하거나 경험적으로 어디에나 나타내는 보편적 특징은 관심을 끈다. 사람들은 이러한 보편성을 귀납적으로 파악함으로써 또한 엄밀한 보편성이 간주하는 대로 그 보편성을 자연적으로 진행하는 가운데 완전한 보편성 ─ 이 보편성이 경험적 사유의 자연적 특징에 있듯이 ─ 으로 이끌려고 한다. 그래서 자연적 특징에 대해 우선 절반은 ─ 공기, '무한정자'(apeiron), 사랑과 증오[2] ─ 신화에 의해, 그런 다음 인격적 원리 ─ '지성'(nous)[3] ─ 를 통해 시도된 해석에서 '설명', 즉 해석을 부여한다. 여기에서 사람들은 자연적 특징을 보편적으로 이해하려 한다. 또는 확고한 요소들

---

2) 자연철학자들의 주장 가운데 여기에서 '공기'는 아낙시메네스(Anaximenes), '무한정자'는 아낙시만드로스(Anaximandros)나 피타고라스(Pythagoras), '사랑과 증오'는 엠페도클레스(Empedocles)의 견해다.

3) 또한 '지성'은 아낙사고라스(Anaxagoras)의 견해인데, 그는 서로 성질이 다른 무수한 종자(spermata)들이 혼합하는 원동력을 스스로 운동하며 존재하는 가장 정교하고 순수한 '지성'이라고 보았으나, 정신적인 것과 물질적인 것의 근본적 차이를 엄밀하게 구분하지는 못했다.

에서 구축하거나 나타나는 것의 배후에 있으며 그 결과로서 나타남의 경과가 설명될 수 있는 일어난 사건의 확고한 규칙을 명백하게 밝히려 한다. 형식상 더 단순한 근본규정은 나타남의 다양한 많은 사건을 연역적으로 설명한다.

학문은 세계의 모든 사건과 사물을 관통하는 보편적인 것을 겨냥한다. 더 높은 보편성에 입각해 더 낮은 보편성을 겨냥하는 것이다. 보편적 규칙에 입각해 개별적 경우로서 단일의 사건을 설명하고, 결국 그렇게 존재하고 세계가 그렇게 존재함(Sosein)을 이해할 수 있는 세계에 있는 존재자에 입각해, 어떤 또는 다수의 존재원리에 입각해 일어난 모든 사건의 경과 전체와 이 세계가 보편적으로 그렇게 존재함을 설명한다. 그것은 결국 이성, 신, 인격적이거나 인격과 유사한 원리다. 이것으로 사람들은 왜 어떤 것이 그러한지, 그것은 언제 목표정립과 목표실현에서 유래하는지를 이해한다. 결국 모든 존재에 대한 설명은 이러한 것에 이른다.

어떠한 최종적인 것도 표상할 수 없는 결코 완결될 수 없는 아직 알려지지 않은 지평은 무한한 세계 전체를 넘어서 여전히 다른 것을 생각해볼 수 있을 것인가? 우리는 어떻게 세계에 대한 인식을 획득하는가?

우선 감성적으로 경험되는 세계를 관통하는 보편성, 즉 '세계의 왕국' — '영원한' 별들의 천체세계, 별들이 총총한 하늘과 지구, 동물의 세계와 식물의 세계, 인간의 세계, 무생물의 세계, 가장 깊은 단계의 실재적 존재의 세계 — 인 보편성에 대한 관심과 그와 같이 무한한 모든 세계에 대해 보편적으로 인식할 수 있는 개방된 무한성을 지니는 보편성에 대한 관심은 분류, 발전, 가장 보편적으로 구축하는 방식 등이 있다. 인간의 경우 그 관심은 영혼의 능력, 유능함이나 덕(德)의 방식, 그 사회적 관계의 방식, 도덕, 그 교양, 그 쇠퇴의 방식

등이다. 그것은 문화의 왕국, 공간형태의 왕국, 수의 왕국, 리듬, 멜로디의 왕국이다.

세계 전체는 다양한 전체성을 자체 속에 파악하는 총체적 전체성이며, 보편적 특성 ─ 보편적 질문 ─ 을 지닌 무한한 왕국이다.

지속하는 존재, 변화 ─ 주관적 '나타남'의 변화 ─ 속에 동일하게 남아 있는 것에 대한 지향에서 존재하는 것은 무엇인가? 실재적인 것(Reales)의 동일성은 존재하는 것의 본질을 영원히 타당하게 진술하는 동일한 술어, 진리를 요구한다. 이러한 본질(Was)은 '지속하는 본질(Wesen)'의 술어에 동일하고 완결된 존립요소여야 한다.

참된 존재에 대한 지향은 최종적 진리, 모든 참된 존재에 그 자체 속에 완결된 진리에 대한 지향이다.

나타남의 흐름, 감성적인, 경험적-상대적 진리의 흐름에서 어떻게 그리고 무엇이 끊임없는 변화 속에 동일한 것으로 경험되는데 지금은 타당한데 다음에는 타당하지 않고 나에게는 타당한데 타인에게는 타당하지 않은 술어를 지니고 동일한 것으로 판정되고 참으로 '존재할' 수 있는가? 그것은 언제 그러하며, 나는 그것을 어떻게 알 수 있고, 어떻게 그와 같은 진리를 인식하고 정초할 수 있는가?

사유작용(Denken)의 존재자, 즉 '인식작용'(noein)의 존재자는 오직 실제적인 참된 존재자지, 나타남(Erscheinung)의 존재자가 아니다. 그렇지만 그 존재자는 어떻게 규정될 수 있는가? 시간, 공간, 운동, 크기와 수, 변화가 거기에 포함되는가? 존재자는 어떻게 나타나는 것으로서, 시공간적으로, 질적(質的)으로, 변화되는 등으로 주어진 것으로서 ─ 그럼에도 '구조되어' ─ 〔존재자의〕 권리를 유지할 수 있는가? 어쨌든 감성적인 것 그 자체가 단순히 주관적일 때 주관적 의견 자체가 변화하는 가운데 변화하면서 이러한 권리는 어떻게 규정될 수 있는가?

모든 실재적인 것은 시공간적이다. 그것은 변화되고, 인과적으로 규정된 것으로 스스로를 부여하며, 인식하는 자의 주관성에 독립적인 동시에 그의 신체성과 영혼의 기분 등에 독립적이다.

이렇게 많은 보편성은 어떤 조건 아래 비로소 인간의 인식지평 속에 들어온다. 그 조건은 인간 문화의 보편성, 인간 역사 — 실로 민족의 역사 — 의 보편성, 더구나 학문 자체의 보편성이다.

물론 이 경우 지구 자체도 하나의 보편성이다. 지구는 개별적이지만, 무한한 왕국으로서 많은 종류의 왕국 — 바로 방금 전에 언급한 (우선 적어도 지구에 관련될 수 있는) 왕국 — 을 자체 속에 지니는 대상이다.

그와 같은 우주는 인식에 대해 보편적 명제를 요구한다. 즉 경험하는 대상에 대한 개별적 경험들과 개별적 설명들의 합계가 아닌 보편적 의미의 인식을 요구한다. 무한함은 보편성을 통해서만 인식할 수 있다. 그렇지만 여기에서 무한함은 수학적인 것을 뜻하는 것이 아니라, 목표, 최종적인 것이 미리 경험을 통해 주어질 수 없을 '가능한' 경험이 계속 진행되는 가운데 끝이 없음을 뜻한다.

따라서 세계가 탐구되고, 세계의 모든 우주가 탐구되며, 세계의 통일성, 서로 함께 얽혀 있음이 탐구된다. 또는 세계를 '세계의 왕국' (세계의 영역, 하지만 여전히 철학적 의미에서 그 영역은 아닌)으로 자연적으로 분류하는 것 — '세계에 대한 자연적 개념'을 분류하는 것 — 은 '학문'의 자연적 과정을 규정한다.

그런데 나는 어떻게 더 나아가는가? 나는 내가 존재하거나 우리가 존재하듯이 나 자신을 인간으로 생각한다. 하지만 오늘날 세계를 파악하는 데 실로 학문으로서 우리를 규정하고 학문에서 유래하는 그 학문적 의미를 부과하는 모든 것에 **앞서** 그렇게 생각하는 것이다. 나는 우리가 그렇게 존재하듯이 — 평소에 여러 가지 변화하는 의미를 젊어진, 언제나처럼 우리의 경험이 형성되는 것과 다를 수 있는 그 경험이 형성되는 것에 따라 통각이 된 — 일치하는 경험의 과정에서 하나의 감성적-직관적 세계를 지니는 인간으로서 그 인간을 생각한다. 우리 환경세계의 인간에게 그것이 여전히 종교의 의미내용을 지닌 신적 영감, 계시, 경이(驚異)이듯이, 그 인간에게는 경험이 신화적 잠재력일 수 있다.

그러나 언제나처럼 우리 — 우리가 바보나 티베트인과 의사소통을 하고 동일한 환경세계를 경험하는 의미에서 동일한 우리 — 와 같이 동일한 환경세계인 하나의 환경세계에 관련된 우리와 같은 인간인지 그 차이(그 차이가 사실 속에 문화학과 역사에서 특수한 형태로 증명될 수 있듯이)가 있을 수 있다. 이 동일한 환경세계가 우리와 그들에 의해 개별적으로 아무리 상이하게 통각이 되더라도, 그럼에도 세계에 대한 자연적 개념은 그것이 영역으로 자연적으로 분류되는 가운데 우리 모두에게 동일한 것이다. 기껏해야 우리는 우리가 인정하지 않고 결코 경험할 수 없는 그들의 경험 속에 함께 경험된 그들에게 신들이나 정령(精靈)들의 특별한 영역은 없는지 의심할 수는 있을 것이다.

자신의 실천적 환경세계에서 자연적으로 살아가는 실천적 인간. 실천적 인식작용. 이론적 태도로 넘어감.

따라서 일반적으로 싹트고 확장된 지식에 대한 관심의 상태에서 영역에 따라 분류된 경험세계 속에 인간을 생각해보면, 이러한 지식의 종류인 인식이 형성되는 것은 우선 실천적 삶의 인식이 형성되는 것과 본질적으로 동일한 종류다. 이 실천적 삶이 경험적-귀납적 예견에서 개별적 경험작용을 넘어서 — 바람과 날씨를 넘어서, 사물의 인과적 행태를 넘어서, 인간의 개인적 행태 등을 넘어서 — 이론적 관심이 없어도 (순수하게 실천적으로 동기지어진) 보편적 확신을 획득하듯이, 판단하는 자는 이론적 관심 속에서도 그러하다. 그와 같은 판단방식은 '명증성'이 없지 않다.

이러한 인식수준에서도 좋은 인식작용과 나쁜 인식작용이 존재한다. 우리는 실천적 삶에서 진리와 거짓, 실제성과 가상, 이성과 어리석음에 관해 논쟁한다. 우리는 명증성에 근거해, 즉 다시 현전화하는 경험으로 되돌아가는 가운데, 판단이 '상태를 명석하게 숙고하고' 유비의 정도를 높이면서 동기를 부여하는 공존과 계기의 규칙성으로 되돌아가는 가운데 일치하게 된다. 그리고 이렇게 실행하면, 이때 그에 따라 관련된 인식과 보편적 인식도 '충분히 정초되는' 사실, 그것은 '이성적'이며 이러한 방식으로 '예견할 수' 있고 추론할 수 있다는 사실 또는 경험 앞에 놓여 있는 것이 지탱할 수 없거나 본질과 유사하게 간주된 어떤 것이 존재하지 않고 단지 우연적 근거에서 서로 느낄 수 있기 때문에 이성적이지 않다는 사실도 '명백하다.'

그러나 다른 한편 실천적 삶의 그와 같은 보편화는 엄밀한 보편적 진리에 대한 명확한 인식이 아니며, 삶에서 보통 그렇게 생각되지도 않는다. 여기에서 예상의 규칙 ─ 이에 따라 새로운 경우 유사한 사건이 예상된다 ─ 은 경험과 습관에 입각해 충분히 정초된 추측성이라는 사실이 실천에는 충분하다. 따라서 경험의 계속되는 경과가 일단 일치하지 않으면, 흔히 일어나는 경험이 이에 대립될 경우 그 효력이 파기되더라도, 이것으로써 그 규칙도 포기되지 않는다.

따라서 자연적인 실천적 삶은 무조건 타당한 인식을 결코 지니지 않는다. 무조건적인 것을 단지 종교적이며 종교와 연루된 도덕적 요구의 형식으로만 알고 있다. 이 경우 그 요구는 모든 인간 일반에게 무조건적 요구의 타당성에서 필연적으로 생각되지 않으며 가족, 종족, 국가에 따라 제한될 수 있다. 그렇지만 **학문적 관심**은 가장 넓은 지평, 즉 세계 전체와 이 세계 속에 포함된 전체성을 겨냥한다. '모호한 경험'(experimentia vaga)의 귀납인 귀납을 이 전체성으로 연장하는 것은 결코 바람직한 것을 결코 이끌어낼 수 없다. 현실적 삶의 경험에서 좁은 지평에 순응해 전체성에 대한 삶의 보편적 예상의 규칙이 바로 실천적 삶의 가치일 뿐인 자신의 가치를 상실하게 된다. 그런데 학문은 무조건적 보편성의 이념을 어떻게 구상하게 되며, 심지어 보편적 귀납을 수행하더라도 어떻게 유지할 수 있는 귀납이 되는가?

우리는 모호한 귀납('모호한 경험')의 방식으로 보편적 타당성을 진술하려는 첫 번째 시도가 이루어졌다는 사실, 이 시도가 기껏해야 개별적인 것을 만족시키지만 다른 규칙을 보편적 보편성으로 상승시키고 이제 다른 성과를 거두는 경향의 다른 것과 반박된다는 사실을 이해할 수 있다.

그렇지만 모든 종류의 인식활동은 '진리'를 향해 있다. 이것은 인간이 어떤 역사적 연관에 있더라도 모든 인식작용에 대해 타당하다. 그런데 우리가 살펴보듯이 학문 이전과 학문 이외의 삶 — 자연적-실천적 삶 — 의 의미에서 진리는 동일한 명명(命名)을 정당화하는 공통적인 것과 상관없이, 그것이 학문적 진리가 될 경우 새로운 의미를 획득한다. 다른 한편으로 자신의 근원을 학문 이전의 진리 속에 지닌 의미를 획득한다.

그러므로 우선 이 의미를 고찰해보자.

1) 자연적 삶의 실천이 이론적 관심이 아니라 실천적 관심에 이바지하는 경우 그 삶의 테두리 안에서도 인식하려 노력하는 것은 '무엇이 존재하는지' 명백하게 밝히거나 무엇이 존재하는지 — 어쩌면 어떤 것이 거기에 존재하는지 존재하지 않는지 — 하는 문제에 답변하려 노력하는 것이다. 모든 결정은 여기에서 가능한 경험과 통찰을

지시하는 동기부여에 있다. '명증성'에 의지하면서, 즉 바로 상태를 경험 속에서 명백히 실제로 제시하거나 귀납을 하는 근거를 실제로 명백히 제시하고 이것을 통해 실제로 나타나는 '예측'에서 자신이 승인하거나 부인하는 비판에 지배된다.

경험의 견지에, 정초하는 견해(통찰된 결과에 대한 통찰된 원인)에 대한 통찰에, 현재의 견해에서 다가올 것으로 수립된 '예상되는 것'의 예측에 관한 의견과 파악된 결정의 권리에 대한 모든 결정의 원천이 있다. 그리고 그 권리는 정당함, 즉 명증성에서 '그 자체로 명백히 제시되는 것'에 적절함을 뜻한다. 이에 관해 반성하지 않은 채 그렇게 자신의 권리를 증명한 모든 결정이 궁극적으로 타당하다는 것, 모든 사람이 동일한 성과로 동일한 명증성을 획득할 수 있다는 것을 자명하게 전제하게 된다. 새롭게 '사태 자체로'(Sache selbst), 근거 자체와 이것이 추론할 수 있는 것으로 되돌아가는 모든 것은 결코 다른 것이 아니라 단지 언제나 동일한 것만 산출할 수 있다.

자연적-실천적 삶 속에 인식하는 자는 어떤 상황의 지평에서, 즉 모든 사람이 각자 모두에 의해 그 어떤 것을 '인식하고' '확신할' 수 있는 대체로 공통적인 경험의 지평에서 실천에 대해 평균적으로 충분하게 동일한 상태에 있다. 서로 함께 교류하는 사람들은 일반적으로 감성과 정신에서 '정상적' 인간이고, 즉시 이러한 정상적 인간에게 공통인 하나의 환경세계를 지닌다. 동일한 경험을 하고, 일치하는 전통 속에 있으며, 일치하는 견해를 형성하고(상황), 동일한 예측에 이르거나 이를 수 있으며 공통적 경험에 호소함으로써 서로 중재할 수 있다.

이 모든 것은 대체로 동일한 환경을 만들어내며, 모든 것은 동일하거나 조화를 이루는 통각과 예견 —유형적 동일함이며 결국 예상에 적합한 경험적 지식(Empirie)에 의거한 동일함—을 지닌 '동일한' 경험에 의거한다. 비정상적인 것은 결함이 있는 것, 예상의 규칙에서 벗어난 것, 함께 계산될 수 없는 것으로 제외된다. 왜냐하면 그것은 규칙이 입증하지 못할 때 그렇게 현저하게 손해를 입히지 않는 예외이기 때문이다. 이 경우 근원적 경험은 지각이며, 지각은 대상을 스스로 파악하는 의식이다. 이때 지각은 어쨌든 실제로 경험된 것에 근거해 함께 입증되는 전통적 견해의 여러 가지 구성요소를 지닐 수 있다.

'진리'라는 명칭 아래 얻으려 노력하고 요구되는 정당함, 타당함은 정상적 경험의 범위 속에 정상적인 것 가운데 하나다. 그렇지만 여전히 침묵해 있는 전제된, 이미 알려진, 다시 인식된 상황—정상적으로 드러내 밝힐 수 있는 경험적 명증성—속에 있다.

2) 학문은 공통적 환경세계의 상대성, 본래 경험되지 않은 것의 그 계기, 전통에 대한 그 독립성 등을 인식한다. 학문은 완전히 정당화될 수 있고 우연적 인물, 민족, 공동체의 선입견에 독립적인, 진리 그 자체로서 정초될 수 있는 진리에 따라 궁극적으로 타당한 진리를 추구한다. 학문은 진리에 대한 절대적 개념에서 어려움에 빠진 상대성이 주목되지 않고 남아 있고 그럼에도 그 개념을 관철하려 추구하는 진리에 대한 경험적 개념을 우선 상승시킨다. 학문의 선입견 (Vorurteil)은 '그 자체의 존재'로서, 그 자체로 또한 궁극적으로 타당하게 존재하는 진리의 상관자로서, 인식될 수 있고 그 궁극적 타당성에서 정초될 수 있으며 이렇게 정초하는 가운데 정교하게 언어로 각인될 수 있는 진리의 상관자로서 참된 존재다.

그 선입견은 세계가 존재하며 궁극적으로 타당하게 인식될 수 있고 궁극적으로 타당하게 전달할 수 있는 것, 학문은 세계에 대해 또는 그 세계에 속한 세계의 왕국에 대해 궁극적으로 타당한 '로고스' (Logos)로서 궁극적으로 타당한 진리를 체계적으로 실현하는 데 현존한다는 것이다.

학문은 적절하게 정교하게 (기술적으로) 각인시키는 가운데 모든 미래에 동일한 의미로 다시 이해되고 그와 마찬가지로 각인된 정초에 의해 언제나 다시 정초되고 언제나 다시 통찰되며 그 궁극적 타당성에서 현실화될 수 있는 영원히 지속하는 정신적 문화재산으로서 소명에 따라 진리를 만들어내는 것이다.

물론 이러한 확신은 일정한 변화를 겪는다.

세계에 대한 궁극적으로 타당한 진리에 도달할 수 있다는 확신—단지 완벽한 진리로서 도달할 수 있는 것은 아니지만, 따라서 궁극적으로 타당한 진리와 이론을 구축해가는 진보 가운데 모든 것을 포괄하는 이론의 이념에 다가서는 확신—에서 학문적 이론은 세계에 대한 궁극적으로 타당한 진리에 단지 접근하는 것(Approximation)이려 한다는 확신, 전진해가는 것은 단순히 완벽하게 하는 가운데가 아니라 다가서는 가운데 이루어지는 반면 이러한 진보의 방법적 형식 또는 이것을 미리 지시하는 것은 오직 실제로 도달할 수 있는 궁극적으로 타당한 진리 속에서만 도달할 수 있다는 확신이 된다.

역사적으로 플라톤과 아리스토텔레스는 정초하는 궁극적 타당성을 겨냥한 학문의 이러한 이념을 지녔고, 이와 일치해 궁극적으로 타당한 정당성을 겨냥한 학문의 그 이념을 개척했다. 이러한 확신이 일깨운 동기부여의 역사적 문제를 **이념적 발생**(ideale Genesis)의 문제가 지원한다. 즉 이 문제는 역사적인 것 속에 은폐된 채 규정되었던 **필연성** 그리고 이전 단계의 학문이 왜 자신의 귀결에서 절대적인 궁극적 타당성을 그와 같이 새로운 방식으로 겨냥하는 것을 밀어붙였는지를 잘 이해할 수 있게 해주는 **필연성**을 이해하는 것이다.[4]

---

4) 후설은 『위기』에서 소박한 자연적 태도에서 세계가 자명하게 주어져 있다고

우리는 발전된 인간성의 단계를 역사적으로 추후에 이해하는 것 (Nachverstehen)을 우리의 역사적 현재로부터 수행했고, 따라서 논리학 등으로 세계에 대한 우리의 학문적 고찰로부터 수행했다.

한편으로 우리는 신화적 통각의 단계와 특별한 민족의 특별한 통각(보고를 해석하면서)의 단계를 들여다보고, (통각에 요구하고, 이러한 보고를 해석함으로써 그 통각에 명백하게 되어) 통각을 함께 ── 그렇지만 '방관자'로서 ── 수행한다. 우리는 함께 믿지 않는다. 즉 이러한 믿음의 동기부여를 이해하고 '유사하게'(quasi) 함께 믿지만, 실제로 믿는 것은 아니다. 그러나 우리는 우리의 실제적 믿음과 끊임없이 대조하지 않는가? 직관과 이에 연결된 사유작용에 우리의 방식은 이렇게 가정된 것과 끊임없이 '합치하지' 않는가? 이것은 또한 끊임없는 비판도 뜻하지 않는가?

다른 한편으로 우리는 진리를 규정하지 않으려 하고, 실로 그와 같은 표상의 방식은 진리와 허위에 관한 결정을 허용하는 믿음의 단계와 통각의 단계와 여전히 상관없다고 말할 수 있다. 우리는 그 통각이 우리의 통각으로까지 개조되는 생성과정을 추적하려 한다. 그렇지만 우리가 '이성적' 단계에 관계될 경우 문제는 다른 문제들 옆에 있는 하나의 문제로서 우리에게 타당하거나 우리가 여기에서 현실적으로 믿는다는 사실을 통해서만 구별되지 않는가?

자연의 인간은 믿음 속에서 살아간다. 그러나 그는 자신의 믿음을

전제하는 객관적 학문에 대한 판단중지 이후에도 익명적으로 은폐된 생활세계의 근원을 되돌아가 묻는 철저한 선험적 태도의 보편적 환원(판단중지)이 요청된다고 역설한다. 이렇게 실증적 자연과학을 본받은 근대철학이 발전해가는 가운데 망각한 선험적 상호주관성, 즉 '주체-객체-상관관계'를 그 필연성에 입각한 목적론에 따라 온전히 규명해야만 학문과 인간성의 위기를 근본적으로 극복하고 인간성의 새로운 삶을 개혁할 수 있기 때문이다.

정당화하는 근거에서 어디까지 믿음을 지니는가? 심지어 보편적 정초에 대한 요구가 그를 이끌고 있는가? 또는 그는 일관된 이성에 입각한 삶에 대한 요구 속에서 살아가는가?

더 나아가 우리는 역사적으로 해명하는 고찰에서 **방법**을 추구한다. 우리는 기술하며, 기술하는 것은 '학문적으로' 기술하는 것이다. '자연의 인간'의 삶과 문화의 인간과 상이한 단계 — 과거에 존재했던 단계 — 의 삶은 **그들의** 언어와 사유방식으로 고찰되지 않고 우리의 언어와 사유방식으로 고찰된다. 또한 우리 시대의 어떤 임의의 인간의 언어와 사유방식이 아니라 우리의 '학문'으로 고찰된다.

그런데 이제 우리가 학문의 합리적 생성과정을 이해하기 위해 '세계에 대한 자연적 개념'을 정초하는 것에서부터 학문의 목적이념이 어떻게 합리적 필연성에서 작업되고 그 본질계기에 따라 구축될 수 있는지를 보여주는 어떤 길을 추구한다면, 그것은 **역사적 과제**와 어떤 연관이 있는가? 우리는 '자연의 인간'의 그 어떤 '세계에 대한 개념'을 **역사적으로** 규정해야 하는가? 또는 학문이 등장할 때까지 개괄할 수 있는 역사의 필연적 공통성을 통해 규정해야 하는가? 우리가 세계에 대한 경험과 세계를 경험하는 의미를 무엇보다 학문적 사유로 구상하거나 기술하는 동안 출발점으로서 형성하는 추상은 어떤 종류인가?

찾아보기

지은이 에드문트 후설

에드문트 후설(Edmund Husserl)은 1859년 오스트리아에서 유대인 상인의 아들로
태어났다. 20세기 독일과 프랑스 철학에 큰 영향을 미친 현상학의 창시자로서
마르크스, 프로이트, 니체와 더불어 현대사상의 원류라 할 수 있다. 1876년부터 1882년
사이에 라이프치히대학교와 베를린대학교에서 철학과 수학, 물리학 등을 공부했고,
1883년 변수계산에 관한 논문으로 박사학위를 받았다. 1884년 빈대학교에서 브렌타노
교수에게 철학강의를 듣고 기술심리학의 방법으로 수학을 정초하기 시작했다. 1887년
할레대학교에서 교수자격논문 「수 개념에 관하여」가 통과되었으며, 1901년까지
할레대학교에서 강사로 재직했다. 1900년 제1주저인 『논리연구』가 출간되어 당시
철학계에 강력한 인상을 남기고 확고한 지위도 얻었다. 많은 연구서클의 결성으로
이어진 후설 현상학에 대한 관심은 곧 『철학과 현상학적 탐구연보』의 간행으로
이어졌으며, 1913년 제2주저인 『순수현상학과 현상학적 철학의 이념들』 제1권을
발표해 선험적 관념론의 체계를 형성했다. 1916년 신칸트학파의 거두 리케르트의
후임으로 프라이부르크대학교 정교수로 초빙되어 1928년 정년퇴임할 때까지
재직했다. 세계대전의 소용돌이와 나치의 권력장악은 유대인 후설에게 커다란
시련이었으나, 지칠 줄 모르는 연구활동으로 저술작업과 학문보급에 힘썼다.
주저로 『유럽학문의 위기와 선험적 현상학』 『데카르트적 성찰』 『시간의식』 『엄밀한
학문으로서의 철학』 등이 있다. 후설 현상학은 하이데거와 사르트르, 메를로 퐁티
등의 철학은 물론 가다머와 리쾨르의 해석학, 인가르텐의 미학, 카시러의 문화철학,
마르쿠제와 하버마스 등 프랑크푸르트학파의 비판이론에도 지대한 영향을 미쳤다.
아울러 데리다, 푸코, 리오타르 등 탈현대 철학과 프루스트, 조이스, 울프 등의
모더니즘 문학에도 많은 영향을 주었다.

옮긴이 이종훈

이종훈(李宗勳)은 성균관대학교 철학과와 같은 대학교 대학원에서 후설 현상학으로 박사학위를 받았다. 춘천교대 명예교수다. 지은 책으로는『후설현상학으로 돌아가기』(2017),『현대사회와 윤리』(1999),『아빠가 들려주는 철학이야기』(전 3권, 1994~2006),『현대의 위기와 생활세계』(1994)가 있다. 옮긴 책으로는『형식논리학과 선험논리학』(후설, 2010, 2019),『논리연구』(전 3권, 후설, 2018),『순수현상학과 현상학적 철학의 이념들』(전 3권, 후설, 2009),『유럽학문의 위기와 선험적 현상학』(후설, 1997, 2016),『시간의식』(후설, 1996, 2018),『현상학적 심리학』(후설, 2013),『데카르트적 성찰』(후설 · 오이겐 핑크, 2002, 2016),『수동적 종합』(후설, 2018),『경험과 판단』(후설, 1997, 2016),『엄밀한 학문으로서의 철학』(후설, 2008),『제일철학』(전 2권, 후설, 2020)이 있다. 이 밖에『소크라테스 이전과 이후』(컨퍼드, 1995),『언어와 현상학』(수잔 커닝햄, 1994) 등이 있다.

HANGIL GREAT BOOKS 167

제일철학 1

지은이 에드문트 후설
옮긴이 이종훈
펴낸이 김언호

펴낸곳 (주)도서출판 한길사
등록 1976년 12월 24일
주소 10881 경기도 파주시 광인사길 37
홈페이지 www.hangilsa.co.kr
전자우편 hangilsa@hangilsa.co.kr
전화 031-955-2000~3 **팩스** 031-955-2005

부사장 박관순 **총괄이사** 김서영 **관리이사** 곽명호
영업이사 이경호 **경영이사** 김관영
편집 김대일 백은숙 노유연 김지연 김지수 김영길
마케팅 서승아 **관리** 이주환 김선희 문주상 이희문 원선아
디자인 창포 031-955-9933
CTP출력·인쇄 예림 **제본** 예림바인딩

제1판 제1쇄 2020년 6월 10일

값 30,000원

ISBN 978-89-356-6486-3 94080
ISBN 978-89-356-6427-6 (세트)

한길그레이트북스 인류의 위대한 지적 유산을 집대성한다